KB201109

시련을 너끈히 이기는
하나님의 은혜

권성수 지음

 도서출판 횃불

시련을 너끈히 이기는
하나님의 은혜

1부
차례

2부

차 례

책 머리에

황금벌판, 벼는 무르익었는데 태풍이 온단다. 필리핀 북방 태평양에서 시작된 사라호 태풍이 대만을 거쳐 제주도로 올라오고 있단다. 이번에도 벼가 물에 잠기고 농사를 망치지 않을까. 금방 고향 아저씨 생각이 난다. 가뜩이나 깊은 주름, 가뜩이나 검은 얼굴에 수심이 끼여 있다. 너무도 메말라서 눈물도 흐를 것 같지 않은 그 패인 얼굴, 그 골로 속눈물이 흐른다. 제발 이번에는 비켜갔으면 얼마나 좋겠나.

이것이 태풍과 농부의 얘기만일까. 우리네 인생은 어떤가. 피해 가면 좋겠다 싶을 때 인생 폭풍이 우리를 봐 줄 때도 있다. 그러나 폭풍이 잔인하게 우리를 찢고 지나갈 때도 있다. 어찌 폭풍 뿐이겠는가. 크고 작은 바람이 우리의 작은 보트들을 뒤흔들어 놓을 때가 얼마나 많은가. 검은 얼굴 깊은 주름 패인 골로 피눈물이 흐를 때도 있다.

인생은 어차피 시련의 연속이다. 신자라고 예외가 아니다. 폭풍이 신자라고 해서 피해 가는 것은 아니다. 오히려 신자이기 때문에 특별히 친한 사이처럼 찾아와 잔인하게 짓밟고 지나가는 것이 인생의 폭풍이 아닌가. 극복할 길은 없는가?

필자는 베드로전서를 연구하여 강의하면서 인생의 시련을 너끈히 극복하는 길이 여기에 제시되어 있음을 발견했다.

우리는 어디서 왔다가 어디로 가는지 알지 못하는 떠돌이 인생이 아니다. 하나님은 영원 전에 우리를 미리 아셨고 영원 후의 하늘 유산을 우리를 위해 마련해 놓으셨다. 하나님으로부터 왔다가 하나님이 마련하신 유산을 상속하기 위해서 천국을 향해 가는 '선택된 나그네'—이것이 우리의 신분이다.

베드로 사도는 이런 우리의 신분을 지적하면서 우리의 눈을 들어 하늘의 영광을 바라보라고 한다. 자신이 말할 수 없는 고초를 겪으면서 하늘의 영광을 소망함으로 넘치는 즐거움을 맛보고 있는 베드로는 우리에게 하늘의 소망으로 현실의 시련을 너끈히 극복할 수 있다는 복음을 전해 준다. 하늘 소망의 복음은 현실을 도피하게 하는 것이 아니라, 현실을 역동적으로 살아가게 한다.

필자는 횃불선교센타의 루디아 횃불회 및 기드온 횃불회에서 베드로전서 강해를 한 바 있다. 필자 자신이 준비하고 강의하는 과정에서 현실집착의 시각을 하늘 소망의 시각으로 바꾸는 데 상당한 갈등을 겪었다. 세속에 물든 마음을 말씀으로 정화하는 데 아픔을 체험했다. 그러나 강의가 진행되면서 하늘의 모유(母乳)가 필자에게 생명과 활력을 주는 것도 느끼게 되었다. 독자도 이 글을 읽어가면서 세속의 젖을 떼고 하늘의 모유를 마시는 체험을 하게 될 것이다.

이 책이 나오기까지 좋은 여건을 제공해 주신 횃불선교센타의 최순영 이사장님과 이형자 원장님, 지도교수님처럼 곁에 계셔서 필자의 질문에 성숙한 답변을 아끼지 않으신 김상복 목사님, 많은 자료들을 마음껏 사용할 수 있도록 친절히 도와주신 횃불도서관 홍순영 관장님을 비롯한 여러분들, 그 외 여러모로 도와 주신 신상우 원목님 김창선 국장님 김현구 기획실장님 김수곤 출판부장님 등 직원 여러분에게 진심으로 감사를 드린다.

하늘의 영광스러운 유산을 차지할 '선택된 나그네' 독자들에게 오늘의 폭풍을 너끈히 이기게 하는 데 이 글이 일조가 되기를 바란다.

1992년 10월 30일
횃불선교센타
성경연구소에서

1부

시련을 너끈히 이기는
하나님의 은혜

제 1 장
선택된 나그네들
(1 : 1 - 2)

---

¹예수 그리스도의 사도 베드로는 본도, 갈라디아, 갑바도기아, 아시아와 비두니아에 흩어진 나그네 ²곧 하나님 아버지의 미리 아심을 따라 성령의 거룩하게 하심으로 순종함과 예수 그리스도의 피 뿌림을 얻기 위하여 택하심을 입은 자들에게 편지하노니 은혜와 평강이 너희에게 더욱 많을지어다

Ⅰ. 송신자 수신자 인사말

베드로가 이 편지를 쓸 당시 헬라 세계에서는 편지 서두가 "갑이… 을에게… 인사말", 즉 송신자 / 수신자 / 인사말로 되어 있었다. 우리말 편지가 "…께"로 서두가 붙고 그 후에 인사말과 본문과 재차 인사말이 나오고 맨 뒤에 "…올림"으로 되어 있는 것과 비교하면 형식이 아주 다른 것을 알 수 있다. 헬라 세계의 편지 서두에 나오는 송신자 / 수신자 / 인사말란은 필요에 따라 각기 확대될 수 있었다.

베드로는 송신자를 그저 "베드로"라고 하지 않고, "예수 그리스도의 사도 베드로"라고 확대했다. 수신자를 "어느 지역에 있는 성도들"이라고 하지 않고 "본도, 갈라디아, 갑바도기아, 아시아와 비두니아에 흩어진 나그네 곧 하나님 아버지의 미리 아심을 따라 성령을 거룩하게 하심으로 순종함과 예수 그리스도의 피 뿌림을 얻기 위하여 택하심을 입은

자들"이라고 크게 확대하였다. 그리고 인사말은 헬라식으로 그저 "은
혜"('카리스')라고 하지 않고 히브리식 인사말 "평강"(솰롬, 헬라어로
는 '에이레네')을 덧붙였다.

베드로가 이렇게 송신자/수신자/인사말을 확대시킨 것을 살펴 보면
기독교적 인식이 풍부하게 드러나 있는 것을 볼 수 있다. 다시 말해서 베
드로는 편지 서두를 기독교적 인식으로 풍성하게 장식한 것이다. 베드로
가 편지 서두를 이렇게 장식한 것은 베드로 나름대로 전달하려는 메시지
가 있기 때문이다.

그러면 이제 확대된 부분을 주목하면서 송신자 수신자 인사말을 관찰
해 보기로 하자. 수신자란이 특별히 확대되어 있으므로 수신자란을 특별
히 주목할 필요가 있다. 수신자란의 원문을 보면 "디아스포라의 선택된
나그네들에게"('에크렉토이스 파에피데모이스 디아스포라스')로 되어
있다. 베드로는 이런 표현을 통하여 특별한 메시지를 전달하려고 하는
듯하다. 따라서 이 점은 뒤에서 특별히 관심을 기울여 살펴보기로 하자.

1. 송신자

송신자는 "예수 그리스도의 사도 베드로"로 되어 있다. 베드로는 시
몬, 베드로, 게바(아람어로 '돌') 등 세 가지 이름이 있는데 본문에서는
베드로란 이름을 사용했다. "베드로"란 이름은 주님이 직접 지어주신 이
름으로(마 16 : 18; 요 1 : 42) '돌'이란 의미를 지니고 있다. '돌 머리'
라 할 때의 '돌'이 아니고 견고하고 든든한 토대를 의미하는 '돌'이다.

재미있는 것은 베드로전서에서 베드로가 예수 그리스도를 '보배로운
산 돌'에 비기고(2 : 5) 모든 신자들을 '산 돌들'에 비기면서 신자들이
'신령한 집'으로 세워진다고 표현했다는 점이다(2 : 5). 이렇게 보면 예
수 그리스도와 그의 사도 베드로와 그의 백성 신자들이 모두 '돌'로 묶여
진다고 할 수 있다. 예수 그리스도는 '머릿돌'이고 베드로는 '토대'이고
신자들을 '신령한 집'의 '벽돌들'인 것이다. 말하자면 베드로는 '돌'이란
자신의 이름을 놓고 깊이 명상하여 '돌의 신학'을 창출한 것이다.

"예수 그리스도의 사도"란 표현은 예수 그리스도의 권위와 사명을 받고 '보내심을 받은 자'란 의미를 가지고 있다.

2. 수신자

베드로전서의 수신지는 흑해 남쪽 연안의 본도에서 그 오른쪽 아래 갈라디아와 갑바도기아를 거쳐 에개해 연안 아시아에서 다시 흑해 남쪽 연안 비두니아에 이르는 방대한 지역이다. 이 지역은 타우루스(Taurus) 산맥 북쪽 지역 전체이다.

사도행전 16 : 6, 7에 보면 바울이 비두니아로 선교여행을 하고자 할 때에 성령께서 금지하신 것을 볼 수 있다. 성령께서 왜 이 지역 선교를 그 때에 금지하셨을까? 베드로가 이 지역 선교를 담당하고 있었기 때문이었을까? 오순절에 베드로의 설교를 들은 자들이 이곳으로 돌아가 선교를 했기 때문이었을까? 이런 질문들에 대해서 정확한 답을 할 수는 없으나 이 지역의 신자들은 어쨌든 베드로를 알고 있는 자들이었던 것은 분명한 것 같다.

주전 586년에 유대인들이 나포되어 본토를 떠난 이후 유대인들은 본토를 떠나 여러 지역으로 흩어져 있었다. 베드로 당시에는 팔레스틴 본토의 유대인은 1백만 명 정도였고 해외 교포, 디아스포라는 2백에서 4백만 명 정도였다고 한다. 베드로전서의 수신지에도 상당수의 유대인들이 살고 있었을 것이다. 베드로는 본도－갈라디아－갑바도기아－아시아－비두니아에 흩어진 유대인들에게 회람장(encyclical letter) 형식으로 베드로전서를 보낸 것이다.

그런데 베드로가 "하나님 아버지의 미리 아심을 따라 성령의 거룩하게 하심으로 순종함과 예수 그리스도의 피 뿌림을 얻기 위하여 택하심을 입은 자들"이라고 수신자들을 확대 설명하는 것으로 보아, 위 지역에 흩어진 유대인들 중에 기독교 신자들을 상대로 편지를 쓴 것이 분명하다. 그러면 위 지역의 비유대인 신자들은 수신자에서 제외시켰는가? 그런 것 같지는 않다. 왜냐하면 위 지역에도 비유대인 기독교인들이 살았을 것이므로 베드로가 그들을 수신자에서 제외했을 리가 없고, 1 : 17과 2 : 11 에서 베드로가 말한 "나그네들"에서 비유대인 신자들이 제외되었다고 보기가 힘들기 때문이다.

3. 인사말

베드로는 앞서 지적한 것처럼 헬라적 인사말인 "카리스"(은혜)와 히 브리적 인사말 "솰롬"(평강, 헬라어로 '에이레네')을 겹쳐서 인사말로 삼았다. 그러면서 베드로는 신자들은 이미 "은혜와 평강"을 받아 누리 고 있는 자들이기 때문에, 그것이 그들에게 "증가"('더욱 많을')되기를 기원하였다.

찰스 스펄전이 어느날 고된 하루의 일과를 마치고 말을 타고 집으로 돌아오고 있었다. 그는 너무 피곤하고 지친 하루의 생활 때문에 좌절하 고 있었는데, 그 때 "내 은혜가 네가 족하다"는 말씀이 생각이 났다고 한다.

그 때 스펄전은 순간적으로 자신이 템즈 강물을 조금씩 조금씩 마시다 가 템즈 강물이 다 말라버리면 어떻게 하나 하고 걱정하는 작은 고기와 같다는 생각을 하게 되었다. 템즈강이 말라버리면 어떻게 하나 하고 걱 정하는 그에게 아버지 템즈(템즈강을 아버지에 비김)가 와서 이렇게 말 한다. "마셔라, 작은 고기야. 마음껏 마셔라. 나의 강물은 네가 마시기에 풍족하다."

다음 순간 스펄전은 자신이 애굽의 거대한 곡창의 작은 생쥐라는 생각 이 들었다. 그 생쥐는 곡창의 곡물을 조금씩 조금씩 먹다가 곡물이 다 떨 어져 굶어 죽으면 어떻게 하나 하는 걱정을 하고 있다. 그 때 요셉이 와 서 이렇게 말한다. "용기를 내라, 작은 생쥐야. 나의 곡창은 네가 먹기에 풍족하다."

그 다음 스펄전은 자신이 높은 산을 오르는 등산가라는 생각이 들었 다. 그는 산정에 오르는 과정에서 산소를 모두 다 마셔서 숨이 막히면 어 떻게 하나 하고 걱정을 하고 있다. 그 때 하늘에서 창조자의 음성이 들려온다. "숨을 쉬라, 작은 인간아. 마음껏 들이키고 허파를 채우라. 나의 공기는 네가 마시기에 충족하다."

신자들에게 베푸시는 하나님의 은혜는 고갈되는 법이 없다. 베드로는 수신자들에게, 이미 그들이 누리고 있는 하나님의 은혜를 더 풍성하게 누릴 수 있도록 기원하고 있는 것이다.

Ⅱ. 디아스포라의 선택된 나그네들

우리말 번역에는 "흩어진 나그네들"과 "택하심을 입은 자들"이 따로 떨어져 있지만 헬라어 원문에는 이 둘이 "디아스포라의 선택된 나그네들"로 붙어 있다. 이 점은 1-2절의 문장 구조에서 잘 드러나는데 그 구조를 보면 다음과 같이 되어 있다.

1절 예수 그리스도의 사도 베드로는
본도, 갈라디아, 갑바도기아, 아시아와 비두니아의
디아스포라의 선택된 나그네들에게,
2절 하나님의 예지(豫知)를 따라
영의 거룩함 안에서
순종과 예수 그리스도의 피뿌림을 위하여(위의 '선택된'
에 걸림),
은혜와 평강이 너희들에게 증가될지어다.

위에 나타난 대로 1절의 "디아스포라의 선택된 나그네들"은 원문상 서로 붙어 있고, 2절의 "하나님의 예지를 따라, 영의 거룩함 안에서, 순종과 예수 그리스도의 피뿌림을 위하여"는 1절의 "선택된"을 수식하는 표현이다.

1-2절의 수신자란을 결합하면, "하나님의 예지를 따라 영의 거룩함 안에서 순종과 예수 그리스도의 피뿌림을 위하여 선택된 디아스포라의

나그네들에게"가 된다. "갑이 을에게"에서 "을에게" 해당되는 이 긴 표현은 무슨 메시지를 전해야 되겠다는 송신자 베드로의 절실한 심정과 이 편지를 받을 수신자들의 충격을 짐작케 하는 것이다. "어디어디의 디아스포라에게"라고만 해도 될 것을 이렇게 확대한 베드로는 수신자란에서 강력한 메시지를 전하고자 하는 심정을 암시했고, "어디어디의 디아스포라에게"라고 되어야 할 수신자란이 위와같이 길게 확대되어 있을 때는 수신자들 편에서 충격적인 메시지를 받을 수 있었을 것이라는 말이다.

가령 필자가 뉴욕의 한인 교포 교인들에게 "권 목사는 뉴욕의 한인 교포 신자들에게 삼가 글을 올립니다"고 하지 않고, "권 목사는 하나님의 예지에 따라 영의 거룩함 안에서 순종과 예수 그리스도의 피뿌림을 위하여 선택된 뉴욕의 교포 나그네 신자들에게 삼가 글을 올립니다"라고 한다면 필자는 수신자들에게 무언가 심각한 메시지를 편지 서두에서 암시하고 있다고 볼 수 있을 것이다. 특히 수신자들 편에서 볼 때, "우리는 이미 흩어진 유대인들 즉 디아스포라인데 구태여 디아스포라의 나그네들이라고 할 필요가 있을까"하는 반문이 들면서 그 메시지가 충격적으로 받아들여졌을 것이다.

후에 더 설명되겠지만 "선택된 나그네들"이라는 표현은 얼른 보기에 부정적인 "나그네들"이란 말과 얼른 보기에 특혜를 암시하는 "선택"이란 말이 결합된 것으로서 베드로의 수신자들의 정체뿐 아니라 더 나아가서는 땅 위의 신자들의 정체(identity)를 요약해서 제시하는 표현이다.

1. 디아스포라의 나그네들

"나그네들"이란 말은 수신자란에만 나오는 우연한 것이 아니고 베드로전서의 주제를 암시하는 긴요한 말이다. 1 : 17에도 "너희의 나그네로 있을 때"란 말이 있고 2 : 11에도 "나그네와 행인 같은 너희를 권한다"는 말이 있다.

송신자 베드로도 본토를 떠나 바벨론=로마에 있고(5 : 13) 수신자들도 본토를 떠나 타우루스 산맥 북쪽 지역에 흩어져 있었다. 송신자도 본토를 떠났고 수신자들도 본토를 떠난 "흩어진 자들" 즉 디아스포라였다. "디아스포라"란 말 자체가 이미 "흩어진 자들"인데, 여기에 "나그네들"이란 말이 덧붙어 있어서 "흩어져서 정처없이 고생하는 자들"이란 말이 강조된 것이다.

베드로전서 전체를 보면 고난과 시련 중에 소망과 인내가 강조되어 있다. "흩어진 나그네들"로서 불과 같은 시련들을 당하고 있는 신자들에게 베드로는 인내와 소망의 메시지를 전한 것이다. 위어스비(Wiersbe) 목사가 말한 대로 베드로전서는 "최악의 때에 최고의 유익을 보는 법" (How to make the best of times out of your worst times)이라는 메시지를 담고 있다고 할 수 있다.

시련 중의 소망이라는 메시지가 이렇게 편지 서두 수신자란에 강조된 것이다. 그런데 "나그네"란 말은 본토를 떠나서 해외에 정처가 없이 일시 체류하고 있다는 점과 본토의 시민권을 가진 자로서 항상 본토를 사모하고 본토 귀환을 목표로 삼고 있다는 점을 내포한 말이다. 외국인, 정처없음, 일시 체류, 본토 시민, 본토 소속, 본토 사모 등이 거기에 포함되어 있다는 것이다.

유대인 디아스포라는 본토를 떠나 해외에서 외국인으로 살면서 항상 본토 특히 예루살렘을 사모하고 그리로 귀환하는 것을 소망으로 삼고 살았다. 시편 137 : 1-6에 디아스포라의 심정이 잘 나타나 있다. "우리가 바벨론의 여러 강변 거기 앉아서 시온을 기억하며 울었도다 그 중의 버드나무에 우리가 우리의 수금을 걸었나니 이는 우리를 사로잡은 자가 거기서 우리에게 노래를 청하며 우리를 황폐케 한 자가 기쁨을 청하고 자기들을 위하여 시온 노래 중 하나를 노래하라 함이로다 우리가 이방에 있으면서 어찌 여호와의 노래를 부를꼬 예루살렘아 내가 너를 잊을진대 내 오른손이 그 재주를 잊을지로다 내가 예루살렘을 기억지 아니하거나 내가 너를 나의 제일 즐거워하는 것보다 지나치게 아니할진대 내 혀가 내 입천장에 붙을지로다."

신자들도 본토 하늘나라를 떠나서 이 세상에서 외국인으로 일시 체류하면서 본토의 시민권을 가지고 본토의 가치관에 따라 본토를 사모하며 사는 자들이다. "오직 우리의 시민권은 하늘에 있는지라 거기로서 구원하는 자 주 예수 그리스도를 기다리노니 그가 만물을 자기에게 복종케 하실 수 있는 자의 역사로 우리의 낮은 몸을 자기 영광의 몸의 형체와 같이 변케 하시리라"(빌 3 : 20-21).

아브라함에게 이런 나그네 의식이 있었다. 창세기 23 : 1-4절에 보면 하나님께서 주시마 약속하신 가나안 땅에서 사랑하는 아내가 죽었을 때 슬퍼하면서 애통하다가 헷족속들에게 자신이 나그네와 우거한 자라는 것을 밝히고 그들에게 매장지를 구하는 장면이 나온다. 아브라함은 하나님이 약속하신 땅에서 정착지 하나 없이 사는 육신적인 나그네로서 하나님이 예비하신 도성을 바라보는 훈련을 받았다.

"이 사람들은 다 믿음을 따라 죽었으며 약속을 받지 못하였으되 그것들을 멀리서 보고 환영하며 또 땅에서는 외국인과 나그네로라 증거하였으니 이같이 말하는 자들은 본향 찾는 것을 나타냄이라 저희가 나온 바 본향을 생각하였다면 돌아갈 기회가 있었으려니와 저희가 이제는 더 나은 본향을 사모하니 곧 하늘에 있는 것이라 그러므로 하나님이 저희 하나님이라 일컬음 받음을 부끄러워 아니하시고 저희를 위하여 한 성을 예비하셨느니라"(히 11 : 13-16). 아브라함은 본향을 떠나 정처없이 사는 육신적인 나그네로서 하나님이 예비하신 본향을 사모하는 영적인 나그네 훈련을 잘 받았던 것이다.

다윗도 나그네 의식이 강했던 인물이다. "주 앞에서는 우리가 우리 열조와 다름이 없이 나그네와 우거한 자라 세상에 있는 날이 그림자 같아서 머무름이 없나이다"(대상 29 : 12). "여호와여 나의 기도를 들으시며 나의 부르짖음에 귀를 기울이소서 내가 눈물 흘릴 때에 잠잠하지 마옵소서 대저[대체로 보아서] 나는 주께 객이 되고 거류자가 됨이 나의 모든 열조와 같으니이다"(시 39 : 12). 나그네 의식이 강한 다윗은 인생을 염세주의자로 산 것이 아니라 하나님께서 주신 것으로 하나님을 위해 바치는 삶을 열심히 살았다(대상 29 : 12-14). 다윗은 나그네 의식을 가졌기 때문에 세상의 물질을 하나님을 위해 마음껏 사용하는 자유인이었던 것이다.

자세히 관찰해 보면, 아브라함은 평소에 나그네 의식이 있었지만 특별히 사랑하는 아내가 별세한 후에 그런 의식이 더욱 강해졌던 것 같다. 다윗도 "눈물을 흘릴 때에" 나그네 의식이 더 강했고 아들 솔로몬의 성전 건축을 위하여 헌금하는 말년의 상황에서 "세상에 있는 날이 그림자 같아서 머무름이 없다"는 절실한 나그네 의식을 표현했다. 이런 나그네 의식 때문에 아브라함과 다윗은 세상의 삶에 매이지 않고 하나님을 위한 자유인이 되었던 것이다. 그리고 하나님이 예비하신 본향을 사모하고, 눈물을 흘리며 하나님에게 기도하는 삶을 산 것이다. 즉 나그네 의식 때문에 하늘과 하나님에게 더 가까와지게 된 것이다.

토마스 그레이(Thomas Gray)는 "시골 교회 뜰에서 쓴 만가(挽歌)"에서 이렇게 읊었다.

가문(家紋)의 자랑, 권세의 영화,
그리고 그 모든 아름다움,
부(富)가 일찍이 주었던 모든 것이
이 피할 수 없는 시간을 기다린다.
영광의 길은 결국 무덤으로 가는 길이구나

이 세상의 모든 사람들은 본질상 이땅에 영원히 머물 수 없는 나그네들이다. 그런데도 이땅에 천년만년 살 것처럼 이 세상의 자랑과 영화와 아름다움에 취해 살고 있다. 세상의 뭇 인간은 나그네이면서도 나그네 의식이 없는 나그네인 것이다. 설령 나그네 의식이 있다고 해도 이땅과의 관계에서만 나그네 의식이 있을 뿐, 하나님이 예비하신 본향을 사모하는 차원에서의 나그네 의식은 없는 것이다.

그러나 정상적인 신자들은 "육신의 정욕과 안목의 정욕과 이생의 자랑"은 다 지나가는 것인 줄 알고 이런 세상 것들을 사랑하지 않으며 영원히 지속되는 것, 즉 하나님의 뜻을 행하는 일에 집중하는 자들이다(요일 2 : 15-17). 세상에 살면서도 하늘의 가치관으로 세상을 초월하고 하나님의 뜻을 이루며 하늘의 본향을 사모하는 나그네들로 사는 것이다.

이 세상은 다리와 같다. 지혜로운 사람들은 다리를 통과는 하지만 그 위에 집을 짓지는 않는다. 신자들은 이 세상이라는 다리를 통과는 하지만, 그 위에 영원히 살 집을 짓지는 않는다. 신자들은 본향을 향해 가고 있는 나그네들이기 때문이다.

속사도 시대의 작품 「디오그네투스에게 보낸 편지」에 다음과 같은 글이 나온다.

> 신자들이 다른 사람들과 구분되는 것은 나라나 언어나 풍습이 아니다. …그들은 헬라인들의 도시에도 살고 야만인들의 도시에도 살며, 자신이 처한 환경 속에서 의복과 음식과 일반적으로 외부적인 모든 면에 있어서 그 지방의 관습을 따라 산다. 그러나 그들은 놀랍고도 역설적인 자신들의 신분을 드러낸다. 그들은 출생한 땅에서 살지만 일시적인 체류자들로 거기에 산다. 그들은 시민들로서 자신들의 몫에 따른 책임을 다 감당하지만, 외국인들로서의 모든 불편을 감수한다. 모든 외국이 그들의 모국이고 모든 모국이 그들의 외국이다. 그들은 이땅에서 살고 있지만, 그들의 시민권은 하늘에 있다.

베드로전서의 송신자 베드로에게 이러한 나그네 의식이 강했다. 그는 주후 63~66년경 네로 황제의 박해가 극성일 때 로마에서 이 편지를 썼다. 로마라는 박해의 현장에서 노년의 쓸쓸함에 극심한 고난마저 겹쳐 나그네 의식이 절실하게 그에게 부딪혀 온 것이다. 나그네는 세상에는 영주권이 없고 일시 체류권만 있을 뿐이다. 세상에 소속된 것이 아니라, 하늘에 소속된 것이다. 세상에 소망이 없고 하늘에 소망이 있는 것이다.

세상의 "육체적인 정욕들"(2 : 11)에 매이는 것이 아니라, 하나님의 뜻에 매이는 것이다. 현재로부터가 아니라 미래로부터, 세상으로부터가 아니라 하나님으로부터 가치관을 결정하는 것이다. 나그네는 저 먼 약속된 안식을 향하여 많은 위험들을 통과하면서 천천히 여행하는 순례자인 것이다.

2. 선택된 나그네들

나그네라고 하면 염세주의와 도피주의 냄새가 나는 것 같다. 어둡고 우울한 분위기가 느껴지는 것 같다. 그러나 본문의 나그네는 결코 그렇지 않다. 왜냐하면 특별하게 선택된 나그네이기 때문이다.

본문에서는 선택을 수식하는 것이 세 가지이다. (1) 하나님 아버지의 예지(豫知)에 따라, (2) 영의 거룩함 안에서, (3) 순종과 예수 그리스도의 피뿌림을 위하여. (1) 이 성부의 예지를 말하고 (3) 이 예수 그리스도 즉 성자의 피뿌림을 말하기 때문에 (2) 의 "영의 거룩함"은 성령의 거룩함을 말한다고 보는 것이 자연스럽다. 이렇게 볼 때 나그네들의 선택은 성부 성자 성령 삼위일체 하나님과의 밀접한 관계 속에서 이루어진 것이다.

대통령의 총애를 받는다고 해도 엄청난 것인데, 삼위일체 하나님의 총애를 받는다는 것은 얼마나 귀한 것인가. 삼위 하나님의 총애로 선택된 자들이 본문의 나그네들이기 때문에 위에서 말한 것처럼 그들은 결코 염세주의나 도피주의의 어두움과 우울함이 없는 것이다.

선택을 수식하는 세가지 구를 다시 분석해 보면 (1) 하나님 아버지의 예지는 선택의 기원을 말하고, (2) 성령의 거룩하심은 선택의 방법을 말하고, (3) 순종과 예수 그리스도의 피뿌림은 선택의 목적을 말한다. 기원과 방법과 목적은 (1) (2) (3) 의 내용에서도 드러나지만 (1) 의 전치사가 헬라어로 '따라서'의 의미를 가진 '카타'이고, (2) 의 전치사는 '안에서'의 의미를 지닌 '엔'이고, (3) 의 전치사는 '위하여'의 의미를 지닌 '에이스'라는 점에서도 드러난다.

나그네는 나그네인데 선택된 나그네라는 점을 도표로 그리면 다음과 같다.

영원전 :   영원 후 :
성부의 예지에 따른 선택 ———————— 하늘의 기업(1 : 4)
              현재 : 나그네
        對세상 : 성령의 거룩하게 하심
        對하나님 : 순종과 그리스도의 피뿌림

(1) 하나님 아버지의 예지에 따라 : 선택의 기원

베드로는 신자들이 하나님의 예지에 따라 선택된 자들이라는 것을 말할 뿐 아니라, 그리스도도 "창세 전부터 미리 알리신 바 된 자"라고 하고(1 : 20), 그리스도에게 걸려 넘어지는 자들도 역시 "이렇게 정하신 것"이라고 하였다(2 : 8). 베드로는 이렇게 예지와 예정의 사상이 투철한 자였다.

하나님 아버지께서 우리를 "미리 아심"에 따라 선택하셨다는 것은 나그네 신분과 관련해서 깊은 의의가 있다. 나그네라고 하면 버려진 자라는 인상을 지우기 힘든데, 본문의 나그네는 결코 그렇지 않다. 본문의 나그네는 복권 추첨의 경우처럼 우연히 선택된 자가 아니라, 하나님 아버지의 예지에 따라 선택된 자라는 것이다. 본문의 선택은 무지와 우연의 선택이 아니라, 영원 전부터의 깊은 계획에 의한 선택이다(롬 8 : 29). 나의 공로가 개입되기 전 오로지 하나님의 은혜로 선택된 것이다. 이 사실은 인간의 두뇌로 설명하기는 곤란하나 감격하기에는 충분한 것이다. 우리는 세상의 나그네들인데, 우연히 버려진 존재들이 아니다. 영원 전에 하나님이 이미 선택하신 자들로서 하나님 아버지의 특별한 총애를 받고 있는 나그네들이다.

신자들이 세상의 적대적이고 무관심한 환경에만 관심을 둔다면 실망을 할 것이다. 그러나 그렇게 실망스러울 때일수록 신자들은 하나님의 예지에 따라 선택된 선민이라는 의식을 되살려야 한다. 우리는 나그네들이지만 하나님의 영원한 총애의 대상들이기 때문이다.

(2) 성령의 거룩하게 하심 안에서 : 선택의 방법

성령께서 우리를 세상에서 불러내어 하나님에게 헌신하도록 거룩하게 하셨다. 성령께서 우리에게 새로운 영과 새로운 마음을 주셔서 죄를 깨닫게 하시고 그리스도에게 접붙임이 되도록 하셨다. 악의 흔적도 없는 하나님의 거룩이 성령의 성화작업을 통해 우리에게 전이되고 있다. "오직 너희는 택하신 족속이요 왕 같은 제사장들이요 거룩한 나라요 그의 소유된 백성이니 이는 너희를 어두운 데서 불러내어 그의 기이한 빛에 들어가게 하신 자의 아름다운 덕을 선전하게 하려 하심이라"(2 : 9).

성령은 문둥이들 같은 우리를 예수 그리스도의 피로 씻어주셨다. 성령은 우리의 옛 성품에 치명타(death-stroke)를 가하시고 우리에게 새 성품을 주셨다. 옛 생명의 세포들은 죽고(mortification) 새 생명의 세포들이 번식하게(vivification) 하셨다. 성령은 우리를 주인 하나님이 쓰시도록 여호와의 그릇들로 구별하셨다.

우리 속에서 성령께서 거룩하게 하시는 역사를 이루셨고 또 이루시고 계시다는 사실을 결코 잊어서는 안된다. 우리가 우리 속의 성령의 역사를 가볍게 여기는 것은 스스로 고귀한 신분을 망각하는 것이다.

(3) 순종과 예수 그리스도의 피뿌림을 얻기 위하여 : 선택의 목적

얼른 생각하면 예수 그리스도의 피뿌림이 먼저 나오고 다음에 순종이 나와야 할 것 같다. 그런데 본문에는 순종이 먼저 나오고 예수 그리스도의 피뿌림이 나중에 나오므로 순서가 어색한 것 같다. 그러나 본문의 배경이 출애굽기 24 : 3-8에 있다는 것을 알면 문제는 해결된다.

출애굽기 24 : 3-8에 보면, 모세가 여호와의 모든 말씀과 그 모든 율례를 백성에게 고지했을 때 백성은 "여호와의 명하신 모든 말씀을 우리가 준행하리이다"고 응답하였다. 모세는 하나님의 말씀을 고지하고 백성은 준행하겠다고 응답하는 상황에서 모세가 시내 산 아래에 제단을 쌓고 이스라엘 12지파대로 12 기둥을 세우고 번제와 화목제를 여호와께 드리게 하였다. 그 때에 모세는 피를 취하여 반은 여러 양푼에 담고 반은 단에 뿌린 다음 언약서를 가져 백성에게 낭독하니 그들이 "여호와의 모든 말씀을 우리가 준행하리이다"고 응답하였다. 모세는 이미 피 절반은 제단에 뿌리고 나머지 절반은 양푼에 담았었는데, 양푼에 담은 피 절반을 순종하겠다는 백성에게 뿌리면서 "이는 여호와께서 이 모든 말씀에 대하여 너희와 세우신 언약의 피니라"고 하였다. 이런 과정에서 볼 때 피뿌림은 순종하겠다는 것을 확인하는 도장과 같은 것이다.

우리는 이미 제단에 예수 그리스도의 피뿌림을 통하여 하나님과 화해하였고 그로 인하여 하나님의 사랑 보호 은총 형통을 받고 있는 자들이다. 이렇게 사죄받아 하나님의 보좌에 무상출입권을 받은(히 10 : 22) 우리는 하나님의 모든 말씀을 준행하는 새 생활을 해야 할 의무가 있다. 즉 언약의 특권이 언약의 의무와 직결된 것이다. 예수 그리스도의 피뿌림은 언약의 특권에도 필요하고 언약의 의무에도 필요하다.

신자들은 선택된 나그네들이다. 이 점을 도표로 정리하면 다음과 같다.

선택된	나그네들
하나님과의 관계	인간 사회와의 관계
영원 전 + 영원 후	일시체류
하늘	땅
특권층	소외층
하나님의 거룩한 뜻 순종	육신적인 정욕들을 버림

우리는 인간 사회와의 관계에서는 나그네들이지만 하나님과의 관계에서는 영원 전의 예지와 영원 후의 소망으로 연결된 보배들이다. 인간 사회에서는 불리한 위치에 있는 나그네들이지만 하나님 앞에서는 특별한 총애를 받은 그룹이다. 땅에 살지만 땅을 초월하여 하늘을 향하여 사는 자들이다. 그러므로 시련과 고통 중에서도 삼위 하나님의 총애를 기억하고 하늘 소망을 바라보며 하나님의 뜻대로 거룩하게 살아야 하는 것이다.

제 2 장
시련 중의 소망 (1:3-7)

³찬송하리로다 우리 주 예수 그리스도의 아버지 하나
님이 그 많으신 긍휼대로 예수 그리스도의 죽은 자 가운
데서 부활하심으로 말미암아 우리를 거듭나게 하사 산
소망이 있게 하시며 ⁴썩지 않고 더럽지 않고 쇠하지 아
니하는 기업을 잇게 하시나니 곧 너희를 위하여 하늘에
간직하신 것이라 ⁵너희가 말세에 나타내기로 예비하신
구원을 얻기 위하여 믿음으로 말미암아 하나님의 능력
으로 보호하심을 입었나니 ⁶그러므로 너희가 이제 여러
가지 시험을 인하여 잠간 근심하게 되지 않을 수 없었으
나 오히려 크게 기뻐하는다 ⁷너희 믿음의 시련이 불로
연단하여도 없어질 금보다 더 귀하여 예수 그리스도의
나타나실 때에 칭찬과 영광과 존귀를 얻게 하려 함이라.

제1장에서는 신자의 신분이 '선택된 나그네'임을 살펴보았다. 신자는
본향인 천국을 떠나 이 세상에서 정처없는 일시체류자인 외국인으로 본
향을 사모하고 본향의 가치관대로 살아가는 나그네이지만, 하나님이 영
원전에 깊은 뜻대로 예정하시고 현재 성령으로 성별하시고 예수 그리스
도의 피뿌림 안에서 성결된 순종의 삶을 살도록 선택하신 자이다. 신자
는 나그네이지만 복권처럼 우연히 뽑힌 자가 아니라 영원 전부터 영원
후까지 신분이 보장되어 있고, 현재와 현세를 도피하는 자가 아니라 성
결한 순종의 삶을 역동적으로 살도록 성부 성자 성령 삼위일체의 총애를
받는 존재인 것이다.

제2장에서는 '선택된 나그네'의 삶이 어떠한 것인지가 좀더 밝혀질 것
이다. 1:3-7의 본문에서 신자는 어디로 가는지 알 수 없는 나그네가
아니라 미래의 '소망'을 향하여 가고 있는 자임이 밝혀져 있을 뿐 아니라
(1:3-5), 현재의 시련이 오히려 그 소망을 더 확실하고 영광스럽게

하는 것을 체험하는 자임이 밝혀져 있다(1 : 6-7).

19세기 위대한 설교자 스펄전 목사는 본문의 소망은 "진주들의 고리," "다이아몬드들로 된 목걸이," "보석들로 가득찬 케비넷"이라고 하면서 이것은 세상의 모든 보물들보다 훨씬 더 좋은 것이라고 했다. 그런데 이런 하늘의 보화가 시련 중에 더 확실하고 영광스럽게 발견된다는 것이 본문의 내용인 것이다.

요컨대 '시련 중의 소망'이 신자의 현주소인데, 본문에 따라 이것을 분석해 보면 다음과 같다.

　I. 소망의 성격
　　1. 산 소망(1 : 3)
　　2. 썩지 않고 더럽지 않고 쇠하지 아니하는, 하늘에 예약된
　　　 기업(1 : 4)
　　3. 마지막 날에 계시되기로 준비된 구원(1 : 5)
　II. 상속자의 안전보장
　　1. 하나님의 해산(解産)(1 : 3)
　　2. 하나님의 능력 안에서 믿음을 통한 보호(1 : 5)
　　3. 소망을 더 영광스럽게 하는 시련(1 : 6-7)
　III. 찬양과 기쁨(1 : 3, 6)

I. 소망의 성격

신자는 소망을 향하여 가고 있는 나그네인데, 본문에는 소망이 세 가지 각도에서 제시되어 있다. 우리말 본문에는 이 점이 두드러져 있지 않지만 헬라어 원문에는 '에로'(to, unto)를 나타내는 전치사 '에이스'가 3절의 '산 소망' 앞에도 붙어 있고, 4절의 '기업' 앞에도 붙어 있고, 5절의 '구원' 앞에도 붙어 있어서 소망(3절)=기업(4절)=구원(5절)이 확연(確然)히 드러나 있다. 본문을 바로 깨닫게 되면 "젊은 하늘이 이 땅에

서 시작되고 낙원이 황야에서 피어나고” 있음을 발견하게 될 것이다.

1. 산 소망(1 : 3)

3절의 주문장은 “찬송하리로다 하나님”(‘율로게토스 호 쎄오스’)이다. 우리는 흔히 행복한 사람들이 감사한다고 생각한다. 그러나 행복한 사람들이 감사하는 것이 아니라, 감사하는 사람들이 행복하다. 이것을 3절과 연결시켜 보면, 행복한 사람이 찬송하는 것이 아니라, 찬송하는 사람이 행복하다. 베드로는 시련 중에 있으면서도 하나님에게 찬송하는 것으로서 베드로전서의 본론을 시작하는 행복한 사람이다.

3절은 이렇게 하나님을 찬송하는 것으로 시작한다. 그런데 “찬송하리로다 하나님”이라고 하는 간단한 문장의 주어인 하나님을 설명하는 말이 길게 붙어 있다. 즉 “찬송하리로다 하나님”이라고 할 때의 하나님은 어떤 하나님인고 하니, “우리 주 예수 그리스도의 아버지”이시고, “그의 많은 긍휼에 따라” “죽은 자들로부터의 예수 그리스도의 부활을 통하여 우리를 산 소망에로 다시 낳으신 자”이시다. 여기에 ‘소망’의 성격이 ‘산 소망’으로 지적되어 있다. 그러면 ‘산 소망’이란 무엇인가?

우선 본문의 ‘소망’은 ‘내가 무엇을 소망한다’고 할 때 ‘소망하는 나’에게 초점을 둔 ‘소망’이 아니고 ‘소망의 대상’(‘무엇’)으로서의 ‘소망’을 말한다. ‘믿음’도 주관적인 의미에서 ‘믿는 행위나 상태’를 의미할 수도 있고 객관적인 의미에서 ‘믿음의 내용’을 의미할 수도 있는 것처럼 소망도 주관적인 의미에서 ‘소망하는 행위나 상태’를 의미할 수도 있고 객관적인 의미에서 ‘소망의 대상’을 의미할 수도 있다. 그런데 본문에서 ‘소망’은 ‘소망하는 행위나 상태’가 아니라 ‘소망의 대상’을 의미한다. 4절의 ‘기업’과 5절의 ‘구원’이 3절의 ‘소망’을 설명하고 있기 때문이다.

본문에서 소망의 대상으로서의 소망을 ‘산 소망’이라고 한 것은 “죽은 자들로부터의 예수 그리스도의 부활을 통하여 우리를 산 소망에로 낳으신 자”라는 문맥에서 볼 때, 죽음과 대치되는 ‘산 소망’이다. 예수 그리스도의 부활을 통하여 예수 그리스도의 생명이 신자에게 전달되었고 이 생명이 소망을 '산 소망'으로 만든 것이다. 다시 말해서 여기서의 소망은 시체처럼 싸늘하고 무활동의 죽은 소망이 아니라, 생명력이 있는 소망인 것이다. 단순한 형식이 아니라 '산 소망'이고 단순한 감정이 아니라 '산 소망'인 것이다.

세상의 소망은 시간이 지나면 시들하고 없어진다. 그러나 신자의 소망은 '산 소망'이기 때문에 시간이 가면서 점점 더 커지고 점점 더 아름다와진다. 또한 세상의 소망은 대개 실망을 안겨준다. 그러나 신자의 소망은 결코 실망을 주지 않는다(롬 5 : 5). 하늘의 소망은 신자를 순화시키고 근면하도록 자극하고 용기백배하여 전력을 다해 살아가게 한다. 물에 빠져들어 가고 있는 수영선수가 자기에게로 다가오고 있는 구조선을 보면 용기를 내서 사력을 다해 수영하는 법이다.

2. 하늘의 기업(1 : 4)

'산 소망'의 내용이 4절에서 더 구체적으로 설명되어 있다. 그것은(1) "썩지 않고 더럽지 않고 쇠하지 아니하는 기업"이고,(2) "너희를 위하여 하늘에 간직하신 것"이다. '산 소망'은 너무도 확실하고 안전한 것이라는 말이다. 이 점을 도표로 표시하면 다음과 같다.

| '산 소망' | = | 썩지 않는 것
더럽지 않는 것
쇠하지 않는 것 | = | 하늘에 예약된 기업 |

(1) 부패 오염 쇠퇴(衰退)가 없는 기업(基業)

본문의 기업은 영리를 목적으로 생산 판매 서비스 등의 경제활동을 하는 경제 조직체(企業)을 가리키는 것이 아니고, 대대로 물려받는 사업과 재산 즉 상속재산(基業)을 가리킨다. '기업'(基業)이 구약에서는 주로 약속의 땅 가나안에서 하나님의 백성 각자가 소유할 지분(持分)을 가리키는 말이다. 가나안의 기업은 미래에 완성될 하늘의 기업의 불완전한 예표이다. 신약에서는 '기업'이 천국(마 25 : 34; 고전 6;9-10; 15 : 50), 영생(마 19 : 29; 막 10 : 17; 눅 10 : 25), 구원(히 1 : 14), 약속 (히 6 : 12), 축복(벧전 3 : 9) 등과 같은 내용으로 사용되는 것을 보아 그 점을 알 수 있다.

가나안의 기업(基業)은 외적으로부터의 침탈(侵奪)에 의하여 빼앗기 기도 하고 내부의 태만과 부패에 의하여 상실하기도 하는 기업으로 불완 전한 것이지만, 하늘의 기업은 "썩지 않고 더럽지 않고 쇠하지 아니하는 기업"이다. 하늘의 기업은 세 가지 부정('알파') 접두어로 그 확실성과 안전성이 강조되어 있다.

필자가 군대생활을 할 때 군부대 근처의 모 교회를 가끔 방문한 적이 있었다. 그 교회의 백발 장로님은 인자하고 강건한 아브라함 같은 인상 이었다(필자가 아브라함을 본 적은 없지만 성경을 읽고 느낀 바대로). 그런데 그분이 한번 강단에서 "썩지 않고 더럽지 않고 쇠하지 아니하는" 하늘의 기업에 대해서 힘주어 말씀하신 적이 있었다. 그 때 필자는 20대 초의 젊은이로서 그 말씀이 무지개 잡는 얘기 같았다. 그러나 이제는 필 자 자신에게 "썩지 않고 더럽지 않고 쇠하지 아니하는" 하늘의 기업이란 말씀이 상당히 절실하게 잡혀오는 것을 느낀다. 한편으로는 신앙이 그 때보다 성숙했고 다른 한편으로는 그때 나이의 거의 배가 되는 나이 때 문일 것이다. 생존경쟁이 치열한 삶의 현장에만 관심이 못처럼 깊이 박 혀 있는 우리가 하늘의 소망에 시선을 묶어 둔다면 오늘의 삶이 놀랍게 변화될 것이다.

"썩지 않는다"는 것은 죽음과 부패로부터 보호되는 것을 말한다. 신 자의 기업은 사망이나 부패가 해치지 못하는 것이다. 세상의 재산 중에 썩지 않는 것이 있는가. 혹시 썩지 않는 것이 있다 해도 죽음으로부터 보 호받는 것이 있는가. 세상에서 아무리 많은 재산을 가지고 있다 해도 일 단 사망이 찾아오면 다 놓고 가야 한다. 그러나 신자의 하늘 기업은 부패 하지도 않고 사망에 의해 빼앗기지도 않는다.

밀란의 유명한 감독 찰스 버로우스는 무덤 위에 큰 낫을 든 해골을 그

리려는 화가에게 해골 대신에 낙원의 황금열쇠를 그리도록 당부했다고
한다. 하늘의 썩지 않는 소망을 가진 신자에게 적절한 그림이었기 때문
이다.

"더럽지 않는다"는 것은 도덕적 부정으로부터 보호되는 것을 말한다.
신자의 기업은 도덕적인 부정이 전혀 없는 것이다. "얼마나 많은 재산들
이 사기와 부정으로 획득되었는가. 정당한 주인을 독살하거나 살해해서,
무의탁 고아들을 속임으로써, 과부들을 망하게 함으로써, 이웃들을 압박
함으로써, 가난한 자들을 맷돌로 갈듯 갊으로써, 그들로부터 의복과 포
도원을 탈취함으로써! 그러나 성도들이 장래에 받을 이 기업은 이런 악
덕(惡德) 중 그 어느것에 의해서도 오염되지 않았다. 그것은 위와같은
어떤 방법으로도 취득되거나 보유되지 않았다. 또한 악덕으로 오염된 사
람은 누구도 그 지분(持分)을 얻지 못할 것이다"(Benson).

"쇠하지 않는다"는 것은 자연과 시간으로부터 보호되는 것을 말한다.
아름다운 꽃도 열흘을 가지 못하고 권세도 십년을 가지 못한다는 말이
있다. 이 세상의 아름다움과 권세는 다 꽃처럼 시간이 가면 시드는 것이
다. 그러나 신자의 기업은 영원히 쇠하지 않는다. 맨처음의 아름다움과
영광이 영원토록 계속되는 것이다. "영광의 면류관은 수백년 써도 그 빛
을 잃지 않을 것이고, 황금길은 그 광채를 잃지 않을 것이며, 생명수 강
변에 핀 꽃들은 우리가 처음 보았을 때와 같이 색깔이 풍부하고 향기가
넘칠 것이다"(Barnes).

단단한 대리석도 녹이 슬고 부스러진다. 왕조들과 제국들도 붕괴된다.
그러나 신자의 하늘 기업은 녹도 슬지 않고 붕괴되지도 않는다.

(2) 하늘에 예약된 기업

베드로는 위에서 신자의 기업은 부패 오염 쇠퇴가 없다고 했는데, 이
점이 여기서는 그것이 하늘에 간직되어 있다고 하여 그 안전성이 확보되
어 있음을 강조하고 있다. "너희를 위하여 하늘에 간직하신 것"에서
"간직하신"은 "지켜진", "예약된" 것을 의미한다. 호텔방이나 비행기
좌석은 미리 예약해 두고도 나중에 가보면 예약이 안되어 있거나 예약이

취소되어 있을 수 있으나, 하늘에 예약된 기업은 절대로 취소되는 법이 없는 것이다.

고대세계의 '7대 경이' 중에서 남은 것은 거의 없다.

주전 350년 경 세워진 마우솔루스(Mausolus) 무덤의 유물들은 지금 대영박물관에 전시되어 있다.

다이아나 여신 숭배의 중심지였던 에베소의 아테미 신전(Temple of Artemis)은 262년에 고트 족에 의해 파괴되었다. 이것은 바울이 에베소를 방문한 지 약 200년이 지난 뒤였다.

바벨론의 공중 정원(Hanging Gardens)은 더 이상 존재하지 않는다. 그 정원은 느부갓네살 왕 치하에서 세계에서 가장 화려한 도시 중의 하나인 바벨론의 명물이었다.

4년마다 한 번씩 열리는 올림픽 게임의 개최지인 올림피스 시에 40 피트 높이로 세워진 장엄한 제우스 신상은 비잔틴 시대에 없어졌다. 도벌꾼들이 와서 그 신상을 끌고 가서 태워버린 것이다.

이집트 알렉산드리아 근처의 유명한 톨레미 왕의 등대는 바닥이 사방 100 피트, 높이가 200 피트나 되었다. 그것은 14세기에 지진으로 붕괴되었다.

로데섬의 콜로수스도 주전 224년에 같은 운명을 맞게 되었다. 그것은 본래 로데 섬의 항구를 내려다 보는 신상으로 높이가 100 피트나 되는 거대한 아폴로 신상이었다.

모세 시대 이전에 세워진 피라밋들만은 풍상을 겪어 내었다. 본래 피라밋들은 죽은 후에 부활할 것으로 기대된 바로 왕들의 무덤으로 세워진 것들이다.

고대 세계의 7대 경이는 이처럼 거의 다 무너지고 없어졌으나 하늘에 쌓아둔 보물은 도난이나 붕괴나 부식의 위험이 없이 영원히 간직되는 것이다. "하늘에" 간직되어 있다는 것은 세상의 어떠한 위험이나 오염이 접촉할 수 없는 절대안전 지역에 간직되어 있다는 것이다. "오직 너희를 위하여 보물을 하늘에 쌓아두라 저기는 좀이나 동록이 해하지 못하며 도적이 구멍을 뚫지도 못하고 도적질도 못하느니라"(마 6 : 20).

3. 마지막 순간에 나타날 구원(1 : 5)

소망의 성격이 '산 소망'과 부패 오염 쇠퇴가 없이 하늘에 예약된 기업으로 설명될 뿐만 아니라, 마지막 순간에 나타날 구원으로 설명되어 있다.

본문에서 구원은 미래의 구원을 말한다. 복음서에서는 위험으로부터의 구출(마 8 : 25; 요 12 : 27), 질병으로부터의 구출(마 9 : 21; 요 11 : 12), 하나님의 진노와 죄로부터의 구출(마 1 : 21; 10 : 22; 24 : 13) 등도 '구원'으로 지적되어 있으나, 본문의 구원은 그런 구원을 말하는 것이 아니라 사단의 포위와 박해와 고통으로부터의 구원을 말한다. 여기서 구원은 하나님께서 신자들을 그들의 원수들로부터 건져내사 그들의 억울한 사정을 풀어주시고 그들로 하여금 그들의 기업을 얻게 하시는 것을 말한다. 그런데 이 구원은 "말세"에 이루어질 것이다.

"말세"라는 것은 예수 그리스도의 초림부터 재림까지의 긴 기간을 뜻하는 말이 아니라, 하나님께서 구원을 완성하시는 '마지막 순간'을 뜻하는 것이다. 원문에는 "마지막 카이로스"로 되어 있는데, '카이로스'는 긴 기간을 뜻하는 말이 아니라 결정적인 순간이나 때를 뜻하는 말이다. 따라서 "말세"는 '마지막 순간' 혹은 '마지막 날'로 번역되어야 한다.

마지막 순간에 나타날 이런 구원이 지금은 "예비되어" 있다. 사람들의 눈에는 보이지 않으나 하나님의 손에는 예비되어 우리를 기다리고 있는 것이다. 부모가 자녀를 위하여 좋은 주택을 예비하는 것처럼 하나님께서는 사랑하는 양자들인 우리를 위하여 하늘에 구원을 예비하시고 기다리고 계시는 것이다.

II. 상속자의 안전보장

위에서 신자들이 소유할 '소망'은 '산 소망'이고 부패 오염 쇠퇴가 없이 하늘에 간직되어 있는 기업이고 마지막 순간에 계시되기로 예비된 구원이라는 것을 살펴보았다. 그러나 아무리 영광스럽고 화려한 소망이라고 할지라도 그것을 상속할 우리가 위험이나 실수나 나약으로 그것을 차지하지 못한다면 무슨 유익이 있겠는가. 장래에 상속할 기업이 안전하고 영광스러운 것이라면 그것을 상속할 상속자도 역시 안전하게 보호되어야 마침내 그것을 차지할 수 있는 것이다. 그런데 본문은 하나님께서 하늘기업의 상속자들인 우리들을 안전하게 보호하신다는 것을 지적하고 있다.

1. 하나님의 해산(解産)(1 : 3)

베드로는 하나님을 "죽은 자들로부터의 예수 그리스도의 부활을 통하여 우리를 산 소망에로 다시 낳으신 자"로 지적하고 있다(1 : 3). 여기에 하나님의 해산(解産)이 언급된 것이다. 하나님은 우리를 낳으신 자이시다. 하나님이 "산 소망에로" 해산하사 그 결과로 태어난 자들이 우리이므로 소망의 상속은 너무나 확실하고 안전한 것이다.

'거듭나다'는 말이 요한복음 3장에도 언급되어 있으나(3 : 3, 5, 7, 8) 거기서는 수동태로 언급되어 있다. 그러나 본문은 "우리를 산 소망에로 거듭 낳으신 자"라고 하여 능동태로 사용되어 있다. '거듭 낳다'는 능동태는 본문에서 하나님이 중생(重生)의 주도자이심을 강조하는 것이다. 하나님은 육신적 생명(初生)의 주인이실 뿐 아니라, 영적인 생명(重生)의 주인이시다.

하나님은 "그의 많은 긍휼을 따라, 죽은 자들로부터의 예수 그리스도의 부활을 통하여 우리를 산 소망에로 거듭 낳으신 자"이시다. 여기에 하나님의 해산의 동기는(1) "그의 많은 긍휼", 해산의 수단은(2) "죽은 자들로부터의 예수 그리스도의 부활", 해산의 목표는(3) "산 소망"으로 제시되어 있다. 해산의 목표는 이미 위에서 설명되었으므로 해산의 동기와 수단을 살펴보기로 하자.

(1) 하나님의 해산 동기 : "그의 많은 긍휼을 따라". '은혜'는 하나님

이 주시는 모든 것을 가리키고 '긍휼'은 그 모든 것을 주게 하는 하나님 자신 속의 성품을 가리킨다. 긍휼이라는 말은 상대방의 비참한 상태를 보고 거기에서 구출해 주고 싶은 마음의 움직임이다. 상대방에게 은총을 받을 만한 선행과 공로가 있다면 긍휼은 불필요하다. 상대방에게 아무런 선행과 공로가 없기 때문에 긍휼이 동하는 것이다.

우리는 많은 악으로 오염되어 있으므로 정의는 우리를 정죄하고 거룩은 우리에게 눈살을 찌푸리고 권력은 우리를 누르고 진리는 율법의 위협을 확인하고 진노는 그 위협을 가시화한다. 그러나 하나님의 "많은 긍휼"에서 우리의 희망이 시작된다. 하나님의 모든 것은 장엄한 규모인데, 긍휼 역시 "많은" 것이다. 냇물이 흐르면서 점점 깊어지고 넓어져 마침내 넓고 깊은 강이 된다. 그리고 많은 사람들이 거기에 와서 더러운 몸과 옷을 빨아 눈처럼 희게 한다. 하나님의 긍휼 역시 깨닫고 보면 넓고 깊은 강과 같다. 수많은 죄인들이 하나님의 긍휼의 강에서 그 많은 죄를 씻어 희게 되는 것이다.

로울랜드 힐(Rowland Hill)은 한번은 청중에게 하나님의 사람을 전달하려고 노력하고 있었다. 그러다가 갑자기 그는 말을 멈추고 하늘을 향하야 눈을 들면서 이렇게 감탄했다.

> 저는 이 주제의 높이에 도무지 이를 수 없습니다! 그러나 대양의 작은 고기가 대양이 너무 넓다고 불평하는 것을 한 번이라도 보셨습니까. 저도 그렇습니다. 저는 저 자신의 이 작은 능력으로 제가 도무지 헤아릴수 없는 하나님의 사랑이라는 거대한 주제 속으로 기쁨으로 뛰어드는 까닭이 여기에 있습니다.

우리를 중생하게 하신 하나님의 긍휼은 크고 그 사랑은 대양보다 넓다. 우리는 평생 노력해도 그분의 사랑을 다 헤아릴 수 없다. 그분의 크신 긍휼이 우리의 잣대에 다 들어올 수가 없다. 베드로는 이 점에 감격하여 하나님의 "많은 긍휼"이란 표현을 쓴 것이다.

다시 말하지만 하나님께서 우리를 '산 소망에로' 거듭 낳으신 것은 우리의 선행과 공로 때문이 아니라 오직 그분의 긍휼 때문이다. 그분이 주도적으로 긍휼을 베푸신 것이다. 긍휼을 베푸시는 그분의 성품이 불변하기 때문에 상속자인 우리의 신분은 그만큼 확실하게 보장된 것이다.

(2) 해산의 수단 : "죽은 자들로부터의 예수 그리스도의 부활을 통하여." 하나님께서 우리를 '산 소망에로 거듭 낳으신' 것은 예수 그리스도의 부활을 통해서이다. 예수 그리스도를 부활하게 하신 하나님의 능력이 '산 소망'에로의 우리의 중생을 가능하게 한 것이다. "죽은 자들로부터"라는 구절이 없어도 '부활'이라는 말이 이미 죽은 자들로부터의 다시 살아남을 의미함에도 불구하고, "죽은 자들로부터"란 말이 첨가된 것은 부활을 강조하기 위함이다. 예수 그리스도의 부활은 죽음으로부터의 새 생명이며, 이 새생명이 신자들의 '생명에로의 중생'을 가능하게 하였다. 다시 말해서 '산 소망에로의 중생'에는 하나님의 부활의 능력이 개입된 것이다.

2. 하나님의 능력 안에서 믿음을 통한 보호(1 : 5)

하늘의 기업을 상속받을 신자들은 그 출생 자체가 하나님의 해산에 의한 것이다. 따라서 상속인의 안전은 그만큼 강하게 보장된 것이다. 상속인의 안전은 하나님의 해산에 의한 중생이라는 그 시발점에서만 보장된 것이 아니라, 상속인이 하늘의 기업을 상속받기까지 현재의 삶에서 하나님의 능력 안에서 믿음을 통해 보호되고 있다는 점에서도 강력하게 보장된 것이다.

우리말 성경은 "말세에 나타내기로 예비하신 구원을 얻기 위하여 믿음으로 말미암아 하나님의 능력으로 보호하심을 입었나니"로 되어 있는데, 여기서 "보호하심을 입었나니"는 원문상 "보호하심을 입고 있나니"로 번역되어야 한다. 즉 하나님의 능력의 보호는 과거에 한 번 임한 것으로 끝나는 것이 아니라, 현재 계속 진행되고 있는 것이다.

현재 계속 진행되고 있는 '보호'는 마치 요새에서 보초가 보호하는 것

과 같은 보호이다(고전 11 : 32; 갈 3 : 23; 빌 4 : 17). 마치 무장 보초
가 요소나 군부대를 보호하는 것처럼 하나님이 자신의 능력으로 하늘 기
업을 상속받을 신자들을 현재 계속 보호하시고 계신다. 인간은 나약하고
항상 온갖 유혹들로 둘러싸여 살고 있다. 아담도 타락했고 거룩한 천사
들도 타락했으며 신앙의 위인들도 넘어졌다. 하늘 기업을 차지하는 것이
넘어지기 쉬운 환경 속에 살고 있는 나약한 인간의 의지에만 맡겨져 있
다면, 인간 자신의 결심의 능력에만 맡겨져 있다면, 유혹들을 극복할 인
간의 힘에만 맡겨져 있다면 ─ 그렇다면 인간이 계속 기업 얻을 길을 걸어
가서 마침내 기업을 상속할 확실성이 어느 인간에게도 없을 것이다. 그
러나 그것이 인간에게 일임되어 있지 않고 불말과 불병거로 보호하시는
하나님에게 맡겨져 있기 때문에 상속인의 안전은 보장되어 있는 것이다.
　하나님은 우리 상속인들을 자신의 능력으로 보호하시되, 우리 속에 믿
음을 불러일으키심으로써 보호하신다. "믿음으로 말미암아"라는 구절이
이 점을 보여준다. 여기서 말하는 믿음은 고난 중에도 끝까지 하나님을
신뢰하고 하나님이 약속하신 하늘 기업을 믿는 것을 말한다. 먹구름이
비를 예보하듯 믿음은 하늘의 영광을 예보하는 것이다. 이런 믿음을 통
하여 상속인인 우리가 내부적이고 외부적인 위험들과 공격들로부터 보
호를 받고 있는 것이다.

3. 소망을 더 영광스럽게 하는 시련(1 : 6─7)

　하늘 기업을 약속받은 신자들이 이 세상에 사는 동안에 하나님의 능력
안에서 믿음으로 보호받아 마침내 하늘의 기업을 상속받게 된다는 말씀
은 확실히 승리에 기대감이 부풀게 하는 말씀이다. 승리에의 환호
(triumphalism)가 느껴지는 말씀이다. 베드로가 이런 말씀을 기록한
것은 그가 고난의 현재를 잊고 미래의 환상에 사로잡혀 있었기 때문인
가? 베드로가 고난당하는 수신자들에게 현재의 고난을 비현실적인 환상
으로 잊도록 하기 위하여 아편 주사를 놓고 있는 것인가? 결코 그렇지
않다. 그것은 1 : 6─7에서 '여러 가지 시험'을 당하는 현실을 현실적으

로 분석하였기 때문이다.

물이 흐를 때 같이 흐르면서 수영하는 자는 수영이 힘들지 않다. 세상 사람들은 세상의 가치관이 흐르는 대로 같이 흐르기 때문에 별로 어려움을 느끼지 않는다. 그러다가 마침내 멸망의 폭포에 이르게 되는 것이다. 그러나 신자는 세상의 흐름을 거스리면서 수영하기 때문에 세상의 거센 물살과 끊임없이 부딪히고 싸워야 하지만 마침내 영광의 낙원에 이르게 된다. 베드로는 세상의 물살과 부딪히며 고난을 당하는 신자들에게 현실의 고난을 현실대로 분석하면서도 하늘의 소망으로 크게 위로한 것이다.

베드로는 고난의 현실을 언급할 때에 그것이 '산 소망'을 약화시키거나 무효화시킨다는 방향으로 언급하지 않았다. 오히려 그것이 '산 소망'을 붙잡는 믿음을 순화시킨다는 차원과 하늘 기업을 더 풍성하게 얻게하는 계기가 된다는 차원에서 언급한 것이다. 풍랑 때문에 더 빨리 간다는 식으로 말한 것이다.

(1) 시련으로 인한 근심 (1 : 6)

베드로는 수신자들이 당하고 있는 시련을(1) 여러 가지 시험,(2) 잠간의 시련,(3) 외부의 시련을 통한 내적 근심,(4) 시련의 필요성 면에서 분석했다.

"여러 가지 시험"에서 '시험'은 죄를 범하도록 유인하는 유혹들이 아니라 '시련들, 시험의 경험들'을 의미한다. 베드로와 수신자들은 잘 알고 있겠으나 여기에 그 시련들이 무엇임이 드러나 있지는 않다. 박해로 인한 고통, 가난, 질병 등을 포함하여 온갖 가능한 고통을 총칭하여 '시련들'이라고 했을 것이다.

베드로는 다양한 시련들은 '잠시' 동안이라고 말했다. 이땅의 시련들을 하나님의 관점에서 볼 때 잠시이고(벧후 3 : 8 - 9), 영원한 영광에 비할 때 잠시이고(고후 4 : 17), 하나님의 섭리 안에서 속히 끝나기도 하기 때문에 잠시이다.

베드로는 또한 잠시의 외부적 시련들이 내면적 근심을 유발한다는 사실도 언급했다. 베드로는 이땅의 시련들이 정신적 고통을 깊이 느끼게

한다는 것도 솔직히 인정하고 그대로 다 인정한 것이다. 시련들이 있는
데도 겉으로 고통이 없는 것처럼, 속으로 정신적 고통이 없는 것처럼 말
하지 않았다는 말이다.

베드로는 또한 이런 시련들이 하나님의 섭리 안에서 필요하다는 것을
지적했다. "근심하게 되지 않을 수 없었으나"에서 "않을 수 없었으나"
는 원문에 '에이 데온'으로 "그것이 필요하다면"(if need be), "그것이
필요하므로"(since it is necessary)의 의미가 있다. 우리가 이 세상에
서 당하는 시련들이 하나님 보시기에 필요하다는 말이 부드럽게 표현된
것이다. 신자들의 시련은 우연히 당하는 것이 아니라 하나님 보시기에
필요해서 당하는 것이라는 말이다. 예수님의 고난이 하나님 보시기에 필
요한 것이었듯이(막 8 : 31; 눅 17 : 25; 24 : 7, 8; 요 3 : 14; 12 : 34;
행 3 : 21; 17 : 3) 신자들의 시련도 하나님 보시기에 필요한 것이다(벧
전 4 : 12).

(2) 시련으로 인한 믿음의 연단(1 : 7)

신자들에게 시련들이 필요한 것은 시련들이 믿음을 제련하기 때문이
다. "믿음의 시련"은 결과의 측면에서 본 "믿음의 연단"을 가리킨다.
믿음의 연단 자체가 제련된 금보다 귀하다는 말씀이 아니라, 연단을 통
하여 순화된 결과(tested residue of your faith) 즉 믿음의 순수성
(genuineness)이 제련되어 불순물들이 제거된 금보다 더 귀하다는 것
이다.

반짝이는 것이 모두 금은 아니다. 반짝이는 것을 용광로에 넣어보면
진짜 금인지 아닌지가 판가름난다. 믿음으로 보인다고 하여 모두 믿음이
아니다. 시련의 용광로에 들어가 봐야 참 믿음과 거짓 믿음이 드러난다.
뿐만 아니라, 진짜 금이라 할지라도 용광로 속에서 불순물이 제거되듯
이, 참믿음이라 할지라도 고통의 용광로 속에서 약간의 교만, 허영, 이기
심, 세속성, 관능등의 불순물이 제거된다. 용광로에서 제련된 금이 그 광
채를 더욱 드러내듯이 고통의 용광로에서 단련된 믿음이 그 광채를 더욱
드러내게 된다(욥 23 : 10). 동양의 제련공은 금속 속에 자기 얼굴이 비

칠 때까지 그것을 용광로에서 끄집어내지 않는다고 한다. 우리 주님도 우리 속에서 주님의 영광과 아름다움이 비칠 때까지 우리를 고통의 용광로 속에서 끄집어내지 않으신다.

금은 용광로에서 제련된 후에도 세월이 흐르면 결국 없어져버리는 것이다. 신라 시대의 금관이 녹으로 부셔져 가고 있는 모습을 우리는 고분에서 보았다. 금은 이렇게 세월이 흐르면 없어져 버리지만 단련된 믿음은 없어지는 것이 아니므로 금보다 더 귀한 것이다. 금으로는 하늘의 기업을 살 수 없지만, 믿음으로는 하늘의 기업을 더 확실하게 붙잡을 수 있으므로, 단련된 믿음이 금보다 더 귀한 것이다.

유명한 화가가 벽화를 그리고 있었다. 그는 그것을 걸작으로 만들 셈이었다. 그가 벽화를 그리고 있는 동안 그의 친구가 스튜디오에 들어와서 스튜디오 뒤에서 그것을 보고 있었다. 화가는 짙은 청색과 회색으로서 벽화의 배경을 깔고 있었다. 화가는 좀 더 좋은 각도에서 그림을 보기 위해서 사다리에서 내려와 친구를 향해서 뒷걸음으로 몇 걸음 다가갔다. 화가는 흥분한 상태에서 "이것은 내 일생 일대의 걸작이 될 것일세! 자네는 어떻게 생각하는가?"하고 친구에게 말을 건넸다.

그 때 친구는 "내가 보고 있는 것은 크기는 하지만 멋이 없이 권태로운 그림 뿐인걸." 하고 대꾸했다.

이 말을 들은 화가는 금방 이렇게 응수했다. "아, 내가 잊었군. 자네가 그림을 볼 때는 그림의 현재 상태만 볼 뿐이지. 내가 그림을 볼 때는 그림의 완성될 상태를 본다고!"

우리는 현재 상태의 시련만 보고 실망하고 낙담하는 경우가 많다. 그러나 우리의 시련은 하나님이 준비하신 상급이라는 완성된 작품을 향해 진행하는 과정에 불과하다. 완성된 작품을 향해서 나아가는 과정에서 점점 더 아름다워져 가는 것이다. 믿음이 점점 연단되는 것이다. 그러므로 우리는 현재의 그림만 보지 말고 그려져 가는 과정의 아름다움(믿음의 연단)도 보고 그 이후 완성될 미래의 그림도 보아야 하는 것이다.

(3) 시련과 상급(1 : 7)

1 : 7을 직역하면, "불을 통하여 연단된, 없어질 금보다 더 귀한 너희들의 믿음의[연단된] 순수성이 예수 그리스도의 나타나심에 칭찬과 영광과 존귀에로 발견되기 위하여"가 된다. 시련들의 용광로에서 불순물이 제거된 믿음은 예수 그리스도가 나타나실 때 즉 구원의 최종완성을 위하여 그분이 나타나실 때에 "칭찬과 영광과 존귀"의 결과를 얻게 된다는 것이다. 작은 배는 작은 배에 맞게 가까운 바다에만 다닌다. 그러나 "하나님께서 당신을 큰 배로 만들어 많은 보물을 싣도록 하시려 한다면 당신에게 큰 파도가 무엇인지를 알게 하셔야 한다. 파도의 진노를 체험하면서 마침내 '깊은 속에서 그의 경이'를 보게 하신다"(Spurgeon). 보통 자갈은 그냥 버려두지만 다이아몬드는 그 광채가 번쩍일 때까지 바퀴 위에서 달달 볶이는 것이다. 물을 많이 담는 저수지를 파려면 더 넓게 더 깊이 파야 하는 것처럼 큰·믿음으로 큰 일을 감당하고 큰 축복을 감당하게 하기 위해서는 큰 시련이 필요한 것이다. 이런 의미에서 최악의 세월이 실상 최선의 세월일 수도 있다.

우리가 더 큰 믿음을 구하면 하나님은 보통 더 큰 시련을 주신다. 더 큰 믿음에 이르는 길은 흔히 슬픔의 거친 길이다. 스펄전 목사는 편하고 쉬운 환경에서 얻은 은혜가 한 푼 어치라면 슬픔과 고통과 애통을 통해서 얻은 은혜는 다 헤아릴 수 없다고 했다. 그는 환란은 우리 집의 최고의 가구이고 목회자의 도서관에서 가장 좋은 책이라고도 했다.

젊은 인디안 용사가 자기 할아버지인 추장에게 가서 이런 질문을 던졌다. "할아버지, 할아버지의 위대하신 지혜로 보실 때 추장이 되기 위해서는 어떤 단계를 거쳐야 합니까?" 그 때 늙은 추장은 이렇게 대답했다. "추장이 되기 위해서는 먼저 고양이 꼬리에서 털을 뜯어내야 한다. 그는 맨손으로 희고 큰 물소를 쓰러뜨려야 한다. 그리고 그는 갈색 곰과 싸워 셋 중에 둘은 쓰러뜨려야 한다. 그리고 물론 통상적으로 겪는, 불과 물의 시련들을 다 겪어야 한다."

인디안의 추장이 되기 위해서도 온갖 시련을 겪어야 하거늘, 하물며 하늘 나라의 용사인 신자는 얼마나 더 심한 시련을 겪어야 하겠는가. 시련을 통과해야 추장이 되듯, 시련을 통과해야 믿음의 용장이 되는 것이다. 더 큰 믿음은 더 큰 시련에서 나오는 것이다.

어떤 왕이 한길에 큰 돌을 갖다 놓고 숨어서 누가 그것을 치우는가를 보았다. 여러 부류의 사람들이 그리로 지나갔다. 어떤 사람들은 도로를 깨끗이 치우지 않은 왕을 비난했다. 그러면서도 그 돌을 치우지 않고 피해서 지나갔다. 드디어 어떤 농부가 그리로 지나가게 되었다. 그는 채소를 팔기 위하여 그리로 지나가다가 그 돌을 발견하게 되었다. 그는 자기 짐을 내려놓고 돌을 도랑으로 밀어 치웠다.

그리고 나서 그는 그 돌 밑에 있는 지갑을 발견하게 되었다. 그가 지갑을 열자 거기에는 온갖 금붙이들이 가득 들어 있었다. '이 금붙이는 누구든지 이 돌을 치우는 자의 것이다'는 쪽지와 함께.

모든 장애물 밑에는 우리 왕이신 하나님께서 축복의 금붙이를 숨겨놓으신 것이다. 우리는 신앙생활을 바로 하다가 만나는 시련의 십자가를 피하여 도망갈 수 있을 것이다. 그러나 그렇게 하면 우리는 영원한 실패자가 된다. 십자가를 피하면 축복이 없다. 시련을 피하면 면류관이 없다. 우리가 시련을 피하느냐 아니면 그 시련을 믿음으로 통과하느냐 하는 것을 하나님께서 살펴보시고 계시는 것이다.

새의 둥지가 여름에는 발견하기 어려워도 겨울에는 누구나 발견할 수 있다. 나무 잎들이 다 떨어지고 나면 둥지가 모두에게 보이는 것이다. 형통할 때는 믿음이 있는지도 발견할 수 없으나 시련의 겨울이 와서 삶의 모든 잎새들이 지고 나면 자신의 믿음의 현주소를 발견하게 되고 믿음의 성숙을 위해 노력하게 된다. 시련들을 통해 순화된 믿음은 그리스도의 재림 때에 하늘의 기업을 얻을 뿐 아니라, "잘 하였도다"는 칭찬과 영광과 존귀를 얻게 되는 것이다(마 25 : 21,23).

III. 찬양과 기쁨

'선택된 나그네들'인 우리들을 예수 그리스도의 부활을 통하여 '산 소망'에로 거듭 낳으신 하나님은 상속인들인 우리들을 자신의 능력 안에서 믿음을 통하여 보호하시고 시련 속에서 믿음을 단련해서 하늘 기업을 기어이 차지하게 하시는 분이시다. 베드로는 이런 하나님을 찬양하였다. 1:3에 "찬송하리로다 우리 주 예수 그리스도의 아버지 하나님"이라고 한 것이다. 이 구절은 유대인 회장예배의 기도 형식("당신을 찬양합니다")이 아니라, 하나님은 찬양을 받으시기에 합당하신 분이라는 것을 예배 공동체에 선언하고 고백하는 형식이다. 하늘의 기업을 소망으로 보장하시고 그 기업을 상속할 우리들을 낳으시고 보호하시는 하나님은 마땅히 찬양을 받으실 분이신 것이다.

"우리 주 예수 그리스도의 아버지 하나님"은 예수 그리스도의 부활을 통하여 우리들을 중생하게 하심으로써 우리들의 아버지이시기도 하다. 그는 우리들의 아버지로서 하늘 기업을 우리에게 상속하게 하신 것이다. 이런 하나님을 우리 양자들은 찬양해야 마땅한 것이다.

신자는 하나님의 양자로서 하나님의 해산으로 태어났고 하나님의 능력으로 보호받고 마침내 하나님이 예비하신 상속재산을 차지할 것이기 때문에 항상 찬양이 터져나와야 마땅하지만, 그렇지 못할 경우는 일부러라도 찬양을 드려야 한다. 찬양은 심령을 좌절에서 끌어올리는 가장 확실한 방법이다. 우리의 황야 야영지를 둘러싸고 으르릉대는 고민과 불만의 맹수들은 감사와 찬양의 불을 지르면 다 도망치는 것이다.

베드로 자신이 이렇게 하늘 기업을 얻도록 우리를 낳으신 하나님 아버지를 찬양할 뿐 아니라, 신자들도 역시 "크게 기뻐한다"는 사실을 지적했다. 1:6에 "그러므로 너희가… 크게 기뻐하도다"는 말씀이 그것이다. 신자들은 앞으로 상속받을 소망이 확실하고 그 소망을 얻을 우리들이 하나님의 능력으로 완전하게 보호되고 있으므로 기뻐서 펄쩍펄쩍 뛰는 자들인 것이다. 밖으로 다양한 시련들이 있고 안으로 그것들로 인한 심적인 고통이 있지만, 하늘의 기업을 생각하면 기쁨이 넘치는 것이다. 시련 중에도 소망으로 인한 벅찬 기쁨—이것이 신자들의 심령 상태인 것이다.

시련들이 많은 세상에서 참된 기쁨이 어디에 있는가? 불신앙에 기쁨
이 있는 것이 아니다. 가장 노골적인 불신자 볼테르는 "나는 결코 태어
나지 말았으면 좋았을 것이다"고 탄식했다. 돈에 있는 것도 아니다. 미
국의 백만장자 제인 골드는 임종시에 "나는 땅 위에서 가장 비참한 악마
라고 생각한다"고 말했다. 지위와 명예에 있는 것도 아니다. 비콘스필드
경은 지위와 명예를 누구보다 더 누린 사람이지만 "청춘은 실수요, 성년
은 투쟁이요, 노년은 비밀이다"고 말했다. 쾌락에 있는 것도 아니다. 일
생을 쾌락 속에 묻혀 살았던 바이론 경은 마지막 생일 때 "내 날들은 누
런 잎사귀들 / 생의 꽃들과 과일들은 사라지고 / 벌레와 해충과 슬픔이 /
이제 나만의 것이로다"고 탄식했다. 권력에 있는 것도 아니다. 세계를
제패했던 나폴레옹은 세인트 헬레나의 외로운 죄수로 이렇게 말했다 :
"알렉산더와 시저와 샬르망과 나 자신은 제국들을 설립했다. 그러나 무
엇을 토대로 했던가? 폭력을 토대로 했다! 예수 그리스도만이 그의 왕국
을 사랑의 토대 위에 세웠다. 그래서 지금도 그를 위하여 목숨을 버릴 자
들이 수백만 명이나 된다."

참된 기쁨은 예수 그리스도 안에만 있다. 플로리다에 101세의 흑인 노
파가 있었다. 노파는 항상 침대에 누워 지내고 있었다. 그녀의 가족들은
이미 다 세상을 떠났다. 그녀의 남편은 약 50년 전에 죽었고 자녀들도 하
나 둘 세상을 떠났다. 그녀의 자녀들은 50년 내지 60년 살다가 세상을
떠났다는 것이다. 그래서 그녀는 남편과 자녀들을 다 여의고 홀로 무의
탁 노파로 남아 있는 것이다. 스코필드(C. I. Scofield) 박사가 그녀를
격려하기 위하여 방문했다가 깜짝 놀라고 말았다. 스코필드 박사가 그녀
를 방문해서 10분도 채 되기 전에 노파에게 자기를 격려해 주고 위해서
기도해 달라고 부탁했다는 것이다. 그랬더니, 노파는 "제가 하늘에 계신
제 아버님에게 당신에 대하여 말씀드리겠습니다"고 하더라는 것이다.

미국 남북전쟁 당시 군목이 죽어가는 사람에게 찾아갔다. 군목은 그
사람의 손을 잡고 "형제여, 제가 무엇을 해 드릴까요?"하고 물었다. 군
목은 그 사람도 역시 보통 사람들처럼 극한상황에 처한 자신을 위한 기

도를 요청할 것이라고 생각했다. 그러나 그 사람의 경우는 달랐다.

"목사님, 무릎을 꿇으시고 저 대신에 하나님께 감사를 드려 주세요."
하고 그 사람은 말했다.

"무엇을 감사하라는 것입니까?"고 군목이 반문하자 그 사람은 이렇게
말했다. "제게 귀한 어머니를 주신 것을 감사드려 주십시오. 어머니의
교훈과 영향을 통해서 제가 그리스도인이 된 것을 감사해 주십시오. 제
가 그리스도인이 아니라면, 지금 어떻게 되었을까요. 그리고 그분에게
영광의 집을 주신 것을 감사드려 주십시오. 저는 곧 그곳에 가서 앞으로
그곳으로 오실 어머님을 기다리고 오시면 환영하겠습니다."

죽음 앞에서도 기뻐하고 감사하는 사람, 미래의 '영광의 집'에 대한 소
망이 없다면 어떻게 이런 사람이 있을 수 있겠는가.

예수 그리스도의 부활을 통하여 우리를 하늘 기업의 산 소망에 낳으
시고 능력으로 보호하시는 하나님 아버지에게 찬양을 돌릴 마음이 있는
가. 시련 중에도 하늘 기업의 소망으로 인한 벅찬 기쁨이 있는가. 신자의
뱃지를 믿음과 사랑에서는 찾으면서도 소망에서는 별로 찾지 않는 것이
우리의 현실이다.

삶과 죽음을 오락가락하는 어느 목회자가 그를 문병온 많은 신자들은
죽음 이편의 생에 대한 깊은 관심으로 위로를 하였을 뿐, 죽음 저편의 영
광에 대해서는 한마디의 위로도 한 사람이 없었다고 탄식했다. 우리는
생존경쟁으로 처절한 삶의 현장에만 관심이 박혀 있을 뿐, 죽음 저편의
영광스러운 소망에 대해서는 무관심한 자들이다. 시련들 중에서도 산 소
망 때문에 찬양과 기쁨이 넘치는 삶을 사는가-오늘 이 질문을 스스로
던져보아야 하지 않겠는가.

제 3 장
구원의 즐거움

(1 : 8 - 12)

> [8]예수를 너희가 보지 못하였으나 사랑하는도다 이제도 보지 못하나 믿고 말할 수 없는 영광스러운 즐거움으로 기뻐하니 [9]믿음의 결국 곧 영혼의 구원을 받음이라 [10]이 구원에 대하여는 너희에게 임할 은혜를 예언하던 선지자들이 연구하고 부지런히 살펴서 [11]자기 속에 계신 그리스도의 영이 그 받으실 고난과 후에 얻으실 영광을 미리 증거하여 어느 시, 어떠한 때를 지시하시는지 상고하니라 [12]이 섬기는 바가 자기를 위한 것이 아니요 너희를 위한 것임이 계시로 알게 되었으니 이것은 하늘로부터 보내신 성령을 힘입어 복음을 전하는 자들로 이제 너희에게 고한 것이요 천사들도 살펴보기를 원하는 것이니라

구정연휴 기간의 방황과 정착

베드로전서 제1장은 '선택된 나그네', 제2장은 '시련 중의 소망'이라는 제목으로 이미 강해한 바 있다. 필자는 나름대로 깨달은 바가 있어서 두 번의 강해를 하였으나 강해하는 자신의 느낌 면에서 무언가 개운치 않음을 발견했다. 그러나 하나님께서는 이런 부족한 강해를 통해서도 역사하신다는 사실을 발견하고 위로도 받았다.

후두암으로 죽느냐 사느냐의 고투(苦鬪)를 하시는 어느 성도가 나그네의 산 소망에 대하여 들은 말씀으로 위로를 받고 있다는 소식을 듣고 필자는 크게 격려를 받았다. 그럼에도 불구하고 여전히 어딘가 석연하지 못한 구석이 있는 상태에서 제3장을 준비하게 되었다.

제3장을 준비하는 과정에서 제목을 '고난과 영광' 혹은 '고난 후의 영광'으로 잡을까도 생각해 보았다. 그러나 이 제목이 본문을 적절하게 요

약하기에는 불충분하다는 생각이 들었을 뿐 아니라, 본문 자체를 강해해서 무슨 반응을 불러일으킬 수 있을까 하는 의구심이 생겼다. 말씀 전파자가 청중의 반응에 지나친 신경을 쓰면 안된다는 것을 이론적으로는 알면서도 필자의 마음에서 실제적으로 그런 의구심을 떨쳐버릴 수가 없었다. 강해 준비 자체가 콱 막히는 기분이 들 뿐더러 이 강해를 대할 성도들에게 부끄러운 마음과 함께 그들이 무섭다는 생각도 들었다. 이런 상태에서 어떻게 계속 강해를 할 것인가 생각하니 마음이 무겁기가 그지없었다.

이렇게 막힌 마음으로 베드로전서 주석들을 놓고 노트를 하면서 1 : 8에 "말할 수 없는 영광스러운 즐거움으로 기뻐한다"고 할 때의 기쁨이 현재의 기쁨인가, 아니면 미래에 완성된 구원을 받을 때에 터져나올 기쁨인가 하는 질문이 생겼다. 1 : 6에 "잠간 근심하지 않을 수 없었으나 오히려 크게 기뻐하도다"는 말씀과 연결하면 현재의 기쁨이 되고, "너희가 그리스도의 고난에 참여하는 것으로 즐거워하라 이는 그의 영광을 나타내실 때에 너희로 즐거워하고 기뻐하게 하려 함이라"는 4 : 13 말씀과 연결하면 미래의 기쁨이 된다.

만약 그것이 현재의 기쁨이 아니라면, 이미 현재의 기쁨이라고 제2장에서 강해했는데 어떻게 하나 하는 걱정도 생겼다. 이런 걱정과 함께 한 부분을 강해할 때 베드로전서 전체의 시각으로 하지 않으면 앞에서 했던 강해를 후에 바꾸어야 할 사태가 연속적으로 발생할 지도 모르겠다는 아찔한 생각이 들었다. 그래서 베드로전서 전체를 염두에 두기 위하여 헬라어 원문으로 베드로전서 전체를 정독하게 되었다.

헬라어 원문으로 베드로전서를 정독하고 난 다음 막힌 것이 어딘가 뚫리는 느낌이 들면서 베드로전서를 푸는 열쇠는 미래에 완성될 하늘의 소망이라는 것이 확실하게 깨달아졌다. 그 영광스러운 소망이 확실하게 잡혀오기만 하면, 현재 나그네 삶의 시련들을 참을 수 있을 것이고 현세의 현란한 육욕의 유혹들을 극복하고 하나님의 뜻을 실천하는 삶을 살 수 있을 것이다.

이 사실을 집사람에게 얘기했더니 그러면 지금까지 그 정도도 몰랐느냐는 의외의 반응을 보였다. 필자 자신은 굉장한 고민 끝에 깨닫고 한 말인데 뭐 그 정도로 그렇게 흥분하느냐는 아내의 반응 앞에 풀이 약간 꺽이는 느낌이었다. 그러나 동시에 문제는 바로 여기에 있다는 생각이 들었다.

베드로전서를 푸는 미래의 영광이라는 열쇠가 머리 속으로는 이해가 되는데, 마음 속으로는 실제 천국의 영광을 보기 전에는 무지개 잡는 얘기로 들린다는 점이다. 이 문제를 어떻게 풀 것인가?

또하나의 이런 문제에 부딪힌 필자는 기도하는 중에 "아, 하늘의 영광을 마음 속으로 실상처럼 깨달을 수 있도록 '영광의 영'(4 : 14), 곧 성령의 충만을 구하면 되겠다"는 생각이 언뜻 들었다. 베드로전서 강해를 감당하려면 과거보다 더 간절하게 하늘의 영광에 관한 말씀을 깊이 깨닫도록 기도해야 되겠다는 것이 하나의 해결책으로 파악된 것이다.

이런 생각을 하면서 기도를 계속하는 중에 "세월이 흘러가는데. 내 고향 찾아가리"(534장)라는 찬송과 함께 눈물이 터져나왔다. 이런 감격 속에서 깨달은 것은 "아, 하늘의 소망을 분명하게 깨닫는 데 하늘 소망에 관한 찬송을 부르면 되겠다"는 것이었다. "보아라 즐거운 우리집 밝고도 거룩한 천국에"(222장) 등의 찬송이 얼마나 좋은가. 종전에는 "세월이 흘러가는데"와 같은 찬송은 장례식에서나 부르는 것으로 되어 있었는데, 이런 찬송을 평소에 많이 불러야 하겠다는 생각이 들었다.

하늘 소망을 깨달으면 현재의 시련과 고통을 이기면서 하나님의 뜻을 실천할 수 있음에도 불구하고 하늘의 영광을 실상으로 깨닫지 못하는 것이 문제라고 했는데 이 문제를 푸는 길이 또하나 있다는 것을 발견했다. 하늘의 영광은 현재로서는 보지 못하지만 이렇게 보지 못하는 영광을 붙잡는 길은 "믿음!"인 것이다. "믿음은 바라는 것들의 실상(實狀)이요 보지 못하는 것들의 증거니 선진들이 이로써 증거를 얻었느니라"(히 11 : 1).

하늘의 영광을 실상으로 잡는 것이 믿음이라면 이런 믿음을 얻는 길은 무엇인가? "믿음은 들음에서 나며 들음은 그리스도의 말씀으로 말미암 았느니라"(롬 10 : 17). "아, 그렇구나! 하늘의 영광을 깨닫는 것이 베 드로전서를 푸는 열쇠이고 이것을 깨달으려면 믿음이 있어야 되는데, 믿 음은 그리스도의 말씀을 전하고 들으면 형성되고 성숙되는구나. 결국 기 도와 찬송 중에 베드로전서를 계속 연구해서 전하고 들으면 우리들 속에 하늘의 영광을 붙잡는 믿음이 확실하게 생기겠구나." …이것이 필자가 베드로전서 강해 준비과정에서 겪은 다소 긴 방황의 종착역이었다. 구정 연휴를 전후해서 이런 방황을 주시고 이런 각성을 주신 하나님의 은혜가 얼마나 감사한지. 감사와 찬송을 하나님께 드리나이다!

본문 분해

1 : 3-7에서 시련을 극복하고 기뻐하는 비결은 "산 소망"(1 : 3)= "썩지 않고 더럽지 않고 쇠하지 아니하는" 하늘의 기업(基業)(1 : 4) ="말세에 나타내기로 예비하신 구원"(1 : 5)에 있음을 살펴보았다. 그 런데 이 영광스러운 구원은 "예수 그리스도의 나타나실 때에"(1 : 7) 우 리가 영광스럽게 차지할 것이다. 1 : 8-12 본문에서 베드로는 이제 구 원자 예수 그리스도의 재림 때에 주어질 영광스러운 구원이 얼마나 귀중 한 것인가 하는 것을 다시 설명하고 있다.

  I. 미래의 구원으로 인한 즐거움(1 : 8-9)
  ※ 그런데 이 구원은 얼마나 귀한 것인가? 그 이유 세 가지 :
  II. 선지자들이 성령으로 예언하고 부지런히 상고한 구원(1 : 10-12상)
  III. 복음전파자들이 성령으로 전한 구원(1 : 12중)
  IV. 천사들도 살펴보기를 갈망하는 구원(1 : 12하)

Ⅰ. 미래의 구원으로 인한 즐거움 (1 : 8 - 9)

베드로는 수신자들이 장차 나타날 구원으로 인하여 기뻐한다는 사실을 지적할 때 그 구원 자체에만 관심이 집중되어 있는 것이 아니라 그 구원을 주시는 예수 그리스도에 대한 사랑이 그들에게 있다는 것을 지적한다. 그들이 기뻐하는 것은 육신적으로는 본 적도 없고 보지도 못하는 예수 그리스도를 사랑하기 때문이다(1 : 8상). 그들이 또한 말할 수 없는 영광스러운 즐거움으로 기뻐하는 것은 예수 그리스도를 지금은 보지 못하나 그를 믿기 때문이다(1 : 8하). 그들이 벅찬 기쁨을 맛보는 것은 또한 앞으로 믿음의 목표인 구원을 받을 것이기 때문이다(1 : 9).

1. 예수 그리스도를 보지 못하였으나 사랑하기 때문에 기뻐함(1 : 8상)

베드로전서의 수신자들은 베드로처럼 예수 그리스도를 육신의 눈으로 실제적으로 본 체험이 없는 자들이다. 이것은 현재의 모든 신자들도 마찬가지이다(요 8 : 42; 14 : 21; 21 : 15이하; 고전 16 : 22; 엡 6 : 24; 딤후 4 : 8). 예수 그리스도는 과거에 땅 위에서 활동하실 때 육신으로 눈으로 보였고 앞으로 재림하시면 눈으로 뵐 수 있으나 지금은 보이지 아니하신다. 우리는 예수 그리스도를 육신의 눈으로 보지 못하나 사랑하고 있다(요일 4 : 20).

예수 그리스도를 보는 데는 네 단계가 있다.(1) 예언에 의한 기대와 갈망이 있으나 실제로는 보지 못하는 단계(눅 10 : 23, 2 4), (2) 성육신한 예수 그리스도를 실제로 보는 단계(행 10 : 39), (3) 승천하신 예수 그리스도를 믿음의 눈으로 보는 단계(요 20 : 29), (4) 영화된 예수 그리스도를 재림 후에 대면해서 보는 단계(요일 3 : 2).

베드로는 (2)의 단계에서 예수 그리스도를 육신으로 눈으로 직접 보았다. 그러나 베드로전서의 수신자들과 우리들은 (3)의 단계에 속한 자들로서 예수 그리스도를 믿음의 눈으로 보는 자들이다.

예수 그리스도를 육신으로는 보지 못하지만 믿음의 눈으로 그를 보면서 그를 사랑하는 것이 우리 신자들이다. 다음의 시는 이 점을 잘 드러내 보여준다.

> 예수님, 이 눈으로 한 번도
> 당신의 반짝이는 모습을 보지 못했습니다
> 당신의 복된 얼굴과 나의 얼굴 사이에
> 감각의 베일이 어둡게 드리워져 있습니다
>
> 나는 당신을 보지 못하고, 듣지 못합니다
> 그러나 당신은 자주 나와 함께 계십니다
> 내가 당신을 만나는 곳보다
> 이 땅에 그토록 아름다운 곳이 없습니다
>
> 그러나, 본 적이 없지만 여전히
> 믿음으로만 안식해야 합니다
> 사랑하는 주님, 나는 당신을 사랑하고 사랑할 것입니다
> 보이시지 않지만 난 주님을 알고 있습니다
>
> 죽음이 이 죽을 눈과
> 그리고 이 고동치는 가슴을 덮을 때에
> 찢어지는 베일이 당신을 계시할 것입니다
> 당신의 그 영광스러운 모습을 그대로

신자들은 이렇게 예수 그리스도를 보지 못하나 사랑하는 자들이다. 그런데 보지 못하고 하는 사랑은 이기주의나 감정에 매인 사랑이 아니라 순수한 사랑이다. 많은 신자들이 이러한 순수한 사랑을 가지고 있을 뿐 아니라, 생명을 바칠 정도로 열정적인 사랑을 가지고 있다. 그리스도를

위하여 순교하는 자들도 있고, 그리스도를 전하기 위하여 식인종들에게
로 찾아가는 자들도 있다.

그리스도를 보지 못하는데도 그리스도에 대한 순수하고 열정적인 사
랑이 가능한 것은 온유하고 겸손한 그분의 인격과 말씀을 성경을 통해
우리가 알고 있기 때문이다. 뿐만 아니라, 그분이 우리의 죄를 사하시기
위하여 죽으셨고 부활하사 우리에게 생명을 주셨고 우리를 위하여 지금
도 하늘에서 간구하고 계시며 우리를 위하여 처소를 준비하신 다음 우리
와 영원토록 낙원에서 사시기 위하여 우리를 데리러 오실 구원자이시기
때문이다. 다시 말해서 그리스도를 보지 못하나 우리가 그를 사랑하는
것은 이와같은 그리스도의 사랑이 우리를 강권하기 때문이다(고후 5 :
14).

우리는 태평양 저편의 아들이나 애인을 사랑하는 것보다 하늘에 계신
보이지 않는 주님을 더욱 사랑해야 하고 사랑하는 자들이다. 베드로전서
의 수신자들은 보이는 것은 시련들 뿐이지만 시련을 통해 보이지 않는
주님을 더욱 사랑하게 되었다. 시련을 통해서 연단된 믿음은 주님에 대
한 사랑으로 성숙하고 주님에 대한 이러한 사랑에서 기쁨이 솟구치는 것
이다.

토저(A. W. Tozer)는 "천국의 위인들은 다른 사람들이 하나님을 사
랑하는 것보다 하나님을 더 사랑한 자들이다"고 말했다. 허드슨 테일러
(Hudson Taylor)는 무엇이 선교의 가장 자극적인 동기였느냐는 질문
을 받고 바로 그것은 "그리스도에 대한 사랑"이라고 대답했다. 윌리암
부스(William Booth)가 사회의 버림받은 자들, 소외되고 불쌍한 자들
을 열정적으로 도와준 것은 그리스도에 대한 열정적인 사랑 때문이었다.

주님을 보지 못하지만 주님에 대한 사랑 때문에 주님의 일을 하고 사
랑 때문에 세상 사람들을 사랑하는 것이 기독교의 매력이다. 주님을 사
랑하면서 살아가는 자는 주님으로 인한 기쁨이 넘치는 삶을 살게 되어
있다. 시련 때문에 마음이 상할 때 눈을 들어 주님에 대한 사랑을 고백하
라. 윌리암 카우퍼(William Cowper)와 함께 다음과 같이 기도하라.

주여, 나의 사랑이 나약하고 미약한 것,
이것이 나의 최고의 안타까움입니다
그러나 나는 주님을 사랑하고 흠모합니다
오, 주님을 더욱 사랑하도록 은혜를 주소서!

시련을 당할 때에 주님에 대한 사랑을 고백하고 주님을 더욱 사랑하는 은혜를 구하면, 시련이 상처를 내는 독약이 아니라 치료를 하는 양약이 될 것이다. 사단은 시련을 사용해서 우리 속의 최악의 것을 끄집어 내려고 하지만, 하나님은 시련을 통하여 우리 속의 최선의 것, 주님에 대한 사랑을 이끌어 내신다.

2. 예수 그리스도를 보지 못하나 믿기 때문에 기뻐함(1 : 8하)

1 : 8 상반절에서 이미 그리스도를 보지 못한다는 것이 언급되었는데 1 : 8 하반절에서 다시 보지 못한다는 것을 언급하면서 "이제도"란 말이 덧붙여져 있다. 여기 "이제도"는 상반절의 과거에 "보지 못하였으나"와 비교되기도 하지만, 여러 가지 시련을 당함에도 불구하고 구원자가 보이지 아니하는 고통스러운 현실과 비교되기도 하며, 앞으로 마침내 나타나실 구원자와 비교되기도 한다.

우리는 지금 그리스도를 보지 못하지만 믿는다. 믿음은 앎의 방식과 삶의 기초로서 시각을 초월한다(요 20 : 29; 고후 4 : 18; 5 : 7; 히 11 : 1, 3). "믿음은 지각도 아니요, 시각도 아니요, 이성도 아니라, 하나님을 말씀으로 붙잡는 것이다"("Faith is not a sense, nor sight, nor reason, but taking God at his Word" : A. B. Evans). 우리는 그리스도를 보지 못하지만 그분이 우리의 구원자로 살아계시다는 것과 천국의 존재와 영광을 보는 것처럼 확실하게 믿는다.

어느 노파가 여름 수련회에 참석하는 동안 넘어져 발을 부러뜨렸다. 노파는 목사님을 찾아가서 "저는 주님이 저를 이곳으로 인도하신 줄로 압니다. 그러나 왜 이런 일이 일어났는지 볼 수 없습니다! 이 일에서 조금도 유익을 보지 못합니다"고 했다. 이 때 지혜로운 목사님은 "로마서 8 : 28에는 우리가 모든 것이 합력하여 선을 이룬다는 것을 '우리가 보거니와'라고 하지 않았고 '우리가 알거니와'라고 했습니다"고 대답했다. 우리는 보는 것에 따라 사는 자들이 아니라 믿음에 따라 사는 자들이다.

보지 못하지만 믿을 때에 "말할 수 없는 영광스러운 즐거움으로 기뻐"하게 된다. 세상 사람들은 신앙생활이 삶을 고달프게 하고 슬프고 우울하게 한다고 생각한다. 그러나 신앙은 삶을 우울하게 하는 것이 아니라 삶을 행복하게 하는 것이다. 빌립보서를 쓴 바울을 보라. 신앙인이 기쁨을 누리지 못하는 것은 신앙 때문이 아니라 무엇에도 기뻐할 줄 모르는 자신의 우울한 성격 때문이다. 뿐만 아니라, 우울한 자신의 성격을 신앙으로 극복하지 못하는 불신앙 때문이다.

신앙인들은 기뻐할 뿐만 아니라, "말할 수 없는 영광스러운 즐거움"으로 기뻐하는 자들이다. 기쁨의 강도가 표현할 수 없는 영광의 차원이다. 그리스도께서 구원사역을 이루시고 우리에게 성령을 보내셔서 세상이 주지 못하고 알지 못하는 기쁨, 환란 중에도 가누지 못하는 기쁨을 누리게 하셨다(요 14 : 27; 16 : 22). 장차 완성될 천국에서 이 기쁨이 완성되겠지만 지금도 정도의 차이는 있으나 질은 같은 그 영광스러운 기쁨을 미리 맛보고 있다.

인도의 미션 스쿨을 다니는 어느 여학생이 종일 자신의 일을 하면서 노래를 불렀다. 어째서 그렇게 행복한가는 질문을 받은 그녀는 이렇게 대답했다. "저는 우상숭배로부터 구원을 받았습니다. 당신은 그것이 무엇을 의미하는지 결코 모르실 겁니다. 저는 자유를 얻었습니다. 그것은 마치 한밤중의 어둠으로부터 대낮의 밝은 영광으로 빠져나온 것과 같습니다."

어느 만화가는 인류 전체를 두 종류로 나누어 묘사했다. 그는 우물가의 두 여인 그림을 그렸다. 두 여인은 각기 물 길을 두레박 하나씩을 가지고 있다. 그 중 한 여인은 슬프고 우울한 표정을 지으면서 이렇게 말했다. "인생은 지긋지긋해. 이 두레박을 채울 때마다 잠시 후에는 그것이

다시 비어 버리고 말거든." 다른 여인은 아주 흡족한 표정으로 이렇게 응수했다. "나는 인생이 놀랍다고 생각해. 이 두레박을 비울 때마다 다시 그것을 채울 수 있거든."

예수 없는 인생은 가득 채워진 듯하나 다음 순간 다시 공허해지는 삶이지만 예수 모신 인생은 인생의 고뇌로 비워진 두레박을 순간순간 예수로 채울 수 있는 삶이다. 우리는 예수님을 육안으로 보지 못하지만 믿음으로 그를 보고 말할 수 없는 영광스러운 즐거움을 맛보는 자들이다. 공허해 질 수 밖에 없는 우리 인생의 두레박에 예수가 가득 채워져 있기 때문이다.

물질을 가지고 인생의 갈증을 해소하려고 하는 사람은 짚을 가지고 불을 끄려고 하는 사람이다. 물질로는 참된 기쁨을 소유할 수 없는 것이다. 그러나 예수 그리스도를 믿으면 물질로 해갈되지 못하는 인생의 갈증이 해소될 뿐 아니라, 말할 수 없이 영광스러운 기쁨에 동참하게 되는 것이다.

3. 믿음의 목표인 구원을 받을 것이기 때문에 기뻐함(1 : 9)

신자들이 말할 수 없이 영광스러운 기쁨으로 현재 기뻐하는 것은 주님이 재림하실 때에 "믿음의 결국 영혼의 구원"을 받을 것이기 때문이다(4 : 13). 여기 "영혼"은 육과 영을 합친 전인(全人)을 말한다. 하나님께서 그 때에 "모든 눈물을 눈에서 씻기"시고 다시 사망이나 애통이나 아픔이 없는 영육의 완전한 구원을 우리에게 주실 것이다(계 21 : 1-4). 미래의 완전한 구원, 이것이 "믿음의 결국" 즉 "믿음의 목표"이다.

스펄전은 "작은 믿음은 여러분의 영혼을 하늘로 인도할 것이지만, 큰 믿음은 하늘을 여러분의 영혼으로 운반할 것이다"고 말했다. 베드로는 시련 중에 있는 신자들에게 시련 중에도 하늘을 사모하라고만 한 것이 아니라, 사랑과 믿음을 사용하여 하늘의 영광을 지금 시련의 현장에서 체험하라고 한 것이다.

II. 선지자들이 성령으로 부지런히 상고한 구원
(1 : 10 - 12 상)

위에서 신자들은 "영혼의 구원"을 바라보며 그 구원을 주실 주님을 사랑하고 믿음으로 말할 수 없는 영광스러운 즐거움으로 기뻐한다는 것을 지적하였다. 그런데 신자들이 주님 재림하실 때에 받을 구원이 도대체 무엇이길래 이렇게 큰 기쁨을 주는가? 이 질문에 대한 답이 1 : 10-12에 기록되어 있다. 그 첫째가 1 : 10-12상반절에 기록된 대로 이 구원은 과거에 선지자들이 성령으로 예언하고 예언의 내용이 구체적으로 무엇을 가리키는지를 깊이 상고했던 것이다.

1. 신약의 신자들을 위한 은혜를 예언한 선지자들이 연구함(1 : 10)

신약의 신자들과 구약의 선지자들이 다같이 완성된 구원을 체험하지 못했다는 점에서는 동일하나 11절에 나오는 구원자 그리스도의 고난과 영광의 복음을 선지자들은 멀리서 바라본 자들이었지만 신약의 신자들은 그것을 지금 은혜로 체험하는 자들이라는 점에서 다르다. 이런 면에서 신약의 신자들은 구약 선지자들보다 더 우월한 위치에 있다. 구약 선지자들은 이 복음을 예언하고서도 구체적으로 확실하게 깨닫지 못하고 체험하지 못했지만 신약의 신자들은 예수 그리스도의 복음을 확실하게 이해하고 체험할 수 있는 위치에 있는 것이다. 베드로는 수신자들이 여러가지 시련을 당하고 있지만 선지자들보다 더 우월한 은혜의 위치에 있다는 것을 지적함으로써 그들을 위로하고 격려하는 것이다.

구약의 선지자들은 자기 자신들의 시대에 임할 은혜보다는 신약시대의 신자들이 누릴 은혜를 예언한 것이다. 자신들이 성령의 감동으로 예언을 해 놓고도 자신들의 예언들을 자신들이 깨닫기 위해서 연구해야 했다. 위대한 선지자 다니엘도 자신이 받고 기록한 예언을 깨닫기 위하여 질문을 했다 : "내가 듣고도 깨닫지 못한지라 내가 가로되 내 주여 이 모든 일의 결국이 어떠하겠삽나이까"(단 12 : 8).

예언자들이 자신들이 한 예언을 깨닫지 못해서 "연구하고 부지런히
살폈다". "연구했다"는 헬라어 동사는 '엑세제테산'이고 "부지런히 살폈
다"는 헬라어 동사는 '엑세라우네산'이다. 이 두 동사가 '자세히 근면하
게 찾고 연구하다'는 의미가 있는 동사에다 '에크'라는 전치사를 결합한
복합동사로서 아주 강력한 의미를 지닌 동사이다. 아주 강력한 의미를
지닌 복합동사가 두 개나 겹쳐서 나타나기 때문에 더이상 강조할 수 없
을 정도의 강조점이 여기에 나타나 있다. 말하자면 구약시대에 하나님의
계시의 영감된 도구들인 선지자들이 자세히 근면하게 연구하고 또 연구
하고 깨닫기를 갈구했던 그 복음을 지금 신약의 신자들은 누리고 있으나
신약의 신자들이 얼마나 영광스러운 자리에 있는가 하는 것이다.

2. 예언자들은 그리스도의 고난과 영광이 언제인지를 상고함(1 : 11)

예언자들이 "자기 속에 계신 그리스도의 영"을 통해 계시를 받고 자
세히 연구한 내용의 초점은 그리스도의 고난과 영광이 언제 이루어질 것
인가 하는 점이었다. 다니엘이 예언을 받고 나서 언제인지 궁금해서 질
문했고(단 12 : 5-13), 제자들이 예루살렘이 멸망한다는 예언을 받고
언제인가고 질문하였고(마 24 : 3), 제자들이 하나님 나라에 대한 말씀
을 듣고 "지금입니까?"고 질문한 것처럼(행 1 : 6), 구약의 예언자들이
예언을 받고 난 다음 그 내용이 언제 성취될 것인가 하는 관심을 가지고
연구했다. 그들은 특히 그리스도의 고난과 영광이 언제 성취될 것인가를
연구한 것이다.

10절의 "너희에게 임할 은혜"가 11절에서는 '그리스도의 고난과 영광'
과 연결되어 있다. 신자들에게 임한 은혜는 그리스도의 고난과 영광으로
가능해진 구원이다. 그리스도의 고난과 영광(부활과 승천) 때문에 우리
는 구원을 '은혜'로 받게 된 것이다. "구원은 아무것도 주지 않고 모든
것을 받는 것이다. 무료로 용서받고, 무료로 그리스도를 받고, 무료로 천
국을 받는 것이다"(스펄전). "너희 목마른 자들아 물로 나아오라 돈없
는 자도 오라 너희는 와서 사 먹되 돈 없이 값없이 와서 포도주와 젖을

사라"(사 55 : 1). 우리의 명의(名醫) 예수 그리스도는 자신의 보혈을
바쳐, 우리를 무료로 치료해 주신다.

"모든 은혜의 하나님께서 죄인들에게 선사하시는 모든 혜택들은 값으
로 따질 수 없는 것들이므로 하나님은 그것들을 가지고 흥정이나 거래를
하시지 않고 공기처럼 공짜로 주십니다. 만일 여러분이 죄책감을 느낀다
면, 은혜로 구원받는다는 것 자체가 여러분에게 매력적인 것이 될 것입
니다. 목이 갈한 자에게 철철 흐르는 냇물 소리는 아름다운 음악이며, 값
없는 용서가 찔린 양심에게는 사막의 생수 같습니다. 오, 온 세상이 우리
가 전하는 이런 메시지를 듣는다면 얼마나 좋을까요"(스펄전).

그리스도의 고난과 영광이 이런 의미에서 복음의 핵심이다(눅 24 :
25-26, 44-48). 예언자들은 그리스도가 고난을 당할 것(사 53장)과
그 후에 영광을 얻을 것(시 16 : 8-11)을 예언했지만, "자기 속에 계신
그리스도의 영"이 의도하신 의미를 파악하지는 못했다. 그래서 그들은
그리스도의 고난과 영광이 언제 성취될 것인지를 자세히 연구한 것이다.

복음의 핵심인 그리스도의 고난과 영광이 베드로전서에서 매우 중요
하게 취급되고 있다(2 : 21-25; 3 : 18; 4 : 1-2,13; 5 : 1,4). 베드로
는 그리스도의 고난과 영광을 깊이 깨달은 자로서 이 진리를 현재 신자
들의 삶의 모델로 제시하고 있다. "그리스도나 그의 백성들은 가시 면류
관 없이 영광의 면류관을 받지 않는다"(Peter H. Davids).

그리스도의 先고난과 後영광으로 가능해진 복음의 은혜를 구약 선지
자들은 구체적으로 깨닫지 못한 상태에서 상고하였지만, 신약의 신자들
은 그것을 체험하고 있으니 얼마나 영광스러운 위치에 있는가. 다니엘이
고독과 금식, 기도와 연구로 깨닫기를 애쓰던 구원, 이사야가 황금의 입
으로 예언하던 구원, 에스겔이 그 비전을 보고 활홀해 하던 구원을 우리
는 현재 체험하고 있는 것이다. 베드로는 이 점으로 여러 가지 시련을 당
하고 있는 수신자들을 위로하고 격려하는 것이다.

3. 선지자들의 예언을 통한 봉사는 결국 신약 신자들을 위한 것임(1 : 12 상)

예언자들이 구체적으로 연구했을 때 그들에게 계시된 것은 그들이 예언한 그리스도의 先고난과 後영광의 복음이 자기들 시대에 성취될 것이 아니라 후세대를 위한 것, 즉 신약의 신자들을 위한 것이라는 점이었다. 본문의 "섬김"은 선지자들이 예언을 통하여 봉사한 것을 말한다. "자기를 위한 것이 아니요 너희를 위한 것임"이라는 것은 선지자들이 자신들의 예언 봉사를 통하여 자신들은 아무 유익을 얻지 못했다는 것이 아니라, 그리스도의 고난과 영광의 복음이 자기들의 시대가 아니라 후시대에 성취될 것이라는 것이다.

Ⅱ. 복음 전파자들이 성령으로 전파한 구원 (1 : 12 중)

신자들이 현재 누리고 있고 앞으로 받을 구원이 얼마나 귀한 것인가 하는 질문에 대한 두번째 답은 그 구원은 "하늘로부터 보내신 성령을 힘입어 복음을 전하는 자들로부터 너희에게 고한 것"이라는 점이다.

구약 선지자들이 그 숱한 고난들 중에서도 예언하고 깨닫기 위하여 애쓰던 복음을 신약 시대의 사도들 이(주로) 신자들에게 전해준 것이다. 신약의 사도들도 자신들의 권위로 전한 것이 아니라 선지자들을 감동했던 바로 그 성령, 즉 "하늘로부터 보내신 성령"으로 전한 것이다.

세상 사람들 중에 가장 거룩한 사람들인 선지자들과 사도들의 고난의 삶을 통해 뿌려놓은 씨의 열매를 지금의 신자들이 거두고 있다는 점을 베드로는 지적하여 시련 중의 신자들을 위로하고 격려하는 것이다.

Ⅲ. 천사들도 살펴보기를 갈망하는 구원 (1 : 12 하)

신자들이 현재 누리고 있고 앞으로 받을 완성된 구원(본문의 초점은

미래의 구원에 있음)이 얼마나 귀한 특혜인가 하는 질문에 대한 세번째
답은 그것은 "천사들도 살펴보기를 원하는 것"이라는 점이다.

신자들이 받을 구원은 땅 위에서 가장 거룩한 선지자들의 최대의 관심
사였을 뿐 아니라, 하늘의 거룩한 천사들도 살펴보기를 원하는 것이다.
하늘의 천사들도 구약 예언자들이 예언한 그리스도의 고난과 영광의 복
음이 언제 어떻게 성취되는가를 살펴보기를 원하는 것이다. 신자들은 천
사들조차 이해하기를 갈구하여 최대한의 노력을 경주하는 구원의 특혜
를 지금 누리고 있으며 앞으로 만끽할 것이라는 것이다.

천사들이 "살펴보기를 원하는 것"이라는 구절에서 '살펴보다'는 말은
'구부려 보다'는 의미가 있다. 천사들이 하늘에서 땅으로 구부려 살펴본
다는 말이다. 이것은 우리가 받고 받을 구원에 대한 관심이 지대하다는
것을 암시한다. 하나님은 교회를 통하여 천사들을 교육하신다(고전 4 :
9; 엡 3 : 10).

"우리가 그리스도를 믿을 때 우리는 영광을 위하여 거듭난다. 우리는
영광을 위하여 보호되고 있다. 우리가 그분을 순종하고 시련들을 당할
때 우리는 영광을 위해 준비되고 있는 것이다. 우리가 그분을 사랑하고
그분을 신뢰하고 그분 안에서 기뻐할 때, 우리는 지금 여기에서 그 영광
을 체험하는 것이다. 말할 수 없이 영광스러운 즐거움!"(Warren W.
Wiersbe).

제 4 장
소망자의 성결생활
(1 : 13 - 21)

¹³그러므로 너희 마음의 허리를 동이고 근신하여 예수 그리스도의 나타나실 때에 너희에게 가져올 은혜를 온전히 바랄지어다 ¹⁴너희가 순종하는 자식처럼 이전 알지 못할 때에 좇던 너희 사욕을 본 삼지 말고 ¹⁵오직 너희를 부르신 거룩한 자처럼 너희도 모든 행실에 거룩한 자가 되라 ¹⁶기록하였으되 내가 거룩하니 너희도 거룩할지어다 하셨느니라 ¹⁷외모로 보시지 않고 각 사람의 행위대로 판단하시는 자를 너희가 아버지라 부른즉 너희의 나그네로 있을 때를 두려움으로 지내라 ¹⁸너희가 알거니와 너희 조상의 유전한 망령된 행실에서 구속된 것은 은이나 금같이 없어질 것으로 한 것이 아니요 ¹⁹오직 흠없고 점없는 어린양 같은 그리스도의 보배로운 피로 한 것이니라 ²⁰그는 창세 전부터 미리 알리신 바 된 자나 이 말세에 너희를 위하여 나타내신 바 되었으니 ²¹너희는 저를 죽은 자 가운데서 살리시고 영광을 주신 하나님을 그리스도로 말미암아 믿는 자니 너희 믿음과 소망이 하나님께 있게 하셨느니라

베드로는 1 : 3-12에서 우리가 앞으로 상속할 "산 소망"(1 : 3), 하늘의 기업(1 : 4), "말세에 나타내기로 예비하신 구원"(1 : 5), "믿음의 결국 곧 영혼의 구원"(1 : 9)을 설명하였다. 특별히 제3장에서는 이 구원은 구약 예언자들이 그리스도의 영으로 예언하고서도 그것이 언제 성취될 것인가에 대하여 자세히 연구한 것이고, 사도들이 성령의 능력으로 전파한 것이며, 천사들이 하늘로부터 구부정하게 구부려 살펴보기를 원하는 것이라는 점이 밝혀졌다. 우리가 차지할 구원은 이만큼 귀하고 어마어마한 것이다.

제4장 본문은 이러한 구원의 소망에 근거해서 거룩하게 살아야 할 것

을 다루는 본문이다. 13절에 "예수 그리스도의 나타나실 때에 너희에게 가져올 은혜"는 위에서 말한 하늘의 기업을 다른 각도에서 다시 언급한 것이고 "바랄지어다"는 그것을 소망하라는 것이다. 13절은 이렇게 위에서 말한 하늘의 기업을 소망의 대상으로 삼으라는 명령이다. 21절도 "너희 믿음과 소망이 하나님께"라는 표현을 통해 "소망"이 본문의 핵심이라는 것을 보여준다.

14절에서 15절에는 그리스도 재림시의 은혜를 소망하는 자의 삶이 거룩해야 한다는 말씀이 나온다. 과거에 하나님을 모를 때에는 사욕들을 따라 살았지만 이제는 사욕들을 따르지 말고 우리를 부르신 거룩하신 하나님처럼 거룩하게 되어야 한다는 것이다.

16절에서 21절에는 재림 때의 은혜를 소망하는 자가 왜 거룩해야 하는지 그 이유가 나타나 있다. 16절에는 하나님이 우리들의 아버지이시므로 우리가 하나님 닮은꼴이 되어야 한다는 점이 기록되어 있다. 17절에는 하나님은 아버지이심과 동시에 각자의 행위대로 심판하시는 심판자이심이 기록되어 있다. 18-21절에는 하나님이 그리스도의 보혈로 우리를 구속(救贖)하셨다는 진리가 지적되어 있다. 우리가 거룩하게 살아야 할 이유는 이렇게 (1)우리가 하나님 닮은꼴이 되어야 하고, (2)하나님의 심판이 있기 때문이며, (3)하나님이 그리스도의 보혈로 우리를 구속하셨기 때문이다.

위의 본문분석을 정리하면 다음과 같다.

    I. 재림시의 은혜를 소망하라(1 : 13)
    II. 소망자는 거룩하게 살아야 한다(1 : 14-15)
    III. 거룩하게 살아야 할 이유(1 : 16-21)
      1. 하나님 닮은꼴(1 : 16)
      2. 하나님의 심판(1 : 17)
      3. 하나님의 구속(1 : 18-21)

I. 재림시의 은혜를 소망하라 (1 : 13)

13절의 "바랄지어다"는 "소망하라"는 명령형인데 이 말은 1 : 3-12의 내용과 1 : 13-21의 내용을 "그러므로"로 잇는 연결고리이다. 1 : 3-12에는 소망의 내용이 설명되어 있고 그것 때문에 시련을 극복하고 기뻐한다는 말씀이 적혀 있다. 13절에서 베드로는 이러한 소망의 내용을 "소망하라"고 권면하면서 이러한 소망에 근거하여 1 : 14이하의 거룩한 삶을 당부한 것이다.

1 : 3-12과 1 : 14-21의 연결고리인 1 : 13은 소망자의 자세와 소망의 대상과 소망하라는 권유적 명령을 지적하고 있다. 소망하라는 명령과 소망자의 자세를 함께 생각하고 그 후에 소망의 대상을 생각해 보고자한다.

1. 소망자의 자세

"너희 마음의 허리를 동이고 근신하여…… 온전히 바랄지어다."

"허리를 동이다"란 근동인들의 의복과 연결된 비유적 표현이다. 근동인들은 헐렁한 옷을 입었기 때문에 달리거나 도망하거나 무슨 일을 시작하기 위해서는 옷을 치켜 올리고 끈으로 허리를 묶어야 했다. 하나님께서 애굽의 초태생(初胎生)을 죽이는 재앙을 앞두고 이스라엘 백성들에게 유월절 어린 양을 잡아 먹으라고 명령하실 때에 "허리에 띠를 띠고 발에 신을 신고 손에 지팡이를 잡고 급히 먹으라"고 하셨다(출 12 : 11; 참조 삿 18 : 16; 잠 31 : 17; 눅 12 : 35; 엡 6 : 14). 여기서 "허리에 띠를 띠고"가 막 행동을 하기 위하여 "발에 신을 신고 손에 지팡이를 잡고 급히" 먹는 것과 연결되어 있다.

"허리를 동이다"는 은유를 해석하는 것이 "너희 마음의"라는 표현이다. 노동이나 경주나 전쟁을 위한 준비자세로서 마음의 헐렁한 옷을 치켜 올리고 마음의 허리를 동이라는 것이다. "근신하여"라는 표현 역시 "허리를 동이고"를 설명하는 표현이다(눅 12 : 35-37; 딤전 3 : 2; 딛

1 : 8 ; 2 : 2).

재림시에 주님이 주실 은혜를 소망하는 자는 노동이나 경주나 전쟁을 위해 막 동작을 개시할 준비태세를 갖추어야 한다는 것이다. "마음의 허리를 동이고"만 있어도 소망하는 자세 지적으로 충분한데 "근신하여"라는 말이 덧붙어 있어서 준비태세가 강조되어 있다. 그런데 여기에 "온전히"라는 말까지 덧붙어 있어서 간절히 소망할 것이 3중으로 강조되어 있다. "온전히"라는 말('텔레이오스')은 강도에 있어서의 온전을 의미하기도 하지만 시간에 있어서 '끝까지'를 의미하기도 한다. 본문에서는 소망의 자세를 강조하는 의미에서 "온전히"란 말이 '온전한 강도로 끝까지'를 의도적으로 의미한다고도 볼 수 있다(의도적 重意性). 어떤 시련이 닥쳐와도 소망을 포기하지 말고 끝까지 최대한의 강도로 소망하라는 것이다.

약혼한 부부가 자신들의 모든 계획을 미래의 결혼에 비추어 짜는 것처럼 우리 신자들은 삶 전체의 계획과 행동이 그리스도의 재림에 대한 소망에 집중해야 한다. 우리가 그리스도의 재림에 우리의 생각을 집중하면 우리의 전진을 방해하는 세상의 많은 유혹들을 물리칠 수 있다. 아브라함은 하늘의 본향을 사모하는 자였기 때문에 세상의 부동산에 대한 애착을 끊을 수 있었다. 반면에 롯은 애굽에서 세상의 쾌락을 맛보면서 하늘의 소망을 상실했기 때문에 소돔을 향해 점점 더 나아갔다. 그 결과 아브라함은 가정에 축복을 가져왔으나 롯은 자신과 가정에 심판을 몰고왔다. 따라서 우리는 하늘을 향한 소망에 집중해야 한다. 밖을 향한 전망(outlook)이 어둡거든 위를 바라보라(try the uplook).

2. 소망의 대상 : "예수 그리스도의 나타나실 때에 너희에게 가져올 은혜"

"예수 그리스도의 나타나실 때에 너희에게 가져올 은혜"는 1 : 3의 "산 소망," 1 : 4의 하늘의 기업, 1 : 5의 구원, 1 : 9의 "영혼의 구원," 1 : 10의 "너희에게 임할 은혜"와 내용이 같다. "예수 그리스도의 나타나

실 때"는 예수 그리스도께서 영광 중에 하늘로부터 재림하실 때를 가리
킨다(1 : 7; 살후 1 : 7). 이 은혜는 재림 때에 받을 것이고 지금 선포되
는 것이다. 우리들이 이 은혜를 소망할 때에 지금 여기에서 그것을 미리
맛볼 수 있다. 그것을 미리 맛볼(foretaste) 때에 우리는 현실의 시련을
이길 수 있다.

Ⅱ. 소망자는 거룩하게 살아야 한다 (1 : 14 - 15)

"예수 그리스도의 나타나실 때에 너희에게 가져올 은혜"-이것이 우
리 신자들의 목표이다. 그런데 이런 목표를 가진 자는 오늘 삶의 현장에
서 바로 살아간다.

주전 6세기 헬라의 철학자 피타고라스는 이런 말을 했다. "인생은 올
림픽 경기와 같다. 상을 타기 위해서 있는 힘을 다해서 뛰는 사람은 극소
수이다. 이익을 얻기 위해서 음료수를 파는 자들도 더러 있다. 그러나 대
부분의 사람들은 앉아서 구경하는 것 외에는 별로 관심을 가지고 있지
않다."

인생 올림픽에서 주님 재림 때의 은혜를 목표로 삼고 있는 자들은 쾌
락을 위해서 인생을 구경하는 자들도 아니고, 이익을 위해서 인생을 파
는 자들도 아니라, 목표를 향해서 열심히 뛰는 사람들이다. 소망의 목표
를 가진 자마다 성실하게 살아가는 것이다. 그러면 어떤 삶이 소망자에
게 합당한 삶인가?

예수 그리스도께서 재림하실 때에 우리에게 주실 은혜를 소망하는 일
에 집중하는 자는 이땅에서 "나그네로 있을 때" 거룩하게 살아야 한다.
우리들은 "불순종의 아들들"(엡 2 : 2)이 아니라 "순종의 아들들"('테
크나 휘파코에스')로서 "순종의 아들들" 답게 거룩하게 살아야 한다. 우
리말로 "순종하는 자식"은 원문에 "순종의 아들들"인데 이것은 히브리
적 표현방식으로서 '그 특징이 순종인 아들들'을 의미한다. 신자들은 중
생을 통해(1 : 3) 하나님의 자녀들이 되어 하나님을 아버지라고 부른다

(1 : 17). 거룩한 하나님을 아버지로 부르는 만큼 신자들은 거룩하게 살아야 한다. 1 : 14−15에서 성결한 삶은 부정적인 의미에서(1) "이전 알지 못할 때에 좇던 너희 사욕을 본삼지 말고"(1 : 14), 긍정적인 의미에서(2) "너희를 부르신 자처럼 너희도 모든 행실에 거룩한 자가 되"어야 한다(1 : 15). 헬라어 원문에는 '…하지 말고(사욕을 본받지 말고) …하라'(거룩한 자가 되라)가 '메'(not A) '알라'(but B) 구문으로 선명하게 드러나 있다.

1. 사욕을 본받지 말라(1 : 14)

"사욕"은 성욕(lusts)만이 아니라 물욕 권력욕 명예욕 쾌락욕 등 강렬하게 몰고가는 충동적 자기추구의 욕망들을 가리킨다. "본 삼지 말고"라는 말은 그런 욕망들을 본으로 삼고 그것들을 따르지 말라는 것이다. 이 세상 사람들 중에는 "나는 다르다"고 하는 자들이 있지만 그들은 모두 본질상 '불순종의 아들들'로서 세상의 욕망들, 즉 세상의 표준들과 쾌락들을 모델로 삼고 그대로 살아간다는 점에서 다를 바 없다. 신자들은 개와 고양이가 다르듯 본질상 불신자들과 다른 자들로서 다른 자들답게 세상의 욕망들을 모방할 견본으로 삼지 말아야 한다(롬 12 : 2).

당시 사회 저변에는 극심한 가난이 있었지만 상부에는 공작새의 뇌와 나이팅게일의 혀 요리까지 등장했다. 비텔레우스 황제의 한 번 연회에 고기 2,000마리와 새 7,000마리가 희생되었다고 한다. 열 번째 남편과 결혼한 여인도 있었고, 5년 동안 8명의 남편을 둔 여인도 있었으며, 남편과 아내가 각기 21번째의 아내와 21번째의 남편이라는 기록도 있다. 헬라와 로마에서는 동성연애가 흔한 관행이어서 자연스러운 것으로 여겨지고 있었다. 과연 "사욕"에 지배되는 사회였다고 할 수 있다.

베드로는 이런 상황에서 그런 욕망들을 수신자들의 과거("이전")와 연결되고 무지("알지 못할 때")와 연결된 것으로 지적했다. 신자들도 하나님에 의해 거듭나기 전에는 극도로 이기적이었고 자신의 만족을 위하여 살았고 자신의 건강 재산 명성에 손해되지 않는 한 자신의 정욕을 마음대로 풀어놓고 살았으며 자기 주변 사람들의 습관과 의견에 따라 살았다. 신자들이 되고 난 후에도 신자의 신분과 어긋나는 이런 과거의 욕망들에 매여 사는 자들이 있다. 그러나 신자들은 마땅히 미래의 구원을 소망하는 자들로서 현재 세상의 이런 욕망들을 따를 것이 아니라 새로운 법에 따라 새로운 대상을 목표로 삼고 새로운 원리에 따라 삶을 결정하며 살아야 한다.

세상 사람들이 다 이기적인 욕망을 모델로 삼고 사는 것은 "무지" 때문이다. 하나님과 하나님의 뜻을 알지 못하기 때문이다. 여기서의 "무지"는 단순히 지적인 것만이 아니라 도덕적인 것과 영적인 것, 즉 하나님에 대한 의지적 반역을 포함한다.

신자들은 과거에 하나님을 모를 때의 사욕을 모델로 삼지 말아야 한다.

2. 모든 행실에 거룩해 지라(1 : 15)

"너희를 부르신 거룩한 자"는 거룩하신 하나님을 가리키는 말로서 구약에서 "이스라엘의 거룩한 자" 혹은 "거룩한 자"란 표현과 일맥상통한다(시 71 : 22; 78 : 41; 89 : 19; 사 1 : 4; 5 : 16; 12 : 6; 14 : 27; 17 : 7; 29 : 23; 30 : 12, 15; 31 : 1; 41 : 20; 45 : 11; 55 : 5). 베드로는 "너희를 부르신 거룩한 자"란 단수를 쓴 다음 "너희도"라는 복수를 사용해서 성부와 신자들을 연결시켰다. 이것은 "산 돌"이신 예수 그리스도(단수)와 "산돌들"인 "너희"(복수)를 연결키시는 것과 유사하다(2 : 4, 5). "너희도"라는 표현은 헬라어 원문상 "너희 자신들도"('카이 아우토이')로 "너희"를 강조하는 표현이다. 신자들을 부르신 하나님은 그들을 "어두운 데서 불러내어 그의 그이한 빛에 들어가게 하신 자"이시다(2 : 9). 이런 하나님의 부르심을 받은 신자들은 마땅히 거룩하게 살아야 한다.

"모든 행실"에서 "행실"('아나스트로페')은 베드로전서를 푸는 열쇠 단어(key word) 중 하나로서(1 : 15, 17, 18; 2 : 12; 3 : 2, 16) '행동'

(conduct) 혹은 '일상생활'(daily life)을 의미한다. "모든 행실"이란 '항상 어디서나 나타나는 일상생활'을 의미한다. 이것은 베드로가 말하는 거룩이 무엇인가를 짐작하게 하는 표현이다. 신자들은 세상과 직면하여 일상생활의 관심과 결정과 행동 면에서 항상 어디서나 거룩해야 한다. 신자들은 세상을 도피하여 수도원에서 혼자만의 거룩을 추구하거나 평일과 구분되는 주일의 거룩을 추구하는 자들이 아니라 부패한 세상 속에서 소금으로서의 거룩, 어두운 평일에 빛으로의 거룩을 추구해야 한다. 또한 구약의 의식법에 따른 의식적(ceremonial) 거룩이 아니라, 삶의 거룩을 추구해야 한다. 거룩이 신자의 표지(trademark)인 것이다.

Ⅲ. 거룩하게 살아야 할 이유 (1 : 16 − 21)

베드로는 1 : 14−15에서 재림소망을 성결생활과 연결시켰다. 1 : 16−21에서는 거룩하게 살아야 할 이유를 제시하였다. 일상의 모든 행실에서 거룩해야 할 이유는(1) 우리가 하나님의 중생한 자녀들로서 하나님 아버지의 성품을 닮는 것이 당연하다는 것(1 : 16)과(2) 하나님이 자비로운 아버지이시지만 각자의 행한 대로 편파심 없이 심판하신다는 것(1 : 17)과(3) 하나님께서 우리를 과거의 노예상태와 공허한 행실에서 예수 그리스도의 보혈로 구속(救贖)하셨다는 것(1 : 18−21)이다.

1. 하나님 닮은꼴(1 : 16)

베드로는 성결한 삶을 권면하면서 1 : 16에서 그 이유로서 성경 구절을 인용하였다. 성경은 우리를 강하게 하는 양식(마 4 : 4; 벧전 2 : 2), 우리를 씻는 물(엡 5 : 25−27), 이 어두운 세상에서 우리를 인도하는 빛(시 119 : 105; 벧후 1 : 19), 영적인 전쟁의 공격무기로서의 칼(엡 6 : 17)이다. 우리가 이 추잡한 세상에서 거룩해지기 위해서는 "성경이 무엇이라고 말하는가?"에 관심을 기울여야 한다. 바꾸어 말하면 하나님의 말씀이 거룩을 명하므로 우리는 거룩해야 한다.

"내가 거룩하니 너희도 거룩할지어다"는 말씀은 레위기 11 : 44에서
인용된 것이다. 레위기는 하나님 백성의 '거룩법전'이라고 할 수 있는데
(필자는 구약의 문서설을 부인하나, 내용상 레위기는 '거룩법전' Holi-
ness Code이라고 할 수 있음), 베드로전서는 데살로니가전후서와 함께
'신약의 거룩법전'이라고 할 수 있다. 베드로는 신자들을 구약의 제사용
어로 표현하여 "왕 같은 제사장" 겸 "거룩한 나라"라고 했다(2 : 9). 이
런 의미에서 교회는 "제사장인 동시에 제물인 신레위기적 공동체"("a
neo-Levitical community, at once sacerdotal and sacrificial")
이다(Selwyn).

"내가 거룩하니 너희도 거룩하라"는 것은 왕이신 하나님이 거룩하시
니 그의 백성이 마땅히 하나님의 성품을 모방해야 한다는 것이다. 우리
는 "정욕을 인하여 세상에서 썩어질 것을 피하여 신의 성품에 참여하는
자"이다(벧후 1 : 4).

1 : 16은 백성이 왕의 성품을 닮아야 된다는 것도 암시하지만, 1 : 17
에서 하나님을 "아버지"라고 한 점과 연결하면 하나님의 자녀들이 그들
의 아버지 하나님을 닮아야 한다는 것도 암시한다. 자녀가 아버지를 닮
는 것은 자연스러운 현상이고 이치이다(마 5 : 48). 우리는 본래 하나님
닮은꼴("형상")로 창조되었으나 타락함으로써 하나님 닮은꼴을 상실하
였는데 하나님의 재창조(救贖)로 다시 하나님 닮은꼴로 회복되어 가고
있는 것이다. 따라서 하나님 아버지가 거룩하시니 그 자녀들인 우리가
거룩해야 할 것은 당연한 것이다.

2. 하나님의 심판(1 : 17)

우리가 거룩하게 살아야 할 다른 이유는 하나님이 우리를 심판하실 것
이기 때문이다. 이땅 위에서 우리가 사는 삶은 이미 지적한 바와 같이
"나그네"로서의 삶이다. '나는 나그네'라는 의식이 강하면 세상의 정욕
에 매이지 않고 거룩하게 살게 된다. 롯은 나그네 신분을 포기하고 소돔
에서 영주하다가 자신의 거룩을 상실했고 그가 바라보고 살면서 쌓아두

었던 모든 것이 연기로 사라졌다. 나그네로서의 지상(地上)의 삶에 대해서 후에 하나님 아버지께서 심판하신다(2 : 23; 4 : 5, 17).

하나님은 거룩하고 의로우신 분이시므로 죄와 타협하지 않으신다. 그분은 우리에게 많은 은사들과 특권들을 주시지만 우리에게 결코 불순종할 특권, 범죄할 특권을 주시지는 않는다. 그분은 자녀들로 죄를 즐기게 버려두시는 분이 아니다. 외아들을 십자가에 내주신 것은 그만큼 죄를 증오하시기 때문이다. 그분의 이런 거룩한 성품 때문에 나그네로서의 우리의 삶에 대한 심판을 하실 것이다. 그러나 우리에 대한 하나님의 심판은 지옥으로 보내는 심판이 아니라, 천당에서 살 자녀들을 위한 일종의 "가족 심판"(family judgment)이다. 그것은 형벌심판이 아니라 상급심판이다(고후 5 : 9-10).

하나님의 심판기준은 "외모"가 아니다. 여기서 "외모"란 지위, 부, 아름다움, 가문, 학력, 권력 등 어떤 외부적인 탁월성을 의미한다. 사람들은 외모에 근거하여 그릇된 판단을 하지만 하나님은 외모에 근거하여 심판하시는 분이 아니시다(행 10 : 34; 롬 2 : 11).

하나님은 외모에 근거하여 심판하시지 않고 "각 사람의 행위대로" 심판하신다(시 62 : 13; 잠 24 : 12; 마 16 : 27; 롬 2 : 6; 딤후 4 : 14; 계 2 : 23; 22 : 12).

하나님께서 이렇게 외모에 근거하지 않고 각자의 행한 대로 심판하실 분이시므로 "두려움으로" 지내야 한다. 심판주 하나님에 대한 두려움이 성결생활로 인도한다. 베드로는 신자들이 인간 대적들의 위협은 두려워하지 말고 하면서(3 : 14) 하나님은 두려워하라고 했다(2 : 17). 여기서의 두려움은 공포가 아니라 하나님과 그의 법에 대한 경외심이다. 참된 신앙은 이러한 두려움에 근거한 성결생활이다(신 6 : 2, 13, 24; 잠 1 : 7; 3 : 13; 14 : 26, 27; 빌 2 : 12; 히 11 : 13). 요즈음 신자들 중에는 하나님을 두려워하지 않고 하나님을 경솔하게 대하는 일이 많은 것같다. 이것은 불 앞에서 휘발유 통 들고 장난치는 위험한 짓이다. 신자들은 마땅히 심판주 하나님에 대한 두려움을 가지고 성결한 삶을 살아야 한다.

3. 하나님의 구속(救贖, 1 : 18-21)

위에서는 베드로가 거룩하게 살아야 할 이유를 하나님이 심판주이시라는 점에서 찾았거니와 1 : 18-21에서는 그것을 하나님께서 예수 그리스도의 보배로운 피값으로 우리를 사서 해방시키신 "사랑"에서 찾았다.

(1) 우리의 과거

"구속된 것"이라는 말(1 : 18)은 노예상태를 암시한다. 속전(ransom)을 주고 노예를 풀어주는 것이 "구속"(redeem)이다. 불신자는 자신이 자유인이라고 자부하지만 사실상 노예이다. 우리도 예수를 믿기 전에는 죄의 노예들이었다(딛 3 : 3). 이스라엘 백성들은 과거 애굽에서 노예생활을 했다는 사실을 잊어버리고 애굽으로 돌아가려 했다. 그래서 모세는 그들이 애굽의 노예였다는 것을 상기하라고 했다(신 5 : 15; 16 : 12; 24 : 18, 22).

본문에서는 우리가 과거에 어떤 것에 노예였다고 하는가? "조상의 망령된 행실"에 속박되어 있었다고 한다. "망령된 행실"에서 "행실"은 앞서 말한 대로 베드로전서의 열쇠 용어 중의 하나로서 '일상생활의 행실'을 말하고 "망령된"은 '공허한'을 의미한다. 여기서 '공허한 행실'은 정욕을 따라 살 때의 "음란 정욕 술취함 방탕 연락 무법한 우상숭배"등을 포괄한다(4 : 2-3). 이러한 삶은 "조상의 망령된 행실," 즉 조상적부터 대대로 내려오는 우상숭배와 부도덕이었다.

불신자는 자신이 행복하고 충만하다고 자부하지만 사실은 불행하고 공허하다. 뻥 뚫린 불행한 삶을 살고 있는 것이다. 우리도 과거에는 "공허한 행실"의 노예로서 이런 삶을 살았다.

과거의 삶이 공허했고 노예생활이었다는 것을 상기해야 과거의 공허한 삶으로 회귀하지 않고 거룩하게 살게 된다. 과거의 삶이 자유인의 풍요로운 삶이었다고 착각하면 과거의 방탕으로 달음질치려는 유혹을 이기지 못하는 것이다.

캐나다의 어떤 주부는 예수를 믿고 난 후에 자신의 자아에 만족을 주는 신나는 "사교생활"로 돌아갔다. 그러다가 어느날 기독교 방송을 듣는 중에 "여러분 여신도들 중에는 성경보다 카드놀이를 더 좋아하는 자들이 더러 있습니다!"는 설교자의 경고를 듣고 하나님의 뜻에서 벗어났던 무의미하고 공허한 삶을 버렸다고 한다.

(2) 속전 (贖錢, ransom) : 그리스도의 보혈

우리가 '공허한 행실'의 노예상태에서 구속될 때 무슨 속전이 사용되었는가? "은이나 금같이 없어질 것"이 우리를 사낸 속전이 아니었다(1 : 18). 베드로 당시 로마제국에는 약 5백만 명의 노예들이 있었다고 한다. 그들이 스스로 돈을 모아 노예상태에서 구속되는 것은 거의 불가능했다. 누군가가 그들을 위하여 은이나 금으로 된 속전을 지불해야 했다. 그런데 육신의 노예는 은금 속전으로 구속(救贖)이 가능하지만 죄의 노예는 은금처럼 없어질 속전으로 구속이 불가능하다.

우리를 죄악의 노예상태에서 구속한 것은 "흠없고 점없는 어린 양같은 그리스도의 보배로운 피"이다(1 : 19). 구약시대의 "흠없고 점없는 어린 양"은 죄인들을 위하여 대신 피를 흘린 대속물로서 예수 그리스도의 대속을 예표한 것이다. 예수 그리스도는 무죄하신 분이신데도 "많은 사람들"을 위한 대속물로서 자신의 피를 속전으로 바치셨다(사 53장; 마 20 : 28; 막 10 : 45). 우리를 노예상태에서 사 내시기 위하여 자신의 무한히 값진 보혈을 바치신 것이다.

알브랙트 듀러(Albrect Duerer)는 화가가 될 꿈을 품고 있었다. 그러나 그에게는 돈이 없었다. 그는 독일 뉴렌버그에 가서 역시 가난한 한 노인과 함께 살게 되었다. 그들은 한 사람은 일하고 한 사람은 공부하기로 약속을 했다. 그 노인은 자신이 고된 노동을 할테니 듀러는 공부하러 가라고 고집을 세웠다. 후에 그 노인은 너무 심한 노동을 하는 동안 자신의 손이 뻣뻣해지고 굽어서 그림을 그릴 수 없게 된 것을 알게 되었다. 듀러는 자신을 위해서 일하던 노인이 그렇게 된 것을 알고 너무 마음이 아팠다. 어느날 그는 방에 들어가서 그 노인이 경건하게 손을 모으고 기도하는 장면을 보게 되었다. 듀러는 너무도 감사해서 기도하느라 모은 그 두 손을 화판에 옮겨 놓았다. 이 그림은 이기심이 없는 봉사와 고결한 인격의 상징으로 여겨지고 있다.

젊은 친구를 위해서 고된 노동을 한 그 고귀한 노인의 사랑을 우리가 높이 평가한다면 주님께서 우리를 죄악에서 구속하시기 위해서 피를 흘리신 것을 어떻게 평가할 수 있겠는가.

여기에 하나님의 최고의 사랑이 있는 것이다. 이 사랑을 생각한다면 하나님이 증오하시는 과거의 공허한 행실대로 살지 않고 하나님이 기뻐하시는 거룩한 삶을 살게 되는 것이다. 우리가 우리를 위한 그리스도의 희생과 우리를 위한 하나님의 사랑을 묵상하면 그분의 영광을 위해 거룩한 삶을 살지 않을 수 없게 된다. "난 널 위해 피를 흘렸는데, 넌 날 위해 무엇을 했느냐?"는 질문은 성결생활의 비결이다.

아프리카 선교사 알렉산더 클라크(J. Alexander Clark) 목사님이 한번은 사자에게 물려 거의 죽은 흑인의 상처를 치료해 주었다. 치료받은 흑인은 선교사를 떠나서 자기 갈 곳으로 갔다. 석달 후에 그 흑인은 선교사에게로 돌아와서 이렇게 말했다. "당신은 아프리카 장글의 법칙을 아시지요. 아프리카 장글법은 구속(救贖)된 자는 구속(救贖)한 자에게 소속된다는 것입니다. 저는 과거에 죽었으나 지금은 살아 있습니다. 저는 당신의 것입니다. 여기 내 6명의 아내와 내 자녀들과 내 가축이 있습니다. 이제 우리들을 마음대로 사용하십시오." 우리는 예수 그리스도의 보혈로 구속된 자들로서 우리의 구속자(救贖者)이신 하나님의 소속되어 있다. 하나님에게 속한 자로서 하나님의 뜻대로 거룩하게 살아야 마땅한 자들인 것이다.

그런데 예수 그리스도의 보혈로 우리를 노예상태에서 사내신 하나님의 구속은 우연한 것이 아니라 미리 약속된 것이었다. 그리스도는 "창세 전부터 미리 알리신 바 된 자나 이 말세에 너희를 위하여 나타내신 바" 되었다(1 : 20). 하나님께서 그리스도의 피로 우리를 구속하신 것은 구분이 과거에 어떤 방법을 택해보았더니 그것에 결함이 있어서 후에 다시 생각해 내신 것(after-thought)이 아니라, 영원 전부터 예정하시고

"때가 차매" 즉 말세에 우리를 위하여 나타나신 어린 양 그리스도를 통하여 완벽하게 예정하고 완벽하게 성취하신 것이다(창 22 : 17; 요 1 : 29; 계 5 : 11 − 14).

(3) 우리의 현재

하나님은 그리스도의 피를 우리를 해방시키시기 위한 속전으로 주실 뿐 아니라, 그리스도를 죽은 자들 중에서 부활시키시고(행 2 : 24; 3 : 15, 26; 4 : 10; 5 : 30; 13 : 30; 롬 4 : 24; 6 : 4; 고전 15 : 15) 하늘 보좌로 승천케 하심으로 영광을 주셨다(빌 2 : 9; 딤전 3 : 16; 엡 1 : 20, 21). 우리는 그리스도의 보혈로 대속함을 받아 그리스도를 통하여 하나님의 약속들, 특히 영생과 영광의 약속들을 통하여 그분을 믿고 소망하는 복된 자들이다(1 : 21).

하나님이 우리 아버지시니 하나님 아버지를 닮아 거룩하게 살아야 한다. 하나님이 '가족 심판'을 하실 것이니 그분을 경외하며 거룩하게 살아야 한다. 하나님이 그리스도의 보혈로 우리를 구속하셨으니 그 사랑에 감격하여 그분의 뜻대로 거룩하게 살아야 한다. 하늘 영광을 간절히 소망하며 나그네의 성결생활에 힘쓰는 것이 우리의 본분이다.

제 5 장
가식(假飾)없는 필라델피아 (1 : 22 — 25)

> 22너희가 진리를 순종함으로 너희 영혼을 깨끗하게 하
> 여 거짓이 없이 형제를 사랑하기에 이르렀으니 마음으
> 로 뜨겁게 피차 사랑하라 23너희가 거듭난 것이 썩어질
> 씨로 된 것이 아니요 썩지 아니할 씨로 된 것이니 하나
> 님의 살아 있고 항상 있는 말씀으로 되었느니라 24그러
> 므로 모든 육체는 풀과 같고 그 모든 영광이 풀의 꽃과
> 같으니 풀은 마르고 꽃은 떨어지되 오직 주의 말씀은 세
> 세토록 있도다 하였으니 25너희에게 전한 복음이 곧 이
> 말씀이니라

제4장에서는 소망자의 성결생활을 다루었다. 1 : 13의 "소망하라"
(우리말 번역 "바랄지어다")는 말씀은 그 이전에 나오는 하늘의 기업을
소망의 대상으로 삼으라는 권유적 명령인데, 바로 이런 소망을 가진 자
는 이 세상에서 나그네로 사는 동안에 거룩한 삶을 사는 것이 마땅하다
는 말씀을 다룬 것이다. 소망자가 거룩한 삶을 일상생활에서 영위해야
할 이유는 하나님의 자녀로서 하나님을 닮아야 하고, 하나님의 "가족 심
판"이 있고, 또한 그리스도의 보혈로 구속(救贖)하신 하나님의 사랑이
있다는 점이다.

제4장은 이렇게 소망자의 성결생활을 다룬 것인데, 제5장은 소망자의
형제사랑('필라델피아')을 다루는 것이다. 제4장이 소망자의 대신(對
神)관계를 다룬 것이라면, 제5장은 소망자의 대인(對人)관계를 다루는
것이다. 소망자의 대신관계의 핵은 거룩이고 소망자의 대인관계의 핵은
형제사랑이다.

제4장과 제5장의 연결은 다른 시각에서도 관찰이 가능하다. 1 : 14의 "순종하는 자식"이란 표현에서 순종과 1 : 22의 "진리를 순종함"이란 표현에서 순종이 제4장과 제5장의 공통분모이다. 제4장은 거룩에의 순종을 다룬 것이고 제5장은 사랑에의 순종을 다루는 것이다.

제4장과 제5장은 또다른 시각에서 연결된다. 1 : 21의 "너희 믿음과 소망이 하나님께"라는 표현에서 믿음과 소망을 찾을 수 있는데, 한 절 뒤의 1 : 22에서는 "형제를 사랑하기에"라는 표현에서 사랑을 찾을 수 있다. 이렇게 볼 때 1 : 21과 1 : 22이 믿음 소망 사랑으로 연결되는 것이다.

본문은 이렇게 소망자의 대인관계의 핵인 형제사랑을 다루고 있다. 베드로는 본문에서 "마음으로 뜨겁게 피차 사랑하라"고 명령하였는데, 그는 이런 명령을 내릴 때에 단순히 윤리적인 말씀만 전한 것이 아니다. "사랑하라"는 윤리적인 명령의 기초로서 신학적인 내용을 제시하고 있다. 이것은 1 : 22의 주동사는 "사랑하라"인데 이 주동사를 수식하는 현재완료형이 그 앞뒤로 나오는 점에서 분명하다. 그 앞에는 '헤그니코테스'("깨끗하게 하여")라는 현재완료 분사가 나오고 그 뒤에는 '아나게겐네메네이'("너희가 거듭난 것이")가 나온다. 베드로는 "서로 사랑하라"는 윤리를, "너희 영혼을 이미 깨끗하게 했다"는 것과 "너희가 이미 거듭났다"는 것을 가지고 신학적으로 뒷받침한 것이다. 다시 말해서 이미 이루어진 '영혼순화'와 '중생'으로써 형제사랑을 권면한 것이다.

이런 각도에서 본문을 분해해 보면, 베드로는 필라델피아 즉 형제사랑이라는 대명령을 하면서(1 : 22) 그 신학적인 토대로 영혼순화(1 : 22)와 말씀을 통한 중생(1 : 23)을 제시한 것이다. 그리고 중생(重生)의 수단으로서의 말씀의 성격을 1 : 24-25에서 밝혔다. 구약 이사야 40 : 6-7 인용과 연결한 복음의 말씀이 바로 중생의 수단이라는 것이다.

I. 서로 사랑하라(1 : 22)
II. 형제 사랑의 근거 : 삶의 순화(1 : 22)
III. 형제 사랑의 근거 : 말씀의 중생(1 : 23)

Ⅳ. 말씀의 성격(1 : 23-24)

I. 서로 사랑하라 (1 : 22)

1. 형제사랑

"마음으로 뜨겁게 피차 사랑하라"는 말씀이 본문의 대명령이다. 하늘의 영광스러운 기업을 소망하는 자는 하나님을 향하여 거룩할 뿐만 아니라(1 : 13-21) 서로 사랑해야 한다(1 : 22-25)는 것이다. 여기서 "서로 사랑하라"는 것은 바로 앞의 필라델피아 즉 형제사랑과 의미가 동일하다. 요한일서에 보면 "서로 사랑하라"(3 : 11, 23; 4 : 7,11-12)가 "형제를 사랑하라"(2 : 10; 3 : 10,14; 4 : 20-21)와 상호교체적으로 사용되었다.

신자들은 "모든 이에게 착한 일을 하되 더욱 믿음의 가정들에게" 해야 한다(갈 6 : 10). 신자들은 모든 사람들을 사랑해야 하되 더욱 신앙의 형제들을 사랑해야 한다. 신자들 간의 형제/자매 사랑은 너무도 소중한 것이기 때문에 주님께서 지상사역 마지막 기간에 몸소 제자들의 발을 씻기시면서 겸손한 섬김의 모델로 가르치신 것이다(요 13 : 34-35). 바울도 그리스도께서 우리를 위하여 자신을 제물로 바치신 모델을 제시하면서 서로 사랑할 것을 권면했다. "그리스도께서 너희를 사랑하신 것 같이 너희도 사랑 가운데서 행하라 그는 우리를 위하여 자신을 버리사 향기로운 제물과 생축으로 하나님께 드리셨느니라"(엡 5 : 2; 참조-살전 4 : 9; 히 13 : 1).

늘 싸우는 남편과 아내가 난로 앞에 함께 앉아 있었다. 그들은 함께 살면서도 사실 함께 사는 것이 아니라, 함께 존재하는 것이었다. 난로 양 옆에 고양이 두 마리가 평화롭게 자고 있었다. 그 장면을 본 남편이 아내에게 말했다 : "우리는 왜 서로 화목하게 살 수 없소?" 아내가 대답했다 : "저 고양이 두 마리의 꼬리를 묶어서 이불 위로 던져 보세요. 어떻게 될까요?" 두 사람의 의견이 같지 않으면 함께 걸을 수 없다. 그리스도인들은 소망의 그리스도를 마음에 모신 자들이기 때문에 각자에게 대한 사랑과 호의로 함께 화목하게 지내면서 서로 사랑할 수 있다.

2. 형제사랑의 자세

베드로는 이렇게 서로 사랑할 것을 말할 때에 사랑하는 자세를 "마음으로 뜨겁게"로 밝혔다. "마음으로"는 원문상 "마음으로부터"('에크 카르디아스')이다. 이것은 마음에서 우러나오는 사랑을 하라는 말이다. 1 : 22 바로 앞 부분에 "거짓이 없이 형제를 사랑"한다는 말이 있는데, 이 말과 연결하여 생각해 볼 때 "마음으로부터"의 사랑은 가식이나 외식이 없는 마음에서 우러나오는 진정한 사랑을 말한다. 입술만의 사랑이나 겉치레만의 사랑, 마음이 없는 사랑을 하지 말고 마음에서 우러나오는 참된 사랑을 하라는 것이다.

"뜨겁게"란 말의 헬라어 원문은 '에크테노스'로서 '열정적으로, 진지하게, 끊임없이'를 의미한다. 본문에서 이것이 '열정적으로'(진지하게)를 의미하는지 혹은 '끊임없이'를 의미하는지를 결정하기는 매우 어렵다. '열정적으로'(zealously)를 의미할 경우 사랑의 강도(强度)에 초점이 있고, '끊임없이'(constantly)를 의미할 경우 사랑의 지속기간에 초점이 있다.

'에크테노스'가 열정적인 사랑을 함의한다는 자들은 신자들이 마음으로부터 우러나오는 참된 사랑을 하되 냉랭한 사랑이 아니라 뜨거운 사랑을 해야 한다는 의미를 강조한다. 그것이 끊임없는 사랑을 함의한다고 보는 자들은 1 : 23-24에서 인생의 무상함과 대조되는 하나님의 말씀의 영속성과 연결하여 사랑을 설명한다. 베드로의 입장에서 이런 해석을 볼 때 너는 맞고 너는 틀렸다고 하기보다, 둘 다 맞다고 할 가능성이 높다. 즉 '에크테노스'는 열정과 지속(持續)을 포괄하는 말이다. 신자들의 형제사랑은 강도가 뜨거울 뿐 아니라 지속기간이 끊임없어야 한다.

요즈음 사람들은 사랑한다는 말은 잘 쓰는 편이지만, 입술만의 겉치레

사랑에다가 지극히 사무적인 냉랭한 사랑을 하며 오래 지속되는 사랑이 아니라 이용가치가 있을 때만 일시적으로 반짝하는 사랑을 한다. 마치 부품들을 구해서 필요할 때 조립하여 사용한 다음 필요하지 않을 때에 분해하는 것처럼 관능적인 욕구에 따라 일회용 조립식 사랑이 유행하는 시대이다. 인간관계에 있어서 사랑의 최고봉이라고 할 수 있는 결혼조차도 시험결혼이니 계약결혼이니 하여 자기 중심으로 자기에게 조건이 맞을 때만 사랑을 하기도 한다. 이러한 일회용 문화 일회용 인간사회에서 신자들을 마음에서부터 우러나오는 참된 사랑을 열정적으로 끊임없이 베풀어야 한다. 이것이 하늘의 영광스런 소망을 바라보는 자들의 마땅한 삶이다.

II. 형제사랑의 근거 : 삶의 순화 (1 : 22)

1. 이미 이룬 삶의 순화

"너희가 진리를 순종하여 너희 영혼을 깨끗하게 하여 거짓이 없이 형제를 사랑하기에 이르렀으니"라는 표현은 헬라어 원문대로 직역하면 "너희가 가식없는 형제사랑을 위하여 진리를 순종하여 너희의 혼들을 순화(純化)하였느니"가 된다. 여기서 "순화하였으니"('헤그니코테스')는 헬라어로 '순수하게 하다' '순화하다' '깨끗하게 하다'는 의미가 있는 '하그니조'의 현재완료 분사형으로서 "이미 순화하였으니"라는 의미를 암시한다. "너희 혼들"에서 '혼들'은 영과 육 전인을 의미하는 '삶들'("lives")이다(2 : 25; 4 : 19). "너희 혼들을 순화하였으니"는 "너희 삶들을 순화하였으니"가 된다.

여기서 "너희의 삶들이 순화되었으니"라고 하지 않고 "너희의 삶들을 순화하였으니"라고 한 것은 삶의 순화에 있어서 인간의 노력을 암시한다. 성령께서 소원과 추진력을 주시는 대로(빌 2 : 13) 인간 편에서 삶의 순화를 위하여 노력한 것을 암시한다는 말이다. 인간이 지식이나 재물이

나 명예나 권력도 노력없이 얻을 수 없는 것처럼 삶의 순화도 노력이 없이 얻을 수 없다. 공로구원의 망령에 대한 두려움 때문에 노력을 하지 않는 자는 삶을 순화할 수 없다. 성령께서 소원을 주시고 행동하게 하시기 때문에 진정한 성령의 역사는 인간의 적극적인 노력으로 나타난다.

베드로는 삶의 순화를 말하면서 순화의 수단과 순화의 목표를 지적했다. 순화의 수단은 "진리를 순종함"이고 순화의 목표는 "가식없는 형제사랑"이다.

2. 순화의 수단 : "진리를 순종함"

신자들이 삶을 순화한 것은 "진리를 순종함"을 통해서 되었다. 진리의 요구에 순종하여, 즉 진리가 마음 속에 영향을 미칠 수 있도록 한 결과로 삶이 순화된 것이다. 여기서 '진리'는 1 : 24−25에서 말하는 복음으로 전파된 하나님의 말씀을 가리킨다. 이것은 세상의 구원을 위한 복음 진리체계 전체를 통털어 가리킨다.

악한 생각 살인 간음 음란 도적질 위증 훼방 중상모략 사기 시기 암투 등을 마음에서 몰아내고 삶을 순화시키는 것은 복음진리가 내면에 들어가서 지배하도록 진리에 순종할 때만 가능하다. 인간의 교훈에 순종해도 삶이 순화되나 이 경우의 순화는 인간구원의 수준이 아니고 인간들이 죄속에서 그나마 살만하도록 순화되는 수준이다. 그러나 복음의 진리가 인격의 중심에 들어가 그것을 지배하면 삶이 참으로 순화된다. 이단사설은 혹할 정도의 매력이 있을지 몰라도 삶을 오염시키는 것이고 복음진리는 삶을 순화시키는 것이다. 따라서 오류는 피하고 복음진리는 순종해야 한다. "내 아들아 지식의 말씀에서 떠나게 하는 교훈을 듣지 말지니라"(잠 19 : 27). 복음진리 따로 있고 나 따로 있으면 삶이 결코 순화될 수 없다. 복음진리가 나의 삶에 "순종"으로 연결될 때, 즉 복음진리의 전류가 내 속에 흐르기 시작할 때 온갖 오염물들은 사라지고 진리의 맑은 피가 삶의 혈관 속에 가득하게 된다.

3. 순화의 목표 : 필라델피아(형제사랑)

베드로는 순화의 수단을 진리에 순종하는 것으로 제시하고 순화의 목표를 "가식없는 형제사랑"으로 제시했다. 순화의 목표가 형제사랑이기 때문에 삶이 참으로 순화되면 순화의 목표인 형제사랑이 나타나게 된다.

"그리스도인 형제들에 대한 사랑은 참으로 회심한 모든 신자의 영혼 속에 솟아난다. 마치 땅을 뚫고 살며시 올라오는 파란 새싹이 심겨진 씨가 생명체로 되었다는 증거이듯, 이러한 사랑은 진리의 씨가 영혼에 뿌리를 내렸다는 확실한 증거이다"(Barnes).

베드로는 순화의 목표로 형제사랑을 지적할 때 형제사랑이 가식이 없다는 것을 밝혔다. 우리말 번역에 "거짓이 없는"은 원문상 "외식이 없는"('안위포크리톤', without hypocrisy)을 의미한다(롬 12 : 9; 고후 6 : 6). 앞에서 사랑을 말할 때 마음으로부터 우러나오는 열정적이고 끊임없는 사랑을 말한 바 있는데, 여기서 "외식없는 형제사랑"이 바로 그런 것이다.

하늘의 영광스러운 소망을 바라보는 기독교인들의 공동체는 거룩해야 하지만 동시에 사랑으로 하나되어야 한다. 형제사랑은 기독교 공동체를 하나로 묶는 끈이다. 데살로니가 공동체는 더이상 사랑의 권면이 필요없는 사랑의 공동체였다(살전 4 : 9). 히브리서의 공동체도 역시 형제사랑을 하고 있는 공동체였기 때문에 저자는 그저 이미 하고 있는 사랑을 "계속하라"고만 말한 것이다(13 : 1).

어느날 어떤 그리스도인이 하나님의 일을 하는 동료 사역자를 보러 갔다. 그의 동료 사역자는 귀한 신자이면서도 매우 충동적인 사람이었다. 그는 방에서 함께 말하면서 동료 사역자가 싫어하는 말을 했다. 그랬더니 동료 사역자는 당장 어깨를 잡고 문쪽으로 밀어버리고는 문을 탕 닫아버렸다. 그런 일을 당한 그는 매우 분개해서 집으로 돌아왔다. 주님에게 이런 경우에는 어떻게 해야 하는가고 기도드렸더니 주님께서 요한복음 13 : 35을 생각나게 하셨다. "너희가 서로 사랑하면 이로써 모든 사람이 너희가 내 제자인 줄 알리라." 주님은 이런 말씀을 덧붙이셨다. "너 내일 그의 집으로 가서 나를 위하여 그에게 사랑을 보여줄 수 있겠니?" 그는 이튿날 모든 분개를 집어던지고 그 친구 집에 가서 사랑을 보여주었다. 그 결과 서로 이간되는 대신 서로 화목하게 되었다. 이것이 하늘의 영광을 소망하는 자들의 마땅한 삶이다.

베드로는 수신자들이 이미 형제사랑을 목표로 하여 진리에 순종함으로 삶을 순화한 자들이기 때문에 이렇게 순화된 자들로서 순화된 신분에 걸맞게 서로 사랑하라고 권면한 것이다.

III. 형제사랑의 근거 : 말씀의 중생 (1 : 23)

위에서 베드로는 형제사랑의 근거로서 수신자들이 능동적으로 삶을 순화한 사실을 제시했는데 1 : 23에서는 그들이 피동적으로 중생된 사실을 제시했다. 우리 말 성경에는 "너희가 거듭난 것"이라고 되어 있는데, 원문에는 현재완료 분사형으로 "너희가 [이미] 중생되었으니"('아나게 겐네메노이')로 되어 있다. 태어나는 것은 자기 마음대로 되는 것이 아니다. 낳는 부모 편에서 능동적으로 낳는 것이고 아기는 수동적으로 출생을 당하는 것이다. 하나님께서 우리를 거듭 태어나게 하셨기 때문에(1 : 3) 우리는 하나님에 의해 거듭 태어남을 받은 것이다. 베드로는 형제사랑의 근거로 거듭 태어난 중생을 제시한 것이다. 하나님의 능력으로 예수 그리스도의 부활을 통하여 거듭 태어났으니 형제사랑이 가능할 뿐 아니라 마땅하니 서로 사랑하라는 것이다.

베드로는 중생이 썩어질 씨로 된 것이 아니라 썩지 아니할 씨, 즉 "하나님의 살아 있고 항상 있는 말씀"으로 되었다는 것을 밝혔다. 여기서 "씨"('스포라')는 인간 재생산의 씨도 되고 식물의 씨도 된다. 베드로가 어느 의미를 택했는지 확실히 결정하기는 힘들다. 1 : 24에서 모든 인간을 "모든 육체"라고 하면서 모든 인간을 "풀"에 비겼는데, 여기서 중생한 인간에 초점을 두면 인간의 씨가 되고 "풀"에 초점을 두면 식물의 씨

가 된다. 하나님이 인간을 중생하게 하시고 인간이 중생하므로, 즉 중생
은 인격자의 영역에서 이루어지는 것이라고 본다면 인간의 씨가 되고
"썩어질 씨"라는 표현에서 1 : 24의 마르고 떨어지는 풀을 연상한다면
식물의 씨가 된다.

우리의 중생은 "썩어질 씨"로 된 것이 아니다. "씨"를 인격체의 씨로
보면 이 표현은 우리의 중생이 "인간 부모로부터 물려받은 생명"이 아
니라는 의미가 된다. 인간 부모로부터 물려받은 생명은 어차피 부패와
오염에 굴복한다. 모든 인간은 죽기 위하여 태어난다. 인간 부모로부터
물려받은 생명에 영속성은 전혀 없다. 이런 의미에서 인간 부모로부터
물려받은 초생(初生)은 어차피 부패와 사망에 굴복하므로 "썩어질 씨"
로 된 것이라고 할 수 있다. 그러나 우리의 중생은 "썩어질 씨"로 된 것
이 아니다. 부패와 사망에 굴복하는 씨로 된 것이 아니다.

우리의 중생은 "썩지 아니할 씨," 즉 "하나님의 살아있고 항상 있는
말씀"으로 되었다. "살아있고 항상 있는"이란 표현은 "하나님"을 수식
하는 것으로 볼 수도 있고 "말씀"을 수식하는 것으로 볼 수도 있다. 하
나님을 수식하는 것으로 볼 경우 "살아계신 하나님"이란 표현은 자연스
럽지만 "살아계시고 항상 계시는 하나님"이란 표현은 자연스럽지 못하
다. 차라리 "영원히 살아계시는 하나님"이란 표현이 자연스럽다. 따라
서 "살아있고 항상 있는"은 하나님보다 말씀을 수식하는 것으로 보는
것이 더 자연스럽다. 더욱이 1 : 24 이하의 초점이 하나님보다 하나님의
영원한 말씀에 있으므로 "살아있고 항상 있는"은 "말씀"을 수식하는 것
으로 보는 것이 본문의 흐름에도 맞다.

우리의 중생은 하나님의 말씀으로 되었다. "그가 그 조물 중에 우리로
한 첫열매가 되게 하시려고 자기의 뜻을 좇아 진리의 말씀으로 우리를
낳으셨느니라"(약 1 : 18; 참조-요 1 : 13). 하나님의 말씀이 영혼을
영생으로 살리는 수단이라는 것이 성경의 일관된 교훈이다.

1821년 10월 찰스 피니는 며칠간 성령이 주신 깊은 죄책감 때문에 자
신을 깊이 돌아본 다음 아침에 그리스도의 임재를 분명하게 체험하고 저

녁에는 성령의 충만함을 받았다. 이렇게 성령이 충만한 상태에서 하나님
의 말씀이 엄청난 능력으로 중생의 역사를 이루는 것을 그는 목격하게
되었다.

나는 1821년 10월 10일 아침 전격적인 회심을 했다. 같은
날 저녁 나는 성령의 압도적인 세례를 받았다. 성령이 마치 내
몸과 영혼을 관통하시는 것 같았다. 나는 그 때 위로부터 능력
을 받아서 내 입에서 나오는 몇 마디 하나님의 말씀으로도 사
람들이 즉각적으로 회심하는 것을 보았다. 나의 말은 마치 사
람들의 영혼을 뚫고 들어가는 예리한 화살과 같았다. 그것은
칼날처럼 사람들의 심령을 수술했다. 그것은 망치처럼 인간의
마음을 때렸다. 수많은 사람들이 이것을 증언한다….
   이 능력은 경이로운 것이다. 나는 사람들이 하나님의 말씀
앞에 녹는 것을 여러 번 보았다. 아주 단순하고 평범한 말씀인
데도 칼처럼 사람들의 몸을 자리에서 잘라내서 일어나게 했으
며 그들을 기진맥진하게 해서 마치 죽은 사람들처럼 만들었다.
내가 여러 번 체험한 것은 아주 부드러운 방식으로 소리를 높
이거나 기도나 권면을 하는데도 사람들은 거기에 압도되는 것
이었다. 그리로 지나가던 사람들이 별 생각없이 거기 들어와서
는 순간적으로 죄에 대한 찔림을 받고 그리스도에게 돌아오는
경우가 많았다.

과연 하나님의 말씀은 죄인들을 거듭 태어나게 하는 말씀이다. 하나님
의 말씀은 썩지 아니할 생명의 씨인 것이다. 하나님의 말씀이 이렇게 사
람을 중생하게 하는 것은 그것이 "살아있고"(히 4 : 12–14) "항상 있
는" 말씀이기 때문이다. "항상 있는"이란 표현은 헬라어 원문상 현재분
사형으로서 계속 "머물러 있는"('메논토스')이다. 하나님의 말씀은 인간
부모처럼 잠간 살다가 죽는 자의 말씀이 아니고 항상 살아계신 자의 살

아서 계속 머물러 있는 말씀이다.

20세기 초 미국의 부모들은 다윈과 스펜서(Hebert Spencer)를 알든 모르든 유전이 인간행동을 지배한다는 세계관에 따라 '나쁜 아이는 나쁜 혈통탓'이라든가 '범죄는 유전'이라는 식의 확신을 가지고 자녀들을 길렀다. 그 후의 부모들은 파블로프(Ivan Petrovich Pavlov)의 행태이론에 따라 환경이 인간행동을 지배한다는 확신을 가지고 의타심이 커지지 않도록 하기 위해 울어도 젖을 먹이거나 안아주지 않고 일찍 젖을 떼게 되었다. 30년대 말부터는 프로이드(Sigmund Freud)의 학설에 따라 '젖먹는 아기의 권리'라든가 '구강만족'의 필요성과 같은 이야기를 듣고 하루 종일 응석을 받아주며 아이를 길렀다. 60년대 중반에 와서는 프로이드 같은 정신분석가는 벌써 웃음거리가 되고 일종의 신행태이론적 방향으로 육아법이 새로운 전환을 겪게 되었다.

인간의 '말씀'은 새로운 지식이 낡은 지식을 거세시키는 방식으로 전개되고 있다. 인간의 어떤 지식도 항상 '머무는' 것은 없다. 잠시 있다가 그다음에는 사라지는 것이 인간의 지식이지만, 하나님의 말씀은 항상 살아있고 영원히 머물러 있다. 생명과 영속성의 특징을 지니고 있다.

50대초의 명문대학 출신 어느 신자의 귀한 간증을 들은 적이 있었다. 그는 취직하여 보수를 많이 받으면서 재미있는 가정생활을 하는 평범한 남자였다. 그러던 어느날 사랑하는 부인으로부터 "교회 가보자"는 제의를 받고 함께 교회에 나갔다. 또 어느날 사랑하는 부인으로부터 "당신 나를 위해 한 가지 해줄 수 있겠어요?"라는 청이 들어왔다. 무엇이냐고 하니까 성경을 읽으라는 것이었다. 그래서 성경을 읽기 시작했는데, "태초에 하나님에 천지를 창조하셨다"는 창세기 1 : 1부터 새빨간 거짓말로 여겨졌다. 읽을수록 거짓말뿐인 것 같았다. 그래도 술에 취하나 안 취하나 부인의 청을 들어주려고 읽고 또 읽었다. 구약 중간 쯤 이르렀을 때는 "그럴 수도 있겠구나!"는 생각이 들었다. 신약에 이르러서는 "그 참 이상하다. 점점 관심이 깊어지는군"하게 되었다. 그러던 중 사경회에 참석하여 말씀을 들었고 그 결과 생각이 정리되는 것 같았다. 계시록을 읽는 시점에 와서는 "이러한 예수님을 안 믿을 수 없다!"는 결론에 이르게 되었다. 성경은 역시 생명의 말씀인 것이 드러난 것이다.

이렇게 생명력이 영속적으로 작용하는 하나님의 말씀으로 중생된 우리들이기 때문에 마음으로부터 열정적으로 끊임없이 형제를 사랑하는 것이 마땅하다는 것이 베드로의 논지이다. 거듭나지 않은 사람들이라면 이런 형제사랑을 기대할 수 없겠지만, 하나님에 의해 영속적 생명의 말씀으로 중생한 자들이기 때문에 형제사랑을 할 수 있고 또 해야 마땅한 것이다.

Ⅳ. 말씀의 성격 (1 : 24 – 25)

이미 1 : 23에서 중생의 도구인 하나님의 말씀의 성격이 생명과 영속성으로 밝혀졌지만 1 : 24–25에서는 그것이 구약의 인용으로 강화되어 나타나 있다. 하나님의 말씀으로 중생했으므로 베드로는 하나님의 말씀을 강조한 것이다.

"모든 육체는 풀과 같고 그 모든 영광이 풀의 꽃과 같으니 풀은 마르고 꽃은 떨어지되 오직 주의 말씀은 세세토록 있도다"는 말씀은 구약 이사야 40 : 6–8의 인용이다. 이 인용문의 초점은 "주의 말씀은 세세토록 있도다"에 있다. "모든 육체는 풀과 같고 그 모든 영광이 풀의 꽃과 같으니 풀은 마르고 꽃은 떨어지되"라는 표현은 "주의 말씀은 세세토록 있도다"는 것을 강조하기 위한 비유에 불과하다.

"모든 육체"는 모든 인간들 전체를 가리킨다. "그 모든 영광"은 인간들이 좋아하고 사모하고 추구하고 자랑하는 인간계의 외부적인 모든 매력과 영광을 가리킨다. 부(富) 미(美) 지위 재능 학식 의복 주택 가문 명예 권력 배경등이 여기에 포함된다. 베드로는 이미 불신세계의 삶을 "망령된" 즉 공허한 것이라고 평가했다(1 : 18). 하늘의 가치관으로 볼 때 '공허한' 것이 사람들의 시각으로 볼 때는 굉장히 영광스러운 것이다. 사람들이 인생 전체를 거기에 걸 정도로 영광스러운 것이다.

베드로는 이사야의 말을 인용하여 "모든 육체는 풀과 같고 그 모든 영광이 풀의 꽃과 같으니 풀은 마르고 꽃은 떨어진다"고 선언했다. 시 103 : 15-16에도 이런 말씀이 있다. "인생은 그 날이 풀과 같으며 그 영화가 들의 꽃과 같도다 그것은 바람이 지나면 없어지나니 그곳이 다시 알지 못하거니와." 공동묘지에 가서 물어보라. "모든 인간은 풀이요 그 모든 영화는 풀의 꽃이다. 이 말이 맞는가?" 공동묘지들 속에 있는 모든 인간들이 스산한 바람 소리에 "아멘!"을 날려보내올 것이다. 우리가 자랑하는 어떤 것도 부패되지 않는 것이 없고 사망의 뜨거운 바람을 견뎌낼 것이 없다. 우리의 모든 자랑과 뽐냄이 무덤 속까지 낮아질 것이다.

불신세계의 시인들과 철인(哲人)들도 인생은 풀이요 인생의 영화는 들꽃이라는 말을 한다. 아름다운 꽃은 열흘을 못넘기고 권력은 십 년을 못 넘긴다고 노래한다. 고려 말엽 길재는 "오백년 도읍지를 필마로 돌아드니 /산천은 의구하되 인걸은 간데 없네 /어즈버 태평년월이 꿈이런가 하노라"고 고려 왕조의 쇠퇴를 읊었다. 불신세계의 이런 노래에는 인생 비관과 염세(厭世)가 짙게 깔려 있다. '이렇게 무상한 인생 살아서 무엇 하랴'는 자기 혐오적인 비관이 자욱하여 숨이 막힐 지경이다.

신자도 자칫하면 불신자와 같이 무상한 인생을 슬퍼하는 비관주의자 염세주의자가 될 수 있다. 그러나 이것은 아주 잘못이다. "모든 육체는 풀과 같고 그 모든 영광이 풀의 꽃과 같으니 풀은 마르고 꽃은 떨어지되"에서 멈추는 것은 불신적 비관론이다. 본문은 여기서 끝나지 않고 "오직 주의 말씀은 세세토록 있도다"는 역동적 낙관론으로 매듭을 짓는다. "주의 말씀"은 무상한 인간과 무상한 인간의 영화와는 대조적으로 영원히 생명의 말씀으로 머물러 있다는 것이다. 우리에게는 영원한 생명의 말씀이 있기 때문에 결코 비관이나 염세가 있을 수 없고 있어서도 안 된다.

"너희에게 전한 복음이 곧 이 말씀"이라고 하여(1 : 25), 영원한 생명의 말씀은 바로 우리에게 전해진 복음의 말씀이라는 것을 베드로는 밝혔다. 결코 마르지 않고 결코 떨어지지 않는 말씀이 바로 우리가 받은 복음의 말씀이다. 우리가 영원 전에 하나님의 예정에 따라 성령의 거룩하게 하심 안에서 그리스도의 피뿌림과 순종을 위하여 선택된 나그네들이라는 말씀, 하늘의 영광스러운 기업이 있다는 말씀, 예수 그리스도께서 하늘로부터 우리를 구원하시려 오실 것이라는 말씀 등 복음의 말씀은 영원한 생명의 말씀이라는 것이다.

여기서 잠간 언급하고 지나갈 것이 있다. 요즈음 우리나라에서는 소위 '로고스'와 '레마'를 구별하는 자들이 있는 것 같다. 기록된 객관적인 말씀은 로고스이고 나에게 은혜스럽게 부딪혀 오는 말씀은 레마라고 하면서 반드시 레마를 받아야 구원을 받는 것처럼 선전하는 것 같다. 이들이 이런 구분을 하는 것을 이해는 한다. 하나님의 말씀인 성경을 놓고서도 흰 것은 종이이고 까만 것은 글자라는 식으로 밖에 보지 못하는 답답한 자들을 보면서 안타까워서 하나님의 말씀이 부딪혀 와야 한다는 것을 강조하는 것은 절대로 나무라고 싶지 않다. 필자 자신도 늘 이런 것을 강조하고 있기 때문이다. 그러나 로고스와 레마를 위와같이 구분하는 것은 합당하지 못하다. 왜냐하면 본문 23절에서는 하나님의 말씀을 '로고스'라고 했고 25절에서는 동일한 말씀을 '레마'라고 했기 때문이다. 본문에서 로고스와 레마는 100% 동일하다. 따라서 로고스와 레마를 이상과 같이 구분하는 것은 부당하다. 뿐만 아니라, 레마를 받지 못하면 구원을 받지 못하는 것처럼 말하면서 자신들의 '분파'로 기성교인들을 끌어모으는 것은 더욱더 부당하다. 하나님의 말씀은 그 자체로서 생명력과 영속성이 있기 때문이다.

요즈음에는 지식이 폭발하고 있다. 노벨 물리학상 수상자 세그레 (Emilio Segre) 박사는 "K 중간자에 관한 논문만을 모두 섭렵하는 것조차도 불가능하다"고 말했다. 영국 요크대학의 부총장 제임스 경은 옥스포드대학에서 현재 출제되고 있는 화학 시험문제를 읽어본 후 이렇게 말했다. "내가 옥스포드에서 화학분야의 첫번째 학위를 받은 것은 1931년이었다. 시험문제들 중 적어도 3분의 2는 내가 졸업할 당시에는 존재하지도 않았던 지식에 관한 것이기 때문에 나는 지금 그 시험문제를 풀지 못할 뿐 아니라 옛날에도 풀 수 없었을 것이라고 생각한다."

이렇게 폭발적으로 증가하는 지식 때문에 요즈음은 베스트 셀러의 홍수시대이다. 과거에는 책이 오래 가도록 가죽표지를 사용하다가 다음에는 헝겊표지를 사용했고 최근에는 종이표지를 거의 사용하고 있다. 가죽표지로 해 두어보았자 그 책이 헤어지기도 전에 그 책 속의 지식은 이미 낡은 것으로 버려질 것이기 때문이다. 그래서 최근의 책들은 마치 '한 호'만 출판하는 잡지처럼 되어 가고 있고 일시적인 인기만 누리고 있다. 「뉴욕타임즈」지가 소개하는 베스트 셀러들의 수명이 18.8주 였던 1956년에 비해 그로부터 10년 후인 1966년에는 15.7주로 1/6이나 단축되었다. 그러니까 베스트 셀러들도 일시적인 인기만 누리고 사라지는 것이다.

세상적인 지식은 이렇게 일회용 지식으로 전락되어 가지만 하나님의 말씀은 영원한 생명의 말씀이다. 생명의 책으로서 영원한 가치를 지니고 있다. 일회용 베스트 18주의 베스트 셀러가 아니라, 영원한 베스트 셀러로 남아 있을 것이다. 이러한 하나님의 말씀으로 중생한 우리들이므로 하나님의 생명과 하나님의 사랑을 전수받은 자들로서 형제사랑을 할 수 있고 하는 것이 마땅한 것이다.

알렉산더 캠프벨(Alexander Campbell)이 21세의 젊은이로서 미국에 갔을 때 펜실베니아주 와싱턴에서 며칠을 지내면서 한나 애치슨이라는 아름다운 아가씨를 알게 되었다. 그 아가씨는 붉은 색의 머리칼에다 반짝거리는 눈, 그리고 발그레한 뺨을 가진 아름다운 아가씨였다. 캠프벨과 애치슨은 그곳 사람들과 함께 옥수수 껍질을 벗기는 농사일도 하고 게임도 했다. 이렇게 친해지는 과정에서 애치슨은 캠프벨에게 변호사가 되도록 권면을 했다. "당신은 정치가나 변호사가 되세요. 미국의 대통령도 되실 수 있을 것 같아요." 사람들은 캠프벨의 재능을 발견하고 그가 위대한 사람이 될 것이라고 예측하기도 했다. 애치슨과 그녀의 부모는 피츠버그에 있는 변호사에게 부탁해서 캠프벨이 변호사 공부를 하도록 도와달라고 부탁했다.

그러나 드디어 결정적인 순간이 왔다. 캠프벨은 애치슨을 집까지 데려다 주면서 이런 말을 했다. "나는 내가 하고자 했던 일을 하지 않을 수 없어요. 나는 설교자가 될 것입니다. 나는 평생 사람들로 하여금 성경으로 돌아가도록 권면하는 일을 하고 싶습니다." 그 때만 해도 성경에 대해서 관심을 기울이는 사람들은 별로 없었고 애치슨 자신도 신앙이 별로 없었다. 그런 형편에서 캠프벨의 얘기를 들은 애치슨은 자신의 미래의 남편감을 위대한 사람으로 만들고자 한 꿈이 깨어지는 것을 느꼈다. 실망한 애치슨은 캠프벨에게 "알렉산더, 당신은 바보예요"라고 말했다. 그리고 덧붙이기를 "하나님의(에게 속한) 바보예요"라고 했다.

알렉산더 캠프벨은 아름다운 아가씨와 좋은 조건이 자신의 미래를 밝게 하는 상황에서도 달콤한 제의를 거부하고 하나님의 말씀 전하는 일에 진력하겠다는 각오를 밀고 나간 것이다. 모든 신자들이 다 캠프벨처럼 해서는 안될 것이다. 각기 소명이 다르기 때문이다. 그러나 캠프벨처럼 설교자의 소명을 받은 자로서 세상적인 호조건 앞에서 자신의 소명을 포기하지 않은 것이 중요한 것이다. 캠프벨이 자신의 소명감을 굳게 지켜나갈 수 있었던 것은 하나님의 말씀인 성경이 항상 살아 있는 생명의 말씀이고, 사람들이 이 말씀으로 돌아가는 것이 생명을 얻는 길이라고 확신했기 때문이다. 세상적인 것들은 다 일시적이지만 하나님의 말씀은 영원한 생명의 책이므로 캠프벨은 기꺼이 "하나님의 바보"가 되는 길을 택한 것이다.

존 웨슬레는 53년간 지칠 줄 모르는 사역을 하면서 자신을 가리켜 "책한 권의 사람"(a man of one book)이라고 말했다. 그는 일생토록 성경 한 권을 중심으로 일한 사람이었다. 그러나 그 책 한 권으로 200권 이상의 책을 썼고 잡지 편집을 했으며 4개 국어로 사전을 편찬했다. 그는 이 모든 일을 친필로 했다. 그는 말을 타고 영국을 두루 다니면서 복음을 전했다. 그는 도합 40,000회 이상의 설교를 했다. 일년에 약 800회, 하루에 2~3회 설교를 한 셈이다. 그가 83세가 되었을 때 이제는 더 이상 하루에 15시간씩 독서나 집필을 하지 못하게 된 것을 안타까워했다. 이제는 하루에 2회 이상 설교를 하지 못하게 된 것을 유감스럽게 생각했다.

그리고 이제는 새벽 5시 30분까지 누워 있는 경향이 있다는 것을 부끄러운 고백으로 생각했다. 83세가 되었어도 그는 여전히 새벽 그 시간에 일어나 기도를 드린 것이다.

무엇이 존 웨슬레로 하여금 이렇게 주목할만 일생을 살게 했는가? 그것은 영원한 생명의 말씀인 성경과 그 말씀에 근거한 성령의 능력인 것이다.

하늘의 영광을 소망하는 자들로서 하나님을 향하여는 항상 거룩하고 형제들을 향하여는 마음으로부터 우러나오는 열정적이고 끊임없는 사랑을 베풀자. 우리는 이미 형제사랑을 위하여 진리에 순종함으로 우리 삶을 순화한 자들이고, 영화가 결국 쇠퇴할 무상한 인생과는 대조적으로 하나님의 말씀은 생명적이고 영속적인 것인데 바로 이런 말씀으로 거듭 태어난 자들이기 때문이다.

제 6 장
구원에로의 성장   (2 : 1 − 3)

> ¹그러므로 모든 악독과 모든 궤휼과 외식과 시기와 모
> 든 비방하는 말을 버리고 ²갓난 아이들 같이 순전하고
> 신령한 젖을 사모하라 이는 이로 말미암아 구원에 이르
> 도록 자라게 하려 함이라 ³너희가 주의 인자하심을 맛보
> 았으면 그리하라

　베드로 사도는 1 : 3 − 12에서 하늘의 기업을 '산 소망' '구원' '은혜'로
소개하고 난 다음 1 : 13에서 하늘의 영광을 '소망하라'고 권면했다. 1 :
14 − 21에서는 하늘의 영광을 소망하는 자는 마땅히 거룩하게 살아야 한
다는 것을 지적했다. 그리고 1 : 22 − 25에서는 하늘의 영광을 소망하는
자들은 응당 서로 뜨겁게 사랑해야 한다는 것을 지적했다. 이와같은 내
용을 알기 쉽도록 도표로 정리하면 다음과 같다.

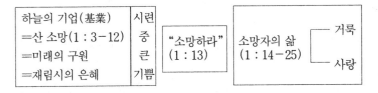

　지난번 제5장에서는 소망자의 삶의 대인적(對人的) 측면인 형제사랑
을 살펴보았다. 마음으로부터 뜨겁게 끊임없이 형제를 사랑하는 것이 하

늘의 기업을 소망하는 그리스도인 공동체의 성격이다. 가식(假飾)없는 필라델피아(형제사랑)를 해야 할 이유는 그리스도인들은 형제사랑을 목표로 진리에 순종함으로써 자신들의 삶들을 순화한 자들이라는 점과 마르고 떨어지는 풀과 꽃과는 대조적으로 영속적인 생명력을 지닌 하나님의 말씀으로 이미 중생한 자들이라는 점이다. 그리스도인들은 하늘의 영광을 소망하는 자들로서 삶을 순화하고 말씀으로 거듭난 자들의 신분답게 서로 사랑하는 것이 마땅하다.

이제 제6장에서는 하늘의 영광을 소망하는 자들의 대신관계의 성결생활과 대인관계의 형제사랑을 성장의 관점에서 베드로가 설명하는 것을 살펴 보고자 한다. 자칫하면 신자들의 삶을 흑백논리로 분석하고 정죄하는 우를 범할 수 있다. 성결 아니면 불결, 사랑 아니면 증오—이런 식의 단견(短見)으로 본다는 말이다. 다시 말해서 기대하는 것만큼 성결하지 못한 신자를 볼 때 그는 성결하지 않으므로 신자가 아니라고 속단하고 사랑하지 않는 신자를 볼 때 그는 사랑이 없으므로 신자가 아니라고 속단하기 쉽다는 것이다. 그러나 이런 판단은 성장(成長)의 관점을 놓친 편견이다.

2 : 3에 "자라게 하려 함이라"는 말씀이 나온다. 이것은 하늘의 영광을 소망하는 자의 거룩과 사랑이 성장할 필요가 있다는 것을 지적하는 말이다. 하늘의 영광을 소망하는 자들은 앞으로 하늘의 '밥상공동체'를 형성할 자들로서 이땅에서 나그네로 있을 때에 '공동체의 연합'(community solidarity)을 이루어야 한다. 그런데 공동체의 구성원들을 끈끈하게 잇는 접착제는 역시 거룩한 자들 간의 형제사랑이다. 본문은 바로 이런 형제사랑을 나누는데 있어서 성장이 필요하다는 것을 지적하는 말씀이다.

2 : 3의 "구원에 이르도록"에서 "구원"은 앞에서 누차 지적한 대로 예수 그리스도의 재림시에 완성될 미래의 구원을 가리킨다. 미래에 구원이 완성되면 그리스도인들은 형제사랑의 성민(聖民) 공동체를 완성할 것이다. 이런 구원을 목표로 하여 이땅에서 나그네로 있을 때에 형제사

랑 면에서 성장하도록 해야 하는 것이다.

2:1-3의 본문은 구원에로의 성장을 주제로 다루면서, 이런 성장을 위해서는 먼저 버려야 할 것이 있다는 것을 꼬집어 낸다. "모든 악독과 모든 궤휼과 외식과 시기와 모든 비방하는 말"은 공동체를 파괴하는 죄악들이다. 이런 것들을 버리라는 것이다. 그리고 적극적으로는 "순전하고 신령한 젖을 사모하라"는 것이다. 이런 젖을 빨아보면 "주(主)의 인자하심"의 맛이 어떠한지를 알게 되고 그 결과 더욱 사모하게 된다.

    Ⅰ. 모든 악독을 버리라(2:1)
    Ⅱ. 신령한 젖을 사모하라(2:2)
    Ⅲ. 인자하신 주님의 맛(2:3)

Ⅰ. 모든 악독을 버리라 (2:1)

하늘의 영광스러운 기업을 소망하는 자들의 형제사랑을 방해하는 것들이 있다. 그것은 공동체의 연대감을 파괴하는 죄악들이다. 2:1에는 이런 죄악들이 "모든 악독과 모든 궤휼과 외식과 시기와 모든 비방하는 말"이라고 지적되어 있다. 여기서 "모든 악독"은 뒤에 나오는 네 가지, 즉 궤휼 외식 시기 비난을 총괄하는 우산용어이다.

1. 궤휼과 외식

"궤휼"(詭譎)이란 우리말은 어려운 한자들로 구성되어 있다. '궤'詭)는 꾀거나 부추겨서 나쁜 짓을 하게 한다는 의미의 교사(教唆)할 궤(詭) 자이다. '휼'(譎)은 속일 휼(譎) 자이다. 궤휼은 속인다는 말 두 마디가 합쳐진 단어이다. 이것은 쉽게 말해서 속임수이다. 헬라어 원문에는 '돌로스'로 되어 있는데, 이것 역시 속임수 사기(deceit)를 의미한다. 그것은 응큼한 속셈을 가지고 말하거나 행동하는 일체를 의미한다.

불신자들의 사회는 속임수가 판치는 사회이다. 정정당당하게 시험을 쳐야 하는데 책상 위에 요점을 쓴다거나 작은 쪽지에 메모한다거나 옆사람과 정보를 교환한다거나 심지어 첨단통신장비를 활용하여 정보를 교환한다거나 하여 자신의 양심과 감독관과 하나님을 속이는 일이 있다. 공정한 선거를 통해서 당선되어야 함에도 불구하고 온갖 불평(不平) 부당(不當)한 방법으로 유권자 정부 하나님을 속여서 당선되려는 시도가 매일 보도되고 있다. 농약을 치고서도 안친 것처럼 속여서 깨끗한 콩나물로 팔기도 한다. 거래관계에서 속임수는 그 얼마인가. 오늘의 사회에서 이런 속임수들이 난무하기 때문에 우리는 면역이 되어 속이고 속으면서도 알지 못하는 경우도 있다.

속임수는 우리의 비뚤어진 마음 속에 깊이 뿌리박고 있는 죄악이다(막 7 : 22; 롬 1 : 29). 예수님의 대적자들(막 14 : 1; 마 26 : 4)과 바울의 대적자들(행 13 : 10)이 예수님과 바울을 대할 때 바로 이런 속임수를 썼다.

바울 사도는 디모데후서 3장에서 말세에 "악한 사람들과 속이는 자들은 더욱 악하여져서 속이기도 하고 속기도 한다"고 경고했다(3 : 13). 이런 환경 속에서 "그 입에 궤사(詭詐, '돌로스')가 없는" 그리스도(벧전 2 : 22)의 보혈로 구속된 그리스도인들은 핍박을 각오하고 경건하게 살아야 한다(딤후 3 : 12).

"외식"은 하나님과 사람들 앞에서 말과 행동, 생각과 행동, 주일의 삶과 평일의 삶, 가정생활과 직장생활의 불일치를 말한다. 그러면서도 안그런 척, 안그러면서도 그런 척 하는 것이다(마 23 : 28; 막 12 : 15; 눅 12 : 1; 갈 2 : 13; 딤전 4 : 2). 베드로가 외식이란 말을 할 때에는 아마도 예수님이 그토록 비판하셨던 바리새인들의 외식을 염두에 두었을 것이다. 겉은 사람들 앞에서 사람들에게 보이려고 의를 행하는 모습이지만 속은 '회칠한 무덤'—이것이 예수님의 눈에 비친 바리새인들의 외식이었다(마 6 : 1~18; 23장). 속이 허(虛)하고 속(俗)될 때에 번지레한 겉으로 속을 가리려는 외식이 흔히 신앙인들이 범하기 쉬운 죄악이다.

궤휼과 외식, 이 두 가지 죄악은 속임이라는 공통점을 가지고 있다. 궤휼은 남들을 이용해 먹으려고 속이는 것이고 외식은 남들에게 잘 보이려고 속이는 것이다. 궤휼은 남들을 쳐서 내가 덕보기 위해서 속이는 것이고 외식은 남들에게 나를 과시하기 위해서 속이는 것이다. 하늘의 영광스러운 기업을 소망하는 신자들은 남들과의 관계에서 형제사랑을 방해하는 궤휼과 외식을 버려야 한다.

2. 시기와 비방

앞에서 지적한 대로 형제사랑의 공동체를 파괴하는 "모든 악독"의 우산 밑에 궤휼과 외식도 들어 있지만 시기와 비방도 들어 있다.

"시기"는 내가 가지기를 원하지만 가지지 못한 것을 남이 가지고 있을 때에 그것을 부러워하여 속으로 그를 미워하는 것이다. 시기는 신약에서 옛생활의 특징으로 열거한 '악덕목록'에 자주 나타난다(롬 1 : 29; 갈 5 : 21, 26; 빌 1 : 15; 딤전 6 : 4; 딛 3 : 3). 시기는 그리스도를 십자가에 못박도록 넘겨준 자들의 악한 동기 중의 하나였다(마 27 : 18; 막 15 : 10). 남들의 유익을 구하는 것이 그리스도인의 특징이므로(빌 2 : 1-5) 그리스도인 속의 시기는 그리스도인이 그리스도인답지 못한 자가당착이다.

질투 많은 독수리는 다른 독수리들을 몹시 질투하여 미움을 많이 샀다. 한번은 이 독수리가 사냥꾼에게 찾아와서 이렇게 말했다. "사냥꾼 아저씨, 저 독수리를 쏘아서 떨어뜨리지 않으실래요? 난 저 독수리가 미워 죽겠어요." 사냥꾼은 그 질투 많은 독수리에게 만일 그러기를 원한다면 화살에 달 깃털 몇 개를 뽑아 달라고 했다. 그 독수리는 얼른 날개 깃털 몇 개를 뽑아 주었다. 사냥꾼이 그것을 화살에 달고 다른 독수리를 향해서 쏘았으나 빗나가고 말았다. 질투에 가득 찬 독수리는 자꾸만 자기 깃털을 뽑아주며 사냥꾼을 독촉하였다. 나중에는 깃털을 너무 많이 뽑아주어서 날아갈 수조차 없게 되었다. 그것을 본 사냥꾼은 얼씨구나 하며 그 질투 많은 독수리를 잡아가고 말았다. 시기는 결국 자신을 망치는 것이다. "마음의 화평은 육신의 생명이나 시기는 뼈의 썩음이니라"(잠 14

: 30).

시기는 또한 상대방과의 관계에 금을 가게 하는 것이므로 형제사랑의 공동체를 파괴하는 죄악이다. 신자들 서로 간에 시기가 들끓는 경우가 많다. 시기는 모든 자선단체와 교회를 끊임없이 괴롭혀온 고질병이다. 교회 일을 조금만 해 본 사람은 시기가 모든 문제의 항구적인 원천이라는 것을 금방 알게 된다. 결혼한 형제들, 특히 동서들 간에도 시기가 충천(衝天)하다. 사기 충천이 아니라 시기 충천이다. 사촌이 땅을 사면 배가 아픈 정도가 아니라 눈까지 아프다. 눈이 아파서 잘 되는 것을 '볼' 수도 없고 '보기도' 싫다. 잘 되는 것을 보면 '얼굴'까지 아프다. 금방 얼굴 표정부터 시커멓게 변색되고 얼굴 껍질이 부들부들 떨리고 턱이 떨려 말조차 더듬는다. 이러니 형제 동서 간의 혈연공동체가 파괴되지 않겠는가. 신자들 간의 믿음 공동체가 어떻게 되겠는가.

"비방하는 말"은 원문에 '카타랄리아'인데 '카타'는 '…에 대항하여' '…를 거스려서'(against)를 의미하고 '랄리아'는 '말'을 의미한다. 따라서 이것은 '누구를 거스려서 하는 말'을 의미한다. 이것은 주로 남이 없을 때에 남의 약점이나 결점을 들어 남을 비판하는 것이다. '뒤에서 물어뜯는 것'(backbiting)이다.

신자들은 흔히 기도의 제목을 알려준다고 하거나 그에 대한 나의 관심이나 걱정을 말한다고 하거나 남의 치명적인 결점을 고쳐주기 위해서 말한다거나 혹은 그의 문제를 나누는 것이 좋아서 말한다고 하면서 남을 힐뜯는 말을 별미처럼 즐기는 경우가 많다. "남의 말하기를 좋아하는 자의 말은 별식과 같아서 배속 깊은 데로 내려가느니라"(잠 18 : 8). 그러면서 비방을 별로 심각한 죄로 생각하지 않고 넘어가는 수가 허다하다.

그러나 바울은 비방을 악덕의 목록에 포함시켰고(고후 12 : 20), 야고보는 다음과 같이 신랄하게 비방의 죄를 지적했다. "형제들아 피차 비방하지 말라 형제를 비방하는 자나 형제를 판단하는 자는 곧 율법을 비방하고 율법을 판단하는 것이라 네가 만일 율법을 판단하면 율법의 준행자가 아니요 재판자로다 입법자나 재판자는 오직 하나이시니 능히 구원하기도 하시며 멸하기도 하시느니라 너는 누구관대 이웃을 판단하느냐"
(약 4 : 11-12). 비방은 하나님의 재판권을 찬탈하는 무서운 죄악인 것
이다.

참으로 남의 결함을 고쳐주고 싶으면 자신도 그런 결함이나 다른 결함
이 있는 자라는 것을 인식하고 온유한 마음으로(갈 6 : 1), 또한 먼저 자
신 눈에 있는 들보를 빼고 나서(마 7 : 1이하) 그의 면전에서 사랑하는
마음으로 지적해 주어야 한다. 무디 선생님의 사모님은 무디의 문법과
스펠링과 옷차림에 대해서 무디를 비판하면서 고쳐주었다. 그러나 그렇
게 할 때 무디 자신이 비판받고 있다고 느끼지 못할 정도로 전에 없던 사
랑과 매력으로 비판을 했다. 무디는 말년에 하나님께서 자신에게 그토록
놀라운 사역을 주신 것으로 인하여 계속 놀라움을 금치 못했을 뿐 아니
라, 하나님께서 그에게 아내를 주신 것을 인하여 놀라움을 금치 못했다
고 고백했다. 무디 부부는 무디가 죽을 때까지 서로 깊이 사랑했다. 무디
선생님의 사모님은 부드러운 손길과 가벼운 터치로써 무디를 개선시켜
준 것이다. 그러나 남이 없는 자리에서 별식 먹듯이 남을 비방함으로써
혹은 비방 당함으로써 망가진 인격들이 무수하다.

시기와 비방, 이 두 가지 죄악은 경쟁심에서 야기되는 죄악이다. 내가
가지고 싶으나 내게는 없고 남이 그것을 가지고 있을 경우 속으로 경쟁
하면서 애를 태우는 것이 시기이고, 이런 시기가 말을 통해 밖으로 터져
나오는 것이 비방이다. 시기는 마음을 부패케 하고 비방은 입을 오염시
킨다.

3. "모든… 모든… 모든… 버리라"

궤휼과 외식, 시기와 비방을 포함한 "악독"을 버리라고 베드로는 명
령했다. 흔히 이런 것을 버리라고 하면 이미 몸에 배었는데 어떻게 버리
느냐고 속으로 반문한다. 그것들을 버리는 것보다 그것들을 가지고 사는
것이 더 편한데 어떻게 버리느냐는 것이다. 뿐만 아니라, 버리려고 해도
버릴 수도 없다고 항변한다. 그러나 이런 태도는 하나님의 말씀에 대한

고의적인 반항이다. 하나님은 버리라고 말씀하시지만 나는 결국 그런 죄악들을 버리기 '싫다'는 반항이다. 하나님의 명령은 동시에 하나님의 능력이다. 손 마른 자에게 주님은 손을 "내밀라"고 하셨고 그가 "내밀매 그 손이 회복되었다"(막 3 : 5). 내 손이 말라붙었는데 어떻게 내밀라고 하십니까고 항의한 것이 아니라 "내밀라"는 명령대로 순종할 때에 손이 회복된 것이다. 그러므로 "버리라"고 할 때 버릴 수 없다고 핑계하지 말고 순종해야 한다.

"버리고"라고 말이 헬라어 원문에는 부정과거 분사('아포쎄메노이')인데 명령형 주동사 '사모하라'('에피포쎄사테')에 의존하고 있으므로 '버리라'는 명령의 의미로 볼 수 있다. '버리다'는 말이 여기서 반드시 '옷을 벗어버리다'는 은유를 취한다고 볼 수는 없지만 마치 옷을 벗어 버리듯 "모든 악독"을 제거해 버리라는 의미로 볼 수는 있다.

이렇게 버리라고 할 때 "모든… 모든… 모든"을 버리라고 되어 있다. 이것은 궤휼 외식, 시기 비방을 미련없이 모두 버리라는 것이다. "모든"이 세 번 반복된 것은 이런 것들을 일체 깨끗이 버리라는 것이다. 우물우물하거나 미련을 갖지 말고 흔적도 남기지 말고 청산하라는 것이다.

궤휼 외식, 시기 비방 등 "모든 악독"을 버리지 않으면 하나님의 말씀에 대한 '식욕'(appitite)이 생기지 않는다. 부패한 음식이 속에 꽉 차 있으면 좋은 음식을 먹고 싶지 않은 것과 같다.

어떤 사업가가 목사에게 이런 말을 했다. "목사님, 저는 하루에 20회씩 제 자신에게 이렇게 말합니다. '나는 이것을 하겠다, 나는 이것을 하겠다, 나는 저것을 그만두겠다, 나는 저것을 그만두겠다.' 그러면서도 항상 삶의 중심에는 제가 남아 있으려고 합니다." 그리고 그는 이렇게 덧붙였다. "저는 신앙생활을 하려고 하는데 아주 어렵습니다."

우리는 주님에게 이것 저것, 삶의 가장자리에 있는 몇 가지를 드리면서 신앙생활을 하는 것으로 착각할 때가 많다. 시간도 조금, 교회 가는 것도 조금, 성경 연구도 조금, 모든 것을 조금―이렇게 드리면서도 정작 핵심적인 것은 드리지 않는 것이다. 그러니까 신앙생활이 어려울 수 밖에 없다.

신앙생활은 우리 삶의 중심을 주님께 드리는 것이다. 이렇게 주님에게 우리 인생의 핵심을 드릴 때에 주님이 싫어하시는 모든 것을 청산할 수 있는 것이다. '모든 악독'을 버릴 수 있는 것이다. 삶의 중심을 주님께 드리고 주님이 싫어하시는 '모든 악독'을 청산할 때에 우리 심령이 주님에 대한 강한 욕구를 느끼게 되는 것이다.

II. 신령한 젖을 사모하라 (2 : 2)

구원에로 성장하기 위해서는 우선 위에서 언급한 궤휼 외식 시기 비방 등 모든 죄악들을 버려야 하고 적극적으로는 말씀을 사모해야 한다. 죄악을 버리지 않으면 말씀에 대한 욕구가 없고 말씀을 먹지 않으면 주님의 은혜의 맛을 알지 못한다. 주님의 은혜의 맛을 모르니 말씀을 더욱 사모하지 않게 된다. 이런 악순환의 과정에서 신자가 구원에로 성장하지 못하는 것이다. 죄악 그대로→ 말씀 식욕 없어→ 인자하신 주님의 맛을 몰라→ 성장하지 못해→ 죄악 그대로.

따라서 구원에로 성장하기 위해서는 소극적으로는 죄악을 청산하고 적극적으로는 말씀을 사모해야 한다. 구원에 이르도록 자라기 위해서는 갓난아이들 같이 말씀의 젖을 사모해야 한다.

1. "갓난아이들 같이"

여기서 '갓난아이'는 어머니의 젖을 먹는 연령에 있는 유아를 가리킨다. 신자들은 신령한 지식에 있어서는 만년유아가 되어서는 안된다(히 5 : 11-14). 지식의 성인겸 윤리의 성인이 되어야 한다. 그러나 겸손(마 18 : 1-4)과 순진(마 11 : 25)과 갈망에 있어서는 유아가 되어야 한다.

어떤 학자들은 '갓난아이'를 1 : 23의 중생과 연결하여 이제 갓 중생한 신자로 설명한다. 그러나 여기서 갓난아이는 갓 중생한 신자만을 가리키는 것은 아니다. 성숙한 신자도 계속 성장해야 하기 때문에 성장하기 위

해서 말씀을 사모해야 한다는 면에서 모든 신자들은 이 점에서 만년유아
가 되어야 한다. 말씀의 모유를 본능적으로 강렬하게 사모하는 유아가
되어야 한다.

2. "순전하고 신령한 젖"

"순전한"이란 말은 '허위나 가식이나 속임이 없는'을 의미한다. 위에
서 "궤휼"이 헬라어로 '돌로스'인데 여기 "순전한"은 '돌로스가 없는'
('아돌로스')을 의미한다. 물이나 기타 조잡한 것을 섞지 않은 순수하고
진정한 것을 의미한다.

"신령한"은 헬라어 원문으로 '로기코스'인데 이것을 '말씀과 관계된,'
'합리적인,' 혹은 '신령한'을 의미할 수 있다. 1 : 24-25에 하나님의 말씀
이 나오고 바로 뒤따라서 이 말이 나오므로 여기서 '로기코스'는 결국 '말
씀과 관계된'을 의미한다고 보는 것이 타당한 것 같다. 그러나 동시에 말
씀은 실제의 젖이 아니고 '신령한' 젖이므로 '신령한'이란 의미도 배제할
수 없다.

"젖" 즉 모유는 영적 양분을 비유적으로 표현하는 말이다. 「솔로몬의
시편」이란 글에 보면 모유가 영적 양분이라는 표현들이 나온다. "나는
그들을 위하여 내 자신의 가슴을 준비해서 그들로 나의 거룩한 모유를
먹고 그것으로 살도록 했다"(8 : 14). "한 컵의 우유가 내게 제공되었고
나는 주님의 자비의 감미로움 안에서 그것을 마셨다. 성자는 컵이고 성
부는 우유를 짜낸 유모이고 성령은 우유를 먹인 유모이다"(9 : 12). "나
는 어머니에 의해 아이처럼 인도되었다. 그는 내게 주님의 이슬인 우유
를 주었다. 나는 그의 은혜 안에 튼튼해졌고 그의 완전 속에서 안식을 누
렸다"(35 : 5).

3. "사모하라"

"사모하라"는 말은 '갈구(渴求)하라' '갈망하라' '욕망하라'는 의미이
다. "사모하라"는 명령형의 원형은 헬라어로 '에피포쎄오'인데, '포쎄오'

란 말만 해도 '염원하다' '갈망하다'는 의미가 있는데 그 앞에 '에피'라는 전치사가 붙어 복합동사를 이루고 있으므로 '갈망에 갈망을 덧붙인 갈망을 하다'는 강한 의미를 지니고 있다.

사막에서 목이 타는 사람이 물을 갈구하듯, 사슴이 헐떡거리며 시냇물을 갈망하듯 신자가 전혀 오염되지 않은 말씀을 갈구할 때에 신앙이 성장하는 것이다.

Ⅲ. 인자하신 주님의 맛 (2 : 3)

"너희가 주의 인자하심을 맛보았으면"은 "너희가 주의 인자하심을 맛보았으므로"(now that you have tasted that the Lord is gracious)이다. "너희는 여호와의 선하심을 맛보아 알지어다 그에게 피하는 자는 복이 있도다"(시 34 : 8). 하나님은 선하신 분이다. 하나님의 자비와 자애가 예수 그리스도 안에서 구체적으로 계시되었다(딛 3 : 4-6).

신자들은 하나님의 말씀을 통하여 예수 그리스도께서 인자하시다는 것을 실제로 체험을 통해 맛을 본 자들이다. 예수 그리스도께서 자신의 보혈로 우리를 구속해 주신 인자가 얼마나 큰 것인가 하는 것을 우리는 하나님의 말씀을 접촉함으로 체험한 자들이다. 이런 의미에서 하나님의 말씀의 맛은 인자하신 주님의 맛이다.

몇 년 전 어떤 총각이 여자 친구와 결혼할 것을 결심하게 되었다. 그런데 그 총각은 부끄러움이 많아서 여자 친구를 만나지 못하고 매일 연애편지를 보냈다고 한다. 그 연애 편지는 매일 하루도 빼지 않고 배달이 되었다. 그런 일이 3 주 계속된 다음, 드디어 그 소녀는 결혼을 하게 되었다. 그러나 그녀가 결혼한 사람은 연애편지를 보낸 그 총각이 아니라, 매일 편지를 배달한 우체부였다.

계속적인 접촉이 결국 결혼으로 골인하게 된 것이다. 계속적인 접촉이 사랑의 성숙에 이토록 중요한 것이다. 우리가 주님과 계속 접촉하는 방

법은 하나님의 말씀을 사모하는 것이다. 말씀을 통해서 주님과 접촉하게
되고 말씀을 통해서 주님의 인자하심이 어떤한지, 그 맛을 보게 된다. 그
러면 더욱 말씀을 갈구하게 되는 것이다. 주님의 맛을 말씀으로 보고 말
씀을 더욱 갈구하면 그 결과 더욱 성장하게 된다. 이것이 성장의 순환(a
circle of growth)이다. 말씀 갈구→ 성장→인자하신 주님의 맛→ 말
씀 갈구→ 성장→인자하신 주님의 맛→ 말씀 갈구.

　죄악을 통한 세상의 맛이 쓰다는 것을 느껴야 말씀을 통한 주님의 맛
을 갈구하게 된다. 말씀을 통한 주님의 맛을 보고 나면 죄악을 통한 세상
의 맛이 시들해진다. 존 뉴톤의 다음 시(詩)를 음미해 보라.

　　　나는 주님에게 내가 성장하기를 기도했다
　　　믿음과 사랑과 모든 은혜 면에서
　　　그의 구원을 더욱 더 알고
　　　그의 얼굴을 더욱 진지하게 구하도록

　　　주님은 내게 그런 기도를 드리도록 가르쳐 주셨다
　　　그리고 주님이 기도를 응답해 주셨다
　　　그러나 기도 응답의 방식은
　　　나를 거의 절망으로 몰고 가는 것이었다

　　　나는 어떤 은총의 시간에
　　　주님이 단번에 내 요구를 들어주실 것을 희망했다
　　　주님의 강권하시는 사랑의 능력으로
　　　단번에 내 죄들을 눌러버리고 안식을 주실 것으로

　　　주님은 그런 것 대신에 내게
　　　내 마음의 숨은 악들을 느끼게 해 주셨다
　　　그리고 지옥의 격노하는 능력으로

내 영혼 구석구석을 침공하게 하셨다

야! 설상가상으로 주님 자신의 손으로
나의 재앙을 악화시키시기로 작정하신 것 같았다
내가 계획하던 모든 아름다운 설계들을 그어버리셨고
나의 그릇들을 분쇄하시고 나를 납작하게 하셨다

"주님! 왜 이러십니까?" 나는 떨면서 부르짖었다
"당신은 당신의 벌레를 죽음에까지 추격하시렵니까?"
"이런 방식으로," 주님은 대답하셨다
"나는 은혜와 믿음을 달라는 기도에 응답한다"

"이런 내면적 시련들을 나는 사용해서
너를 자아와 자만으로부터 석방시키는 것이다
그리고 세상적 기쁨의 계획들을 깨뜨린다
너로 하여금 모든 것을 내 안에서 추구하도록"

하나님은 베드로를 통하여 신자들이 미래의 완성된 구원에로 성장하
도록 촉구하셨다. 하늘의 영광을 소망하는 자들로서 하나님에 대해서 거
룩하고 형제들을 사랑하기 위해서는 성장해야 한다는 것이다. 성장하기
위해서는 사기 위선 시기 비방 등 모든 악독을 버리고 순수한 말씀의 젖
을 갈구해야 한다. 부모가 어린 자식이 위험한 장난감을 가지고 놀 때에
무조건 그것을 빼앗는 것이 아니라, 더 좋은 장난감을 주면서 그것을 버
리게 하는 것처럼 하나님은 말씀을 통한 인자하신 주님의 맛을 대안으로
내어놓으면서 옛사람의 달콤한 죄악들을 버리게 하신 것이다. 죄를 버리
고 말씀을 갈구하여 구원에 이르도록 성장하자.

제 7 장
건설의 신학

(2:4-10)

⁴사람에게는 버린 바가 되었으나 하나님께는 택하심을 입은 보배로운 산 돌이신 예수에게 나아와 ⁵너희도 산 돌같이 신령한 집으로 세워지고 예수 그리스도로 말미암아 하나님이 기쁘게 받으실 신령한 제사를 드릴 거룩한 제사장이 될지니라 ⁶경에 기록하였으되 보라 내가 택한 보배롭고 요긴한 모퉁이돌을 시온에 두노니 저를 믿는 자는 부끄러움을 당치 아니하리라 하였으니 ⁷그러므로 믿는 너희에게는 보배나 믿지 아니하는 자에게는 건축자들의 버린 그 돌이 모퉁이의 머릿돌이 되고 ⁸또한 부딪히는 돌과 거치는 반석이 되었다 하니라 저희가 말씀을 순종치 아니하므로 넘어지나니 이는 저희를 이렇게 정하신 것이라 ⁹오직 너희는 택하신 족속이요 왕같은 제사장들이요 거룩한 나라요 그의 소유된 백성이니 이는 너희를 어두운데서 불러내어 그의 기이한 빛에 들어가게 하신 자의 아름다운 덕을 선전하게 하려 하심이라 ¹⁰너희가 전에는 백성이 아니더니 이제는 하나님의 백성이요 전에는 긍휼을 얻지 못하였더니 이제는 긍휼을 얻은 자니라

베드로 사도는 1:3-12에서 하늘의 기업을 지적하면서 선택된 나그네들인 신자들이 그것 때문에 시련들 중에서도 기뻐한다고 하였다. 1:13-25에서는 하늘의 기업을 소망하는 자들은 마땅히 이땅에 나그네로 있을 때에 대신관계에서의 성결생활과 대인관계에서의 형제사랑을 힘써야 한다는 것을 말했다. 성결과 사랑은 두 가지이지만 베드로 사도의 강조점 면에서는 성결 속에 사랑이 포함되는 것으로 되어 있다. 이 점은 2:4-10에서 더욱 분명해 질 것이다.

베드로 사도는 2:1-3에서 성결과 형제사랑을 성장의 관점에서 다

시 권면하였다. 공동체를 파괴하는 사기 외식 시기 비방 등 모든 악독을 버리고 순전한 말씀의 젖을 갈망함으로써 미래의 구원을 향하여 성장하라는 것이다. 성장하면 성결과 형제사랑이 더 높은 단계로 나아갈 것이기 때문이다.

2 : 1 - 3에서는 갓난아이의 성장을 비유로 하여 신앙의 성숙을 설명하였는데 2 : 4 - 10에서는 건설을 비유로 하여 성숙을 설명하였다. 성장으로 설명하던 것을 건설로 설명한다고 볼 수 있다. 그러나 내용의 전진이 없이 성장의 비유를 건설의 비유로 바꾼 것이 아니라, 내용의 진전과 함께 비유의 전환이 있다. 내용을 더 풍성하게 한다는 면에 비유 전환의 의미가 있다.

베드로 사도가 건설의 신학을 제시한 것은 '돌'의 의미를 지닌 자신의 이름 '베드로'와 무관하지 않다고 본다. 이미 제1장 송신자 설명에서 밝힌 바 있는 대로 주님으로부터 직접 견고한 '돌'이란 이름을 받았을 때는 그 이름이 무엇을 의미하는지 깊이 생각했을 것이다. 여러분 중에 누구가 주님으로부터 직접 견고한 '돌'이라는 이름을 받는다면 여러분은 그 이름을 깊이 생각하지 않겠는가. 베드로는 주님이 주신 자신의 이름을 깊이 생각하는 과정에서 성령의 감동을 받아 주님도 보배로운 '돌'이라는 사실과 신자들 모두가 '돌들'이라는 사실과 신자들 모두가 모퉁이돌이신 주님을 중심으로 신령한 성전으로 건설되어가야 한다는 사실을 깨닫게 된 것이다. 그리하여 소위 '돌의 신학' 혹은 '건설의 신학'을 제시한 것이다. 특별히 베드로처럼 변덕이 심한 자의 입장에서는 '견고한 돌'이라는 말이 던져주는 의미가 자못 깊었을 것이다.

베드로는 2 : 1 - 3에서는 성장의 비유를 말하다가 2 : 4 - 10에서는 건설의 비유로 전환하였는데 2 : 1 - 3과 2 : 4 - 10의 연결은 성장에서 건설에로의 비유가 전환된다는 점에서만 찾을 수 있는 것이 아니다. 2 : 3에서 "주의 인자하심을 맛보았으면 그리하라"는 말씀이 나오고 바로 2 : 4에서 주님이 어떤 분인가 하는 것이 지적되었다. 주님은 "택하심을 입은 보배로운 산 돌"로서 모퉁이돌이다. 신자들은 "산 돌들"로서 신령한 집으로 세워져 가야 한다. 신자들은 "택하신 족속 왕같은 제사장 거룩한 나라 그의 소유된 백성"으로서 신령한 제사들을 드리기 위하여 신령한 집으로 세워져 가야 한다.

그리스도를 모퉁이돌로 하여 산 돌들로써 신령한 집으로 세워져 간다고 할 때에 공동체 개념이 두드러진다. 그리스도라는 한 모퉁이돌을 중심으로 산 돌들로써 신령한 하나의 집으로 건설되기 때문이다. 조금 전에 소망자의 성결생활과 형제사랑이 사실은 성결로 포괄된다는 것은 2:4-10의 내용이 제사장/제물/성전 등의 비유로 제시되어 있다는 점에서 확실히 밝혀진다.

베드로 사도가 이렇게 신령한 집으로 건설되어야 한다는 비유를 쓸 때 예수 그리스도에 대한 사람들의 시각과 하나님의 시각을 대조하면서 말했다. 예수 그리스도에 대한 사람들의 시각은 쓸모없는 것으로 버린 돌에 비겨지고 하나님의 시각은 선택한 보석에 비겨졌다. 또한 사람들 중에 그리스도에 대한 신앙과 불신앙의 반응을 대조적으로 설명했다. 그를 버린 자들에게 그는 오히려 거침돌이 되시지만, 그를 믿는 자들은 그의 백성으로서의 고귀한 신분을 갖게 된다는 것을 지적하였다.

이런 관점에서 본문을 분해하면 다음과 같다.

Ⅰ "산 돌"에게 나아온 "산 돌들"로서 신령한 집으로 건립되라
　(2:4-5)
Ⅱ. 모퉁이돌에 대한 신(信) 불신(不信)의 반응(2:6-8)
Ⅲ. 신자의 신분(2:9-10)

Ⅰ. 신령한 집으로 건립되라 (2:4-5)

2:3에서 말씀을 통해서 주님의 인자하심을 맛본다는 것을 말하다가 베드로는 바로 2:4에서 주님이 바로 '산 돌'이라는 점을 지적하면서 건설의 비유로 넘어갔다. 그러면서 '산 돌'이신 주님에 대한 사람들의 시각

과 하나님의 시각이 대조된다는 것을 지적했다. 사람들은 '산 돌'을 버렸으나 하나님은 '산 돌'은 선택하셨다. 사람들에게 '산 돌'은 무가치한 것이었으나 하나님에게는 '산 돌'이 보석이다.

베드로가 2 : 5에서는 "너희도 산 돌들"이라고 해서 신자들과 그리스도가 '산 돌'이라는 점에서 공통점이 있음을 지적했다. 신자들이 '산 돌들'인 것은 2 : 4에서 "예수에게 나아와"라는 표현에서 설명될 수 있지만 더 깊게는 1 : 3, 23에 언급된 대로 예수 그리스도의 부활을 통해 신자들이 중생했다는 점에서 설명된다.

2 : 5에서 베드로는 신자들이 '산 돌들'이라는 것을 지적하면서 예수 그리스도를 통하여 하나님이 즐겨 받으시는 신령한 제물들을 드릴 제사장계(系)에로, 신령한 집으로 건설되라고 권면했다.

1. '산 돌' 예수 그리스도(2 : 4)

'산 돌'이라는 은유는 얼른 생각하면 모순되는 것 같이 보인다. 왜냐하면 '돌'은 생명이 없는 무생물인데, 여기에 '살아있는'이란 생명의 개념을 붙이고 있기 때문이다. 여기서 베드로는 의도적 모순 혹은 역설 기법을 사용해서 건축자재로서 견고한 돌과 생명 개념을 연결시켜 '산 돌'이라고 했다. 예수 그리스도는 부활하셔서 살아계신 자로서 생명을 주시는 분으로서 돌처럼 견고하신 분이라는 것을 표현하고자 한 것이다. 2 : 6, 7에 가면 예수 그리스도가 건축과 관련된 돌로 비유되는 것이 더욱 밝히 드러난다. 예수 그리스도는 죽은 자나 죽은 사건을 기념하는 기념비 혹은 추모비가 아니라 부활하사 살아계시면서 생명을 주시는 '산 돌'이다(비교-고전 10 : 4). 생명을 주신다는 개념은 "예수에게로 나아와"라는 표현에서 찾을 수 있다. 베드로는 '소망'에도 '산'을 붙였고(1 : 3), 말씀에도 '산'을 붙였다(1 : 23). 이와같이 '돌'에도 '산'을 붙여 생명과 돌을 연결한 것이다.

예수님은 이러한 의미의 '산 돌'이시지만 사람들에게는 버림을 받았다. 2 : 6-8과 연결하여 볼 때 버림을 받았다는 것은 건축자들이 조사해 보고 "야, 이것은 쓸모가 없겠다"고 버린 경우를 말한다. 유대인들은 자기 민족의 장래를 위한 건축자재로 예수가 부적합하고 무용지물이라고 판단하여 버렸고 이방인들은 나름대로의 인생건축에 예수가 무가치한 자재라고 판단되어 버린 것이다(시 118 : 22; 사 53 : 3; 마 21;42; 행 4 : 11). 베드로전서의 수신자들은 자신들도 주변의 사람들에 의하여 버림을 받은 경험이 있었을 것이기 때문에 '산 돌'이신 예수님이 버림받았다는 것이 더욱 뼈저리게 부딪혀 왔을 것이다.

사람들은 무지해서 '산 돌'을 버렸으나 하나님은 예수님을 '골라낸, 보배로운 돌'(a select, precious stone)으로 보셨다. 예수 그리스도는 건축자재로서 '골라낸 보석'인 것이다. 이 표현은 2 : 6에 인용된 이사야서 28 : 16을 암시하는 것이다. 세상 사람들은 그 가치를 몰라서 버린다 하여도 하나님은 예수 그리스도를 하나님의 성전의 모퉁이돌로 보신 것이다. 우주 안에서 영적인 성전을 건축하기 위한 모퉁이돌은 예수 외에 다른 어디에서도 발견될 수 없다.

이런 '산 보석'이신 예수 그리스도에게 "나아와"라는 표현은 구원을 얻기 위하여 예수 그리스도에게 오는 신앙의 시발점을 가리키는 말이 아니다. 원문에 보면 이 말이 '프로스에르코메노이'라는 현재 분사형으로 되어 있다. 현재 분사형이란 현재 계속적인 동작을 암시한다. 또한 '프로스에르코메노이'라는 이 현재분사는 2 : 5의 본동사인 "세워지라"('오이코도메이스쎄')는 명령형과 연결되어 있으므로 '계속 나오라'로 볼 수 있다. 따라서 "나아와"는 최초에 한 번 나오는 것을 말하는 것이 아니라, 계속 나아오는 것을 말한다(마 11 : 28; 요 7 : 37 - 39).

2. '산 돌들'인 신자들(2 : 5)

베드로는 예수 그리스도를 '산 돌'로 비긴 다음 "너희도 산 돌들"이라고 했다. "너희도"는 "너희 자신들도"라는 의미가 있다. "너희"가 강조되어 있는 것이다. 예수 그리스도가 '산 돌'인데 신자들이 '산 돌들'인 것은 1 : 3, 23 말씀대로 예수 그리스도의 부활과 말씀을 통해서 그들이 중생해서 예수 그리스도의 생명에 동참하게 되었기 때문이다.

2 : 5의 '신령한 집'은 '신령한 성전'을 가리킨다. '신령한 제사'는 '신령한 제물들'을 가리킨다. '거룩한 제사장'은 '거룩한 제사장들 전체'(a holy priesthood)를 의미한다. 이렇게 볼 때 2 : 5에는 성전과 제물들과 제사장들이 나온다. 이와 관련하여 '산 돌들'이 나오기 때문에 '산 돌들'은 성전의 건축자재들로서의 돌들을 가리킨다. 신자들을 하나님이 거하시는 성전의 건축자재들로서 '산' 자들이다. 구약시대 성전의 건축자재들은 죽은 돌들이었지만, 신약시대의 보이지 않는 신령한 성전의 건축자재는 모두 살아있는 인격체들이다. 모퉁이돌도 살아계신 분이시고 성전 건축에 쓰이는 돌들도 살아있는 인격체들이다. 이런 자재들로 건축되는 성전도 살아있는 교회이다.

어느 건축가가 집을 짓고 있었다. 일층은 잘 지었는데 이층은 아무리 지으려 해도 문제에만 부딪혔다. 목재소에서 가져온 재료들이 전혀 맞지 않았다. 왜 그런가 하고 이유를 살펴보니 그들이 두 개의 설계도로 일하고 있었기 때문이다. 이유를 발견한 그들은 과거의 설계도를 버리고 두 번째의 새로운 설계도에 따라 건축에 성공했다.

신자들은 서로 다른 설계도에 따라 신령한 집을 짓고 있기 때문에 오히려 건축을 방해하는 경우가 많다. 솔로몬이 성전을 건축할 때는 건축가들이 설계도를 정확하게 따라 지었기 때문에 모든 것이 잘 맞았다(왕상 6 : 7). 우리 모두가 하나님의 설계도에 따라 건축하면 모든 것이 잘 맞을 것이다. 그러면 하나님의 설계도는 무엇인가? 그것은 신자들이 하나님이 즐겨 받으실 제물들을 드리는 거룩한 제사장들이 되는 것이다.

신자들은 '신령한 성전'의 건축자재들로서 예수 그리스도를 통하여 하나님이 즐겨 받으시는 '신령한 제물들'을 드릴 '거룩한 제사장들'이 되기 위하여 함께 '신령한 성전'으로 지어져 가야 한다.

어떤 어린 소년이 몇 년 전 사우스 다코타(South Dakota)에 있는 자기 집을 떠나 방황하고 있었다. 그의 부모는 그를 발견할 수 없었다. 그래서 주 경찰, 보이 스카우트 회원들, 이웃 사람들 등이 함께 소년 찾는 일에 나섰다. 그들 수백 명은 3일 동안 그 넓은 초원을 두루 다녔으나 도 무지 그를 찾을 수 없었다.

4일 날 아침 그 사람들 중의 한 사람이 이런 제의를 했다. "우리 이렇 게 할 것이 아니라, 하나의 긴 선을 만듭시다. 우리 손을 맞잡고 소년을 찾을 때까지 초원을 훑어 봅시다. 소년이 멀리 가지는 않았을 것이니 까." 그들은 손을 맞잡고 1/4 마일의 선을 만든 다음 초원을 훑으면서 샅샅이 뒤지면서 살폈다. 세번째 훑을 때에 그들은 소년을 발견했다. 그 런데 그 때는 이미 소년이 죽어 있었다. 초원의 밤이 너무 추워서 소년은 관목 뒤 도랑 속에 죽어 있었다.

그들은 소년의 시체를 아주 조심스럽게 운반해서 소년의 어머니가 있 는 곳으로 갔다. 소년의 어머니는 소년을 품에 안더니 잠시 침묵을 지켰 다. 그러다가 어머니는 위를 쳐다보면서 이렇게 울부짖었다. "왜 좀 더 일찍 손을 맞잡지 않으셨습니까? 왜 좀 더 일찍 손을 맞잡지 않으셨습니 까?"

신자들은 각기 산 돌로서 서로 맞붙어 신령한 성전으로 지어져 가야 한다. 신자들이 맞붙어 신령한 성전으로 지어가지 않으면 세상에 영향을 줄 수가 없게 된다. 위의 얘기에서 보는 바와 같이 찾는 자들이 좀 더 일 찍 손을 맞잡고 소년을 찾았더라면 소년이 죽기 전에 찾았을 것인데, 각 자가 개인적으로 찾는 동안에 그 소년은 죽고 만 것이다. 이처럼 우리 신 자들이 힘을 합쳐서 신령한 성전을 지어가지 않는 동안 세상에는 죽음의 역사가 계속되는 것이다.

신자들은 신령한 집으로 지어져 '신령한 제사(제물들)'를 지낼 자들이 다. '신령한 제물들'은 성경에서 기도 감사 회개 선행 등을 가리키는 것 으로 지적되어 있다(시 50 : 13-14, 23; 51 : 17; 141 : 2; 히 13 : 15-16; 엡 5 : 2; 빌 4 : 18).

신령한 제물에는 불신자로 하여금 예수를 믿게 하는 것도 포함된다. 바울 사도는 이방인들을 복음화하여 하나님께 제물로 바친다고 하였다. "이 은혜는 곧 나로 이방인을 위하여 그리스도 예수의 일꾼이 되어 하나님의 복음의 제사장 직무를 하게 하사 이방인을 제물로 드리는 그것이 성령 안에서 거룩하게 되어 받으심직하게 하려 하심이라"(롬 15 : 16).

불신자를 예수 믿게 하여 하나님께 제물로 바치는 것이 하나님 보실 때는 아주 귀한 일이다. 무디는 이렇게 말했다. "나는 젊은이들이 수천 씩 죽음의 길을 가는 것을 보면 예수님의 발 앞에 엎드려 기도와 눈물로 오셔서 그들을 구해 주시기를 간구하고 싶다." 폴 리스(Paul S. Rees) 는 "하늘의 이름과 땅을 위하여, '사람들을 그리스도에게로 인도하고자 하는 충족시킬 수 없는 갈망'이 결코 식어지지 않도록 하자"고 말했다.

존 웨슬레는 미래의 부흥운동의 주역이 될 목회자들에게 권면하는 말 씀에서 이렇게 촉구했다. "우리 모두 한 가지 일을 하십시다. 우리는 바 로 이것을 위해서 삽니다. 즉 우리들의 영혼과 우리들의 말씀을 듣는 자 들의 영혼을 구하는 이 한 가지 일." 웨슬레는 다시 이렇게 부르짖었다. "나에게 죄 외에 아무것도 두려워하지 않고 하나님 외에 아무것도 사랑 하지 않는 100명의 설교자들을 달라. 그들이 성직자들이건 평신도들이 건 나는 전혀 상관하지 않는다. 바로 그들이 지옥의 대문을 흔들고 땅에 서 하늘나라를 세울 것이다."

아메리카 인디안들의 선교사 데이비드 브레이너드(David Brainerd) 는 1742년 4월 19일 일기에 영혼들을 위해서 울부짖는 가슴을 이렇게 기 록했다.

나는 이 날을 사역 준비를 위한 금식과 기도의 날로 정해 두었 다… 오전에는 불멸의 영혼들을 위한 대도의 능력을 느꼈다… 오후에는… 하나님께서 기도로 고뇌할 수 있는 힘을 주셔서 나는 그늘에서 서늘한 바람을 받고 있었지만 땀으로 몸이 흠뻑 젖었다. 나의 영혼은 세상을 향해 안타깝게 울부짖고 있다. 나 는 무수한 영혼들 때문에 답답해 숨이 막힐 것 같다. 나는 하 나님의 자녀들과 죄인들을 이 양자를 위해서 평생 울부짖는 삶 을 살고 싶지만, 하나님의 자녀들보다 죄인들에게로 마음이 더욱 기울어진다.

하나님께 드릴 신령한 제물 중에는 이렇게 불신 영혼들을 예수에게로 인도하는 것도 포함되는 것이다. 사실 이것이 가장 중요한 제물이라고 할 수 있다.

베드로 전서에서는 '신령한 제물들'을 드리는 것이 2 : 9에서 어두움에서 빛에로 불러내신 하나님의 아름다운 덕들을 선전하는 것, 2 : 12과 4 : 16에서 하나님을 영화롭게 하는 것, 3 : 15에서 그리스도를 주로 경외하는 것, 2 : 17에서 하나님을 경외하는 것, 2 : 19에서 하나님을 생각하는 것, 2 : 20에서 하나님 앞에 아름다운 것, 3 : 4에서 하나님 앞에 값진 것 등으로 지적되어 있다. 따라서 하나님이 즐겨 받으시는 신령한 제물들은 기도 감사 회개 뿐 아니라, 신자의 삶 전체에서 복음화를 포함하여 하나님의 뜻대로 하는 것이면 무엇이든지 포괄하는 것으로 보는 것이 합당하다(롬 12 : 1).

2 : 9에서는 신자들이 이미 "왕 같은 제사장들"이라고 되어 있는데, 2 : 5에는 "거룩한 제사장들"이 하나의 목표로 제시되어 있다. 그러니까 거룩한 제사장이 되어가라는 것이다. 신자는 이미 거룩한 제사장이면서 또한 거룩한 제사장답게 살아야 한다는 면에서 거룩한 제사장이 되어가야 한다. 이것을 직설법(이미 제사장임)과 명령법(제사장이 되라)의 결합이라고 하는데, 이런 것이 특히 바울서신에 많이 나온다. 가령 신자들은 이미 "죽었고 너희 생명이 그리스도와 함께 하나님 안에 감취었"는데도 "땅에 있은 지체(음란 부정 사욕 악한 정욕 탐심)를 죽이라"는 명령을 받는 자들이다(골 2 : 3,5).

Ⅱ. 모퉁이 돌에 대한 신(信)/불신의 반응 (2 : 6-8)

2 : 4-5에서 베드로는 예수 그리스도를 '산 돌'이라고 하고 신자들은 '산 돌들'이라고 하면서 신자들이 신령한 집으로 지어져 가야 한다는 말을

했다. 이제 2 : 6-8에서는 '산 돌' 그리스도가 모퉁이돌이라는 사실을 지적하고 이에 대한 신 /불신의 대조적인 반응을 지적하였다.

1. 모퉁이 돌에 대한 신앙의 반응(2 : 6-7상)

"보라 내가 택한 보배롭고 요긴한 모퉁이돌을 시온에 두노니 저를 믿는 자는 부끄러움을 당치 아니하리라"는 말씀은 구약 이사야서 28 : 16의 인용이다. 그러나 이것은 이사야서 28 : 16의 여자적(如字的) 인용은 아니다. 이사야서 28 : 16에는 "그러므로 주 여호와께서 가라사대 보라 내가 한 돌을 시온에 두어 기초를 삼았노니 곧 시험한 돌이요 귀하고 견고한 기초돌이라 그것을 믿는 자는 급절하게 되지 아니하리로다"고 되어 있다. 베드로가 왜 여자적으로 인용하지 않았는지 정확한 이유는 모르지만, 신약이 구약을 인용할 때 암시적으로 인용하기도 하고 해석적으로 인용하기도 하며 다른 상황에 적용시키는 방식으로 인용하기도 하며 두 구절을 결합하여 인용하기도 하고 마치 설교자가 어느 구절을 찾지 않고 대충 외워서 인용하듯 인용하기도 한다는 점에서 베드로의 인용도 이해할 수 있을 것이다.

예수 그리스도를 "모퉁이돌"로 비겼는데, '모퉁이돌'이 무엇인가? 어떤 학자들은 이것이 건물의 토대가 되는 초석(礎石, a foundation stone)이 아니라, 완성된 건물을 왕관처럼 덮어씌우는 종석(宗石, a keystone or capstone)이라고 본다. 그러나 이것이 종석(宗石)이 아니라 초석인 것은 다음과 같은 이유에서이다.(1) 2 : 7의 "모퉁이의 머릿돌"이 초석이고,(2) 2 : 4-10의 건축 비유가 그리스도에 대한 신앙을 기초로 전제하고 있고(2 : 3),(3) 사 28 : 16이 명백하게 '시온의 기초'를 언급하며,(4) 엡 2 : 20에 "너희는 사도들과 선지자들의 터 위에 세우심을 입은 자라 그리스도 예수께서 친히 모퉁이 돌이 되셨느니라"고 기록되어 있기 때문이다.

모퉁이돌은 건물의 모퉁이를 버티는 중요한 기초석이다. 이것은 주의해서 만드는 크고 견고한 돌로서 대개 사각형이다. 건물을 지을 때 모퉁이 돌을 놓는 엄숙한 행사를 치루는 것이 보통이다. 그런데 하나님께서 '산 돌들'(신자들)로 형성된 '신령한 성전'(교회)을 지으시기 위하여 예수 그리스도를 성전의 기초석으로 두셨다. 하나님께서 그를 이 목적으로 선택하셨으므로 그는 "택한"(선택된) 기초석이고, 동시에 "보배로운" 돌이다. 예수 그리스도는 신령한 성전의 기초석으로 선택된 보석이다. 여기에 '초석으로서의 그리스도'라는 '초석 기독론'이 있다.

요즈음 석가나 공자나 모하메트도 구원의 초석이 될 수 있고 교회의 초석이 될 수 있다는 종교 다원론(religious pluralism)이 일반인들의 관심거리가 되고 있다. 그러나 이런 학설은 영적으로 우매한 자들의 창안일 뿐 진리는 아니다. 하나님의 말씀인 성경에 의하면 그리스도만이 구원과 교회의 유일한 기초이다(행 4 : 12; 엡 2 : 20). 그리스도 외에 다른 기초 위에 세워진 구원과 교회는 사상누각(砂上樓閣)이다. 그것은 하나님의 심판 때에 여지없이 무너져 내려 흔적도 없이 사라지고 그것을 세운 건축자들을 지옥에 정착하게 하는 사단의 사상이다.

기독교로 회심한 토인들에게 예수회 신부들이 그림을 통해서 교육을 시킨 것과 관련하여 다음과 같은 일화가 생겼다고 한다. 신부들이 '유명한 나무' 그림을 보여주었더니 토인들이 "이게 무엇입니까?"고 물었다. "이것은 교회입니다." 토인들이 다시 "이 뿌리는 무엇입니까?"고 물었더니 신부들은 "이 뿌리는 예수 그리스도입니다"고 대답했다. 그리고 계속 질문과 답변이 있었다. 문 : "이 둥치는 무엇입니까?" 답 : "그리스도의 대리자들인 교황들이 계속 연결된 것입니다." 문 : "이 큰 가지들은 무엇입니까?" 답 : "추기경들입니다." 문 : "이 가지들은?" 답 : "주교들입니다." 문 : "이 작은 가지들과 그보다 더 작은 실가지들은?" 답 : "신부들과 신자들입니다." 문 : "잘려서 불에 던지는 이 가지들은?" 답 : "루터와 칼빈 등과 같은 이단자들입니다." 한참 듣던 토인들은 그림을 자세히 살피고 난 다음 눈을 닦으면서 뭐가 뭔지 잘 모르겠다는 표정을 지었다. 그러다가 갑자기 크게 기뻐하면서 소리를 질렀다. "우리에게는 문제가 없어. 우리는 뿌리를 가지고 있으니까. 우리는 뿌리를 가지고 있어." 가톨릭의 복잡한 성직제도를 이해하지 못해도 예수 그리스도를 뿌리로 소유하고 있으니 문제가 없다는 토인들의 얘기는 기독교의 핵심이다. 예수 그리스도는 나무로 말하면 교회의 뿌리이다. 건물로 말하면 모퉁이 돌, 초석이다.

그리스도는 이렇게 신령한 성전의 기초석인데 그에 대한 반응은 정반대로 나타난다. 믿음의 반응도 있고 거절의 반응도 있다. 2 : 6-7상에는 믿음의 반응을 보이는 자들이 언급되어 있다. 그런데 "그를 믿는 자는 부끄러움을 당치 아니한다." 여기서 "부끄러움"은 사람들 앞에서 당하는 수치나 실망을 말하는 것이 아니라 종말적 수치, 즉 하나님의 심판대 앞에서 멸망당하는 수치를 말한다(롬 5 : 5; 9 : 33). 그리스도를 믿는 자들은 종말적 수치(eschatological shame)를 당하지 아니한다.

그리스도를 믿는 자들은 종말적 수치를 당하지 아니한다는 말씀에 꼬리를 물고 따라오는 2 : 7상 말씀, 즉 "그러므로 믿는 너희에게는 보배이나"는 부분은 두 가지로 해석이 가능하다. 하나는 우리말 번역과 같이 "[그리스도]가 믿는 너희들에게는 보배다"이고, 다른 하나는 "그 명예[종말적 수치를 당하지 아니하는]가 믿는 너희들에게 속한다"이다. 헬라어 원문은 "그러므로 믿는 너희들에게 '그 티메', 그러나 불신자들에게는 건축하는 자들이 버린 돌"로 직역될 수 있다.

'티메'의 자연스러운 의미는 '명예'이다. 이렇게 본다면 '그 명예는 믿는 너희들에게'란 해석이 자연스럽다. 즉 종말적 수치를 당하지 아니하는 명예가 믿는 자들에게 속한다는 것이다. 그러나 뒤에 나오는 대조절, 즉 "불신자들에게는 건축하는 자들이 버린 돌"과 연결하여 생각하면 2 : 7상은 "믿는 너희들에게는 [그가] 보배로우나, 불신자들에게는 [그가] 건축하는 자들이 버린 돌"이라는 문장의 일부로 보는 것이 적합하다. 필자는 2 : 4-8이 사람들과 하나님, 신자들과 불신자들의 대조의 문맥이기 때문에 우리말 번역을 선호한다. 베드로는 그리스도를

믿는 것이 명예라거나 종말적 수치를 당하지 아니하는 명예가 신자들의
것이라는 말을 한 것이 아니라, 그리스도에 대한 신자들과 불신자들의
평가를 말한 것이다.

그리스도는 하나님이 선택하신 모퉁이돌로서 보석인데, 믿는 자들을
그것을 알아본다. 믿는 자들에게는 그리스도가 모퉁이돌로서의 보석인
것이다.

2. 모퉁이돌에 대한 불신앙의 반응(2 : 7하−8)

베드로는 2 : 7에서 불신앙은 하나님이 선택하신 모퉁이 보석을 버린
것으로 지적했다. 불신자들은 인생 건축가들로서 그리스도를 시험해 보
고 인생건축에 쓸모없는 것으로 버린 자들이다. 베드로는 불신앙을 이렇
게 모퉁이 보석을 버린 것이라고 지적할 뿐 아니라 "말씀을 순종치 아니
하는" 것으로 규정했다(2 : 8). 불신앙은 "하나님의 살아있고 항상 있는
말씀," 즉 "복음"(1 : 23, 25)을 불순종하는 것이다.

이렇게 말씀에 불순종하여 믿지 아니하면 그리스도가 그들에게 "부딪
히는 돌과 거치는 반석"이 된다. 이 표현은 이사야서 8 : 14의 인용이다.
"부딪히는 돌"(a stone of stumbling)과 "거치는 반석"(a rock of
offence)은 사실상 '걸어가다가 걸려서 넘어지는 돌'이란 같은 의미를
가지고 있는데 강조하기 위해서 반복된 것이다. 불신자들에게 그리스도
는 파멸의 수단이 된다(마 21 : 44). 그리스도를 안 믿었다는 이유로 그
들은 멸망한다. 불신자들은 자신들의 가치관에 따라 그리스도를 인생건
축의 무용지물로 보고 버린 자들이고, 그 결과 멸망에 이른다.

그런데 베드로는 이런 불신자의 운명이 하나님의 정하신 것임을 덧붙
였다. "이는 저희를 이렇게 정하신 것이라." 불신자의 멸망이 하나님의
예정이라는 사상은 이사야서 28장과 로마서 9 : 14−24에도 잘 드러나
있다. 모퉁이 보석이신 그리스도에 대한 반응에 따라 구원이나 멸망을
받는 것이 하나님의 예정이다. 중간 길은 없다.

Ⅲ. 신자의 신분 (2 : 9 - 10)

베드로는 위에서 모퉁이 보석 그리스도에 대한 신 /불신의 대조적인
반응과 그 결과로서의 구원과 멸망을 지적하였는데 2 : 9 - 10에서는 다
시 모퉁이 보석을 믿는 신자들의 고귀한 신분을 2 : 5의 성전 비유와 연
결하여 제시하였다. 불신자들과 강하게 대조하는 의미에서 "오직 너희
는"이란 표현을 사용하였다. "오직 너희는"은 "그러나 바로 너희는"으
로 번역될 수 있다. "너희"가 불신자들과 대조적으로 강조되어 있다.

1. 고귀한 신분(2 : 9상, 10)

신자들의 고귀한 신분이 2 : 9상에서는 "택하신 족속," "왕같은 제사
장들," "거룩한 나라," "소유된 백성"으로 지적되어 있다. 2 : 10에서는
전에는 긍휼을 얻지 못하여 하나님의 백성이 아니었으나 이제는 긍휼을
얻어 하나님의 백성이 되었다는 점이 지적되어 있다.

(1) "택하신 족속"

이것의 헬라어 '게노스 에크렉톤'은 "선택된 종족"(a chosen race)
으로 직역될 수 있다. 예수 그리스도는 '선택된 보배로운 모퉁이 돌'이고
(2 : 6), 그를 믿는 신자들은 "선택된 종족"이다. 이사야서 43 : 20의 헬
라어역(70인경)에 '나의 선택된 종족'이란 표현이 나오는데, 이것이 여
기 "선택된 종족"으로 인용된 것 같다. 이사야서 43 : 20에는 "장차 들
짐승 곧 시랑과 타조도 나를 존경할 것은 내가 광야에 물들을, 사막에 강
들을 내어 내 백성, '나의 택한 자'로 마시게 할 것임이니라"는 말씀이
나온다. 이것은 메시야 시대의 풍성한 구원을 하나님의 선택된 백성이
누릴 것에 대한 예언인데, 오늘의 신자들은 유대인이든 이방인이든 하나
님의 선택된 종족으로 "사막의 강들"로부터 구원의 물을 마시는 자들이
다.

2세기 경에 이미 기독교인들을 총칭하는 표현으로 "하나님을 사랑하
고 하나님을 경외하는 종족," "의인들의 종족 전체," "이 새로운 종족,"

"제 3의 종족"(유대인들, 이방인들과 구분하여) 등이 있었다. 이런 표현들은 아마 베드로가 사용한 "선택된 종족"에서 나왔을 것이다. 기독교인들은 하나님께서 선택하신 새로운 종족이다.

(2) "왕같은 제사장들"

출애굽기 19 : 5-6에는 "세계가 다 내게 속하였나니 너희가 내 말을 잘 듣고 내 언약을 지키면 너희는 열국 중에서 내 소유가 되겠고 너희가 내게 대하여 '제사장 나라'가 되며 거룩한 백성이 되리라"는 말씀이 나온다. 출 19 : 6의 "제사장 나라"("제사장들의 왕국")라는 표현이 본문에서는 "왕같은 제사장들"로 나타나 있다.

"왕같은 제사장들"의 헬라어 원문 '바실레이온 히에라튜마'는 "왕적인 제사장들"(royal priesthood) 혹은 "왕의 제사장들"(king's priesthood)로 직역될 수 있다. "왕적인 제사장들"은 신자들은 왕의 위엄(dignity)과 제사장의 성성(聖性, sanctity)을 지닌 자들임을 보여준다(계1 : 6). "왕의 제사장들"은 신자들은 왕이신 하나님에게 속한 거룩한 자들임을 지적한다. 제사장이 불결한 것은 마치 제사장이 화려하고 영광스러운 제사장복을 벗고 누추한 거지 옷을 입은 것과 같다. 성직자들만이 아니라 모든 신자들은 "왕의 제사장들"(the King's priesthood)이다(사 61 : 6).

"왕의 제사장들"이란 표현을 출 19 : 5-6의 문맥에서 다시 살펴보면 이것이 "세계" 즉 "열국"과의 관계에서 이해되어야 한다는 것을 짐작할 수 있다. 하나님은 온 세계 열국의 왕이시고 신자들은 하나님의 제사장들이다. 이스라엘에 하나님이 계시고, 백성들이 있고, 또 제사장들이 있다는 것을 생각해 보라. 제사장들을 백성들 중에서 취함을 받아 "하나님께 속한 일에 사람을 위하여 예물과 제사를 드리"는 자들이다(히 5 : 1). 다시 말해서 제사장은 하나님을 섬기는 일에 백성들을 위한 자들이다. 신자들은 열국의 제사장들로서 하나님을 섬기는 일에 열국에 거룩의 영향을 미치는 자들이다.

"아, 믿는 사람들은 남자 여자 할 것 없이 다 세상을 깨워야 합니다.

하나님께서 여러분을 살리신 것은 여러분 자신만을 위한 것이 아닙니다. 왜냐하면 이런 제사장 가운데 자기를 위하여 사는 자는 없기 때문입니다. 여러분은 제사장들로서 무식한 자들과 길을 잃은 자들에게 열정을 품고 무감각한 자들을 깨워 그들을 하나님께로 인도해야 합니다" (Spurgeon).

(3) "거룩한 나라"

"거룩한 나라"는 원문상 "거룩한 민족"(a holy nation)으로 번역되는 것이 좋다. 이것 역시 출 19 : 6의 메아리이다. 신자들은 성령에 의해 하나님을 위하여 구별된 자들로서(1 : 2) 모든 행실에 있어서 하나님을 닮도록 된 "거룩한 민족"이다(1 : 15).

(4) "그의 소유된 백성"

이것은 헬라어 원문상('라오스 에이스 페리포이에신') '소유를 위한 백성'(a people for a possession)으로 직역될 수 있는 표현이다. 신자들은 하나님께서 자신의 소유로 확보하신 백성이다. 신자들은 하나님에게만 속한 자들이다. 이런 표현 역시 출 19 : 5에서 나왔다. "내 언약을 지키면 너희는 열국 중에서 내 소유가 되겠고."

(5) '비(非)백성'이 백성으로 (2 : 10)

베드로는 위에서 신자들을 총칭하여 '종족' '제사장들' '민족' '백성'이라 하였다. 신자들은 하나님이 선택하시고 보배와 같은 특별소유로 확보하셔서 거룩한 제사장의 사명을 맡기신 특권 집단이며 특명(特命) 집단이다. 하나님의 선민과 보배로서의 특권만 누리도록 된 자들이 아니라, 제사장의 특명을 받은 자들인 것이다. 이것이 위의 네 가지 표현에 나타나 있다. 그런데 2 : 10에서는 네 가지 표현 중에서 '백성'이란 표현을 다시 지적하면서 과거에는 하나님의 긍휼을 입지 못해서 하나님의 백성이 아니었으나 이제는 하나님의 긍휼을 입어 하나님의 백성이 되었다는 것을 밝혔다.

'비(非)백성'(히브리어로 '로암미')이 '백성'(히브리어로 '암미')이 된다는 주제는 호세아서 1 : 6, 9-10; 2 : 23과 로마서 9 : 25-26에 나와 있다. 그리스도인들은 과거에 하나님의 은총 밖에 있던 자들, 거절된 자들이었다. 이방인들은 지옥의 땔감으로 하나님이 창조하셨다고 생각하는 것이 유대인들의 사고방식이었다. 뱀 중에 아무리 좋은 뱀이라도 때려 잡아야 하는 것처럼 아무리 좋은 이방인이라도 멸망받아야 한다는 사고방식도 유대인들에게 있었다. 유대인들이 이렇게 무시하는 이방인들을 하나님은 구원의 반열에 참여하는 특권을 주셨다. 과거에 하나님의 관심 밖, 유대인들의 냉대 속에 있던 '비백성'이 이제는 하나님의 관심과 보호를 받는 하나님의 백성이 되었다. 하나님의 "긍휼"을 입은 백성이 된 것이다.

베드로전서의 수신자들의 입장에서 볼 때 그들은 지금 세상 사람들에 의하여 버림받은 상태에서 고통 중에 있는데, 하나님이 보실 때에 그들은 하나님의 긍휼을 입은 하나님의 백성이라는 사실이 큰 위로가 되었을 것이다. 동시에 하나님의 백성 아닌 자들이 하나님의 백성 된 것이 자신들의 공로에 의한 것이 아니라 하나님의 '긍휼'에 의한 것이므로 자랑하지 말고 겸손하게 감사해야 할 것이다.

우리들도 고통 중에 버림받은 것 같거나 혹은 실제로 세상에 의해 버림받은 상태에 있다 할지라도 하나님의 보배로 소유된 선민이라는 점을 기억하고 용기를 얻어야 한다. 하나님의 선택된 종족 보배로운 소유 거룩한 민족으로 제사장들의 사명이 있음을 기억해야 한다.

2. 고귀한 사명(2 : 9하)

하나님께서 신자들에게 하나님의 보배로운 선민으로서의 고귀한 신분을 주신 것은 고귀한 신분으로 '신분악용'을 하게 하심이 아니다. 요즈음 신분을 악용한 범죄가 많은데, 하나님은 신자들로 고귀한 신분을 악용하여 범죄하도록 보배로운 신분을 주신 것이 아니다. 이미 위에서 '왕같은 제사장들'이란 표현에서 암시되었지만, 신자들은 특권을 받은 자들임과 동시에 '제사장들'이란 특명을 받은 자들이다.

이 점이 2 : 9하에 "이는 너희를 어두운 데서 불러내어 그의 기이한 빛

에 들어가게 하신 자의 아름다운 덕을 선전하게 하려 하심"이란 표현으
로 설명되어 있다. 여기서 "덕"은 헬라어 원문상 '아레타스'로 '덕들,'
'도덕적 탁월성들'을 의미하기도 하고 하나님과 관련해서는 '영광들'(벧
후 1 : 3) 혹은 출애굽 사건과 같은 '강력한 행위들'(사 43 : 21)을 의미
하기도 한다. 여기서는 하나님의 탁월성들과 행위들을 다 포괄하는 것으
로 보는 것이 좋을 것 같다. 그것은 하나님의 속성들과 행위들을 다 포함
하는 것이다.

신자들은 하나님의 창조와 구속과 심판에 나타난 속성들과 행위들, 예
수 그리스도의 탄생과 삶과 죽음과 부활과 재림에 나타나는 속성들과 행
위들을 "선전"하는 사명을 받은 자들이다. 계시록의 찬양들(4 : 11; 5 :
9; 15 : 3-4; 19 : 1)과 사도행전의 복음선포들이 다 "하나님의 덕을
선전"하는 것이다. 신자들은 말씀전파와(1 : 25; 3 : 15) 거룩한 생활을
통하여(1 : 16; 2 : 11-3 : 7) 하나님의 탁월성들을 선전하는 특명을 받
은 자들이다.

무디(D. L. Moody)는 이런 말을 했다. "내가 죽고 난 다음 내가 원
하는 기념비는 두 다리를 가지고 전 세계를 돌아다니는 사람의 모습, 즉
구원받은 죄인이 예수 그리스도의 구원을 전하는 모습의 기념비이다."
우리 신자들은 다 구원받은 죄인들로서 예수 그리스도의 구원을 전하는
복음전파를 통하여 하나님의 덕을 선전하는 자들이다. 뿐만 아니라, 하
나님이 거룩하시기 때문에 신자들은 거룩한 삶을 통하여 하나님의 탁월
성들을 선전하게 된다.

이것이 "왕같은 제사장들"의 사명이다. 이것을 2 : 5에서는 "신령한
제물들을 드리는" 것이라고 하였다. 신자들은 "왕의 제사장들"로서 삶
전체를 통하여 하나님의 "아름다운 덕들을 선전"하는 자들이고, 이런
삶이 하나님께 드리는 제물이다.

신자들이 이렇게 하나님의 덕들을 찬양하고 선포하는 것은 하나님께
서 먼저 그들을 "어두운 데서 불러내어 그의 기이한 빛에 들어가게" 하
셨기 때문이다. "불러내어"는 소명을 가리킨다. 하나님의 선민 그룹은

빛에 거하는 자들이고 하나님으로부터 멀리 있는 자들은 어두움에 거하는 자들이다(롬 2 : 19; 13 : 12; 고후 4 : 6; 6 : 14; 엡 5 : 8,14; 골 1 : 13; 살전 5 : 4-5; 히 6 : 4; 요일 1 : 5-7). 하나님이 우리를 어두움에서 하나님의 "기이한 빛"으로 불러내신 것은 놀라운 일이다. "기이한 빛"은 "놀라운 빛"인데, 그냥 "빛"이라고 하지 않고 "놀라운 빛"이라고 한 것은 하나님의 "빛"에 대한 베드로의 감격스런 평가 때문이다. 베드로의 감격이 엿보이는 표현이라는 말이다. 이런 감격이 하나님의 "아름다운 덕들을 선전"하는 찬양과 선포의 삶을 유발하는 강력한 원동력이다.

테네씨 주의 어느 작은 마을에 '왼발 침례교회'(LEFT FOOT BAP-TIST CHURCH)라는 예배당이 있다고 한다. 그 곁을 지나던 어떤 학생은 지날 때마다 교회 이름이 하도 우스워서 계속 낄낄거리고 웃었다고 한다. 그러던 어느날 그 학생은 버스를 기다리는 동안 그 마을의 어떤 사람에게 교회 이름이 저렇게 된 데에 도대체 무슨 사연이 있느냐고 물었다고 한다.

그 마을 사람은 수년전 그 마을 교회에서 발 씻기는 의식을 놓고 논쟁이 붙었고 그 결과 교회가 분열되었다는 대답을 했다. 그 교회 교인들은 어느 발을 먼저 씻어야 하는가 하는 논쟁을 하다가 급기야 갈라지게 된 것이다. 왼발을 먼저 씻어야 한다는 교인들은 갈라 나와서 나름대로의 교회를 세운 다음 '왼발 침례교회'라는 이름을 붙였다는 것이다.

하나님의 교회가 이래서 되겠는가? 세족식(洗足式)에서 왼발이 먼저냐, 오른발이 먼저냐는 것으로 논쟁이 붙은 것도 이상하지만 그 문제로 갈라진 것도 얼른 이해하기 어려운 일이다. '신령한 성전'으로 지어져야 할 신자들이 이렇게 분열되는 것은 유감스럽기 짝이 없는 일이다. 특히 적국(敵國) 영토에서 영적인 전쟁을 하는 마당에 이런 분열은 아군들끼리 서로 죽이는 것과 다를 바가 없는 것이다.

"우리는 적국(敵國) 영토에서 살고 있고 적은 계속 우리를 지켜보면서 들어와 점령할 기회들만 노리고 있습니다. 우리는 하늘의 시민들로서 하나가 되어야 합니다. 우리는 하나님의 은혜와 긍휼이 무엇을 할 수 있는지를 세상에 연합해서 보여주어야 합니다"(Wiersbe).

어거스틴이 말한 대로 "본질적인 것들에는 연합, 비본질적인 것들에는 자유, 모든 것들에 사랑"의 원리로 행동해야 한다. 하나님의 보배로 선택된 하나님 나라의 거룩한 제사장들로서의 특권을 누리면서 그리스도를 모퉁이돌로 하여 신령한 집으로 세워져 가는 특명을 감당해야 한다. 제사장으로서의 거룩한 삶을 통해서 하나님의 탁월성들을 세상에 전파해야 하는 것이다.

제 8 장
사회생활의 헌장 (2 : 11 - 12)

¹¹사랑하는 자들아 나그네와 행인 같은 너희를 권하노
니 영혼을 거스려 싸우는 육체의 정욕을 제어하라 ¹²너
희가 이방인 중에서 행실을 선하게 가져 너희를 악행한
다고 비방하는 자들로 하여금 너희 선한 일을 보고 권고
하시는 날에 하나님께 영광을 돌리게 하려 함이라

베드로는 위에서 소망자의 성결생활과 형제사랑(1 : 13-25)을 유아
의 성장(2 : 1-3)과 신령한 성전에로의 건설(2 : 4-10)이라는 비유를
통해서 전개했다. 소망자는 마땅히 거룩하게 살아야 하고 서로 사랑해야
하지만 말씀을 사모하고 섭취하여 성장하고 산 돌이신 예수 그리스도를
모퉁이돌로 삼고 신령한 성전으로 지어져가는 과정에서 성결과 사랑이
성숙한다.

본문(2 : 11-12)은 소망자의 사회생활을 다룬 2 : 11-3 : 12의 내
용의 서론이다. 다시 말해서 본문은 소망자의 사회생활 헌장이라 할 수
있다. 소망자가 국가관은 어떠해야 하고(2 : 13-17), 직장생활은 어떠
해야 하며(2 : 18-25), 부부관계는 어떠해야 하며(3 : 1-7), 형제들
혹은 원수들과의 관계는 어떠해야 하는지(3 : 8-12)를 다루기에 앞서
서 이 모든 사회규범(social code)의 헌장을 베드로는 본문에서 제시했
다.

제7장과 비교해 보면, 제7장에서 우리는 신자들의 신분이 아주 고귀하다는 것을 알게 되었다. "택하신 족속," "왕같은 제사장," "거룩한 나라," "그의 소유된 백성"이라는 고상한 신분을 생각하다가 보면 자칫하면 은하수 세계에 사는 자들이라는 착각을 할 수 있다. 그러나 이와같이 고귀한 신분을 가진 우리들의 현주소는 "나그네와 행인"이며 국가의 일원들이고 직장의 일꾼들이며 가정의 구성원들이고 형제들 특히 원수들과 날마다 만나며 살아가는 자들이다. 우리의 삶은 땅에 뿌리를 내리고 있으므로 구체적으로 사회생활을 어떻게 할 것인가를 생각하지 않을 수 없다.

본문은 사회생활의 헌장을 우리들이 "나그네와 행인"으로서 이방인들에 둘러싸여 살고 있다는 맥락에서 제시하였다. 이방인들은 우리 주변에서 우리들의 행동을 살피고 있다. 이런 상황에서 "왕같은 제사장들"의 삶은 소극적으로는 육체의 정욕을 제어하고 적극적으로는 선한 행실에 힘써서 이방인들로 하여금 하나님에게 영광을 돌리게 하는 것이어야 한다.

   Ⅰ. 육체의 정욕을 제어하라(2 : 11)
   Ⅱ. 선한 행실을 가지라(2 : 12)

Ⅰ. 육체의 정욕을 제어하라 (2 : 11)

1. 사랑의 관계

베드로는 육체의 정욕을 제어하라고 권면할 때 "사랑하는 자들아"라는 표현을 썼다(4 : 12). 이것은 바울의 경우 "형제들아"(고전 15 : 58; 빌 4 : 1)라고 하는 표현과 유사한 것이다. "사랑하는 자들"은 원문상 "사랑을 받는 자들"(beloved)이다. 그들은 베드로의 사랑을 받을 뿐 아니라 하나님의 사랑을 받는 자들이다. 우리들은 예수 그리스도의 부활을 통해서 "산 소망"에로 중생한 "선택된 나그네들"로서 하나님의 최상의 사랑을 받고 있는 자들이다.

베드로는 우리가 하나님의 사랑을 받는 자들이라는 것을 그의 전후서에서 8회나 언급했다(벧전 2 : 11; 4 : 12; 벧후 1 : 7; 3 : 1,8, 14−15, 17). 하나님이 우리를 사랑하시는 것을 우리 자신 속에 사랑할 만한 것이 있어서가 아니다. 예수 그리스도 때문이다. 예수 그리스도는 "내 사랑하는 자요 내 기뻐하는 자"이다(벧후 1 : 17). 우리가 이런 예수 그리스도를 믿기 때문에 하나님의 사랑을 받는 것이다.

베드로는 육체의 정욕을 제어하라고 권면할 때 우리가 사랑을 받는 자들이라는 사실을 호격으로 환기시킨 것이다. 하나님과의 "사랑의 관계"(love relationship), 예수님과의 사랑의 관계를 환기시키면서 바로 살라고 한 것이다. 우리가 경건하게 사는 동기는 단순히 그렇게 해야 한다는 의무 때문이 아니라, 우리가 주님을 사랑하고 주님의 사랑을 받고 있기 때문이다. "너희가 나를 사랑하면 나의 계명을 지키리라"(요 14 : 15). "사람이 나를 사랑하면 내 말을 지키리니"(요 14 : 23). 우리는 하나님의 사랑을 받는 자들이라는 것을 우리 스스로에게 계속 환기시켜야 한다. 우리가 누구인지를 명심할 때에 바로 살게 되는 것이다.

2. 나그네와 행인

베드로는 육체의 정욕을 제어하라고 권면할 때 우리가 사랑받는 자들이라는 사실과 아울러 "나그네와 행인"이라는 사실을 지적하였다. 우리가 "선택된 나그네"라는 점은 1 : 1−2의 강해에서 이미 강조한 바 있다. 1 : 17에서도 지적한 바 있다. "나그네와 행인"이란 표현은 이미 설명된 대로 하늘의 산 소망을 향하여 하나님의 뜻대로 살아가는 자들로서 이땅에 거주하는 이방인들(resident aliens)이라는 의미가 있다. 우리는 주리의 주변문화와 주변환경에 대해 이방인들이다. 하나님 나라의 기준으로 보면 2 : 12에서 말한 대로 우리는 "내국인들"이고 불신자들은 "이방인들"이다. 이 세상을 기준으로 보면, 불신자들은 "내국인들"이고 우리는 "이방인들"이다.

"나그네"와 "행인"은 비슷한 단어로서 위의 개념을 강조하는 것이다. 우리가 "나그네와 행인"이라는 말에는 우리의 시민권은 하늘에 있고(빌 3 : 20) 이땅은 우리가 영주할 곳이 아니라는 뜻이 포함되어 있다(히 11 : 8-16). 이땅이 우리의 영주지가 아니므로 이땅에서 영원한 소유물들을 추구하면 안된다. 이땅의 일들이 하늘로 가는 여행을 방해하도록 허락해서도 안된다. 이 세상의 일들을 열심히 해 나가면서도 하늘의 소망과 연결하여 그렇게 해야 한다. 이 세상의 재물이 우리의 삶을 방해하도록 허락하면 안된다.

3. 육체의 정욕들과 싸우는 투사

나그네는 이렇게 이 세상에 매여서는 안될 자이다. 따라서 "육체의 정욕"을 피하는 것은 당연한 귀결이다. "육체의 정욕들"은 "이전 알지 못할 때에 좇던 사욕들"이며(1 : 14) "어두움"에 속한 욕망들이다(2 : 9). "육체의 정욕들"은 강렬하고 충동적이다. 발정기에 정욕으로 헐떡거리는 암나귀의 욕망처럼 강렬하고 충동적이다. "육체의 정욕들"이라고 해서 "육체"를 붙인 것은 같은 절의 "영혼을 거슬러 싸우는"이란 표현과 연결해서 생각할 때 그 동기와 의도에 있어서 "육체"에 뿌리박고 있다는 의미가 있다. 육체의 자기보존과 물질적인 행복에 핵심을 둔 정욕들이 "육체의 정욕들"이다. 여기서 "육체"는 우리의 살과 뼈로 된 몸만을 가리키기보다는 타락한 옛성품을 가리킨다. "육체의 정욕들"을 바울은 로마서 7장에서 "죄"라고 하였고(롬 7 : 23) 야고보는 야고보서에서 "정욕"이라고 하였다(약 4 : 1).

"육체의 정욕들"은 "영혼을 거슬러 싸운다." 신앙생활을 싸움에 비긴 구절들이 많다(고후 2 : 3-4; 엡 6 : 10-20; 딤전 1 : 18; 약 4 : 1). 신앙생활은 악령들과의 싸움(엡 6 : 10-20)과 성령을 거스리는 "육체"와의 싸움(갈 5 : 16이하)으로 설명되기도 하였으나 본문에서는 "영혼"과 "육체"의 싸움으로 설명되었다.

"영혼"은 하나님의 말씀을 받아들임으로 순화되고(1 : 22) 하나님의
보호를 받고 영원한 구원을 받기로 된 생명과 생활이다(1 : 9). 즉 헬라
인들이 말하는 어떤 "신적인 불꽃"(divine spark)이 아니라 중생한
"영혼"이다. 헬라인들은 "육체"는 인간의 낮은 부분이고 "영혼"은 신
과 연결되어 신의 빛이 반영된, 인간의 높은 부분이라고 하였다. 인간은
'낮은 부분'인 육체를 극복하고 '높은 부분'인 영혼을 따라 살아야 구원을
받는다는 것이다. 헬라인들은 예수 그리스도의 피로 하나님의 은혜로
"중생"한다는 개념을 몰랐다. 따라서 베드로가 말한 "영혼"은 헬라인들
이 말한 "신의 스파크"가 아니라, 예수의 피로 중생한 영혼을 말한다.
　"영혼을 거스려 싸운다"고 할 때 "싸운다"는 말은 현재형으로서 계속
적인 싸움을 가리킨다. 신앙생활은 영혼과 육체의 끊임없는 싸움이다.
한 번의 전투에서 이기면 영원히 이기는 싸움을 하는 것이 아니라, 끊임
없는 "군사 작전"을 하고 끊임없이 이겨야 하는 싸움이다. 육체적인 정
욕들이 계속 영혼을 거스려 싸우고 있다.
　우리가 "왕같은 제사장들"이라고 하여 육체의 정욕들에 완벽하게 면
역된 자들이 아니다. 육체적인 정욕들과 끊임없이 싸워야 하는 자들이
다. 위에서 언급한 것들과 연결시켜 보면, 우리는 하나님의 사랑받는 자
들이고 동시에 나그네들일 뿐 아니라, 육체의 정욕들과 싸우는 투사들이
다. 국가의 일원, 회사의 직원, 가정의 가족, 교회의 교인으로서 우리는
주변의 있는 사람들과 싸울 것이 아니라, 우리 속에서 불같이 일어나는
"육체의 정욕들"과 싸우는 자들이다. 사람들이 적군이 아니라, "정욕
들"이 적군이다.
　한번은 어떤 젊은이가 무디에게 찾아와서 "선생님, 저는 그리스도인
이 되고 싶습니다. 그리스도인이 되려면 세상을 포기해야 합니까?"하고
질문을 했다. 이 때 무디는 "젊은이, 젊은이가 철저한 그리스도인의 삶
을 살면 세상이 젊은이를 포기할 걸세"라고 대답했다. 그리스도인으로
서 세상의 정욕을 제어하는 삶을 살면 결국 세상이 그를 포기한다는 것
이다.

그러나 육체적인 정욕을 철저하게 다스린다는 것이 그리 쉬운 일은 아니다. 무디(D. L. Moody)는 이 점을 포착하여 "저는 제가 아는 어떤 사람보다 D. L. 무디와 제일 트러블(Trouble)이 많습니다"고 말했다. 무디가 말한 대로 정욕을 따르고자 하는 우리 자신이 우리에게 제일 심각한 골칫거리인 것이다. 우리가 이 골칫거리인 죄악된 욕망에 항복하면, 주변의 불신자들과 똑같은 생활을 하게 되고 전도의 문을 막고 만다. 무디는 육체적인 정욕을 제어하지 않으면 불신자들에게 영향을 미칠 수 있는 영력을 상실한다고 다음과 같이 경고했다.

> 방종(self-indulgence)하면 능력을 상실한다. 하나님의 능력을 가지고 살려는 자는 자기를 부인하는 삶을 살아야 한다. 사치스럽게 살고, 자연적인 욕망을 지나치게 추구하며, 맛있는 음식을 탐하면서도 하나님의 능력을 충만하게 받고 살 수 있다고 나는 믿지 않는다. 육체의 충족과 성령의 충만은 동행하지 않는다.
>
> 성령의 능력을 계속 받고 살려면 검소한 생활을 하기 위해서 자기 경계를 해야 한다. 방종과 포만(과음 과식)을 멀리하고 "그리스도 예수의 좋은 군사로 고난을" 받을 각오를 해야 한다(딤후 2:3). 나는 사치를 두려워한다는 것을 솔직히 고백한다. 나는 죄를 두려워하는 만큼 사치를 두려워하지는 않지만, 사치를 죄 다음 두려워할 대상으로 삼고 있다. 사치는 매우 간교하고 매우 유능한 능력의 적이다.

무디의 위의 경고는 본문에서 베드로가 발한 경고와 일치한다. 베드로는 육체적인 정욕들이 영혼과 싸운다는 사실을 지적하면서, 이런 육체적인 정욕들을 제어하라고 권면했다. 로마서 8장과 갈라디아 5장을 보면 육체의 정욕을 제어할 수 있는 힘이 우리에게 있다. 성령이 우리 속에서 역사하시고 계신다. 그러므로 "육체의 정욕을 제어하라"는 말씀을 접할 때에 '나는 그럴 능력이 없다'고 생각하는 것은 자기 자신을 부인하는 신앙 같이 보이지만 사실은 핑계이다. "제어하라"고 할 때는 제어할 힘이 우리에게 주어져 있다는 것이 전제되어 있으므로 순종만 하면 되는 것이다. 육체의 정욕을 제어하지 않으면서 '내게는 육체의 정욕을 이길 힘이 없다'고 하는 것은 육체의 정욕에 굴하는 자기 자신을 정당화하는 것이고, 패배하는 자기 자신을 위안하는 것이다.

Ⅱ. 선한 행실을 가지라 (2 : 12)

11절에서 베드로는 소극적인 측면에서 육체적인 정욕들을 제어하라고 권면했는데 12절에서는 적극적으로 선한 행실을 가지라고 권면했다.

1. 선한 행실

"행실"은 이미 1 : 15,17에서 지적한 대로 매일의 삶이다. 하나님에 대한 경건과 거룩, 형제들에 대한 사랑이 표출되는 삶의 모습이다. 베드로는 매일의 삶이 "선한" 것이 되도록 권면했다. "선한"이라는 형용사는 소망자의 사회생활을 특징짓는 것이다(2 : 12, 15-16, 20; 3 : 1-2, 6, 13, 16).

2. 누가 보고 있다!

그런데 베드로가 "선한"이란 말을 쓸 때에 본문에서는 "이방인들"과 관련해서 썼다는 점을 주목할 필요가 있다. 여기서 "이방인들"은 유대인들과 대치되는 이방인들 만이 아니다. 왜냐하면 베드로전서의 수신자들은 "너희"로 되어 있고 다른 사람들은 "이방인들"로 되어 있는데 베드로전서의 수신자들이 2 : 10에서는 "하나님의 백성이 아니더니 이제는 하나님의 백성"이기 때문이다. 과거에 하나님의 백성이 아닌 자들이라면 그들은 구약의 선민 유대인들 외의 사람들, 즉 유대인들이 보는 '이방인들'이라고 볼 수 있다. 그러나 여기서 "이방인들"은 비유대인들만 아니라, 하나님의 백성이 아닌 자들을 총칭하는 표현이다. 구원받지 못한 자들을 말한다(고전 5 : 1; 12 : 2; 요3서 7).

위에서 말한 대로 이 세상 나라의 기준으로 보면 불신자들은 "시민권자들"이고 우리는 "이방인들"(나그네들)이지만, 하나님 나라 기준으로 보면 우리는 "시민권자들"이고 불신자들은 "이방인들"이다.

소망자들이 매일 선하게 살아가야 할 이유는 "이방인들"이 그들의 삶을 보고 있기 때문이다. "너희 선한 일을 보고"라는 표현은 그들이 계속 보고 있다는 말이다. 신자들의 삶은 물론 하나님께서 은밀한 중에 보시지만(마 6 : 4), "이방인들"도 항상 보고 있다. "누군가가 나를 보고 있다!"(Somebody's watching you!)는 인식이 선한 삶을 유발하는 하나의 동기가 될 수 있다.

누가 보고 있다는 사실을 가정생활에서 적용한 좋은 예가 있어서 여기에 소개한다. 다음의 글은 「오늘을 위한 진리」(Truth for Today, 13권 2호, 1992년 6월)에 난 것이다. 필자는 이 글을 읽고 진한 감동을 받았다. 다소 길지만 소개하는 것은 예수 믿는 어머니의 삶을 그의 자녀들이 보고 있다는 것과 어머니의 신앙이 그것을 보고 있는 자녀들에게 얼마나 아름다운 영향을 미치는가 하는 것을 보여주기 위해서이다.

　　젊은 어머니가 인생길을 들어서면서 "이 길이 깁니까?"고 질문을 했다. 질문을 받은 안내자는 "그렇습니다. 이 길은 어렵습니다. 이 길 끝에 이르기 전에 당신은 늙을 것입니다. 그러나 끝이 시작보다 좋을 것입니다"고 대답했다.

　　젊은 어머니는 마냥 행복했다. 도대체 이보다 더 좋은 길이 어디 있을까 싶은 생각마저 들었다. 그녀는 자녀들과 장난을 치고 길을 따라 가면서 자녀들을 위하여 꽃을 꺾어 모으기도 했으며 맑은 시내에서 목욕도 했다. 젊은 어머니는 "이보다 더 아름다운 것은 없을 거야"라고 소리를 질렀다.

　　그러다가 밤이 찾아왔다. 폭풍우는 몰려오고 길은 어두웠으며 아이들은 두려움과 추위에 떨고 있었다. 어머니는 아이들을 가까이 안고 외투로 덮어 주었다. 그랬더니 아이들은 "오, 엄마, 엄마가 가까이 계셔서 무섭지 않아요. 우리는 해를 받지 않을 거예요" 라고 말했다. 어머니는 "밤이 밝은 낮보다 더 낫구나. 내 아이들에게 용기를 가르쳐 줄 수 있었으니까"고 말했다.

다시 아침이 왔다. 저 앞에 언덕이 있었다. 아이들이 언덕을 오르면서 곧 피곤해졌다. 어머니도 역시 피곤해졌으나 아이들에게 "조금만 더 참으면 꼭대기에 이를 거다"고 말했다. 그래서 아이들은 참고 오르고 또 올랐다. 드디어 정상에 이르렀을 때 아이들은 이렇게 말했다. "엄마, 엄마가 없었으면 여기까지 오를 수 없었을 거예요." 그날 밤 잠들때 쯤 어머니는 별들을 쳐다보면서 이렇게 말했다. "이 날은 어제보다 더 낫다. 내 아이들이 어려움 앞에서 강인함을 배웠으니까. 어제 나는 아이들에게 용기를 주었고 오늘은 그들에게 힘을 주었다."

다음날 이상하게 먹구름이 끼었다. 전쟁과 증오와 죄악의 먹구름. 아이들은 더듬으며 넘어졌다. 그러나 어머니는 이렇게 말했다. "위를 보라. 눈을 들어 빛(하나님)을 보라." 아이들은 눈을 들어 구름 위의 '영원한 영광'을 보았고 그 영광이 어둠을 통과할 수 있도록 그들을 인도했다. 그날 밤 어머니는 말했다. "이 날은 가장 좋은 날이다. 내가 아이들에게 하나님을 보여주었기 때문이다."

날도 가고 해도 갔다. 어머니는 늙었고 몸도 작아지고 허리도 꼬부라졌다. 그러나 그녀의 아이들은 키도 커지고 힘도 세어졌고 용기있게 걸었다. 길이 험할 때 아이들이 어머니를 도와 주었다. 길이 거칠 때 아이들은 깃털처럼 가벼운 어머니를 안아서 옮겨주었다. 드디어 그들은 언덕 앞에 이르게 되었다. 언덕 저 너머로 그들은 빛나는 길과 활짝 열린 대문을 볼 수

있었다. 어머니가 말했다. "내 여행은 여기서 끝이다. 역시 끝
이 시작보다 좋구나. 나의 아이들이 이제는 홀로 걸을 수 있
고, 그 후 그들의 자녀들도 또 그렇게 되겠지." 아이들은 말했
다. "어머니, 어머니는 저 대문을 통과하신 후에도 항상 우리
와 함께 걸으실 겁니다."

   그들은 어머니가 홀로 가시는 동안 서서 지켜보고 있었다.
드디어 어머니는 들어가고 대문이 닫혔다. 그 때 자녀들은 이
렇게 말했다. "우리는 어머니를 뵐 수 없다. 그렇지만 어머니
는 여전히 우리와 함께 계신다. 우리 어머니는 아름다운 추억,
항상 살아 계신 임재이다."

   자녀들은 부모의 일생을 보고 있다. 부모가 신앙적으로 바로 살면서
자녀들을 바로 지도할 때에 자자손손 하나님을 섬기게 되고 신앙은 보배
로운 가보로 대대로 전달되는 것이다. 우리가 정욕을 제어하고 선하게
살아야 한다고 할 때 무심코 지나버릴 수 있는 가정생활을 반드시 기억
해야 한다. 누구보다 자녀들이 보고 있다는 것을 명심해야 한다는 말이
다. 가정에서의 신앙의 영향이 기독교를 비방하는 세상에까지 그 폭을
넓힐 것이기 때문이다.

3. 누가 비방하고 있다!

   베드로 당시에 이방인들은 신자들을 보고 "악행한다고 비방"했다. 신
자들 간에 "형제 자매들"이라고 하니까 근친상간을 한다는 둥, 성찬식
에서 "몸을 먹고 피를 마신다"고 하니까 식인종이라는 둥 황제숭배를
거부하니까 국가를 반역하고 로마의 평화를 파괴한다는 둥 비방을 했다.
타키투스는 신자들이 "악덕들 때문에 미움을 샀다"고 했고 수에토니우
스는 신자들을 "새롭고 위험한 미신에 사로잡힌 부류"라고 했다. 이러
한 비방은 공개적으로 이루어졌고 당국자들의 귀에 들릴 때는 박해의 근
거가 되었다.

베드로 당시만 아니라, 지금도 불신자들은 신자들을 보면서 비방하고 있다. 신자들이 바로 살아도 비방하지만 바로 살지 못해도 비방한다. 전도하다가 보면 우리가 불신자들에게 전도하는 것이 아니라, 불신자들이 우리에게 "비방의 전도"를 하는 것을 들어야 할 때가 많다. 예수 믿는 사람들이 사기를 치고 욕설을 퍼붓고 돈을 떼어 먹고 등등. "기독교 믿으라"고 전도하는 우리에게 불신자들은 "차라리 불신교(不信敎)를 믿으라"고 역(逆)전도를 한다. 불신자 친구에게 전도를 했더니 그가 신자 친구를 가리키면서 "이 친구는 집사가 아니라 잡사다"고 역습하는 것을 체험한 적도 있다.

이방인들이 보고 있을 뿐만 아니라, 그들이 신자들을 오해하고 비방하고 있으므로 더욱 착한 삶을 매일 살아갈 필요가 있었다. 이방인들은 우리들의 삶을 보면서 우리를 비방하는데, 이것은 사실 그들이 복음을 거절할 핑계를 찾는 것이다. "너희들이 그 꼴인데, 내가 예수 믿어? 어림도 없다." 이것이 그들의 핑계이다. 자연만물이 하나님의 신성과 능력을 증거하고 양심이 또한 증거하기 때문에 불신자들이 하나님을 믿지 않을 핑계거리가 없다(롬 1 : 19-20; 2 : 15). 그럼에도 불구하고 그들은 신자들의 삶을 핑계 삼아 하나님을 멀리한다. 따라서 신자들은 정직하고 진실하고 선하게 살아야 한다.

신자들이 선하게 살면 그들을 비방하던 이방인들이 "선한 일을 보고 권고하시는 날에 하나님께 영광을 돌리게" 된다. 우리는 입술로도 전도하지만 행동으로도 전도한다. 우리는 talk(선한 말)를 walk(선한 행동)로 뒷받침해야 한다. 우리는 불신자들에게 그리스도와 복음을 공격할 수 있는 무기를 주면 안된다. 우리의 죄악된 삶의 모습들은 불신자들이 그리스도와 복음을 공격하는 무기들이다. 하나님을 욕하는 '입술의 기계'에 기름칠해 주는 것이다.

4. 빛을 비추라

베드로의 이 말은 마 5 : 16에 기록된 주님의 말씀의 메아리이다. "이

같이 너희 빛을 사람 앞에 비취게 하여 저희로 너희 착한 행실을 보고 하늘에 계신 너희 아버지께 영광을 돌리게 하라."

시카고 무디교회를 목회했던 위어스비 목사는 이렇게 말했다. "나의 30년여 년의 목회생활에서 나는 그리스도인들이 사랑하는 말로 하는 전도와 경건한 삶을 결합할 때 불신자들에게 강력한 영향을 미친다는 것을 보아왔다. 나는 헌신한 그리스도인들이 단지 자신들의 빛을 비추었기 때문에 여러 사람들이 회개하는 놀라운 경우들을 기억한다. 반면에, 믿는다고 하는 자들의 언행 불일치의 생활 때문에 말씀을 거절한 불신자들이 있었다는 것을 가슴 아프게 회상한다."

우리는 성공하는 사람이 되기보다 가치 있는 사람이 되어야 한다. 가치 있는 사람이란 바로 불신자들 앞에 착한 행실의 빛을 비추는 사람이다.

신자들이 이렇게 선하게 살면 이방인들이 "권고하신 날"에 하나님께 영광을 돌린다고 베드로는 말했다. "권고하시는 날"은 원문을 직역하면 "방문의 날"(the day of visitation)이다. 구약 이사야서 10 : 3의 70인경에 이 표현이 사용되었고 신약에는 누가복음 19 : 44에 이것이 사용되었다. 이것은 구원을 위해 하나님이 방문하시는 날의 의미로 사용되기도 하고 심판을 위해 방문하시는 날의 의미로 사용되기도 한다.

베드로는 당시에 박해당하는 신자들에게 편지를 쓰면서 마지막 구원의 날을 기다리도록 권면했기 때문에 여기서 이방인들이 하나님께 영광을 돌리는 것은 최후 심판의 날로 볼 수도 있을 것이다. 그렇게 보면 "권고하시는 날" 즉 "방문의 날"은 하나님이 최후 심판을 하시는 날일 것이다.

그러나 한편 신자들의 선행과 불신자들이 그것을 본다는 측면에서 볼 때 불신자들이 마지막 심판 때에 하나님께 영광을 돌린다는 것보다 현재의 생활에서 영광을 돌린다고 보는 것이 더 자연스럽다. 마태복음 5 : 16도 신자들의 선행을 '지금' 불신자들이 보고 '지금' 하나님에게 영광을 돌린다는 말씀이다. 이렇게 보면 "방문의 날"은 누가복음 19 : 44의 경우와 같이 하나님이 구원을 위해 방문하시는 날이 된다.

하나님은 잃은 양들을 방문하시고 그의 은총으로 그들을 구원하신다. 불신자들이 하나님이 구원으로 권고하시는 날에 하나님에게 영광을 돌리게 될 것이다. 그들은 우리를 괴롭혔고 우리의 삶을 어렵게 만들었는데도 우리는 계속 그들에게 선을 베풀고 바로 살면서 복음의 바른 증인들이 되었다는 사실을 인하여 하나님께 영광을 돌린다는 말이다.

위어스비 목사는 다음과 같은 예화를 소개했다. 1805년 여름 많은 인디안 추장들과 용사들이 뉴욕 버팔로 크릭 회의에 모였다. 보스톤 선교협회의 크램씨의 전도 메시지를 듣기 위해서였다. 설교가 끝난 후 두목급 추장 중의 하나인 레드 제킷이 이런 말을 했다. "형제여, 당신은 '위대한 영'에게 경배하고 섬기는 길이 오직 하나 밖에 없다고 말합니다. 만일 하나의 종교 밖에 없다면 왜 당신네 백인들은 그 하나의 종교에 대해 분파들이 그렇게 많습니까. 여러분 모두가 '그 책'을 읽을텐데, 어째서 의견이 일치하지 않습니까. 형제여, 당신은 여기서 백인들에게 설교해온 걸로 알고 있습니다. 이 백인들은 우리들의 이웃들입니다. 우리들은 그들을 잘 압니다. 우리는 잠시 기다리면서 당신의 설교가 그들에게 어떤 영향을 미치는지 지켜 보겠습니다. 만일 설교가 그들을 선하게 만들고, 정직하게 만들고, 인디안들을 덜 속이게 만든다면, 그 때는 당신이 한 말을 다시 생각해 보겠습니다."

아주 열정적인 어떤 사람이 캠벨 몰간(Campbell Morgan) 목사에게 이런 말을 했다. "설교자가 응당 해야 하는 것은 자신이 살고 있는 시대의 정신을 파악하는 것입니다." 이 말을 들은 캠벨 목사는 이렇게 말했다. "만일 그렇다면 하나님께서 그 설교자를 용서해 주시기를 바랍니다. 설교자의 일은 그 시대의 정신을 고치는 것입니다."

그 시대의 정신을 파악하여 그것에 설교를 맞추는 것이 설교자의 사명이 아니라, 하나님의 말씀으로써 그 시대의 정신을 바꾸는 것이 설교자의 사명이라는 것이다. 설교자의 사명은 자신의 메시지를 그 시대에 적응하는 것이 아니라, 메시지로 그 시대에 영향을 미치는 것이다. 그런데 영향을 미치는 설교자가 되려면 설교자나 그것을 듣는 신자들이 위의 인디안 추장 말처럼 불신자들 앞에서 설교한 대로, 혹은 들은 대로 사는 선한 삶이 있어야 하는 것이다. 신앙생활은 펜이나 연필로 기록하는 것이 아니라 행동으로 기록하는 것이다.

유명한 세속 역사가들은 존 웨슬레와 그 일행, 그리고 그를 통해 회심한 자들 때문에 영국 전역에는 대각성운동이 일어났다고 기록했다. 웨슬레가 죽기 2년 전 프랑스에는 유혈혁명이 일어났지만, 영국에는 대각성운동의 결과로 대량의 피흘림이 없이 도덕적 혁명이 일어났다. 로버트 사우시(Robert Southey)는 웨슬레야말로 그 시대에 "가장 영향력이 큰 지성"이었으며, 그의 삶은 "수백년 혹은 아마 수천년간"(만일 인류가 그렇게 오래 지속한다면!) 인류문명에 영향을 미칠 것이라고 말했다.

영국 콘월(Cornwall)에 있는 한 마을을 지나던 귀족이 알콜 음료를 사려고 마을 전체를 뒤졌으나 찾지 못했다. 그는 마을 노인에게 이런 질문을 했다. "이놈의 당신네 마을에는 어째 맥주 한 컵도 없소?" 질문을 받은 노인은 상대방이 지체 높은 양반이라는 것을 알고 모자를 벗고 고개를 숙여 인사를 한 다음 이렇게 대답했다. "주인 양반, 백년 전 쯤인가 존 웨슬레라는 사람이 이 지역을 다녀갔습니다." 그 때 그 귀족은 말없이 돌아서서 그 마을을 떠나갔다.

우리는 존 웨슬레에게서 생명의 말씀으로 그 시대의 정신과 도덕을 본질적으로 바꾼 하나님을 사람을 발견한다. 수백년 혹은 수천년간 선한 영향을 미치는 생명의 운동을 보는 것이다.

우리는 하나님의 사랑을 받는 자들로서 이땅 위에 "이방인"(나그네)으로 사는 날 동안 영혼을 거스려 싸우는 육체의 정욕들과 싸워서 그것들을 극복해야 한다. 생명의 말씀에 따라 끝없는 대욕(對慾) 작전을 펴야 하고 이 작전에서 계속 승리해야 한다.

동시에 주변의 "이방인들"이 우리의 생활을 보고 있을 뿐만 아니라, 우리를 비방하고 있음을 기억해야 한다. 내가 육체의 정욕을 극복하고

바로 사느냐 혹은 바로 살지 못하느냐는 나의 문제 만이 아니고 주변 이
방인들과 직결된 문제임을 인식해야 한다. 그들은 자연만물과 양심을 통
해서 하나님의 신성과 능력을 짐작하고 있기 때문에(롬 1 : 19-20) 하
나님 안 믿는 것을 핑계할 수 없음에도 불구하고 신자들의 악행을 보고
복음을 거절하는 핑계거리로 삼는다.

　이런 이방인들에게 우리가 선행의 빛을 비추면 그들의 핑계거리가 없
어지고 하나님이 그들에게 '구원의 방문'을 하시는 날 하나님께 영광을
돌리게 된다. 이렇게 볼 때 우리가 육체의 정욕들을 극복하고 선하게 사
는 것은 우리 자신의 문제만이 아니라 이방인들과 직결된 문제이고, 궁
극적으로 하나님의 영광과 직결된 문제이다.

　우리는 각자 인생의 촛불을 하나씩 들고 있다. 이 촛불을 빛이 가득한
신자들의 공동체 속에서 태우는 것보다 어둠으로 가득한 불신자들의 공
동체 속에서 태워야 한다. 인생의 촛불이 다 타기까지 육체의 정욕을 극
복하고 선하게 사는 삶을 통해서 빛을 발하는 것이 '사회생활의 대헌장'
이고, 우리는 이것을 반드시 지켜야 하는 것이다.

제 9 장
소망자의 국민생활 (2:13-17)

> 13인간에 세운 모든 제도를 주를 위하여 순복하되 혹
> 은 위에 있는 왕이나 14혹은 악행하는 자를 징벌하고 선
> 행하는 자를 보장하기 위하여 그의 보낸 방백에게 하라
> 15곧 선행으로 어리석은 사람들의 무식한 말을 막으시는
> 것이라 16자유하나 그 자유로 악을 가리우는 데 쓰지 말
> 고 오직 하나님의 종과 같이 하라 17뭇 사람을 공경하며
> 형제를 사랑하며 하나님을 두려워하며 왕을 공경하라

하늘의 소망을 바라보는 신자들은 사회생활을 어떻게 해야 하는가?
이 질문과 관련하여 육체의 정욕을 제어하고 선하게 사는 것이 사회생활
의 대헌장 혹은 사회규범이라는 것을 제8장에서(2:11-12) 살펴보았
다. 이제 육체의 정욕을 제어하고 선하게 사는 것이 위정자와의 관계에
서 어떻게 나타나야 하는가 하는 문제가 제9장의 본문인 2:13-17에
서 다루어진다.

왕이나 방백(총독) 등 위정자에게 순복하고(13절) 공경하며(17절)
선행하라(15절)는 것이 본문의 요점인데, 도대체 얼마나 좋은 위정자들
이기에 이렇게 순복하고 공경하라고 하는가? 이런 질문은 금방 제기될
수 있는 질문이다. 특별히 요즈음처럼 정부나 국가기관에 대해서 불복하
고 저항하고 심지어 합법적인 정부조차 전복시키려는 운동이 일부 젊은
이들 사이에 유행하고 있는 상황에서 국가에 순복하라는 것이 도대체 무
슨 뜻이고, 도대체 얼마나 좋은 국가이기에 순복하라고 하는가 하는 질
문을 자연스럽게 제기할 수 있을 것이다.

당시의 상황

이런 질문에 대한 답변은 베드로가 베드로전서를 쓸 때에 어떤 정치구조 하에 있었으며 그 수신자들은 어떤 구조 하에 있었는가는 것을 밝힘으로써 찾을 수 있다. 베드로가 베드로전서를 쓴 것은 로마제국의 네로 황제 치하였을 것으로 본다. 로마의 역사가 타키투스(Tacitus)에 의하면 네로 황제가 주후 64년에 로마에 불을 지르고 나서 자신이 방화범이라는 혐의를 면하기 위하여 방화혐의를 그리스도인들에게 덮어씌웠다. 그리스도인들이 로마에 불을 질렀다는 것은 터무니없는 혐의였으나 이것 때문에 그리스도인들은 심각한 고난을 당했다. 네로가 그리스도인들에게 방화혐의를 전가할 때에 방화했다는 사실 자체보다는 인류를 증오해서 방화했다는 억지주장을 했다. 그리스도인들은 "방화 때문이라기보다는 인류에 대한 증오 때문에" 고발을 당했다(Tacitus, ANNALS 15 : 44). 그리스도인들은 말하자면 공안(公安)을 위협하는 분파로 간주되게 된 것이다.

이처럼 네로의 방화로 로마의 그리스도인들은 심각한 핍박을 받았으나 로마를 제외한 총독들이 치리하던 로마의 속령들은 그런 박해를 받지 않은 것으로 되어 있다. 총독이 그리스도인들을 박해하지 않으면 안되는 압력을 받았다면 어쩔 수 없었겠지만, 네로 방화로 인한 박해는 부당하다는 생각과 그리스도인들이 억울하게 희생당했다는 동정론이 있었기 때문에 로마 속령에서는 그런 박해가 없었다는 것이다.

이런 상황으로 미루어 볼 때 소아시아의 베드로전서 수신자들이 로마의 그리스도인들처럼 박해를 받은 것 같지는 않다. 다만 로마에 있었던 베드로는 그런 박해를 경험한 것으로 보인다. 베드로전서 수신자들이 베드로나 로마의 신자들처럼 로마제국의 박해를 받은 것은 아니라 할지라도 1 : 6; 3 : 13-17; 4 : 12-19; 5 : 9에 근거하면 신자들이 사회의 소수 구성원이 되어 있을 때 다수로부터 간헐적으로 박해와 같은 성격의 고통을 당하고 있었을 것이다.

사도행전에 기록된 초대교회의 상황을 보면 사도들이 복음을 전할 때에 유대인 당국자들과 마찰이 있었다(행 3-8장). 복음전파의 초기에 로마정권은 기독교에 대하여 비교적 호의적이었다(행 18 : 12-17). 교회역사로 보아도 도미티안 황제 이전에는 심한 박해가 없었던 것으로 되어 있다. 따라서 베드로전서의 수신자들은 로마정권으로부터 조직적인 박해는 시작되지 않은 시대에 살던 자들이라고 할 수 있다. 그러나 복음전파의 초기에 이미 유대인 당국과 마찰이 있었듯이 이런 식의 마찰로 인한 고통과 시련은 있었을 것으로 보인다.

조직적인 종교박해는 없었다 하더라도 소아시아가 로마의 속령으로 있어서 로마라고 하는 외세(外勢)의 독재적인 통치를 받고 있었던 것은 사실이다. 로마의 세금정책에 따라 그들이 외세의 압력 하에서 세금을 내야 했던 것도 사실이다. 요즈음 일부 급진파의 시각으로 보면 이런 정권에는 도무지 순복할 수 없는 상황이었던 것이다. 순복은 커녕 전복을 위한 불복종과 저항을 선동할만한 상황이라고 할 수 있는 것이다. 고난당하는 '민중'으로서 제도권인 로마총독 정권에 대해서 폭력투쟁이나 비폭력 투쟁을 전개해야 할 상황이었던 것이다.

그런데 이런 상황에 처한 신자들에게 베드로는 순복과 선행과 공경으로 특징지워진 국가관을 제시한 것이다. 다른 각도에서 보면 이것은 아주 재미 있는 것이다. 2 : 9에 의하면 신자들은 "택하신 족속이요 왕같은 제사장들이요 거룩한 나라요 그의 소유된 백성"이다. 하나님의 보물과 같은 백성, 왕의 권위와 제사장의 성결성을 지닌 고귀한 백성이다. 그렇다면 이땅의 세속적인 왕이나 총독과 같은 위정자들을 무시하고 그들에게 불복하는 것이 당연하지 않은가? '하늘 나라'의 백성이 '이땅의 나라' 위정자들에게 순복할 필요가 있는가? '순복할 필요가 없다'는 답이 제시되어야 할 것 같은데 실상은 그와 정반대이다. 신자들은 하늘 나라 백성이지만 이땅에 나그네로 있는 동안 이땅의 제도에 순응해야 할 자들인 것이다.

이런 각도에서 본문에 대한 기초적인 이해를 돕고 난 다음 본문을 분석해 보면 다음과 같이 분석할 수 있다.

     Ⅰ. 순복하라(2 : 13-14)
     Ⅱ. 선행하라(2 : 15-16)
     Ⅲ. 공경하라(2 : 17)

Ⅰ. 순복하라 (2 : 13-14)

  2 : 13-14의 말씀은 순복해야 할 대상으로 "인간에 세운 모든 제도"
(권선징악의 사명을 지닌 왕이나 총독들)를 제시하고, 순복하라는 권면
과 "주를 위하여"라는 순복의 동기가 제시되어 있다.

1. 순복의 대상

  13절에 "인간에 세운 모든 제도"는 헬라어 원문대로 직역하면 "모든
인간적인 창조물"('파세 안쓰로피네 크티세이')이 된다. "창조물"이란 말
은 인간 우주 지혜 등 하나님이 창조하신 것을 지칭하는 것이 통례인데 여
기서는 왕(황제)과 총독들(방백들)과 관련하여 이 말이 쓰였다. 따라서
이 말은 국가제도를 가리키는 것이 문맥상 분명하다. 그런데 "창조물" 앞
에 "인간적인"이란 말이 붙었으니 그러면 인간이 국가제도를 창조했다는
말인가?
  그렇지 않다. 인간이 국가제도를 창조한 것이 아니다. 본문에서 "주를
위하여"와 "하나님의 뜻"과 "하나님의 종"이라는 표현은 국가제도가 인
간의 창조물이 아님을 시사한다. 만일 국가제도가 인간이 창조한 것이라면
'왕을 위하여' '왕의 뜻' '사람의 종'이라는 말이 쓰여야 합당하기 때문이다.
또한 총독들을 설명할 때 "그를 통하여 보냄을 받은 총독들"(원문)이라
고 하였다. 만일 왕이 국가제도를 창조하고 왕이 총독들을 보낸 것이라면
'그에 의하여 보냄을 받은 총독들'이라고 하여야 할 것이다. 그런데 "그를
통하여 보냄을 받은 총독들"이라고 한 것을 보면 '하나님이 왕을 통하여

총독들을 보내셨다'는 것이 암시되어 있는 것이다.

본문 자체를 보아서도 그렇지만 국가제도는 하나님이 창조하신 것이고 왕이나 총독 등 권세자들은 하나님이 세우셨다는 것이 성경의 일치된 교훈이다. 심지어 느부갓네살과 같은 폭군도 하나님이 세우셨다. 다니엘이 벨사살 왕궁벽에 이상한 손가락으로 씌어진 글을 해석하기 전에 이런 말을 했다. "왕이여 지극히 높으신 하나님이 왕의 부친 느부갓네살에게 나라와 큰 권세와 영광과 위엄을 주셨고… 그 마음이 높아지며 뜻이 강팍하여 교만을 행하므로 그 왕위가 폐한 바 되며 그 영광을 빼앗기고 인생 중에서 쫓겨나서 그 마음이 들짐승의 마음과 같았고 또 들나귀와 함께 거하며 또 소처럼 풀을 먹으며 그 몸이 하늘 이슬에 젖었으며 지극히 높으신 하나님이 인간 나라를 다스리시며 자기의 뜻대로 누구든지 세우시는 줄을 알기까지 이르게 되었나이다 벨사살이여 왕은 그의 아들이 되어서 이것을 다 알고도 오히려 마음을 낮추지 아니하고 도리어 스스로 높여서 하늘의 주재를 거역하고… 왕의 호흡을 주장하시고 왕의 모은 길을 작정하시는 하나님께는 영광을 돌리지 아니한지라 이러므로 그의 앞에서 이 손가락이 나와서 이 글을 기록하였나이다"(단 5 : 18−24). 이 지구상의 모든 위정자들은 신자이건 불신자이건 '이상한 손가락'을 기억하며 통치해야 한다.

인간의 모든 나라와 통치자를 세우시는 분도 하나님이시고 폐하시는 분도 하나님이시다. 이스라엘 역사와 이스라엘 주변세계의 역사는 바로 이 사실의 주석이다. 신약의 로마서도 구약의 다니엘서와 같이 명백하게 "권세는 하나님께로 나지 않음이 없나니 모든 권세는 다 하나님의 작정하신 바라"고 했다(13 : 1).

이렇게 볼 때 "모든 인간적인 창조물"이란 말에서 우리는 인간이 국가제도를 창조하는 것이 아니라, 하나님이 인간의 모든 권세와 그 제도를 창조하시는 것을 알게 된다. "인간적인"이란 말은 '인간사와 관련된' 혹은 '인간들을 위한'이란 의미가 있다. "모든 인간적인 창조물"은 "사람들을 위해 정해진 모든 제도"(every institution ordained for men)란 의미가 있다.

"모든 인간의 제도"에서 "모든"은 로마제국과 속령 또 그 통치자들(2
: 13-17)과 종 /주인 관계(2 : 18-25)와 남편 /아내 관계(3 : 1-7)를
포괄하는 "모든"이다. 하나님께서 인간들을 창조하시고 인간들이 조화와
질서 속에서 살아가도록 권위체계를 주셨다. 인간들 중에 일부에게 권세
(authority)를 주시고 다른 사람들이 거기에 순복하게 함으로써 인간들
을 무질서와 혼란으로부터 보호하시는 제도를 만드신 것이다. 이것이 "모
든 인간의 제도"이다. 이 "모든 인간의 제도"는 신자들이 순복해야 할 대
상이다.

그런데 본문은 "모든 인간의 제도" 중에 특히 "위에 있는 왕이나 혹은
악행하는 자를 징벌하고 선행하는 자를 보장하기 위하여 그의 보낸 방백"
을 구체적으로 지적했다. 따라서 본문은 주로 국가제도와 위정자들에 대한
신자들의 태도를 다루는 것이다.

"왕"은 로마제국에서 "황제"를 가리킨다. "방백"은 로마 황제가 로마
속령에 파송한 총독들을 가리킨다. 그런데 앞서 지적한 대로 총독들은 "황
제에 의해" 파송된 자들이 아니고 "황제를 통해서" '하나님에 의해' 파송
된 자들이다. 하나님이 황제도 세우셨지만 총독들도 세우셨다는 것이 "그
를 통해서"란 표현에 전제되어 있다. 황제와 총독들이 순복의 대상이다.

로마제국과 로마의 속령이 "하나님의 창조물"이고 로마제국의 황제와
로마 속령의 총독들이 순복의 대상들이라는 것은 당시의 상황으로 보아서
도무지 받아들일 수 없는 말씀이었다. 유대인들 중에 열심당원들 즉 폭력
으로 로마식민 치하로부터 자국을 구출하려던 자들에게는 이런 말씀이 귓
전에도 들리지 않았다. 그들에게 로마 황제와 총독들은 타도의 대상이고
로마식민정권은 전복의 대상이었다. 그들은 조직적인 저항운동을 전개했
다.

모든 제도와 위정자가 순복의 대상이라는 말씀은 영구불변의 진리이다.
오늘날에도 적용되는 진리로서 하나님의 말씀이다. 우리는 대통령을 위시
한 위정자들에게 순복해야 한다. 국가제도를 무시하지 말고 그것에 순응해
야 한다.

본문은 총독들의 사명을 "악행하는 자를 징벌하고 선행하는 자를 보장하는" 자들이라고 지적했다. 이것은 비단 총독들에게만 해당되는 것이 아니라 "모든 권세"에 해당되는 말이다. 모든 위정자들은 악행자를 징벌하고 선행자를 보상할 사명이 있다. 이것은 악을 억제하고 선을 권장해서 인간들이 평화롭게 살 수 있는 질서를 보장하기 위함이다. 인간들이 평화와 조화 속에서 살 수 있도록 법을 제정하고 집행하고 판결하는 기구와 제도를 정할 사명이 위정자들에게 있다. 위정자는 "하나님의 사자가 되어 네게 선을 이루는 자니라 그러나 네가 악을 행하거든 두려워하라 그가 공연히 칼을 가지지 아니하였으니 곧 하나님의 사자가 되어 악을 행하는 자에게 진노하심을 위하여 보응하는 자"이다(롬 13 : 4).

만일 위정자들이 없다면 교통법규는 완전히 무시될 것이므로 도로는 생지옥이 될 것이고 상업질서가 파괴되어 힘센 자가 물건을 다 뺏아 갈 것이고 바른 말 하는 자들은 모두 그 자리에서 몽둥이나 칼이나 총으로 처단할 것이다. 이것이 무정부 상태이다. 하나님은 이런 상태를 원하시거나 정하시지 않으셨다. 하나님은 질서와 정의의 하나님이시다. 하나님은 악한 인간들이라도 숨 쉬고 살만한 환경을 제공하신다. 하나님은 이런 책임을 특히 위정자들에게 부여하셨다. 물론 권선징악의 원리가 인류역사상 그 언제도 완벽하게 지켜진 적이 없었다. 이런 이상(ideal)은 한 번도 완전도달된 적이 없지만 그럼에도 불구하고 위정자들은 여기에 도달하도록 노력해야 하고 국민들은 위정자들에게 순복해야 한다.

2. 순복하라

"순복"은 복종을 의미한다. 이 단어의 어원이 얼마나 본문에 반영되어 있는 지는 확인할 길이 없지만 참고로 말하면 "순복하다"는 "밑에 서다" ('휘포' '타소')는 말이다. 그것은 하나님이 세우신 권위(authority) 밑에 서는 것이다. 모든 권세는 하나님 밑에 있고 백성들은 하나님이 인간세계의 질서를 위해 주신 모든 권세자들 밑에서 그 권위를 인정해야 한다.

순복은 신자들의 사회규범의 주제이다. 2 : 18에는 종이 주인에게 순복

해야 하고, 3 : 1에는 아내가 남편에게 순복해야 하며, 5 : 5에는 젊은이들
이 장로들에게 순복해야 한다고 되어 있다. 그리스도인의 가정질서와 교회
질서와 사회질서와 국가질서는 순복의 질서이다(엡 5 : 21; 6 : 1, 5; 골
3 : 18, 20, 22; 딛 2 : 5, 9).

오늘날은 이 순복의 질서가 깨어진 것 같다. 가정에서 자녀들이 부모에
게 순복하지 않고 아내가 남편에게 순복하지 않는 것 같다. 교회에서 교인
들이 목회자에게 순복하지 않고 평신도들이 장로들에게 순복하지 않는 것
같다. 직장에서 직원들이 상사들에게 순복하지 않는 것 같다. 국가에서 국
민들이 위정자들에게 순복하지 않는 것 같다. 사회의 대류가 순복하는 자
는 주체의식이 없고 시키는 대로만 하는 바보로 간주되는 방향으로 흐르고
있다.

순복의 질서 붕괴는 곧 사회 전체의 질서붕괴이고 마침내 이 사회가 사
람들이 살 수 없는 강도들과 도적들과 반역자들의 소굴이 되는 것을 의미
한다. 짐승들의 사회(?)처럼 강한 자가 약한 자를 먹어치우는 무질서와
혼란과 무법 천지가 된다.

순복의 질서가 깨어지는 배경을 이해할 수 없는 것은 아니다. 순복할 말
한 사람들이 못되고 순복할 만한 일을 하지 않기 때문에 순복하지 않는 것
이다. 이것은 충분히 이해한다. 본문에서 특히 "악행자를 징벌하고 선행자
를 포상"해야 할 위정자들이 선행자를 괴롭히고 악행자 편드는 현상이 있
을 때 순복할 수 없다는 것이다. 이 때문에 어떤 신자들은 권세에 불복하
고 저항하고 그것을 전복하는 운동의 근거로 바로 이 구절을 잡는다. 악행
자를 봐주고 선행자를 박해하는 권세는 저항과 타도의 대상이라는 것이다.
그러나 성경의 교훈에 따라 이런 결론을 내리기는 힘들다. 본문 바로 다음
에 바로 "순복하되 선하고 관용하는 자들에게만 아니라 또한 까다로운 자
들에게도 그리하라"는 말씀이 따라나오기 때문이다(벧전 2 : 18).

베드로와 사도들은 유대 당국이 예수의 이름으로 아무 사람에게도 말하
지 못하도록 명령을 내렸을 때(행 4 : 17) "하나님 앞에서 너희 말 듣는
것이 하나님 말씀 듣는 것보다 옳은가 판단하라 우리는 보고 들은 것을 말

하지 아니할 수 없다"고 했다(4 : 20). 인간 권세의 명령이 그 위에 있는 하나님의 명령과 어긋날 때에는 하나님의 명령에 순복하고 인간 권세의 명령에 불복한 경우이다. 인간 권위가 그를 세우신 최상급 권위인 하나님의 권위와 충돌할 경우는 인간의 권위에 불복하는 것이 성경적이다. 그러면 어떤 경우가 인간의 권위가 하나님의 권위와 충돌하는 경우인가?

넓은 의미로 하나님의 정의 면에서 생각하면 정부가 하는 거의 모든 것들이 하나님의 권위와 충돌하는 것처럼 느껴질 것이다. 그렇게 되면 사사건건 정권에 불복해야 할 것이다. 그러나 베드로가 로마제국의 제국주의 정권과 로마속령의 식민정권을 상대해서 순복을 권면하였다는 사실을 기억해야 한다. 사도행전의 사도들은 당국자들이 소위 '사회정의'와 관련된 어떤 것을 명령할 때 불복한 것이 아니라 하나님의 말씀을 전하지 못하게 할 때 즉 '종교적인 문제'에 있어서 하나님을 거역하도록 할 때 불복한 것이다.

이렇게 볼 때 정권에 불복하는 경우는 극도로 제한된 것으로 보아야 한다. 신사참배를 강요한다든지 예수를 믿지 못하게 한다든지 하는 경우와 같이 하나님을 명백하게 거역하도록 하는 정권인 경우 불복해야 한다. 소위 '사회정의 문제'는 이렇게 볼 수도 있고 저렇게 볼 수도 있는 경우가 많은데 자신의 이념이나 신념에 맞지 않는다고 해서 무조건 하나님의 정의와 어긋나는 것이므로 그런 것을 법제화하는 정권을 저항하고 전복해야 한다는 것은 성경의 교훈과 명백하게 배치된다.

그러나 정권에 불복할 경우에도 구체적으로 하나님의 명령과 명백히 배치되는 그 조항에 불복하는 것이지 정권 자체의 권위에 불복하는 것이 아니다. 사도행전의 사도들이 유대인 당국의 위협적인 명령에 불복하면서도 인간 권세를 무시하지 않았고 그것에 저항하기 위해 선동하거나 조직적인 운동을 전개하지 않았다. 유대인 당국자들이 투옥하면 투옥당했고 그들에게 저항하지 않았다. 즉 유대인 당국자들의 재판권과 재판결과대로 형을 집행하는 권한을 거부한 것이 아니다. 그것은 재판을 받으면서도 재판관과 법정의 권위를 무시하고 감옥에 갇히면서도 형법제도 자체를 비웃는 요즈음의 세태와는 다른 태도이다. 체포되어 끌려가면서도 씨익 웃음으로써 사법제도 자체를 냉소하는 태도가 아니었다. "불의한 너희가 의로운 나를 재판하다니! 웃기는 짓이다!"는 태도가 아니었다.

우리는 권위를 부여받은 자 자신을 인정하기 어렵고 그의 행동에 동의하기 어려울 때에도 그의 권위 혹은 직임(office)만은 인정하고 존중해야 한다. 무질서와 멸망을 향해 돌진하고 있는 오늘의 사회를 구하는 길은 권세에 순복하라는 하나님의 말씀에 순종하는 것이다. 하나님의 명령에 어긋나는 일을 인간 권위자가 할 때에는 그의 명령보다 하나님의 명령을 따르되 하나님이 세우는 권위의 질서를 존중하면서 그 질서 안에서 합법적으로 겸손하게 의견을 고해야 한다.

무죄한 다윗을 추격하고 살해하려고 지명수배까지 한 사울에 대한 다윗의 태도를 보라. 다윗은 하나님이 세우신 자가 자기 손아귀에 들어왔을 때에도(굴 속에서) 그를 자기 손으로 처치하지 않았다. 느부갓네살 왕궁에 포로로 잡혀간 다니엘이 느부갓네살의 우상숭배와 직결된 음식법이 하나님의 명령과 충돌하기 때문에 그 음식법을 거부하면서도 권위의 질서에 순응하는 것을 보라. 환관장에게 겸손하게 요청해서 허락을 받아 음식법을 거부한 태도를 보라. '나는 하나님의 법을 지키기 때문에 인간 권위는 깡그리 무시한다'는 태도가 아니었던 것이다.

모든 권위(authority)는 하나님이 주신 것이므로 "권세를 거스리는 자는 하나님의 명을 거스림이니 거스리는 자들은 심판을 자취"할 것이다(롬 13 : 2). 권위 자체를 거스리는 것은 빈대를 잡으려고 초가삼간을 불지르는 자멸행위이다.

베드로는 본문에서 국민의 대국가적인 순복을 다루고 있지만(아마 수신자들 중에 위정자들과 주인들은 없고 국민들과 종들만 있어서 그런 듯함) 물론 순복은 일방적인 것은 아니다(엡 5 : 21). 자녀는 부모에게 순복하라는 것과 부모는 자녀를 노엽게 하지 말라는 것, 아내는 남편에게 순복하라는 것과 남편은 아내를 사랑하라는 것, 종은 주인에게 순복하라는 것과 주인은 종을 성실하게 대우하라는 것 ─이렇게 성경의 교훈은 쌍방적이이다. 하나님이 세우신 권세가 교만하여 권위주의자가 됨으로써 하나님의 사명을 저버릴 때는 하나님이 사람들을 통하여 그를 꺾으시고 피권위자가 권위를 무시해도 하나님이 징책하신다. 이렇게 권위자와 피권위자의 책임과 그 결과가 쌍방적인 것은 사실이나 피권위자의 경우 순복할 만한 자에게만 순복하라는 조건부 순복이 아니라는 점이 중요하다. 황제다운 황제에게만 순복하고 남편다운 남편에게만 순복하고 부모다운 부모에게만 순복하라는 식의 조건부 순복이 아니다. 국민으로서의 신자는 권세에 순복하는 것이 바른 자세이다.

3. 순복의 동기

신자들이 국가제도와 위정자들에게 순복해야 할 이유 내지 동기는 "주를 위하여" 혹은 "주님 때문에"(원문은 이렇게도 번역될 수 있음)이다. 주님이 국가제도를 제정하셨고 위정자들에게 권세를 주셨기 때문에 그들에게 순복하는 것은 그들을 세우신 주님에게 순복하는 것이 된다. 권위에 대한 순복은 주님을 섬기는 삶의 일환이다. 이것은 에베소서 5:22-6:9의 부부관계 부자관계 주종관계 윤리의 핵심이 "주님"인 것과 같은 원리이다. 아내는 남편에게 교회가 주님께 하듯 순복하고 남편은 아내를 주님이 교회를 위하여 자신을 주심같이 사랑해야 한다. 자녀는 부모를 "주 안에서" 공경해야 하고 부모는 자녀를 "주의 교양과 훈계"로 양육해야 한다. 종들은 주인들에게 주께 하듯 봉사해야 하고 주인들은 위에 주님이 계신 것을 기억하고 종들을 성실하게 대우해야 한다. 이런 "주님 때문에" 혹은 "주님을 위하여"의 원리가 신자의 사회윤리의 핵심인 것이다.

"주를 위하여"란 말씀은 후에 주님 자신의 모범적인 행동과도 연결된다. "그리스도도 너희를 위하여 고난을 받으사 너희에게 본을 끼쳐 그 자취를 따라오게 하려 하셨느니라 저는 죄를 범치 아니하시고 그 입에 궤사도 없으시며 욕을 받으시되 대신 욕하지 아니하시고 고난을 받으시되 위협을 하지 아니하시고 오직 공의로 심판하시는 자에게 부탁하시며 친히 나무에 달려 그 몸으로 우리 죄를 담당하셨으니 이는 우리로 죄에 대하여 죽고 의에 대하여 살게 하려 하심이라"(2:21-24).

II. 선행하라 (2:15-16)

베드로는 위에서 국가의 권위 즉 위정자들의 권위에 순복하라고 하면 서 순복의 동기로 "주를 위하여"라는 것을 지적했다. 2:15-16은 이 "주를 위하여"란 것이 "하나님의 뜻"으로 설명되어 있다. 그러면서 선 행이 "하나님의 뜻"과 관련되어 있는 점이 2:13-14보다 한 걸음 더 나아가는 점이다. 베드로는 또한 선행을 권면하면서 그리스도인의 자유 라는 원리를 이와 연결하였다. 그리스도인의 자유는 악행에의 자유가 아 니라 "하나님의 종들"로서 하나님의 뜻대로 선행하는 자유임을 지적한 것이다.

1. 하나님의 뜻(2:15)

2:13-14의 요지는 모든 인간의 제도를 "주를 위하여" 순복하라는 것 이다. 2:15-16은 '왜 순복해야 하는가'를 다루는 것이다. 이 점은 2:15 이 원문상 "왜냐하면"('호티')으로 시작된다는 사실에 근거한다. 2: 13-14에서 순복의 이유 내지 동기가 "주를 위하여"로 지적되었는데 다 시 2:15이 "왜냐하면"으로 시작되어 순복의 이유를 지적하기 때문에 결 국 2:15-16은 "주를 위하여"를 "하나님의 뜻"으로 바꾸어 전개하는 것으로 볼 수 있다.

2:15은 원문대로 직역하면 "왜냐하면 이렇게 선행하면서 어리석은 사 람들의 무지를 틀어막는 것이 하나님의 뜻이기 때문이다"가 된다. 여기서 "이렇게"는 위의 말씀 즉 2:13-14과 연결된 것이다. 즉 순복하는 것이 "하나님의 뜻"이라는 것이다. "선행하면서"는 순복을 전제하고 선한 일 을 하는 것을 말한다. 그것은 순복 자체만을 가리키는 것이 아니라, 그 위 에 덧붙이는 선행을 가리킨다. 순복을 전제하고 순복 위에 선행을 덧붙이 는 것이 "하나님의 뜻"이다. 순복과 선행, 더 예리하게 지적하면 순복 위

의 선행이 신자의 대국가관에 있어서 "하나님의 뜻"이다.

국가가 잘못한다고 해서, 위정자들이 잘못한다고 해서 권위 자체에 불복하고 악행하는 것이 하나님의 뜻인 것은 아니다. 오늘의 사회 풍토는 권위 자체에 대하여 불복하고 보통 사람들이 보기에 '이러다간 다 망하겠다' '이래도 되는가'는 식의 악행을 자행하는 것이 "하나님의 뜻"인 줄로 생각하는 풍토인 것 같다. 이것은 착각이다. 기존 권위의 전복을 위한 불복과 악행의 운동에 가담하는 젊은 그리스도인들은 우리의 가슴을 아프게 하고 사회의 장래를 어둡게 한다.

순복하고 선행하는 것이 어째서 하나님의 뜻인가? 그것은 앞에서 언급한 대로 하나님께서 권위를 세우셨기 때문이고, 본문이 말하는 대로 그렇게 하면 "어리석은 사람들의 무지를 틀어막기" 때문이다. 우리말 번역에는 "어리석은 사람들의 무식한 말을 막으시는 것"으로 되어 있다. 이것은 '막는다'가 본래 '입을 막는다'는 의미가 있고 '무지를 막는다' '무지를 틀어막는다'는 것보다는 '무식한 말을 막는다'는 것이 우리 말로 자연스럽기 때문인 것 같다.

'막는다'는 말은 소나 말이나 맹견 등 동물의 입을 재갈이나 입마개로 막는 것을 가리킨다. 그것은 입을 막아서 침묵하게 하는 것(put to silence)을 말한다. "어리석은 사람들"이란 2 : 12 말씀대로 "너희를 악행한다고 비방하는 자들"을 염두에 둔 표현이다. 신자들이 아무 잘못을 하지 않는데도 악행한다고 비방하는 것은 어리석은 것이다. 그들이 이런 어리석음에 빠져 있는 것은 "무지" 때문이다. 여기서 "무지"는 기독교의 신앙과 행위를 체험하지 못해서 알지 못하는 것을 말한다. 불신자들은 기독교의 신앙과 행위를 체험적으로 알지 못하는 "무지" 때문에 기독교인들을 악행자들이라고 비방하는 어리석음을 범하는 것이다. 그런데 그들의 "무지" 혹은 "무식한 말"을 "틀어막는" 길이 무엇인가? 그것을 그들에게 변명을 하거나 그들에게 복수하는 것이 아니라 "선을 행하는 것"이다.

신자들은 "어두운 데서 불러내어 그의 기이한 빛에 들어가게 하신 자의 아름다운 덕을 선전"하는 선행을 통해서 불신자들의 비방을 조용하게 하는 자들이다(2 : 9). "너희가 이방인 중에서 행실을 선하게 가져 너희를 악행한다고 비방하는 자들로 하여금 너희 선한 일을 보고 권고하시는 날에 하나님께 영광을 돌리게 하려 함이라"(2 : 12). 이것이 악에게 지지 않고 선으로 악을 이기는 길이다. "네 원수가 주리거든 먹이고 목마르거든 마시우라 그리함으로 네가 숯불을 그 머리에 쌓아놓으리라 악에게 지지 말고 선으로 악을 이기라"(롬 12 : 20 - 21).

2. 그리스도인의 자유(2 : 16)

국가와 위정자들의 권위에 순복하고 선행하라고 할 경우에 '그리스도인은 자유인인데 그렇게 권위에 매일 필요가 있는가?'는 반문이 제기될 수 있을 것이다. 베드로는 이런 질문에 대비해서 2 : 16 말씀을 기록했다. "자유하나 그 자유로 악을 가리우는 데 쓰지 말고 오직 하나님의 종과 같이 하라."

그리스도인은 자유인인데 왜 국가의 권위에 속박되는가? 이런 가능한 반문에 대해 베드로는 그리스도인은 참으로 자유인이라는 것을 인정하고 주장했다. 그리고 나서 어떤 의미의 자유인인가를 설명했다. 그리스도인이 자유인이라는 것은 예수 그리스도의 피로 "조상의 유전한 망령된 행실"로부터 구속된(redeemed) 자유이다(1 : 18 - 19). 그것은 "이전 알지 못할 때에 좇던 너희 사욕"으로부터의 자유이고(1 : 14) 하나님의 빛이 없는 "어두움"으로부터의 자유이다(2 : 9).

그것은 로마제국으로부터 해방된 정치적인 자유나 노예신분에서 해방된 자유나(2 : 18 - 25) 남편의 권위로부터의 여성해방적인 자유(3 : 1 - 6)가 아니다. 로마제국 하에서 누리는 자유이고 노예로서 누리는 자유이고 아내로서 누리는 자유이다. 로마제국이 속박하지 못하는 자유이고 노예신분이 억누르지 못하는 자유이고 남편의 권위가 빼앗지 못하는 자유이다.

그리스도인의 자유는 하나님만이 우리의 왕이요 주인이라고 주장하면서 로마식민정권과 그것에 협조하는 유대인들을 타도의 대상으로 삼았던 열심당의 정치적 자유가 아니다. 그것은 세상의 고통과 쾌락을 '웃기는 것들'

로 냉소하면서 자신은 고통과 쾌락을 초월한 자인 것처럼 초연한 태도를 가지려고 했던 인본주의적 냉소주의적 스토아 철학자의 자유도 아니다. 그것은 모든 사회규범과 제도를 무시하는 법무용론자(antinomian)의 자유도 아니다. 그리스도인의 자유는 하나님 아래의 인간권위도 인정하고 세상의 희로애락에도 깊이 참여하면서 사회규범을 중시하는 자유이다. 인간권위를 무시하고 인간의 정서를 무시하고 인간의 질서를 무시하는 무질서, 곧 죄악으로부터의 자유이다.

그리스도인의 자유가 이렇게 죄로부터의 신령한 자유라는 것을 알 때에 이 자유는 "악을 가리우는 데" 쓰일 자유가 아님이 분명해 진다. "악을 가리우는 데"란 말은 "악의 덮개" "악의 핑계"란 의미이다. 그리스도인의 자유는 악을 행하면서 핑계로 삼을 수 있는 방종이 아니다(롬 6 : 15; 갈 5 : 13; 엡 6 : 5-7). 그리스도인의 자유는 세도와 주장의 자유가 아니라 사랑으로 섬기는 섬김의 자유이다. 그리스도의 피로 악에서 구출된 자유이므로 악에게 다시 속박되는 핑계는 결코 될 수 없는 자유인 것이다.

그리스도인의 자유는 비방하는 자들을(2 : 12) 멸시하고 욕설로 보복하는 자유가 아니다(3 : 9). 노예로서 민중봉기를 일으키는 자유가 아니다. 국가의 권위를 전복하는 자유가 아니다. 박해받는 자들로서 박해자들에게 보복하고 악행하는 자유가 아니다. 반사회적인 행동을 정당화하는 자유가 아니다.

우리의 자유는 황금보다 더 귀한 그리스도의 피로 우리를 죄악에서 구속하신 하나님의 뜻을 행하는 "하나님의 종들"로서 누리는 자유이다. 본문에서 하나님의 뜻은 권위에 순복하고 선행하는 것이다. 이런 하나님의 뜻을 행하는 하나님의 종은 참된 자유를 만끽한다. 죄악의 쾌락을 누리는 자는 자유로운 것 같으나 사실은 죄악의 노예이다. 그런데 감사한 것은 우리는 죄의 종에서 의의 종으로 해방된 자들이라는 점이다. "하나님께 감사하리로다 너희가 본래 죄의 종이더니 너희에게 전하여 준 바 교훈의 본을 마음으로 순종하여 죄에게서 해방되어 의에게 종이 되었느니라"(롬 6 : 17-18). 그리스도인의 자유는 하나님의 종으로서의 자유이므로 역설적인 자유이다. 종으로서 누리는 자유-이 역설(paradox)이 기독교 사회윤리의 한 핵심이다.

Ⅲ. 공경하라 (2 : 17)

베드로는 위에서 권위에 순복하고 선행하라는 것을 권면했는데, 2 : 17에서는 권위자를 존경하라고 권면했다. 본문의 흐름은 "왕을 공경하라"는 것으로 연결되지만 베드로는 "왕을 공경하라"는 권면을 "뭇 사람을 공경하라"는 보편원리 하에 두었다. "공경하라"는 말은 "존경하라"(respect)는 의미가 있다.

"뭇 사람을 존경하라"는 말은 위에서 말한 "하나님의 종들"과 직결되어 있다. "하나님의 종들"이기 때문에 하나님이 자신의 형상대로 창조하신 모든 사람들을 귀하고 중하게 여기게 되는 것이다. 나보다 못해 보이는 사람도 존중히 여기는 것은 "하나님의 종들"의 마땅한 태도이다.

"뭇 사람을 존경"하는 전제에서 신자들을 믿는 형제들을 사랑해야 한다. 가식없는 형제사랑은 이미 1 : 22-25 부분에서 다룬 바 있다. 하나님의 형상으로 창조된 뭇 사람을 존중히 여기면서 특히 신자들 서로를 외식과 가식이 없이 사랑해야 한다.

"하나님을 두려워하라"는 말씀은 이미 1 : 13-21에서 다룬 바 있거니와 하나님은 외모로 사람을 평가하시지 않고 행위대로 판단하시는 편견없는 심판자이시기 때문에 하나님을 두려워해야 한다(1 : 17). 여기서의 두려움은 공포가 아니라 경외이다.

"왕을 공경하라" 혹은 "왕을 존경하라"는 명령은 "가이사의 것은 가이사에게 하나님의 것은 하나님에게 드리라"는 주님의 말씀과 일맥상통한다(마 22 : 21; 막 12 : 17; 눅 20 : 25). 하나님은 경외하고 왕은 존경해야 한다. 어떤 인간에게도 경외는 합당하지 않다. 사람들은 몸은 죽여도 영혼은 건드리지 못하기 때문이다(마 10 : 28). 몸과 영혼을 다 주관하시고 생사와 화복의 전권을 가지신 하나님만이 경외의 대상이다. 왕은 경외의 대상이 아니라 존경의 대상이다. 황제가 신적인 경외의 대상이 되면 황제숭배도 가능해진다. 그러나 황제는 모든 인간과 같이 "존경"의 대상이지 하나님처럼 경외의 대상이 아니다.

그리스도인들은 최상의 권위로서 하나님을 경외하고 하나님에 의해 부여받은 대리 권위자인 왕을 존경하고 형제들을 사랑하고 뭇 사람을 존경하는 자들이다. 신자라고 하면서 하나님을 경외한다는 핑계 하에 위도 무시하고 옆도 무시하고 자기만 아는 것은 바른 신자가 아니다. 바른 신자는 하나님을 경외하며 인간 권위를 존중하고 동료들을 사랑하고 모든 인간을 하나님의 형상으로 중시하는 대신(對神) 대인(對人) 관계가 바른 자인 것이다.

기독교인의 국가관은 하나님이 권위질서를 창조하셨다는 것을 인식하고 권위질서의 최상위 권위인 하나님을 경외하고 하나님의 뜻을 준행하는 의미에서 상급 권위자에게 순복하고 그를 존경하고 선행하는 삶을 살아야 한다. 이것이 그리스도의 피로 죄악에서 구속된 자의 고귀한 자유를 만끽하는 길이며 비방자들의 입을 침묵시키는 길이다.

제 10 장
사환들의 복종 (2 : 18 – 25)

> [18]사환들아 범사에 두려워함으로 주인들에게 순복하되 선하고 관용하는 자들에게만 아니라 또한 까다로운 자들에게도 그리하라 [19]애매히 고난을 받아도 하나님을 생각함으로 슬픔을 참으면 이는 아름다우나 [20]죄가 있어 매를 맞고 참으면 무슨 칭찬이 있으리요 오직 선을 행함으로 고난을 받고 참으면 이는 하나님 앞에 아름다우니라 [21]이를 위하여 너희가 부르심을 입었으니 그리스도도 너희를 위하여 고난을 받으사 너희에게 본을 끼쳐 그 자취를 따라오게 하려 하셨느니라 [22]저는 죄를 범치 아니하시고 그 입에 궤사도 없으시며 [23]욕을 받으시되 대신 욕하지 아니하시고 고난을 받으시되 위협하지 아니하시고 오직 공의로 심판하시는 자에게 부탁하시며 [24]친히 나무에 달려 그 몸으로 우리 죄를 담당하셨으니 이는 우리로 죄에 대하여 죽고 의에 대하여 살게 하려 하심이라 저가 채찍에 맞음으로 너희는 나음을 입었나니 [25]너희가 전에는 양과 같이 길을 잃었더니 이제는 너희 영혼의 목자와 감독 되신 이에게 돌아왔느니라

하늘의 기업을 소망하는 자들의 사회생활의 대헌장(2 : 11-12)에 입각한 국민으로서의 생활을 제9장에서 살펴보았다(2 : 13-17). 제10장에서는 사환들이 어떻게 살아야 할 것인가 하는 문제를 취급하게 될 것이다.

본문은 다음과 같이 분석될 수 있다.

Ⅰ. 사환들아, 복종하라(까다로운 주인에게도, 2 : 18)
Ⅱ. 애매한 고난 중에 인내하라(2 : 19-20)

Ⅲ. 그리스도를 본받으라(2 : 21-25)

베드로는 본문에서 까다로운 주인에게도 복종하라고 사환들에게 권면한 다음 바로 고난을 당할 만큼 잘못한 일이 없음에도 불구하고 부당하게 고난당하는 문제를 거론했다. 특별히 까다로운 주인을 섬기는 사환들에게 있어서 애매한 고난의 문제가 심각하게 부딪히는 문제이기 때문이다. 베드로는 애매하게 당하는 고난문제 해결의 방법으로 자신의 정당성을 주장하고 추인의 부당성을 항의하라고 하지 않고, 애매한 고난을 당할 때에 인내하라고 권면했다. 애매한 고난 중에 인내하는 것은 하나님이 높이 평가하는 탁월한 미덕이라고 지적함으로써 인내를 독려했다.

애매한 고난 중에 인내를 당부한 베드로는 바로 뒤이어 애매하게 고난당하면서 인내하는 것이 하나님의 소명(召命)이라는 점을 지적했다. 왜냐하면 그리스도인들은 그리스도의 발자취를 따라가도록 부르심을 받은 자들인데, 그리스도께서 애매한 고난 중에 인내하셨기 때문이다. 애매한 고난을 당해도 참으라는 것은 그리스도의 교훈과 일맥상통하는 것이다(마 5 : 43-48; 눅 6 : 32-36). 예수 그리스도의 교훈과 같은 교훈을 전한 베드로는(2 : 19-20), 뒤이어 그리스도의 삶의 본을 제시한 것이다(2 : 21-25).

베드로는 그리스도를 모델로 제시하면서 그리스도의 대속(代贖)과 그 결과로서 방황하던 우리가 영혼의 목자겸 감독자에게로 돌아온 사실을 아울러 지적했다. 방황하던 우리가 이렇게 그리스도의 대속으로 치료를 받았으니, 그리스도를 본받아 죄에 대하여 죽고 의에 대하여 사는 것은 당연하다. 그리스도께서 욕설을 당하시면서도 욕설로 복수하시지 않고 고통을 당하시면서도 위협으로 복수하시지 않으시면서 정의로운 심판자에게 자신의 삶을 일임한 것을 우리가 본받아야 한다.

본문의 이러한 말씀을 오해하지 않고 원만하게 이해하기 위해서는 당시 노예들의 형편과 노예제도에 대한 신약의 교훈을 먼저 파악하는 것이 중요하다.

당시 노예들의 형편

고대 그리스는 주전 6세기에, 로마제국은 주전 4세기에 각기 노예제도
를 도입했다. 고대 그리스도의 노예들은 보통 야만인들이었다. 전쟁 때
포로가 된 자들이 노예들이 되기도 하였다. 인신매매를 위한 해적행위를
통해서 노예들이 되는 자들도 있었다. 어떤 때는 마을 전체의 주민들이
해적들에게 붙잡혀 노예로 팔리기도 하였다. 로마인들이 그리스와 마게
도니야를 정복하고 과거의 동쪽에 위치한 헬라 속령들을 점령하면서 그
리스인들 다수를 포함해서 노예들의 수가 부쩍 늘었다. 후에 노예제도가
불법으로 규정되지는 않았으나 법적으로 상당한 제한을 받았기 때문에
결국 중세 초에는 노예제도가 거의 사라졌다.

고대 노예들의 경제적 사회적 법적 지위는 18-19세기 미국의 흑인
노예들보다 훨씬 더 좋았다. 노예들은 결혼권과 약간의 재산권과 제한된
범위 내에서의 법정증언권까지 부여받았다. 로마 황제들 치하에서는 노
예학대와 노예살해는 형사법상 금지되었다. 노예들은 교육정도, 전문훈
련, 그리고 역량에 따라 경제적으로 다양한 가능성을 가지고 있었다. 주
로 가정에서 곡식 빻는 일, 빵 굽는 일, 옷 깁는 일, 기름 짜는 일 등을
하면서 경우에 따라 주인들과 함께 식사하기도 하였다.

농업 제조업 광업 등에도 노예들이 종사했으며 경영자와 지도자의 위
치에서 일하기도 하였다. 교육받은 그리스인들이 노예들이 되면서 교사
들 궁중시인들 사서들 고위 행정관료들로 일하기도 하였다.

고대의 경제가 노예제도 때문에만 돌아갈 수 있었다고 생각하는 것은
넌센스이지만 로마인들의 거대한 농장이 노예들이 없이 돌아갈 수가 없
었던 것은 사실이다. 로마에만 20만 내지 30만명의 노예들이 있었다. 이
것은 시전체 인구의 1/3이었다. 이런 형편에서 노예폭동이 일어난 것은
쉽게 이해할 수 있다.

노예제도에 대한 여론은 노예제도 반대와 무관심으로 나타났다. 적극
적으로 노예제도를 정당화하는 일도 없었지만 혁명적으로 노예제도를

폐지해야 한다는 것도 없었다. 노예제도가 부당하다는 주장은 계속 나타났다. 소피스트들은 노예를 둘 수 있는 권한을 부인했고 스토아 철인들과 냉소주의 철인들은 타인들과 동등한 노예들의 인권을 주장했다. 문학작품에서도 노예들이 다른 인간들과 동일한 약점과 장점을 가지고 있다는 지적되었다.

당시의 종교들은 노예들을 차별하지 않았다. 계급과 사회적 지위 때문에 차별대우하는 일이 없었던 것이다(Helmut Koester, *History, Culture, and Religion of the Hellenistic Age* [Philadelphia : Fortress, 1984], pp. 59 – 62).

노예제도에 대한 신약의 교훈

신약은 그리스도 안에서 만인이 평등하다는 것을 대명제로 제시했다. "너희는 유대인이나 헬라인이나 종이나 자주자나 남자나 여자 없이 다 그리스도 예수 안에서 하나이니라"(갈 3 : 28). 만인 평등의 원리 하에 민족간이나 사회 계층 간의 장벽이 십자가에서 허물어져, 모든 그리스도인들이 그리스도 안에서 하나님의 한 가족이 되었다는 것을 신약성경은 강조한다(엡 2 : 13, 14, 19).

신약성경은 이렇게 만인평등과 인간들 간의 장벽제거를 주장하고 있지만, 노예제도 자체를 구조적으로 폐지해야 한다는 입장을 내세우지는 않았다. 신약은 주인과 종의 상호관계를 주 안에서 재규명함으로써 인권유린의 노예제도가 없어지도록 하는 방식을 제시했다. 종은 주인에게 눈치밥을 먹지 말고 마치 그리스도에게 하듯 성실하게 봉사하고 주인은 하늘에 상전이 계시다는 것을 기억하고 공갈을 그치고 성실한 대우를 해야 한다(엡 6 : 5 – 9; 골 3 : 22 – 4 : 1).

바울 사도는 이러한 원리에 따라 빌레몬의 도망친 노예 오네시모를 "갇힌 중에서 낳은 아들"이라고 하면서(몬 10) "이 후로는 종과 같이 아니하고 종에서 뛰어나 곧 사랑 받는 형제로 둘 자"라고 하였다(16). 그러면서 오네시모 영접하기를 바울을 영접하는 것처럼 하고 오네시모가 잘못한 것이나 빚진 것이 있으면 바울에게 회계하라고 했다(17, 18).
도망친 노예에 대한 이러한 대우가 있겠는가. 바울은 또한 오네시모의
상전인 빌레몬을 "주 안에서 상관"된 자라고 하였다. 상전과 노예의 관
계를 이렇게 주 안에서 재규정하고 주 안에서 정당한 종 /주인 관계를
맺도록 한 것이다. 이것을 보면 노예제도 자체를 폐지하지 않았을 뿐이
지, 노예제도의 폐해는 사실상 제거되고 주 안에서 사용자와 근로자의
완숙한 관계가 노예제도를 대치하게 되었다고 볼 수 있다.

Ⅰ. 사환들아, 복종하라 (2 : 18)

이상과 같이 포괄적인 이해를 전제하고 이제 본문으로 돌아가서 종들
에게 복종을 권면하는 말씀을 살펴보기로 하자.

"사환들아"는 원문에 '그 사환들은'이라고 주격이지만 여기서는 호격
의 기능을 가지고 있다. "사환들"은 가정의 종들(household servan-
ts)을 가리키는 말로서 다른 곳에서(골 3 : 22; 엡 6 : 5) '종들'이라고
한 말과 별로 차이가 없다. 여기서 베드로가 "종들"이란 말을 쓰지 않고
"사환들"이란 말을 쓴 것은 모든 신자들이 하나님에게 "종들"(2 : 16)
이기 때문에, 사회적인 신분을 대신관계와 구분하기 위함이었을 것이다.

1. 사환들의 복종

그런데 흥미로운 것은 유대인들과 스토아 철인들의 문헌에는 종들의
도덕적인 의무에 대한 언급이 없는 반면에 바울과(고전 7 : 21; 엡 6 :
5-8; 골 3 : 22-25; 딤전 6 : 1-2; 딛 2 : 9-10) 그 후 기독교 저자
들은(Did. 4 : 11; Barn. 19 : 7) 종들의 도덕적 의무를 다루었다는 점
이다. 성경과 기타 글들의 이런 차이는 당시의 사회 전반에 노예들은 완
전한 사람들이 아니므로 도덕적 책임이 없다는 통념이 깔려 있었다는 데
서 그 이유를 찾을 수 있다. 교회에서는 노예들도 완전하고 동등한 인격
자들이므로 도덕적 책임이 있는 것으로 취급된 것이다. 교회에서 사회적

지위와 신분에 따라 사람들을 차별대우 하지 않고 만민을 평등하게 대우한 것이(갈 3 : 28; 고전 12 : 13; 골 3 : 11; 몬 16) 당시 사회의 통념에 따르면 충격적인 것이었다.

"사환들아, 복종하라"는 말씀을 당시의 이런 상황에 따라 보지 않으면 기독교도 인간차별을 하는 것으로 오해할 가능성이 있다. 그러나 당시의 형편에 비추어 보면 기독교는 충격스러울 정도로 인간차별을 거부하고 만인평등을 주장한 것이다. 이런 의미에서 "복종하라"는 말이 이해되어야 한다.

2. 복종의 동기는 하나님에 대한 경외

베드로는 복종을 권면하면서 "범사에 두려워함으로"란 표현을 덧붙였다. "범사에 두려워함으로"는 원문을 직역하면 "모든 두려움 안에서"이다. "모든 두려움 안에서"는 문맥상 "주인들에게" 연결되는 것처럼 느껴질 수 있으나, 바로 앞절인 17절에서 뭇 사람에게는 '존경'이, 하나님에게는 '두려움'이 합당한 것으로 되어 있으므로 "모든 두려움 안에서"는 하나님에 대한 깊은 경외심'을 의미한다. 신자들은 사람들을 두려워하면 안된다(1 : 17; 2 : 17). 두려움이 인간 주인들에게 사용된 경우는 그들이 권위질서상 하나님이 세운 자들이기 때문이다(엡 6;5). 진정한 두려움은 하나님에게만 향해야 한다. 따라서 여기서 "모든 두려움 안에서"는 2 : 13의 "주를 위하여"란 표현과 2 : 19의 "하나님을 생각함으로"란 표현과 같은 의미로 생각할 수 있다. 베드로는 바울과 같이 사환과 주인의 관계를 하나님과의 관계에 비추어 보게 한 것이다. 신자들에게 있어서 삶의 모든 분야와 생활은 하나님과의 관계에 비추어, 즉 신학적으로 취급되어야 한다.

3. 까다로운 주인들의 복종의 대상

베드로는 사환들에게 복종을 권면하되 "선하고 관용하는 자들에게만 아니라 또한 까다로운 자들에게도" 복종하라고 권면했다. 복종의 동기가 하나님에 대한 깊은 경외이기 때문에 복종의 대상은 "선하고 관용하는 자들"만이 아니라, "까다로운 자들"도 포함한다.

"까다로운 자들"은 '굽은, 비뚤어진, 엄한, 섬기기 힘드는 자들'이라는 의미가 있다. "선하고 관용하는 자들"은 종/주인의 관계에서 착하고 공평한 자들이고, "까다로운 자들"은 착한 종들에게도 까닭없이 잔혹하게 대하는 주인들이다. "까다로운" 주인들이 반드시 비기독교인들이라는 근거는 없다. 기독교인들 중에도 "까다로운" 주인들이 있을 수 있다. 베드로는 여기서 '착하다' 혹은 '까다롭다'는 것을 종교적인 기준으로 구분하는 것이 아니고, 종들에 대한 태도와 대우 면에서 구분하고 있다. 그러나 "이방인 중에서 행실을 선하게 가져 너희를 악행한다고 비방하는 자들로 하여금 너희 착한 일을 보고 권고하시는 날에 하나님께 영광을 돌리게 하려 함"이라는 문맥에서 볼 때(2 : 12), 여기 "까다로운 자들"은 사환들이 기독교 신자들이라고 하여 애매하게 괴롭히는 자들일 가능성도 있다.

II. 애매한 고난 중에 인내하라 (2 : 19-20)

주인들 중에 "까다로운 자들"이 있기 때문에 사환들이 애매한 고난을 당하게 된다. 베드로는 애매하게 고난을 당할 때도 인내하라고 권면했다. 이러한 권면은 본문에서 특별히 사환들에게 해당되는 것이지만, 일반적으로 애매한 고난을 당하는 모든 신자들에게 해당되는 말씀이다.

1. 애매한 고난

19절의 "애매히 고난을 받아도"란 말씀은 "부당하게(unjustly) 고난을 받아도"란 뜻이다. 고난을 받을 만한 어떤 나쁜 짓을 하지 않았어도 고난을 당하는 경우를 말한다. 종으로서 할 일을 다해도 욕설이나 매질을 당하는 수가 있는데 이것이 바로 부당한 고난이다.

"애매히 고난을 받는다"는 것이 20절에서 다른 용어로 설명이 되었다. 애매한 고난은 소극적으로 "죄가 있어 매를 맞는" 것이 아니다. 적극적으로 그것은 "선을 행함으로 고난을 받는" 것이다. 여기서 '죄'와 '선'은 가정의 사환으로서 마땅히 해야 할 일(household duty)을 기준으로 해서 그것을 제대로 하지 않을 경우와 그것을 제대로 잘 할 경우를 가리킨다. 사환의 의무를 제대로 잘 하지 않을 경우는 '잘못 한 것'(doing wrong)이라고 해야 할 것 같은데 왜 '죄'라는 말로 표현되었을까? 22-24절에서 죄와 그 해결을 다루기 때문에 그 주제를 사전에 준비시키는 의미에서 '죄'라는 표현을 사용했을 것이다.

그런데 흥미로운 것은 '종'과 관련해서 '부당' 즉 '불의'라는 단어가 사용되었다는 점이다. 92년 4월 29일부터 며칠간 미국 LA에서 흑인폭동이 있었다. 로드니 킹이란 흑인을 심하게 집단구타한 백인경찰들이 무죄평결을 받았다고 해서 터진 폭동이었다. 폭동을 일으킨 흑인들의 탄식은 "흑인에게도 정의(justice)가 있는가?"는 것이었다. 백인들에게는 정의와 불의가 적용되지만 흑인들에게는 백인들 마음대로 정의와 불의를 규정한다는 것이다. 따라서 흑인들과 관련해서는 정의가 없다는 것이다. 본문과 관련해서 당시의 종들은 "종들에게도 정의가 있는가?"는 질문을 던지고 있었다. 유명한 철학자 아리스토텔레스조차도 노예는 주인의 재산에 불과하기 때문에 노예에게 아무리 잘못해도 그것이 불의가 될 수 없다고 했다(*Nichomachean Ethics* 5. 10. 8). 주인이 물건을 잘못 다룬다고 물건에게 불의를 행했다고 하지 않는 것처럼 주인의 물건인 노예에게는 정의도 불의도 없다는 것이다. 그러나 기독교는 노예도 여느 인간 못지 않게 인간으로서의 인권이 있다고 보기 때문에 노예의 인권이 유린될 때 그것을 '불의'로 규정한 것이다.

2. 참으면 아름답다

본문은 노예의 인권을 전제하고 그것이 유린될 때 불의가 자행된다는 것도 인정하고 있지만 유린된 인권을 어떻게 회복할 것인가는 질문에서는 소극적으로 참는 것을 대안으로 제시하고 있다. 본문은 까다로운 주인이 종에게 '불의'를 자행할 때 종은 주인에게 항의해야 한다고 권면하지 않고 참아야 된다고 권면한 것이다.

19절에서 "슬픔을 참으면"이란 표현에서 "슬픔"은 "괴로움들"(af-flictions)을 의미한다. 불의하게 고난을 당하면 "괴로움들"이 많으나 이것들을 참으라는 것이다. '참다'라는 말이 19절에서는 '휘포페로'로 20절에서는 '휘포메노'로 되어 있다. '휘포페로'는 어원상 '밑에서 짊어지다'는 의미가 있고 '휘포메노'는 어원상 '밑에 머물다'는 의미가 있으나, 본문에서는 두 단어가 동의어로 사용되었다. '휘포페로'는 그냥 참는 것이고 '휘포메노'는 '밑에 머물다'이므로 '인내하며 참는다'는 의미라는 것은 어원에 치우친 억지풀이이다.

베드로는 애매한 고난을 받으면서 괴로움들을 참는 것이 "아름답다"고 했다. 원문에는 이것이 '카리스'로 되어 있다. '카리스'는 보통 '하나님이 값없이 주시는 은혜'라는 의미로 사용되고 있으나 여기서는 그런 의미가 아니다. '카리스'는 하나님이 인정하시는 것 혹은 하나님이 기뻐하시는 것을 의미한다. 베드로는 '카리스'란 말을 단조롭게 반복하지 않기 위하여 20절("죄가 있어 매를 맞고 참으면 무슨 칭찬이 있으리요")에서는 "칭찬"이란 말을 사용했다. "칭찬"으로 번역된 헬라어 '클레오스'는 '명성, 위신, 영광, 신망'(reputation, prestige, glory, credit)을 의미한다. 그런데 20절에서는 "하나님 앞에 아름답다"는 표현이 사용되고 있으므로, '카리스'는 '하나님이 탁월한 것으로 인정해 주시고 기뻐하시는 것'이란 의미로 사용된 것이다. 애매한 고난을 당하면서 그 괴로움들을 참으면 하나님께서 '야, 잘 한다. 아주 훌륭해!'하고 평가를 해 주신다는 것이다.

베드로는 이렇게 부당한 고통을 참는 것이 하나님이 인정하시고 칭찬하시는 미덕이라고 했는데, 여기서 참는다는 것은 이를 갈면서 참는다는 것인가? 혹은 고통을 주는 주인을 냉소하면서, 즉 '웃기네, 웃겨!'라고 하면서 참는다는 것인가? 요즈음 고통 자체를 즐기는 매저키즘처럼 참는 것인가? 베드로는 이런 식으로 참는 것을 말한 것이 아니라, "하나님을

생각함으로" 참는 것을 말했다. "하나님을 생각함으로"는 원문에는 '디
아 수네이데신 쎄우'로 되어 있다. 이것을 직역하면 "하나님을 의식하기
때문에"(because of consciousness of God)가 된다. 이 말은 13절에
"주를 위하여"("주님 때문에")와 맥을 같이한다. 애매한 고난을 가하는
주인을 의식하면서 참으라는 것이 아니라, 그를 주인으로 세우신 하나님
을 의식하고 참으라는 것이다. 애매한 고난을 당할 때 괴로움들을 참는
신앙적인 비결이 여기에 있다.

루이스(C. S. Lewis)의 다음과 같은 말은 이 점과 관련하여 기억할
가치가 있는 말이다. "인간 경험에 있어서 고통의 사실보다 더 보편적이
고 더 완고한 사실이 오직 한 가지 있다. 그것은 하나님이 계심을 의식한
다는 사실이다. 그러므로 우리는 고통만을 설명할 것이 아니라, 그보다
주된 것으로 하나님에 대한 신앙을 설명해야 한다."

애매한 고난을 당할 때에 그것을 가하는 자를 의식하면 분노와 복수의
불이 올라온다. 그러나 마음의 눈을 들어 하나님을 바라보고 하나님을
의식하면 분노와 복수의 불이 꺼진다. 왜냐하면 하나님은 애매한 고난
중에 참는 것을 높게 평가하시고 칭찬하실 뿐 아니라, "공의로 심판하시
는 자"이시기 때문이다(1 : 23).

Ⅲ. 그리스도를 본받으라 (1 : 21 – 25)

베드로는 부당한 고난을 당하는 신자들에게 하나님을 의식함으로 참
으라고 권면하면서 이것을 하나님의 부르심과 직결시켰다. "이를 위하
여 너희가 부르심을 입었다"고 말한 것이다(1 : 21). 하나님은 우리를
"그의 기이한 빛에 들어가게" "어두운 데서 불러" 내셨고(2 : 9), "자기
의 영원한 영광에 들어가게" 불러내셨을 뿐 아니라(5 : 10), 애매한 고
난을 당할 때 하나님을 의식하고 참도록 부르신 것이다. 신자의 소명은
하나님의 부르심이고(1 : 15), 특권과 광명에로의 부르심이며(2 : 9),
그 목표는 영원과 영광이다(5 : 10). 베드로는 고난 중의 인내를 소명과

연결시키면서 이 면에서의 그리스도의 모범을 제시했다.

1. 그리스도의 고난은 우리의 표본(1 : 21)

"그리스도도 너희를 위하여 고난을 받으사 너희에게 본을 끼쳐 그 자취를 따라오게 하려 하셨느니라." 여기에 그리스도의 고난이 두 가지 국면에서 지적되었다. 하나는 그것이 "너희를 위한" 고난이라는 것과 다른 하나는 "본을 끼친" 고난이라는 것이다. 그리스도의 고난이 "너희를 위한" 고난이라는 것은 본문 24-25에서 잘 설명되어 있고 그것이 가해자에게 어떤 태도로 당한 고난인가 하는 것은 22-23에 잘 나타나 있다.

여기서 다음과 같은 a b b′ a′의 교차구조가 사용되었다.

> a "그리스도도 너희를 위하여 고난을 받으사"(1 : 21)
> b "너희에게 본을 끼쳐 그 자취를 따라오게 하셨느니라"
> (1 : 21)
> b′ 그리스도의 모범적 고난(22-23절)
> a′ 그리스도의 대속적 고난(24-25절)

교차구조에서 a에 해당되는 점, 즉 그것이 "너희를 위한" 고난이라는 점은 그리스도의 대속적인 고난을 지적하는 면도 있지만(24-25절), 그리스도 자신이 그것을 당할 만큼 죄를 지어서 당한 것이 아니라 무죄하시면서도 스스로를 위해서는 당하지 않아도 될 고난(his own unde-served suffering)이라는 것을 지적하는 면도 있다. 애매한 고난을 말하자면 그리스도처럼 애매한 고난을 당한 자가 없다는 것이다. 그리스도도 이렇게 스스로를 위해서는 당할 필요도 없는 애매한 고난을 당하셨으니 애매한 고난을 당하는 우리도 그리스도를 따르는 자들로서 그를 본받아야 한다는 것이다.

교차구조에서 b에 해당되는 점, 즉 그리스도의 고난이 우리에게 표본이라는 것은 "너희에게 본을 끼쳐 그 자취를 따라오게 하셨다"는 표현에 나타나 있다. 여기서 "본"은 헬라어로 '휘포그람모스'로서 이 말은 본래 학생이 글자를 배울 때에 스승이 희미하게 써 놓고 학생이 그것을 그대로 베끼도록 한 글자의 본과 관련되어 사용되었다. 그것이 후에 행동을 모방하는 귀감이란 의미로 사용된 것이다. 우리는 그리스도가 쓰신 고난의 글자를 그대로 따라 쓰면서 배워야 한다.

고난 면에서 그리스도를 본받아야 된다는 말씀이 글자의 본이란 비유로도 지적되어 있지만 발자취의 비유로도 지적되어 있다. "그 자취를 따라오게"라는 표현은 "그의 발자국들을 바싹 따라오게"라는 의미이다. 그리스도께서 고난의 발자국들을 남기셨는데 우리는 그 발자국들을 그대로 밟고 따라가는 자들이다. 그의 발자국을 혹시나 잘못 밟아 옆으로 벗어나지는 않을까 주의하면서 그의 발자국을 정확하게 그대로 밟아나가는 삶이 그리스도인의 삶이다.

그리스도를 따른다, 혹은 본받는다는 것이 신약에 자주 나오는 주제이다(고전 4 : 16; 11 : 1; 엡 5 : 1; 살전 1 : 6; 2 : 14). 그런데 본문은 그리스도를 본받는 것을 고난 면에서 지적한 것이다. 그리스도의 고난의 발자국들을 그대로 밟고 따라간다는 것은 주인의 운명(the master's destiny)을 공유(共有)한다는 것을 의미한다. 따르는 자가 앞에 가는 자를 전폭적으로 신뢰하고 그에게 자신을 던지는 것처럼 우리는 고난의 그리스도를 전적으로 신뢰하고 그에게 자신을 온전히 던지는 자세로 그의 고난을 본받는 자들이다.

2. 그리스도의 모범적 고난(22-23절)

"저는 죄를 범치 아니하시고 그 입에 궤사도 없으시며"(22절)-이 구절은 이사야 53 : 9의 인용이다. 이사야 53장은 여호와의 고난당하는 종 부분인데, 베드로는 사 53 : 12을 2 : 24에, 사 53 : 6을 2 : 25에 각기 인용하였다.

그리스도는 죄를 범하지 아니하셨다. 말의 죄도 범하지 아니하셨다. 말의 죄도 범하지 아니하신 것이 "그 입에 궤사도 없다"는 표현으로 지적되었다. 여기서 "궤사"는 속임(사기)을 의미한다. 그리스도는 말로 속이는 일이 없으셨다. 그리스도가 무죄하시다고 하면서 말의 죄도 없었다고 한 것은 그리스도는 어떤 죄도 전혀 없는 분임을 구체적으로 강조하기 위함이다.

그리스도의 철저한 무죄성은 그리스도의 고난이 자신의 죄 때문이 아니라는 것을 증명하는 것이다. 다른 각도로 말하면 그리스도는 "불의하게" 고난을 당하셨다, 즉 "선을 행함으로"(19, 20절) 고난을 당하셨다는 것이다. 그리스도는 자신이 무슨 잘못을 해서 그 대가로 정당하게 고난을 당하신 것이 아니라, 스스로를 위해서는 고난을 당하시지 않아도 되는 것을 애매하게 당하셨다는 것이다. 애매한 고난을 말하자면 그리스도의 고난이야말로 애매한 고난의 극치라고 할 수 있다. 그러면 그리스도는 애매한 고난을 어떻게 당하셨는가?

"욕을 하시되 대신 욕하지 아니하시고"(23절). 예수님은 모독과 욕설을 받으실 때에 침묵으로 일관하셨다(막 14 : 61 /마 26 : 63; 막 15 : 5 /마 27 : 14; 눅 23 : 9; 요 19 : 9). 우리들은 보통 '욕에는 욕으로' 갚아주는 자들이다. 그러나 욕설 대회에서는 승리자가 실패자보다 더 악한 자이다. 예수님은 욕설을 당하실 때, 즉 말로 인격모독을 당하실 때 욕설로 복수하시지 않았다.

"고난을 받으시되 위협하지 아니하시고." 유대인 역사에 보면 마카비 시대의 순교자들은 고난을 당할 때에 장차 올 심판으로 가해자들을 위협했다. "당신들은 고문을 통해 살해의 위협으로 우리에게 겁을 주고 있습니다. 그러나 당신들은 이 추악한 살인 때문에 영원한 불고문을 응당 받을 것입니다"(마카비 4서 9 : 5-9). 그러나 예수님은 고난을 당하실 때 영원한 심판으로 위협을 하시지 않았다. 이것은 영원한 심판이 없어서가 아니다. 영원한 심판은 반드시 있다(4 ; 5, 17-18). 영원한 심판이 반드시 있지만 그리스도는 이것을 복수의 수단으로 삼으시지 않았다.

누가 나를 괴롭힐 때 말로라도 복수를 하면 숨통이 트이는 것 같은 느낌이 든다. 그러나 예수님은 복수로써 고난의 숨통을 트시지 않았다. 예수님이 스토아 철학자처럼 감정을 넘어 초연의 세계로 들어갔기 때문인가? 불교식으로 말하면 고난을 무(無)로 여길 정도로 해탈하셨기 때문이가? 아파도 아프지 않은 것처럼 생각하셨기 때문인가? 예수님이 욕설을 욕설로 복수하지 않으시고 가해자를 위협하지 않으신 것은 "공의로 심판하시는 자에게 부탁"하셨기 때문이다. 다시 말해서 "하나님을 의식하고" 참으신 것이다(19절). 예수님은 가해자들의 처분권을 "의롭게 심판하시는 분", "외모로 보시지 않고 각 사람의 행위대로 판단하시는 자"(1 : 17)에게 일임하셨다(롬 12 : 19).

고난을 받을 때에 칼로 말고의 귀를 쳤던 베드로(요 18 : 10)가 고난당할 때에 복수를 하시지 않으신 주님의 삶의 모본을 드디어 깨달은 것이다. 칼로 말고의 귀를 친 베드로에게 "검을 집에 꽂으라"고 하신 주님의 말씀이 우리의 귀에 계속 메아리쳐야 한다(요 18 : 19). 상대방이 칠 때에 같이 치는 것(fight back)은 모든 자연인의 반응이지만 우리는 우리가 복수의 싸움을 싸울 것이 아니라 하나님으로 우리의 싸움을 싸우시도록 일임해야 한다.

필자는 1991년 9월부터 3개월 남짓 애매한 고난을 경험했다. 어떤 분에 의해서 법적으로 무고하게 고소를 당한 체험이었다. 그는 필자에게 전화로 "이 놈의 새끼!"라고 욕설을 하다가 안되니까 '너 어디 한번 당해 봐라'는 속셈으로 형사법에 걸어 고소를 한 것이다. 고소를 당하고 난 다음 필자와 필자 가족들이 당하는 고통은 이루 말할 수 없었다. 도로상에서 교통순경만 봐도 가슴이 철렁할 때가 있는데, 경찰서에 3회나 소환되어 한 번에 2~3시간씩 취조를 당했다. 경찰서에서 죄인 아닌 죄인으로서 짓지도 않은 죄에 관한 온갖 질문을 받기도 하고 때로는 위협을 당하기도 했다. 가족들은 필자가 조금만 늦게 돌아와도 혹시 납치당한 것은 아닌가 하는 걱정을 했다. 아이들이 유치원에서 돌아올 때 혹시 괴한에게 납치당하지는 않을까 걱정하기도 했다.

이런 와중에 친지들 중에는 상대방을 무고죄로 맞고소하라고 권하는 자들도 있었다. 때로는 무고죄로 맞고소하고 싶은 때도 있었다. 위협을 받을 때는 '뭐 나는 빽이 없는 줄 아는가. 나도 법원에 여차여차한 사람을 알고 있다'는 식으로 위협하고 싶은 때도 많았다. 세상적인 힘으로 위협하지는 않는다 할지라도 '당신 날 해치면 허리 부러진다'는 식으로 성경적으로 하나님을 이용해서 위협하고 싶을 때도 많았다. 기도할 때 '하나님, 그를 끝장내 주십시오'하는 기도가 올라올 때도 있었다. 맨처음 '이 놈의 새끼'라는 말을 들었을 때도 욕설로 복수하고 싶은 생각도 들었었다.

무고하게 고소를 당해도 맞고소하지 않고 욕설을 당해도 맞욕설하지 않고 협박공갈을 당해도 입을 다물어야 하고. 세상에 이처럼 나약하고 어리석은 짓이 어디 있는가 하는 생각이 들 때도 있었다. 베드로가 말고의 귀를 친 것처럼 필자도 치고 싶은 순간이 있었다. 그러나 애매한 고난을 당할 때 인내하는 것이 하나님의 뜻이고, 예수님을 따르는 자의 삶이라는 말씀 앞에서 참고 또 참았다.

필자에게 그렇게 참을 수 있게 하신 하나님을 찬양한다. 또한 마침내 상대방으로 하여금 고소를 취하하게 하셔서 애매한 고통에서 해방시켜 주신 주님에게 감사를 드린다. 비록 작은 체험이지만, 애매한 고난을 당하면서 복수나 위협하지 않고 참는 것이 얼마나 힘든 것인지 맛볼 수 있었다. 상대방이 너무 불쌍하다는 생각이 든다. 지금도 다른 방식으로 다른 이들을 괴롭히고 있는 것을 듣고 있는데, 그렇게 회개하지 않다가 "공의로 심판하시는 자"를 어떻게 감당할 수 있을 지 안타깝기 짝이 없다.

3. 그리스도의 대속적 고난(24-25절)

22-23절이 모범적 고난을 당하신 그리스도의 모습을 지적한 것이라면 24-25절은 대속적 고난을 당하신 그리스도의 모습을 지적한 것이다. 그리스도는 무죄하시면서 애매한 고난을 당하셨지만 절대 복수를 하시지 않으시고 당하시기만 하셨다. 가해자를 자신의 손으로 처단하시지 않으시고 "각 사람의 행위대로" 편견없이 정의롭게 심판하시는 하나님에게 일임하

셨다. 그리스도의 고난을 이렇게 소극적으로 당하신 고난만이 아니라, 죄 자체를 처리하시는 고난이었다. 그는 죄인에게는 복수를 하시지 않으셨지만 죄는 제거하시는 고난을 당하신 것이다.

"친히 나무에 달려 그 몸으로 우리 죄를 담당하셨으니"(24절). 베드로는 지금 이사야서 53장을 염두에 두고(특 53 : 4, 5, 12) 이 말을 하였다. "나무"는 신약성경에서 예수님이 지시고 달리신 십자가를 가리키는 전문 술어처럼 되었다(행 5 : 30; 10 : 39; 갈 3 : 13). 신명기 21 : 22에 의하면 나무에 달린 자는 하나님의 저주를 받은 자이다. 예수님이 나무에 달려 하나님의 저주를 받는 고난을 당하신 것은 "우리의 죄를 담당하시"기 위함이었다.

예수님이 십자가에서 고난을 받으신 목적은 "우리로 죄에 대하여 죽고 의에 대하여 살게 하려 하심"이다. 바울 사도도 우리가 죄에 대하여 죽었다고 했다(롬 6; 7 : 4; 고후 5;14-15; 갈 2 : 19; 골 2 : 20). 예수님께서 십자가에서 우리의 죄를 담당하셨기 때문에 우리는 죄에 대하여 죽은 자들이다. 우리는 죄에 대하여 죽은 자들로서 죄의 유혹이 올 때에 "죽은 자" 즉 시체의 반응을 보여야 한다. 죄에 대하여 죽은 우리는 의에 대하여 사는 자들이다. 여기서 "산다"는 말을 앞으로 부활해서 살 것을 말하는 것이 아니라, 지금 새로운 삶을 사는 것을 말한다. 다시 말해서 하나님이 의도하신 대로의 바른 삶을 사는 것이 그리스도께서 우리를 위해 고난을 당하신 목적이다.

베드로는 그리스도의 고난을 "채찍에 맞음"으로, 우리가 죄에 대하여 죽고 의에 대하여 사는 것을 "나음을 얻음"으로 비유적으로 다시 강조했다. 그리스도께서 상처받으심으로 우리가 치료를 받은 것이다. 자신이 상처를 받으심으로 우리를 살리신 것이 그리스도의 십자가이다.

베드로는 그리스도인의 삶의 변화를 다시 이사야 53 : 6을 인용하여 길 잃은 양이 목자에게 찾아온 것으로 비유하여 강조하였다. "너희가 전에는 양과 같이 길을 잃었더니 이제는 너희 영혼의 목자와 감독되신 이에게 돌아왔느니라"(25절). 하나님을 이스라엘의 목자에 비긴 말씀이 구약에 많

다(창 48 : 15; 시 23; 사 40 : 11; 렘 23 : 1-4; 슥 11 : 4-17). 때로
는 메시야를 암시하는 구절도 있다(렘 31 : 10; 겔 37 : 24). 예수님 자신
이 백성을 유리 방황하는 양떼로, 자신을 목자로 비유하셨다(마 9 : 36;
10 : 6; 15 : 24; 25 : 32; 막 14 : 27; 눅 15 : 2-7; 19 : 10; 요 10 :
11). 히브리서 저자도 예수님을 목자라고 했고(13 : 10), 사도요한도 장로
중 한 사람에게 그런 말씀을 들었다(계 7 : 17).

"감독"은 감독자 혹은 후견자의 의미를 가진 말로서 "목자"를 설명하
는 직설적인 표현이다. "너희 영혼"은 구원과 궁극적 복지 면에서의 그리
스도인의 삶 전체를 말한다(1 : 9, 22; 3 : 20; 4 : 19). 그리스도는 우리
의 삶 전체를 자세히 살피시면서 보호하시는 우리의 목자이시며 감독이시
다. 예수를 믿기 전에 길을 잃었던 우리가 예수를 믿음으로 우리의 삶 전
체를 살피시고 보호하시는 목자를 만난 것이다.

특별히 애매한 고난을 당하는 베드로전서의 수신자들에게 이 메시지는
깊은 위로를 주었을 것이다. 세상적인 시각으로 보면 버림받은 자들처럼
매정한 고통 중에 있지만 그리스도는 그 고난 중에도 그들을 돌보시고 먹
이시고 보호하신다는 메시지이기 때문이다. 그리스도가 우리와 함께 하시
고 우리를 돌보시는 목자이시기 때문에, 애매한 고난을 당해도 견딜 수 있
는 것이다.

기독교는 '따르라'는 동사에서 시작해서 '가라'는 동사로 끝난다는 말이
있다. 예수 그리스도를 따름으로 시작해서 그분의 영광을 위해서 세상으로
나아가는 것이 기독교인 것이다.

예수님은 하나님의 사랑을 받으신 분이고 하나님의 뜻을 행하신 분이지
만 애매하게 고난을 당하셨다. 하나님의 뜻대로 바르게 살면서도 고난을
당한다는 최고의 모델을 우리는 그 분에게서 발견한다. 그리스도는 또한
애매하게 고난을 당하시면서도 복수하시지 않고 하나님에게 심판을 일임
하셨던 귀감이시다. 우리는 그리스도의 십자가 고난으로 치료를 받은 자들
로서 '가해하는 죄'에 대하여 '복수하는 죄'로 갚지 말고 죄에 대하여 죽은

자로 바로 살아야 한다.

고난을 당하면서도 그리스도를 본받아 그리스도를 점점 닮아가는 우리가 되어야 한다. 고난의 그리스도를 '따르는' 생활에서 그리스도의 영광을 위해서 세상으로 '가는' 생활로 나아가야 한다. 이것은 고난의 그리스도를 따라 세상에서 살아가는 생활이다. 우리는 고난의 폭풍 가운데서도 그리스도는 우리와 함께 계시며 우리를 살피시고 먹이시고 보호하시는 우리의 영원한 목자이심을 기억하면서 그리스도를 '따라' 그리스도를 위해서 삶의 현장으로 '가야' 하는 것이다.

제 11 장
아내의 순복 (3 : 1 – 7)

¹아내 된 자들아 이와같이 자기 남편에게 순복하라 이는 혹 도를 순종치 않는 자라도 말로 말미암지 않고 그 아내의 행위로 말미암아 구원을 얻게 하려 함이니 ²너희의 두려워하며 정결한 행위를 봄이라 ³너희 단장은 머리를 꾸미고 금을 차고 아름다운 옷을 입는 외모로 하지 말고 ⁴오직 마음에 숨은 사람을 온유하고 안정한 심령의 썩지 아니할 것으로 하라 이는 하나님 앞에 값진 것이니라 ⁵전에 하나님께 소망을 두었던 거룩한 부녀들도 이와같이 자기 남편에게 순복함으로 자기를 단장하였나니 ⁶사라가 아브라함을 주라 칭하여 복종한 것 같이 너희가 선을 행하고 아무 두려운 일에도 놀라지 아니함으로 그의 딸이 되었느니라 ⁷남편 된 자들아 이와같이 지식을 따라 너희 아내와 동거하고 저는 더 연약한 그릇이요 또 생명의 은혜를 유업으로 함께 받을 자로 알아 귀히 여기라 이는 너희 기도가 막히지 아니하게 하려 함이라

베드로는 2 : 11 – 12에 불신사회에서 그리스도인들이 어떻게 사회생활을 할 것인가에 관한 대원리(정욕 제어와 선행)를 제시한 다음, 구체적으로 2 : 13 – 17에서는 국민으로서 위정자들에게 복종해야 한다는 것을 제시했고 2 : 18 – 25에서는 사환으로서 주인에게 복종해야 한다는 것을 제시했다. 3 : 1 – 7의 본문에서는 가정에서 아내가 남편에게 순복해야 할 것을 제시했다. 본문은 주로 아내가 남편, 특히 불신자 남편에게 어떻게 해야 할 것인가를 다룬 다음 남편이 아내에게 어떻게 해야 할 것인가를 간단하게 언급한 것이다.

본문을 분석해 보면 다음과 같다.

I. 아내는 남편에게 순복하라(3:1-2)
II. 여인의 화장법(3:3-4)
III. 선조의 거울(3:5-6)
IV. 남편의 태도(3:7)

베드로는 본문에서 주로 아내가 남편을 어떻게 대해야 할 것인가를 다루었는데, 이것은 베드로가 2:13-17에서 위정자들이 국민들을 어떻게 통치해야 할 것인가를 다루지 않고(암시는 되어 있지만) 국민들이 위정자들에게 어떻게 복종해야 할 것인가를 다룬 것과 일맥상통한다. 또한 2:18-25에서 주인이 사환에게 어떻게 해야 할 것을 다루지 않고(암시는 되어 있지만) 사환이 주인에게 어떻게 복종해야 할 것을 다룬 것과도 맥이 통한다. 베드로가 이렇게 일방적으로 권위질서상 하위질서에 속한 자들의 의무를 다룬 것은 이미 언급한 대로 아마 당시 신자들이 대개 하위질서에 속한 자들이었기 때문이었을 것이다. 이렇게 하위질서에 속한 자가 상위질서에 속한 자에게 어떤 의무가 있는가를 다루던 베드로가 본문에서 남편의 의무도 간단하게 다룬 것이 예외적이라 볼 수 있다. 이것은 아마 신자들 중에 아내들이 많았지만 또한 남편들도 있었기 때문일 것이다.

베드로는 당시 수신자들의 상황에 따라 하위질서에 속한 자의 의무를 다소 일방적으로 거론했지만 신약성경을 전체적으로 보면 상위질서와 하위질서의 상호관계가 다루어져 있다. 남편과 아내의 관계도 쌍방의 의무 면에서 다루어져 있다(엡 5:22-33; 골 3:18-19; 딤전 2:9-15; 딛 2:3-8). 예수님을 가정의 주인으로 모시고 주님께서 교회를 사랑하듯 남편은 아내를 사랑하고 교회가 주님에게 복종하듯 아내는 남편에게 복종하는 것이 부부관계에 관한 신약의 윤리이다. 본문은 이런 상호관계를 전제로 하고 베드로 전서의 특수성 면에서 이해되어야 한다.

I. 아내는 남편에게 순복하라 (3 : 1 - 2)

본문 1-2절은 자기 남편에게 순복하라고 아내에게 권면하면서 바로 뒤이어 남편의 구원을 그 목적으로 제시했다. 이것을 보면 본문의 상황은 믿는 아내가 안 믿는 남편을 두고 있는 경우임을 짐작할 수 있다. 아내는 남편에게 순복해야 된다는 것을 일반적인 원리이지만, 특히 믿는 아내는 안 믿는 남편에게 순복해야 한다. 그 목적은 안 믿는 남편을 말로써가 아니라 행위로써 설득하여 구원하기 위함이다. 안 믿는 남편이 믿는 아내의 말을 듣기보다 행위를 봄으로써 구원에 이를 수 있는데, 이 때의 행위는 아내의 "두려워하며 정결한 행위"이다.

1. 자기 남편에게 순복하라(3 : 1상)

"아내된 자들아 이와같이 자기 남편에게 순복하되"라는 말씀에서 "이와같이"는 '역시, 또한'의 의미가 있다. 국민이 위정자에게 복종하고(2 : 13) 사환이 주인에게 복종하듯이(2 : 18) 아내도 '역시' 남편에게 순복해야 한다는 말씀이다. "자기 남편"에게 순복하라는 것은 본문이 남자와 여자의 일반적인 관계를 거론하는 것이 아니라, 남편과 아내의 부부관계를 거론하는 것임을 시사한다. 아내는 자기 남편에게 순복해야 한다.

마라벨 몰간 여사가 쓴 「완전한 여성」에 보면 남편에게 순복하는 한 가지 예를 제공한다. 몰간 여사는 불행히도 자신은 본성상 '바가지'일 뿐 아니라, 아이들의 어머니라는 직업상 '종일 바가지'라는 것을 고백했다. "네 옷은 네가 치워라. 양치질 해라. 숙제해라."-이렇게 아이들에게 늘 지시하던 버릇이 남편에게도 습관적으로 나타난다고 했다. "쓰레기 좀 밖에 내어 놓으세요. 우리 어머니에게 친절하세요. 사람들을 보면 웃으세요." 몰간 여사는 6년간 날이면 날마다 남편에게 똑같은 말을 반복했다고 한다. 남편은 마침내 어느날 참지 못하겠다는 듯이 "이제 바가지 그만 긁을 수 없소. 나는 당신의 아들이 아니라 당신의 남편이요!"라고 항변을 했다는 것이다. "당신은 오늘밤 쓰레기 내다 놓으라는 말을 네

번이나 했소. 나는 당신이 잔소리 그칠 때까지 쓰레기를 일부러 버리지
않는거요.”

몰간 여사는 이런 경험을 통해서 남편은 바가지포(砲)에 의해 구석에
몰린 상태에서 자기가 남편이라는 것을 증명하려고 고투하고 있다는 것
을 깨달았다. 몰간 여사가 하라는 것과 반대의 것을 고집하는 것은 남편
자신이 리더라는 것을 증명하기 위한 것이었다. 몰간 여사는 자신이 남
편에게 계모처럼 잔소리꾼이 되어 있다는 것을 발견했다. 남편이 계모에
게 로맨스를 느낄 리가 없었던 것이다. 남편은 자기 집을 왕궁으로 생각
하고 거기서는 최소한 왕으로 군림하려 한다는 것을 발견했다. 그래서
바가지가 입 밖으로 나오려고 하면 나오지 못하도록 입술을 물었다. 그
랬더니 그날 저녁 쓰레기가 깨끗이 치워져 있는 것이 아닌가. 바가지는
결혼생활을 죽인다. 순복은 남편을 살린다.

아내가 자기 남편에게 순복한다는 말은 당시의 형편에서 아주 의미깊
은 것이었다. 주부들이 교회의 예배를 통해 사회의 다른 곳에서 누리지
못한 성령 안의 자유를 만끽하기 때문에 가정에 와서도 남편의 권위를
무시하는 방식으로 그 자유를 남용할 수가 있었다(고전 11 : 2-16). 성
령이 주시는 자유는 하나님이 세우신 권위질서를 무시하는 자유가 아니
라, 그 권위질서 안에서의 자유이다. 그런데 아내들이 성령이 주시는 자
유를 오해하여 가정의 권위질서를 무시할 가능성이 있었던 것이다.

아내가 남편에게 순복해야 한다는 것은 당시의 사회상황을 보아서도
아주 뜻깊은 것이었다. 당시에 아내들의 윤리적인 의무를 별도로 거론하
는 것은 전통적인 풍습에 어긋나는 것이었다. 아내의 인권이라는 것이
보장된 사회가 아니었다. 그런 사회에서 아내의 당당한 인권을 말하면서
독립적인 인격체로서의 아내의 의무를 거론한 것은 놀라운 일이었다.

당시에 아내는 무조건 남편의 종교를 따라가게 되어 있었다. 그런 상
황에서 아내가 예수를 믿고 남편이 예수를 안 믿는 경우는 상당한 충돌
이 발생하리라는 것은 넉넉히 짐작할 수 있다. 예수님을 믿는 문제에 있
어서는 남편이 못하라고 금지한다고 해도 남편보다 상위권위인 하나님

의 권위 때문에 남편의 권위를 불가불 제쳐놓을 수 밖에 없다. 베드로는 불신남편의 종교를 따라가지 않은 아내를 나무란 것이 아니라, 아내가 독자적인 인격자로서 그리스도를 택한 것은 잘한 것임을 전제하고서 불신남편을 어떻게 그리스도에게로 인도할 것이냐 하는 면에서 남편에게 순복하라고 권면한 것이다. 남편의 종교를 따르지 않는 것 자체가 이미 어쩔 수 없는 불순종인데, 여기에 바가지 긁는 행동으로 불순종을 더하지 말고 남편에게 순복하라는 것이다.

2. 불신남편을 구원하라(3 : 1하)

"도를 순종치 않는 자"에서 "순종치 않는다"는 것은 단순히 피동적인 불순종만을 말하는 것이 아니다. 일부 남편들은 예수 믿는 아내를 적극적으로 비방하기도 하였을 것이다(2 : 12, 15; 3 : 9, 16). 설상가상으로 당시 사회가 아내는 남편의 종교를 따르기로 되어 있었기 때문에, 남편의 종교를 따르지 않고 나름대로 기독교를 택했다는 사실 자체가 이미 불순종하는 아내로 낙인찍힐 만한 것이었다. 다시 말해서 불신남편은 아내가 예수 믿기 때문에 무고하게 아내를 비방할 수 있었는데, 아내가 남편의 종교를 따라야 한다는 당시의 사회풍습이 불신남편의 비방에 부채질하였을 것이다. 따라서 "도를 순종치 않는다"고 할 때의 불순종은 적극적인 불순종이었을 것이다.

이런 환경에서 불신남편으로 인한 육신적 정신적 고통이 신자아내에게 컸을 것이다. 고통을 받으면 잘해줄 마음이 없어진다. 믿는 아내가 안 믿는 남편에게 당하는 고통 때문에 순종할 마음이 없어질 가능성이 많은 것이다. 이렇게 순종할 마음이 없을 수 있다 할지라도 믿는 아내는 순복하는 행동을 보여야 한다는 것이다. 사회적으로 볼 때도 모델아내가 되어야 한다는 것이다. 이것은 기독교를 불신남편에게 전달하는 계기를 마련하는 것일 뿐 아니라, 불신사회 전체로 하여금 기독교에 대하여 호감을 가지게 하는 계기를 마련하는 것이다.

"말로 말미암지 않고"라는 말씀은 "말에 순종치 않는" 남편과 연결하

여 생각해야 한다. 다시 말해서 "말로 말미암지 않고"는 불신남편에게
복음의 말씀을 전하지 말라는 것이 아니라, 이미 복음의 말씀이 전달되
었고 불신남편은 그것을 알고 있음에도 불구하고 적극적으로 불순종하
고 있기 때문에 이제는 말로써는 안되는 상황이 된 것이다. 이럴 때 말없
는 순복의 행동으로 복음의 말을 전하는 것이 효과적이라는 말씀이다.
말로써가 아니라 아내의 순복의 행위로써 남편이 "구원을 얻게" 된다는
것이다. 우리말 번역은 "구원을 얻게"라고 하였으나 원문은 그냥 "얻
게"(will be won)로 되어 있다. "얻는다"는 말은 상업적인 이득이란
의미가 있으나 본문에서는 그것이 상업적인 의미로 사용된 것이 아니고
선교적인 의미로 사용되었다(고전 9 : 19−22). 따라서 우리말 번역에
"구원"이라는 말을 넣어 "구원을 얻게"로 번역한 것은 의미를 잘 전달
하는 것이다.

3. 두려워하며 정결한 행위(3 : 2)

불신남편에게 순복하는 것이 그를 구원하는 길이라는 말씀 다음에
"두려워하며 정결한 행위를 봄이라"는 말씀이 나온다. 불신남편은 신자
아내의 행위를 "본다". 복음의 말씀을 듣고서도 계속 불순종하는 남편은
아내의 행위를 보고 설득을 받을 수 있다. 아내의 행위를 보고 아내로 하
여금 그런 행위를 하게 하신 주님을 믿게 되는 것이다. "아내의 행위"라
고 할 때 어떤 행위를 말하는가? 그것은 3 : 3이하의 아내의 화장법도 포
함하지만 3 : 2에서는 특별히 "두려워하며 정결한 행위"를 말한다.

"두려워하며 정결한 행위"에서 "두려움"은 불신남편에 대한 두려
움이 아니다. 왜냐하면 3 : 6에 "아무 두려운 일에도 놀라지 아니하고"
란 말씀이 나오고, 3 : 14에 "저희의 두려워함을 두려워 말며"란 말씀이
나오기 때문이다. 또한 진정한 두려움은 하나님에게만 해당되기 때문이
다(2 : 17). 여기서 "두려움"은 하나님을 경외하는 태도를 말한다. 이런
태도가 남편과의 관계에서 남편의 눈에 비춰지는 것이다. "정결한 행위"
는 순수성을 말한다. 이것은 결혼생활에서의 정조와 신의를 의미한다.

신자들은 진리를 순종함으로 영혼을 순화한 자들이기 때문에(1 : 22), 이것이 결혼생활에서 정조와 신의로 나타나는 것이다. 하나님을 깊이 경외하는 아내는 남편에게 신의(성적인 정조만이 아니라 삶 전체)를 지키는 것이다. 불신남편은 자기의 아내가 비록 남편의 종교를 따르지 않는다 할지라도 하나님을 경외하는 데서 우러나오는 "정결한 행위"에서 기독교 진리의 산 증거를 보게 되는 것이다.

어거스틴의 어머니 모니카는 평생토록 안 믿는 남편 파트리키우스에게 미덕을 보여 마침내 남편을 주님에게로 인도하였다고 한다. 어거스틴은 「참회록」에서 이렇게 말했다. "어머니는 아버지를 그녀의 주인으로 섬겼습니다. 어머니는 아버지를 당신에게로 인도하는 일에 근면하셨습니다. 아버지에게 당신을 행동으로 설교하셨습니다. 당신은 저의 어머니로 하여금 남편에게 존경과 친절을 베풀게 하심으로써 저의 어머니를 치장하셨습니다." 최고의 현모로 알려진 모니카는 최고의 양처이기도 했다.

II. 여인의 화장법 (3 : 3-4)

3 : 1에서는 "아내의 행위"란 일반적인 말이 사용되었고 그것이 3 : 2에서는 하나님에 대한 경외에 남편에 대한 정조로 구체화되었는데, 이제 그것이 3 : 3-4에서는 아내의 화장법으로 더 구체화되어 있다. 3 : 3의 "단장"은 헬라어로 '코스모스'인데, 이것은 흔히 '세상'이란 의미가 있으나 본문에서는 '치장'(adornment)의 의미가 있다. 영어로 화장을 cosmetics라고 하는데 이 단어는 헬라어 '코스모스'에서 왔다. 여인의 치장 혹은 화장은 아름다워지고 싶어하는 뭇 여인의 최고의 관심사일 것이다. 그런데 3 : 3-4에는 여인이 아름다워지는 최고의 비결이 소개되어 있다.

본문에 제시된 믿는 여인의 화장(化粧)은 외부치장이 아니라 내부치장에 집중하라는 것이다.

1. 겉화장에 집착하지 말라(3 : 3)

"너희 단장은 머리를 꾸미고 금을 차고 아름다운 옷을 입는 외모로 하지 말고"(3 : 3). 머리를 꾸미고 금과 같은 보석을 차고 아름다운 옷을 입는 등 외부적인 것들로 화장하지 말라는 말씀은 당시의 형편에서 이해되어야 한다. 신피타고라스 학파의 학자들은 여인들이 지나친 치장과 사치와 불필요한 옷을 피하라고 하였다. 황금과 에머랄드로 치장하지 말고 겸손으로 치장하라고 하였다. 여인이 먹고 마시는 것과 입는 것과 차고 다니는 것에 사치를 하면 온갖 범죄를 저지르게 되어 남편과 타인에게 불의를 행하게 된다는 것이다. 로마인들도 여인이 지나치게 화장하는 것을 단죄했다. 여인이 목에 에머랄드들을 감고 귀에 커다란 진주들을 달고 얼굴을 "가루 덩어리들로 흉칙하게 하는 것"은 꼴사나운 것으로 간주되었다. 여인의 사치스런 화장은 이렇게 헬라 로마 사회에서 지탄의 대상이었을 뿐 아니라, 유대 사회에서도 비난의 대상이었다(사 3 : 18-24). 특히 당시에 머리를 꾸미고 보석을 차고 아름다운 옷을 입는 것은 성적으로 남성들을 자극한다는 평이 있었다.

베드로가 외부적으로 머리를 꾸미고 금을 차고 아름다운 옷을 입는 것을 금한 것은 이런 배경에서 보아야 한다. 여인의 사치스런 화장이 각종 죄악을 유발하고 특히 성적인 죄악을 유발한다는 당시의 시각에서 사치스런 화장을 금한 것이다. 남성들은 여성들을 성적인 유희의 대상으로 보는 경향이 있고 여성들은 남편의 부를 화려한 치장과 화장으로 과시하고 남성들의 관심을 끄는 경향이 있다. 화려한 치장을 통해서 자기 집의 부를 과시하고 관심을 끄는 데 있어서 다른 여성들과 경쟁까지도 한다.

베드로가 겉치장을 금지한 것은 검소한 화장(어디까지가 검소한가는 여인들이 잘 알 것임)을 금지한 것이 아니라, 이상과 같은 과시와 자극과 경쟁의 치장을 금지한 것이다. 베드로의 이런 규정은 당시의 상류사회의 사치를 비판하는 것이며 동시에 교회 안의 부자신자들의 사치를 비판한 것이다. 교회 안에서 지나친 화장과 치장으로 계층간의 위화감을 조성하는 것을 비판한 것이다. 적극적으로는 당시 사회의 높은 도덕의 수준을 인정하면서 교회 안에서 여인들 간의 연합을 도모한 것이다.

아내의 검소한 차림은 사회 전체가 보는 것일 뿐 아니라, 특히 불신남편이 그것을 본다. 이것이 불신남편을 구원하는 계기로 작용할 수도 있다. 따라서 믿는 여인들은 자신의 옷차림과 화장이 사회의 지탄의 대상이 되지 않고, 하나님의 영광을 드러낼 수 있도록 하여야 한다.

2. 속화장에 집중하라(3 : 4)

"오직 마음에 숨은 사람을 온유하고 안정한 심령의 썩지 아니할 것으로 하라"(3 : 4). 베드로는 위에서 겉사람을 꾸민 머리, 황금 악세서리, 화려한 옷로 치장하지 말라고 했는데, 여기서는 속사람을 치장하라고 했다. 머리와 금과 옷에 대조적으로 "마음"을 치장의 대상으로 지적했다.

"마음에 숨은 사람"은 "겉사람"과 대조되는 "속사람"을 가리킨다(롬 7 : 20−22; 고후 4 : 16). 겉사람은 일시적이고 보이는 것인 반면 "숨은 사람"은 영원하고 보이지 않는 것이다. "숨은 사람"이 겉으로 표출될 때에는 사람들이 볼 수 있지만, "숨은 사람" 자체는 사람들의 눈에 보이지 않는다. "숨은 사람"이 사람들의 눈에는 보이지 않지만 하나님의 눈에는 보인다(마 6 : 3−4). 하나님은 "은밀한 중에 보시는" 분, "중심"을 보시는 분이시기 때문이다(삼상 16 : 7).

"마음에 숨은 사람"이란 표현에서 "마음"은 인격의 중심으로서 사람이 어떠하다는 것을 결정하는 것이다. 마음은 주님에 대한 충성이 뿌리를 내린 곳이다(3 : 15). 마음은 사람의 가장 깊은 곳이기 때문에 마음이 아름다우면 그 사람이 아름다운 것이다. 따라서 베드로는 아름다움의 원천인 마음을 치장하라고 한 것이다. 몸의 치장보다 마음의 치장에 집중하라는 것이 베드로를 통한 하나님의 말씀이다. 그러면 "마음의 옷"이 무엇인가?

"마음의 옷"은 "온유하고 안정한 심령"이다. 헬라세계에서 "온유하다"는 것은 거칠고 성급하고 짜증부리는 성격과 대조되는 성격, 즉 남들

에게 상냥하고 부드러운 것(amiable friendliness)을 의미한다. 성경에
서 온유는 남들이 나를 공격하고 괴롭힐 때 반격하거나 복수하지 않는
것, 내게 가해진 악을 쓰라린 양심이 없이 견디는 성품을 의미한다(민
12 : 3; 마 5 : 5). 온유는 예수님의 성품이고 신자들이 예수님에게 와서
배우게 되는 성품이다(마 11 : 29). "안정하다"는 것은 불안하고 반역
하고 혼란하고 거역하는 성격에 대조되는 '조용하고 평화롭고 안정된' 성
품을 묘사하는 말이다(살후 3 : 12; 딤전 2 : 2). 사람이 온유하면 그 마
음이 안정되게 마련이다. 남이 나를 괴롭힐 때 양심을 품고 반격하면 그
마음은 폭풍노도의 바다가 된다. 그러나 남이 괴롭혀도 주님의 성품을
닮아 온유하면 그 마음은 고요한 호수가 된다.

　불신남편이 괴롭힐 때 복수심을 가지고 거칠게 대하지 않고 온유한 마
음으로 부드럽게 대하면 남편은 아내의 호수같이 잔잔한 마음을 읽고 은
근히 존경하게 된다. 온유하고 안정한 심령은 의복이나 패물처럼 썩는
것이 아니라 썩지 아니하는 것이다. 베드로는 "썩지 아니할"이란 단어
를 즐겨 사용했다(1 : 4,18,23). 3 : 4에서 "썩지 아니할 것"이란 많은
머리, 금은패물, 아름다운 옷 등 외부적인 치장물은 썩지만 "마음에 숨
은 사람"을 치장하는 "온유하고 안정한 심령"은 썩지 아니한다는 것을
강조하기 위하여 사용한 단어이다. 겉치장은 일시적이지만 속치장은 영
원하다. 그러므로 영원한 가치에 집중하라는 것이 베드로의 권면이다.

　짐과 도나 부부는 딸들을 데리고 바캉스를 갔다가 돌아왔다. 두살 짜
리 딸이 보채고 짜증을 부리면서 엄마를 얼마나 피곤하게 했는지 모처럼
의 바캉스는 시간 낭비가 되어 가고 있었다. 이것을 알아챈 남편은 아내
의 고통을 덜어주기 위해서 아내와 함께 시골 마을로 갔다. 조용하게 점
심식사를 하기 전에 곁에 있는 공동묘지 구역에서 산책을 했다. 산책하
던 도나는 무심코 어떤 묘비에 눈길이 멈추게 되었다. 묘비는 '그녀는 우
리 가정의 햇살이었다'(SHE WAS THE SUNSHINE OF OUR
HOME)는 것이었다. 도나는 식사를 하면서 곰곰이 생각했다. "내 인생
을 여겨서 끝내면 딸들이 내 비석에 무엇을 쓸가." 그때부터 도나는 가

정에서 최선을 다해서 가정의 햇살이 되기로 각오했다. 도나가 이런 마음을 먹은 다음부터 남은 바캉스는 100% 즐거운 휴가가 되었다.

도나는 가족에 대한 자신의 태도를 바꾼 것이다. 아내로서 일상의 일에 대한 당신의 태도는 어떤가? 남편이 귀가시간을 고대할 정도의 아내가 되어 있는가? 자식들에 대한 어머니의 태도는 어떤가? 당신의 '실내장식'(interior decorating)은 어떻게 되어 가고 있는가? 아내의 온유하고 안정한 태도는 아름다운 '실내장식'이다.

"매력(glamour)은 인위적이고 외부적인 것이나 참된 아름다움은 실제적이고 내면적인 것이다. 매력은 사람이 입고 벗을 수 있는 것이지만 참된 아름다움은 항상 있는 것이다. 매력은 썩는다. 그것은 부패하고 사라진다. 마음으로부터 우러나온 참된 아름다움은 세월이 흐를수록 더 놀라와진다. 속사람의 아름다움을 개발하는 믿는 여인은 싸구려 외형에 의존하지 않을 것이다. 하나님은 값(prices)이 아니라 가치(values)에 관심을 두신다"(Wiersbe).

3. 하나님의 학점

속치장이 썩지 않을 가치가 있다는 말은 속치장에 대해서 하나님이 A⁺ 학점을 주신다는 말과 연결된다. "이는 하나님 앞에 값진 것이니라" (3 : 4).

베드로는 인간사회의 평가와 하나님의 평가를 대조시켰다. 예수 그리스도는 사람들에게는 버림받은 무용지물이지만 하나님에게는 보석과 같은 모퉁이 돌이다(2 : 4, 6). 꾸민 머리, 금은 악세서리, 아름다운 옷은 사람들의 관심을 끌지만, "온유하고 안정한 심령"은 하나님의 관심을 끈다. 온유와 안정으로 치장한 속사람을 하나님은 금은보석보다 더 값진 보석으로 보신다. 사환이 주인에게 애매한 고난을 당하면서도 하나님을 의식하고 참는 것이 "하나님 앞에 아름다운" 것처럼(2 : 20), 아내가 불신남편에게 괴롭힘을 당하면서도 온유하고 안정된 심령으로 남편에게 순복하는 것은 "하나님 앞에 값진" 것이다.

괴롭히는 남편에게 거친 바가지의 뜨거운 물을 덮어 씌우면 우선 속이 시원하겠지만 하나님이 그것을 인정하시지 않기 때문에 그런 아내의 마음은 불안의 폭풍우에 시달린다. 그러나 못살게 구는 남편을 온유하고 안정한 심령으로 감싸주고 받드는 아내는 하나님 보시기에 '미스 유니버스'이다.

Ⅲ. 선조의 거울 (3 : 5 - 6)

베드로는 아내는 남편에게 순복해야 한다고 하면서 순복하는 모습을 아내가 하나님을 경외하고 남편에게 신의를 지키는 것이라고 지적했다. 뿐만 아니라, 아내의 순복하는 행위를 구체적으로 화려한 겉화장보다는 온유와 안정의 속화장에서 찾아 교훈을 했다. 이제 3 : 5 - 6에서는 3 : 1 - 4에서 말한 내용을 과거의 선례로써 예증하는 것이다.

1. 거룩한 부녀들(3 : 5)

"전에 하나님께 소망을 두었던 거룩한 부녀들도 이와같이 자기 남편에게 순복함으로 자기를 단정하였나니"(3 : 5). 베드로는 위에서 온유와 안정의 속치장이 "하나님 앞에 값진 것"이라고 말했다. 하나님이 보시는 시각을 강조한 것이다. 베드로는 이제 과거에 남편에게 순복하고 속치장을 했던 부녀들이 하나님의 시각을 의식했던 자들임을 지적한 것이다.

남편에게 순복하여 속치장에 집중하는 비결이 바로 여기에 있다. "하나님께 소망을 두었던 거룩한 부녀들"이란 구절이 순복의 비결을 보여준다. 남편이나 이 세상의 어떤 것에 소망을 두지 않고 하나님에게 소망을 두는 것이 곧 "거룩"인데, 과거에 남편에게 순복했던 여인들이 바로 그런 여인들이라는 것이다. 어떤 이들은 여기에서 지적한 "거룩한 부녀들"은 아브라함의 아내 사라와 이삭의 아내 리브가와 야곱의 두 아내 라헬과 레아라고 하나, 그렇게 말할 수 있는 결정적인 근거를 발견할 수 없

다. 베드로는 다만 순복의 선례를 들면서 남편에게 순복할 것을 권면한
것이다.

2. 순복의 선조 사라(3 : 6)

3 : 5에서 순복의 선례들을 일반적으로 소개한 베드로는 3 : 6에서 구
체적으로 사라를 지적하였다. "사라가 아브라함을 주라 칭하여 복종한
것 같이 너희가 선을 행하고 아무 두려운 일에도 놀라지 아니함으로 그
의 딸이 되었느니라."

사라는 "하나님께 소망을 두었던 거룩한 부녀들"의 모델이다. 사라가
하나님에게 소망을 둔 것이 어디에서 드러났는가? 그것은 사라가 아브라
함을 "주"라고 하면서 아브라함에게 복종한 사실에서 드러났다. 사라는
"내가 노쇠하였고 내 주인도 늙었으니 내게 어찌 낙이 있으리요"라고 말
했다(창 18 : 12). 사라가 아브라함을 "내 주인"이라고 한 것을 베드로
는 순복의 모델로 본 것이다. 남편을 주인으로 보는 데서 진정한 복종이
나오는 것이다.

베드로는 이렇게 사라를 순복의 모델로 제시하면서 이상한 구절을 덧
붙였다. "너희가 선을 행하고 아무 두려운 일에도 놀라지 아니함으로 그
의 딸이 되었다"는 구절이 그것이다. 믿는 아내는 안 믿는 남편에게도
복종해야 하는데, 복종할 때에 "선을 행하고 아무 두려운 일에도 놀라지
아니한다"고 했다. 불신남편이 아내로 하여금 예수를 믿지 못하도록 육
체적 정신적 사회적 위협을 가하는 것이 당시의 상황이었다. 이런 상황
에서 믿는 아내는 선을 행해야 하고, 남편의 박해를 두려워하지 말아야
한다는 것이다. 남편에게 항상 선을 행하되, 남편이 예수 믿지 못하게 위
협할 때는 두려워하지 말고 신앙의 절개를 지키는 것이 옳다는 말씀이
다. 남편에게 순복하는 것은 남편의 위협 때문이 아니라, 그리스도에 대
한 복종 때문이다.

예수를 믿는 자들은 성과 관계없이 다 아브라함의 아들들이다(롬 4 :
1-12; 갈 3 : 6-29). 예수를 믿고 남편에게 바르게 순복하는 아내들은

다 사라의 딸들이다. 이런 의미에서 아브라함이 믿음의 조상이라면 사라는 순복의 조상이다.

Ⅳ. 남편의 태도(3 : 7)

베드로는 불신남편이 비방하고 협박하는 상황에서 신자아내가 어떻게 처신해야 할 것인가를 길게 말한 다음 3 : 7에서는 간단하게 남편의 태도를 지적했다. 신자아내의 도리를 길게 말한 것은 남편의 종교를 따르게 되어 있는 당시의 상황으로 보아 아내의 기독교 개종이 가정에서 심각한 문제를 유발하였기 때문이다. 그러나 신자남편에게 불신아내가 있을 수 있는 상황이 아니었기 때문에 베드로는 신자남편에게 신자아내가 있다는 것을 전제하고 간단하게 3 : 7의 권면을 했다. 위에서 언급한 바와 같이 당시사회는 남편의 종교를 따라가게 되어 있었으므로 남편이 기독교 신자이면 아내는 당연히 신자였던 것이다.

1. 아내와 동거하라

"남편된 자들아 이와같이 지식을 따라 너희 아내와 동거하고"에서 "동거"는 성관계를 포함한(고전 7 : 1-5) 결혼생활 전체를 포괄하는 말이다(신 22 : 13; 24 : 1; 25 : 5; 잠 19 : 14). 남편은 아내와 결혼생활을 하되, "지식을 따라" 동거해야 한다. "지식을 따라"에서 "지식"은 결혼생활에 있어서 아내를 사랑하고 보호하는 길을 아는 것을 말한다. 따라서 "지식을 따라"는 "사려깊게"(considerately)라는 말로 대체될 수 있다.

어떤 목사님이 결혼을 앞둔 커플들을 상담할 때 신랑과 신부 될 자에게 각기 상대방이 하고 싶어하는 것 세 가지를 쓰라고 했다고 한다. 그랬더니 여자는 금방 세 가지를 쓰는데 남자는 쓰지를 못하더라는 것이다. 뿐만 아니라, 여자가 쓴 것은 거의 정확한데 남자가 쓰는 것은 틀린다는 것이다. 이래서야 어떻게 결혼생활이 행복하겠는가는 것이다. 남편은 아내를 사랑하고 보호하는 길을 바로 알고 "지식에 따라" 동거해야 한다. 사랑 없는 지식은 잔인이고 지식 없는 사랑은 외식이다.

2. 아내를 존중하라

결혼생활에서 남편이 "지식을 따라 아내와 동거"하는 것이 무엇인가? 구체적으로 그것은 아내를 "더 연약한 그릇"으로 알고 동거하는 것을 말한다. 사람은 토기장이 하나님이 만드신 그릇과 같다(렘 18 : 1-11). 남자도 하나님이 만드신 토기이고 여자도 하나님이 만드신 그릇이다. 그런데 여자는 남자보다 몸이 약하고 상처를 받기가 더 쉽다. 깨어지기가 더 쉬운 토기인 것이다. 당시의 사회에서 여자는 육체적으로 남편에게 학대받기 쉽고 남편은 사회적으로 상처받기가 쉬웠다. "더 연약한 그릇"이란 인간가치에 있어서 아내가 남편보다 못하다는 의미는 전혀 없다. 아내가 정신적으로 도덕적으로 영적으로 남편보다 더 연약한 것은 결코 아니다. 신체조건과 사회여건상 더 약하다는 의미가 있다. 남편은 이런 것을 "알고" 이런 "지식에 따라" 아내와 동거해야 한다. 아내는 보석이다. 그러나 깨어지기 쉬운 보석이다. 이런 지식에 따라 남편은 아내와 동거해야 한다.

남편이 "지식에 따라" 아내와 동거한다는 것은 또한 "생명의 은혜를 유업으로 함께 받을 자로 알아 귀히 여기는 것"이다. 아내는 "더 연약한 그릇"이지만 남편은 아내를 귀히 여겨야 한다. 신자들은 사람이면 누구나를 존중해야 하지만(2 : 17), 특히 남편은 아내를 존중해야 한다. 왜냐하면 아내가 "더 연약한 그릇"이지만 "생명은혜의 공동상속인"이기 때문이다. 아내는 남편과 함께 "하늘의 기업"을 공동으로 상속할 자이다(1 : 4). 남편과 아내가 하나님 앞에서는 동등한 것이다. 남편과 아내가 "공동상속인"이라는 것과 이에 근거한 아내존중 사상은 당시 사회에서는 가히 혁명적인 사상이었다.

"남편은 가정에서 '온도조절기'(thermostat)가 되어 정서적 영적 온도를 조절해야 한다. 아내는 흔히 지금 온도가 몇 도인지를 남편에게 알

려주는 '온도계'(thermometer)이다! 둘 다 필요하다. 아내의 감정에
민감한 남편은 아내를 행복하게 할 뿐만 아니라, 자신도 성숙하고 자녀
들로 하여금 하나님을 경외하는 가정에서 살도록 도와주는 것이다"
(Wiersbe).

3. 자칫하면 기도가 막힌다

"이는 너희 기도가 막히지 아니하게 하려 함이라." 당시 사회의 풍습
과 같이 남편이 아내를 지배하고 착취하면 결혼관계가 깨어질 뿐 아니
라, 하나님과의 관계가 깨어진다. 대인관계의 단절은 바로 대신관계의
단절로 연결된다(마 5 : 23; 6 : 12, 14-15; 고전 11 : 33-34; 약 4 :
3). 하나님은 남편이 아내를 지배하고 이용하는 것을 싫어하시기 때문에
그런 남편의 기도를 듣지 아니하신다. 남편은 신체적 우월성과 사회적
우월성(당시)을 아내을 압제하는 수단으로 사용해서는 안된다. 따라서
하나님과의 밀접한 관계를 유지하려면 배우자와의 관계를 바로 맺어야
한다.

"귀히 여기는" 것이다. "귀히 여긴다"는 것은 "명예를 보인다"(to
show honor)는 의미이다. 아내를 멸시하지 않고 중시하는 것을 말한
다. 아내를 존중하는 것을 말한다.

위어스비 목사님의 부부생활 점검표를 결론적으로 소개한다. 남편과
아내는 항상 다음과 같은 질문을 하며 동거하라는 것이다.

1. 우리는 동반자들인가 경쟁자들인가?
2. 우리는 상대방의 영적 성숙을 돕고 있는가?
3. 우리는 외부적인 것들(externals)에 의존하는가, 영원한
   것들(eternals)에 의존하는가?
4. 우리는 서로를 더 잘 이해하는가?
5. 우리는 서로의 감정과 생각에 민감한가?

6. 우리는 하나님께서 우리의 기도에 응답하시는 것을 보고 있
는가?
7. 우리는 결혼생활 때문에 부요해지는가, 아니면 상대방에게
서 하나님의 축복을 강탈하는가?

결혼생활은 세 가지 반지(ring)로 된 서커스라고 말한다. 약혼 반지
(engagement ring), 결혼 반지(wedding ring), 고난 반지(suff-
er-ring)가 그것이다. '고난'을 반지라고 하는 것은 '고난'이 영어로 '서
퍼링'(suffering)인데, 이것이 '반지'를 뜻하는 '링'(ring)으로 끝난다는
데 착상한 것이다. 약혼하고 결혼하여 백년가약을 맺은 그리스도인 부부
는 위의 질문들을 던지면서 '고난' 속에서도 사랑의 약속을 끝까지 지켜
나가야 하는 것이다. 그리스도인에게 있어서 결혼은 사랑의 석양이 아니
라 사랑의 여명이다.

제 12 장
원수까지 품는 형제사랑

(3 : 8 − 12)

> 8마지막으로 말하노니 너희가 다 마음을 같이 하여 체휼하며 형제를 사랑하며 불쌍히 여기며 겸손하며 9악을 악으로, 욕을 욕으로 갚지 말고 도리어 복을 빌라 이를 위하여 너희가 부르심을 입었으니 이는 복을 유업으로 받게 하려 하심이라 10그러므로 생명을 사랑하고 좋은 날 보기를 원하는 자는 혀를 금하여 악한 말을 그치며 그 입술로 궤휼을 말하지 말고 11악에서 떠나 선을 행하고 화평을 구하여 이를 좇으라 12주의 눈은 의인을 향하시고 그의 귀는 저의 간구에 기울이시되 주의 낯은 악행하는 자들을 향하시느니라

    베드로는 2 : 13-3 : 7에서 위정자들에 대한 국민들의 태도, 주인들에 대한 사환들의 태도, 남편에 대한 아내의 태도 및 아내에 대한 남편의 태도를 다루었다. 베드로가 3 : 8에서는 "마지막으로"란 부사구를 써서 2 : 13-3 : 7의 구체적인 권면을 일반원리로 정리해 주었다. 3 : 8-12은 좀더 확대해서 생각하면 기독교인들의 인간관계 전반에 대한 일반원리라고 볼 수 있다. 그것은 앙심을 품지 않고 동정(同情)하고 축복하는 형제사랑이다.

    본문은 예수님이 말씀하신 산상보훈의 원수사랑 부분(마 5 : 38-48)과도 맥이 통하고 바울 사도가 강조한 형제사랑 부분(롬 12 : 9-21)과도 맥이 통한다. 예수님은 율법을 폐하러 오신 것이 아니라, 완성하러 오셨다고 말씀하시고 살인 /간음 /이혼 /맹세에 관한 법을 해석하셨다. 그리고 '눈은 눈으로, 이는 이로 갚으라'는 복수법을 개인복수의 근거로 사용하는 것을 비판하시면서 예수님은 원수를 사랑하라고 하셨다. 바울

사도는 로마서 12장에서 '산 제물을 드리라'는 기독교 윤리의 대헌장을 지적한 다음 '한 몸의 여러 지체' 유추를 통하여 신자들의 상호관계를 다룬 다음 12 : 9—21에 형제사랑을 강조했다. 마태복음 5장과 로마서 12장과 베드로전서 3장의 본문이 각기 원수를 대하는 상황에서 형제사랑을 교훈한 면에서 일맥상통하는 것이다.

본문을 예수님 및 바울의 교훈과 연관지어 생각하면 잘 이해될 수 있다는 것을 지적했거니와, 이제 본문을 분해하면 다음과 같다.

    Ⅰ. 동정심을 가지고 사랑하라(3 : 8)
    Ⅱ. 복수하지 말고 축복하라(3 : 9)
    Ⅲ. 시편 34 : 12—16의 근거(3 : 10—12)

Ⅰ. 동정심을 가지고 사랑하라 (3 : 8)

"너희가 다 마음을 같이 하여 체휼(體恤)하며 형제를 사랑하며 불쌍히 여기며 겸손하며." 여기에 마음을 같이함, 체휼함, 형제사랑, 불쌍히 여김, 겸손함—이렇게 다섯 가지 미덕이 나온다. 이것을 분석해 보면 형제사랑이 나머지 넷을 포괄하고, 형제사랑의 방면이 한편으로는 마음을 같이 하고 체휼하고 불쌍히 여기는 공감(共感)과 동정(同情)과 연민(憐憫)이고 다른 한편으로는 겸손이다. 이것을 바울 사도의 말로 표현하면, "즐거워하는 자들로 함께 즐거워하고 우는 자들로 함께 울라 서로 마음을 같이하며 높은 데 마음을 두지 말고 도리어 낮은 데 처하며 스스로 지혜있는체 말라"가 된다(롬 12 : 15—16).

1. 공감(共感) 동정(同情) 연민(憐憫)

(1) "마음을 같이 하여"는 영어로 "united in spirit," "of one mind"로 번역된다. 영(靈)이 같다, 혹은 혼(魂)이 같다는 의미이다. 영혼의 일치는 기독교 공동체의 기초이다. 공감(共感) 형성은 공동체의

토대가 된다.

예수 그리스도는 하나님 아버지와 마음을 같이하신 분이다. 하나님 아버지의 뜻에 자신의 뜻을 일치시키시는 삶을 사셨고 "나의 뜻대로"가 아니라 "아버지의 뜻대로" 지신 십자가가 그 절정적 표현이다(마 26 : 36-42). 본문에서 말하는 공감은 어떤 외부적인 힘에 의해서 강요되는 일치감이 아니고, 아버지의 뜻에 자신의 뜻을 맞추신 주님처럼 주님의 뜻에 우리의 뜻을 맞추며 서로 사랑하는 분위기에서 나오는 일치감이다. 이것은 결코 견해가 항상 동일하다는 것을 의미하는 것이 아니라, 서로의 관심과 필요에 민감하여 조화를 이루는 것을 의미한다(롬 12 : 16; 15 : 5; 고전 1 : 10; 고후 13 : 11; 빌 2 : 2; 4 : 2). 신자는 '어떻게'(how) 하느냐에 대해서는 차이가 있을 수 있으나 '무엇'(what, 하나님의 뜻)을 '왜'(why) 하느냐에 있어서는 일치해야 한다.

어떤 사람이 무디 선생의 전도방법을 비판했을 때 무디 선생은 "그래요, 저는 항상 제 방법을 개선할 준비가 되어 있습니다. 그러면 당신의 방법은 무엇입니까?"고 질문을 했다. 그 때 비판했던 자는 자기의 방법은 없다고 했다. 그런 대답을 들은 무디는 "그러면 저는 제 방법을 고수하겠습니다"고 말했다. 방법에는 차이가 있을 수 있으나 하나님의 영광을 위하여 하나님의 뜻을 이루는 데는 일치가 되어야 한다.

(2) "체휼하며"는 영어로 "sympathetic"으로 번역된다. 동정은 대제사장 예수 그리스도의 성품이다. 히브리서 4 : 15에는 "우리에게 있는 대제사장은 우리 연약함을 체휼하지 아니하는 자가 아니요 모든 일에 우리와 한결같이 시험을 받은 자로되 죄는 없으시니라"는 말씀이 나온다. 여기 "체휼하다"는 단어가 본문의 "체휼하는"과 어근이 같다. "체휼"은 공감하고 동정하고 구체적으로 돕는 성품을 말한다. 구체적으로 돕는 데까지 나아가는 동정(同情)은 같은 것을 겪을 때 생긴다. 가난해봐야 가난한 자를 동정하고 아파봐야 아픈 자를 동정한다. 예수 그리스도는 "우리와 한결같이 시험을 받은 자"로서 우리의 고통을 체험하신 분이시므로 우리를 깊이 체휼하신다. 그는 시험을 받으셨으나 거기에 빠지지는

않으셨다. 다시 말해서 그는 무죄하시다. 임신한 여자가 임신한 여자를 업을 수 없고, 물에 빠진 자가 물에 빠진 자를 구할 수 없다. 그러나 주님은 시험의 고통을 아시면서도 무죄하시기 때문에 우리를 온전히 체휼하시는 것이다. 그는 완벽한 대제사장이시다.

우리의 완전한 대제사장 예수 그리스도의 성품이 체휼성인데, 우리는 인간관계에 있어서 예수 그리스도를 닮아 체휼성을 발휘해야 한다. 히브리서 10 : 34에는 신자들의 인간관계를 체휼로 지적하였다. "너희가 갇힌 자를 동정(체휼)하고."

(3) "불쌍히 여기며"는 영어로 "compassionate"으로 번역된다. 헬라어 어원을 참조하면 '좋은 스프랑크나를 가진'이란 의미가 된다. 헬라어로 '스프랑크나'는 내장들을 의미하는 것으로서 감정들, 특히 사랑과 온유의 원천이다. '스프랑크나'의 현대적 대용어는 '마음'(heart)이 될 것이다. 이렇게 볼 때 '좋은 스프랑크나를 가진'은 '좋은 마음을 가진'(good-hearted)으로 번역될 수 있다. 좋은 마음을 가지고 있으면 남의 고통에 대해서 깊은 관심을 가지고 불쌍히 여기게 되는 것이므로, 우리말로는 "불쌍히 여기며"로 적절하게 번역이 되어 있다.

주님은 "목자 없는 양같이 고생하며 유리하는" "무리"를 보시고 '죄를 짓더니 역시 고생하는구만'하고 고소해 하신 것이 아니라, 그의 '스프랑크나'가 움직이셨다. 우리말 번역에 '민망히 여기셨다'는 것이 그것이다(마 9 : 36). 1만 달란트 빚진 우리를 하나님이 "불쌍히 여겨" 전액을 탕감해 주셨다. 따라서 우리도 남을 "불쌍히 여김이 마땅"하다(마 18 : 27,33). 하나님은 이렇게 고통당하는 인생을 불쌍히 여기시는 분이시므로 그의 자녀들인 우리도 남이 고통당할 때에 '고소하고 찰지다'고 생각해서는 안된다. 우리는 마땅히 남의 고통을 나의 고통으로 삼고 불쌍히 여겨야 한다.

2. 겸손

형제사랑의 한 측면은 공감과 동정과 연민이고 다른 한 측면은 겸손이다. 겸손은 예수 그리스도의 성품이다(마 11 : 29). 예수 그리스도는 하나님이시지만 사람으로 낮아지셨고 사람 중에서도 종으로 낮아지셨으며 종보다 더 낮은 죄수로, 죄수 중에서도 극도의 고통과 수치와 저주의 십자형 죄수로 낮아지셨다(빌 2 : 5-8). 우리는 예수 그리스도를 본받아 겸손해야 한다(엡 4 : 2; 빌 2 : 3; 골 3 : 12; 벧전 5 : 5). 형제사랑의 일면으로서의 겸손은 형제 자매보다 낮은 자리에서 형제 자매를 섬기고 형제 자매의 이익을 자기 이익보다 앞세우는 것이다.

II. 복수하지 말고 축복하라 (3 : 9)

"악을 악으로 욕을 욕으로 갚지 말고 도리어 복을 빌라 이를 위하여 너희가 부르심을 입었으니 이는 복을 유업으로 받게 하려 하심이라." 베드로는 이미 2 : 19-25에서 애매한 고난 문제를 거론하면서 앙갚음을 하지 아니하신 예수 그리스도의 모범을 본받아 앙갚음을 하지 말라는 것을 강조한 바 있다. 그것은 공의로 심판하시는 하나님이 계시기 때문이고 그런 하나님께서 애매한 고난을 인내하는 것을 귀하게 보시고 갚으시기 때문이다. 베드로는 이제 이 점을 다시 강조한 것이다.

1. 앙갚음을 하지 말라

"악을 악으로 갚지 말고 욕을 욕으로 갚지 말고 도리어 복을 빌라"는 말씀은 신자들 상호간의 관계보다는 신자들을 이유없이 비방하고(2 : 12, 15) 괴롭히는 불신자들을 상대할 때에 해당되는 말씀이다.

위에서 지적한 대로 본문은 예수님의 교훈과 일맥상통한다. "눈은 눈으로, 이는 이로 갚으라 하였다는 것을 너희는 들었으나 나는 너희에게 이르노니 악한 자를 대적지 말라 누구든지 네 오른편 뺨을 치거든 왼편도 돌려대며 또 너를 송사하여 속옷을 가지고자 하는 자에게 겉옷까지도 가지게 하며 또 누구든지 너로 억지로 오 리를 가게 하거든 그 사람과 십 리를 동행하고. 너희 원수를 사랑하며 너희를 핍박하는 자를 위하여 기

도하라"(마 5 : 38-44). '덤으로 오 리 더 가라'는 교훈과 오른편 뺨을
치는 자에게 왼편까지 돌려대면서 그를 위하여 기도하라는 교훈에서 '더'
(more)와 '왼편까지'와 원수를 위한 축복기도-이것이 기독교적 사랑의
정점이다.

본문의 교훈이 바울사도의 교훈과도 맥이 통한다고 했거니와 바울 사
도는 다음과 같이 말했다. "아무에게도 악으로 악을 갚지 말고 모든 사
람 앞에서 선한 일을 도모하라 할 수 있거든 너희로서는 모든 사람으로
더불어 평화하라 내 사랑하는 자들아 너희가 친히 원수를 갚지 말고 진
노하심에 맡기라 기록되었으되 원수 갚은 것이 내게 있으니 내가 갚으리
라고 주께서 말씀하시니라 네 원수가 주리거든 먹이고 목마르거든 마시
우라 그리함으로 네가 숯불을 그 머리에 쌓아 놓으리라 악에게 지지 말
고 선으로 악을 이기라"(롬 12 : 17-21).

"악을 악으로, 욕을 욕으로" 갚는 것은 그리스도를 닮는 것이 아니다.
이미 살핀 대로 그리스도는 복수하시지 않았다(2 : 23). 그리스도를 닮
는 우리도 악을 악으로, 욕을 욕으로, 저주는 저주로, 맞으면 때림으로
갚지 말아야 한다.

나를 해하는 자에게 복수하지 않으려면 3 : 8 말씀대로 가해자를 가해
자의 입장에서 공감하고 동정하고 연민하며 그보다 낮은 자리에 서서 그
를 섬기는 형제사랑이 있어야 한다. 이런 의미에서 3 : 9의 기초는 3 : 8
이다. 그런데 우리가 아무리 공감 동정 연민 겸손하려고 해도 타락한 자
연인 속에는 그럴 능력이 없다. 예수 그리스도께서 하나님이시지만 친히
사람으로 성육(成肉)하셔서 죄인들을 공감 동정 연민하시고 겸손하게
하나님의 뜻을 이루셨기 때문에, 그리스도를 믿고 중생한 자들은 그리스
도를 본받아 그렇게 할 수 있다. 그리스도의 형상이 우리 속에 조각되면
서 원수까지도 품는 형제사랑이 싹트고 꽃피고 열매맺을 수 있는 것이
다.

2. 도리어 축복하라

위에서 요구받는 것보다 '더' 하고 '왼편까지' 돌려대면서 원수를 위해 기도하라는 예수님의 교훈을 언급했거니와 본문에서 "도리어 복을 빌라"는 것이 바로 그런 교훈이다.

'복을 빌다'는 말은 본래 '누구를 좋게 말하다'는 뜻이 있는데 신약에서는 '축복하다'는 의미로 많이 사용되었고 본문의 의미도 그것이다. 물론 복의 근원은 하나님이시지만(창 12 : 2; 26 : 3; 49 : 25), 구약의 족장들(창 27 : 4,33)과 제사장들이 축복했다(민 6 : 22-26). 그들은 하나님이 복을 주시도록 복을 간구한 것이다. 신자들은 모두 제사장들로서(벧전 2 : 9) 다른 사람들이 복을 받도록 축복할 수 있고 또 그렇게 해야 한다. 원수를 축복하는 것은 그를 적극적으로 용서하는 방법이다.

원수를 축복하는 것이 적극적으로 그를 용서하는 길이란 것을 웅변적으로 예증하는 「용서가 어려울 때」란 책의 몇 쪽을 여기에 소개한다.

우리는 1970년 11월 18일 수요일 다이안(Diane)의 급사(急死) 소식을 전보로 접했다. 그날은 매우 분주한 날이었다. 그날 오후 나는 교회의 연례행사인 추수감사절 만찬을 위해서 호박 파이와 단 감자들을 준비했다. 자동차에 음식을 싣고 있을 때 전화벨이 울렸다.

나는 전화를 받지 않으려고 하다가 받아야겠다 판단이 들었다. 수화기를 들었을 때 샌디에고 카운티 검시관이 보낸 전보를 읽어주는 음성이 들렸다 : 당신의 딸 다이안의 사망 소식 전달 유감. 시체처리 바람(p. 16).

나는 드디어 약간의 정서적 안정을 다시 찾게 되었다. 나는 나의 마음의 모든 상처들을 가지고 하나님에게 나아가서 말씀을 드렸다. '아버지, 이렇게 큰 짐을 어떻게 해야 할지 모르겠습니다. 제 가슴의 슬픔을 취하셔서 주님의 명예와 영광을 위하여 사용하시지 않겠습니까? 아버지만 하실 수 있으십니다. 이 모든 것에서 뭔가 아름다운 것, 뭔가 선한 것을 만들어 주시옵소서. 제 자신의 삶에 영적인 성장이 있게 해 주옵소서. 주님을 더 사랑하고 주님의 말씀과 주님의 백성을 더 사랑하게 해 주옵소서. 구원받은 자들과 구원받지 못한 자들, 사랑스러운 자들과 사랑스럽지 못한 자들을 다 사랑하게 하여 주옵소서. '…우선 우리 가족들은 우리 딸을 살해한 자를 위해서 계속 기도를 드렸다. 그도 역시 그의 삶에 예수 그리스도를 필요로 한다. 우리는 그를 위해서 규칙적으로 자주 기도했다. 놀라운 것은 우리 마음 속에 분노가 차지 않는다는 것이었다. 우리는 그를 미워함으로 그에게 매이는 노예가 되지 않았던 것이다. 분노의 노예가 되기보다는 오히려 용서의 자유를 누리게 되었다. 이것은 기적이다. 이해할 수 없는가? 불가능한가? 많은 사람들은 그렇게 생각했다. 그러나 '하나님에게 불가능은 없다'(눅 1 : 37)(p. 19).

　문이 열리고 톰이 들어왔다. 그는 약 180cm의 키에다 머리는 검고 근육질이었으며 깨끗하게 옷을 입고 면도를 했다. 그는 사람이었다. 하나님의 사랑이 내 속에서 용솟음쳐서 넘쳐흘렀다. 톰은 눈물을 글썽이면서 멈추어 섰다. 남편과 나는 일어섰다. 남편이 그를 포옹한 다음 내가 그를 포옹했다. 우리는 함께 울었다. 곁에 서 계시던 목사님도 크게 우셨다. 후에 그는 우리의 만남이 오래 잃었던 아들을 영접하는 부모님 생각을 나게 했다는 말을 들려주었다(p. 23).

　이 책을 쓴 골디 브리스톨(Goldie Bristol)과 캐롤 맥기니스(Carol McGinnis)는 우리가 누군가를 용서하지 못하고 있지는 않는지를 다음의 질문들로 파악하도록 권면했다(pp. 74-75) :

* 나는 화와 분노와 쓴 마음과 적대감정이 있는가?
* 내가 미워하는 누구가 있는가?
* 나는 교만과 시기와 질투 때문에 누군가와 절교하려고 하지
  않는가?
* 나는 근심과 불안이 있는가?
* 나는 스스로를 측은하게 생각하는가?
* 내가 계속 비판하는 사람들이 있는가?
* 나는 외로운가?
* 나는 계속 상처받은 일을 생각하고 있는가?
* 나는 복수를 계획하고 있는가?
* 나는 어떤 사람들과는 말하기를 싫어하는가?
* 내 감정에 상처가 있는가?
* 누군가가 나를 꺽었다는 느낌이 드는가?

"악을 악으로, 욕을 욕으로 갚지 말고 도리어 복을 빌라"는 본문의 말씀을 생활 속에 구체적으로 적용하여 실천하는 것이 중요하기 때문에 「용서하기 어려울 때」를 위와같이 길게 인용해 보았다.

3. 축복의 상속

신자들이 원수를 갚지 말고 도리어 그를 축복하는 것은 하나님께서 그렇게 하도록 부르셨기 때문이다. "이를 위하여 너희가 부르심을 입었다"고 할 때 "이"는 원수를 축복하는 것이다. 신자가 원수를 위하여 축복기도 하는 것은 하나님의 부르심이다. 우리는 거룩하게 행동하며 복수하지 않도록 부르심을 받았다(1 : 15; 2 : 21).

이렇게 원수를 축복하면 "복을 유업으로 받게" 된다. 이 말은 앞에서 이미 수차 거론된 대로 주님이 재림하실 때에 우리에게 주실 하늘의 영광스러운 기업을 상속받는다는 뜻이다. 에서는 장자권을 상속받는 데 실패했다(창 27 : 30-40; 히 12 : 17). 에서가 실패한 것을 우리는 성공

해야 한다.

우리가 미래에 영광스러운 기업을 복으로 상속할 것이라는 것이 현재 원수를 축복하는 근거는 아니다. 앞으로 영광스러운 구원의 복을 받을 것이므로 현재의 원수를 축복하라는 것이 아니다. 우리가 원수를 현재 축복하는 것의 근거는 우리가 그리스도에 의해 구속(救贖)을 받았다는 데 있다. 비복수(nonretaliation)의 근거는 하나님의 부르심이다. 하늘의 기업을 차지하는 것은 비복수의 근거가 아니라, 비복수의 결과이다. 그렇다고 해서 비(非)복수가 구원의 공로가 된다는 것은 아니다. 그것은 그리스도에 의해 구속받은 자들의 마땅한 도리이다.

우리가 원수들을 위하여 축복기도를 드리면 하나님으로부터 현세와 내세의 축복을 받는 것이다. 핍박의 때가 이런 의미에서 축복의 기회가 될 수 있다. 핍박의 때가 영적으로 윤택해지는 때이다.

III. 시편 34 : 12 − 16의 근거 (3 : 10 − 12)

베드로는 공감 동정 연민 겸손의 형제사랑과 비(非)복수의 교훈을 한 다음 그 근거로서 구약 시편 34 : 12 − 16을 인용하여 제시했다. 베드로는 구약 본문을 한 자 한 자 동일하게 인용하지 않고 자신이 제시하려는 교훈에 맞게 생략적으로 인용했다. 시편 34 : 12에는 "생명을 사모하고 장수하여 복 받기를 원하는 사람이 누구뇨"로 되어 있는데 베드로는 본문에서 "생명을 사랑하고 좋은 날 보기를 원하는 자"로 생략적으로 인용했고, 시편 34 : 16에는 "여호와의 얼굴은 행악하는 자를 대하사 저회의 자취를 땅에서 끊으려 하시는도다"고 되어 있는데 베도로는 본문에서 "저회의 자취를 땅에서 끊으려 하시는도다"를 생략하였다. 뿐만 아니라, 시편 34편의 문맥은 장수와 번영, 즉 현세의 축복을 주로 말하고 있으나 베드로는 본문에서 주로 미래의 기업, 즉 내세의 축복과 연결시켰다. 다시 말해서 베드로는 시편 34편의 장수와 번영을 종말적으로 해석한 것이다. 그렇다고 해서 시편 34편은 내세의 축복을 배제하고 베드로전서 3장 본문은 현세의 축복을 배제한다는 것은 아니다. 주된 강조점에서 차이가 있다는 것이다. 이런 점에서 원문이 정밀하게 인용되지 않았다.

베드로가 시편 34 : 12-16을 정밀하게 인용하지 않았다는 사실에서 그가 성경 한 구절 한 구절을 중시하지 않았다는 결론을 내리는 것은 부당하다. 신약 저자들이 성경을 쓸 당시에는 요즈음처럼 정밀한 인용을 하던 시절이 아니다. 성령의 감동으로 자신이 전하고자 하는 말씀을 뒷받침하는 데에 초점을 두었기 때문에 생략적으로, 혹은 해석적으로 인용하기도 하였다. 이것 역시 성령의 영감 하에서 이루어진 것이므로 성경의 무오류성을 저해하는 현상이 아니다.

본문 10-12의 인용문을 분석하면, "혀를 금하여 악한 말을 그치며 그 입술로 궤휼을 말하지 말고 악에서 떠나 선을 행하고 화평을 구하여 좇으라"는 명령과 그렇게 하면 "좋은 날"을 "보는" 보상과 "주의 눈은 의인을 향하시고 그의 귀는 저의 간구에 기울이시되 주의 낯은 악행하는 자들을 향하시는" 보상을 받게 된다는 것이다. 이런 분석은 앙심없는 체휼적 형제사랑과 그 결과로 상속받는 천국의 복을 교훈한 3 : 8-9과 잘 연결되는 것이다.

시편 34편 문맥을 보면 "좋은 날"은 문제와 고통이 없는 날이 아니다. 두려움이 있고(34 : 4), 환란이 있고(34 : 6, 17), 많은 고난이 있고(34 : 19), 마음의 상처가 있음에도(34 : 18) 불구하고 누리는 "좋은 날"이다. 인간적으로 보면 '나쁜 날'이지만, 하나님의 뜻대로 살면 그것이 "좋은 날"이 된다. 혀를 통제하라, 악에서 떠나 선을 행하라, 화평을 추구하라—이것이 현세의 복을 누리고(시편 34편) 내세의 복을 누리는(본문) 비결, "좋은 날 보는" 비결이다.

신실한 목사님이 대수술을 앞두고 병원에 입원해 있을 때 그의 친구가 기도해 주러 찾아왔다. 그 때 목사님은 친구에게 이런 얘기를 들려주었다. "오늘 재미있는 일이 있었습니다. 간호사가 내 차트를 보더니 '아,

당신은 최악을 위해 준비하고 계시겠지요!'라고 했습니다. 저는 간호사를 보고 웃으면서 '아닙니다. 저는 최선을 위해서 준비하고 있습니다. 저는 기독교인입니다. 하나님은 모든 것을 합해서 선을 이루시겠다고 약속해 주셨습니다.' 그랬더니, 간호사는 차트를 떨어뜨리고 급히 방을 빠져나가는 것이었습니다"(Wiersbe). 베드로는 본문에서 신자들로 하여금 그들을 괴롭히는 자들을 형제사랑으로 대하도록 준비시켰다. 이것은 최악을 위한 준비가 아니라, 최선을 위한 준비이다. 우리는 항상 이런 준비가 되어 있어야 한다.

선을 악으로 갚는 것은 사단의 수준이고 선을 선으로, 악을 악으로 갚는 것은 사람의 수준이고 악을 선으로 갚는 것은 하나님의 수준이다. 우리는 하나님의 자녀들로서 항상 악을 선으로 갚을 준비가 되어 있어야 한다.

2부

시련을 너끈히 이기는
하나님의 은혜

제 1 장
서 론

베드로전서를 표면적인 내용 면에서 분석할 때 중요한 열쇠가 되는 것
은 '아가페토이'('사랑하는 자들아')라는 표현이다. 베드로전서 전체에서
'아가페토이'라는 표현은 2 : 11과 4 : 12에, 이렇게 2회 등장한다. 이렇
게 볼 때 베드로전서의 표층구조는 2 : 11과 4 : 12을 각기 분기점으로
하여 분석된다고 볼 수 있다. 2 : 11과 4 : 12을 각기 구분점으로 하여 2
: 11 이전, 2 : 11~4 : 11, 4 : 12 이후의 내용으로 베드로전서의 표면적
인 내용이 분석되는 것이다.

그러면 먼저 2 : 11 이전의 내용을 살펴보기로 하자. 베드로전서도 편
지의 형식을 취하고 있기 때문에 당연히 인사말이 나오는데 그것은 1 :
1~2에 나온다. 1 : 3~2 : 10의 내용은 하나님의 백성이 어떤 사람들인
가 하는 문제, 즉 하나님의 백성의 정체를 다루는 것이다.

다음으로 2 : 11~4 : 11의 표면적 내용을 보면 1 : 3~2 : 10에서 이
미 어떤 사람들이라고 규정된 하나님의 백성이 세상에 대해서 어떤 책임
을 지고 있는가 하는 문제가 거론되어 있다. 하나님의 백성의 대(對) 세
상적 책임의 대헌장이 나온 다음, 국가 위정자들에 대한 책임, 주인들에
대한 책임, 남편들에 대한 책임 등이 권위를 중시해야 한다는 측면에서
다루어져 있다. 또한 세상적 책임을 감당하는 신자들 상호간의 사랑의
관계가 다루어져 있다.

4 : 12 이하의 내용을 관찰해 보면, 마지막 인사와 축도가 5 : 12~14

에 나온다. 그리고 4 : 12~5 : 11에는 하나님의 백성의 대(對) 교회적 책임이 다루어져 있다. 하나님의 백성의 대내적 책임에 있어서 불시련의 문제가 거론된 다음 장로들의 책임과 젊은이들의 책임, 그리고 사단과 싸워야 할 책임 등이 거론되어 있다. 이것을 요약하면 다음과 같이 된다.

Ⅰ. 표층구조(Surface Structure) : 내용분해

열쇠 : '아가페토이'(2 : 11 ; 4 : 12)
1. 인사말(1 : 1~2)
2. 하나님의 백성의 정체(1 : 3~2 : 10)
    1) 큰 구원(1 : 3~12)
    2) 새로운 삶의 방식(1 : 13~25)
    3) 선택된 제사장족(2 : 1~10)
3. 하나님 백성의 책임 : 대(對) 세상(2 : 11~4 : 11)
    1) 책임의 대헌장(2 : 11~12)
    2) 권위 중시(2 : 13~3 : 12)
    3) 신원 약속(3 : 13~4 : 6)
    4) 상호간의 사랑(4 : 7~11)
4. 하나님 백성의 책임 : 대(對) 교회(4 : 12~5 : 11)
    1) 불시련(4 : 12~19)
    2) 교회의 책임(5 : 1~11)
5. 마지막 인사와 축도(5 : 12~14)

위에서 베드로전서의 내용을 표면적으로 분해하였거니와, 이제 그것을 고난이라는 주제로 심층구조 면에서 분석해 보면 시련에 처한 신자들에게 상당한 도움이 된다.

Ⅱ. 심층구조(Deep Structure) : 신학분석

베드로전서는 한마디로, 고난을 싫어하던 베드로의 고난신학이 기록
된 편지이다. 베드로전서를 연구해 보면 베드로가 이렇게 깊은 고난신
학, 즉 십자가 신학(theologia crucis)을 깨달았는가 하는 놀라움을 금
할 수 없다. 마태복음 16장에는 베드로가 "주는 그리스도시요 살아계신
하나님의 아들"이라는 참된 신앙고백을 하고 난 다음, 주님이 십자가를
말씀하실 때 "주여, 그리하지 마옵소서!" 하고 만류했던 사람이라는 것
이 기록되어 있다. 베드로는 예수님이 십자가를 지기 직전에 주님을 세
번이나 부인함으로써 고난을 혐오하는 자신의 속을 드러내기도 했다. 뿐
만 아니라, 예수님이 부활하시고 난 다음에도 "나는 물고기 잡으러 간
다"고 하면서 전직으로 돌아갔던 사람이다(요 21장).

이런 베드로에게 예수님은 "아무든지 나를 따라 오려거든 자기를 부
인하고 자기 십자가를 지고 나를 좇을 것이니라"고 하셨고(마 16 : 24),
다른 사람이 어떻게 될까 하는 비교의식을 버리고 "너는 나를 따르라"
고 말씀하셨다(요 21 : 19).

고난을 싫어하는 베드로에게 고난을 각오하고 따르라고 하시던 주님
이 승천하신 다음 성령충만을 받은 베드로는 과거와는 다른 사람이 되어
있었다. 그리스도의 고난을 회피하던 베드로가 그리스도를 위하여 고난
당하는 것을 오히려 즐거워하는 사람으로 변한 것이다(행 5 : 41).

성령충만하여 예수님을 따르면서 십자가의 고난신학을 깊이 깨달은
베드로는 베드로전서 전체에서 자신의 고난신학을 깊이있게 제시하고
있다. 베드로가 5 : 12에서는 "이것이 하나님의 참된 은혜"라는 표현을
썼는데 이것은 베드로전서를 다 쓰고 난 뒤에 그 내용을 서술적인(in-
dicative) 측면에서 요약하는 표현이다. 다시 말해서 베드로전서는 '고
난 속의 하나님의 은혜'로 간추려지는 것이다.

베드로는 고난에 처한 신자들에게 '하나님의 은혜'를 소개하고 난 다

음 같은 절에서 "이 은혜에 굳게 서라"는 권면으로 베드로전서의 내용 전체를 명령적인(imperative) 측면에서 요약하고 있다.

서술적 측면과 명령적 측면을 연결하면, 베드로는 '이것이 고난 속의 하나님의 진짜 은혜이니, 이 은혜에 굳게 서라'는 것을 핵심으로 하여 베드로전서를 쓴 것이다.

1. 고난의 현실

그러면 베드로가 왜 이런 권면을 하게 되었는가?

베드로가 이런 권면을 하게 된 것은 독자들의 현실이 고난으로 점철되어 있기 때문이다. 베드로전서의 독자들은 잠깐 근심하지 않을 수 없는 '여러가지 시련들'을 당하고 있고(1 : 6~7), 공연히 악행한다는 비난을 받고 있고(2 : 11~12), 죄를 짓지 않고서도 애매한 고난을 당하고 있으며(2 : 18~20), 의와 선을 위하여 고난을 당하고 있고(3 : 14~17), 시련을 위한 불시험을 당하고 있으며(4 : 12~19), 성도들이 모두 사단의 공격으로 인하여 고난을 당하고 있었던 것이다(5 : 9~10).

이렇게 심각한 고난의 현실에 처한 신자들에게 베드로는 어떤 말씀으로 위로하고 격려하여 그들로 하여금 현실적인 고난을 넉넉히 극복하게 하고 있는가?

2. 선택된 나그네 신분

베드로는 먼저 그들의 신분이 '선택된 나그네들'이라는 것과 그들에게는 '미래의 산 소망'이 있다는 것을 강조한다. 그들은 세상에 뿌리를 내릴 수 없는 나그네들이지만 영원전에 선택되고 영원토록 영광을 누리도록 정해진 '선택된 나그네들'인 것이다(선택된 나그네−1 : 1~2, 17 ; 2 : 11 ; 산 소망−1 : 3~5, 9~10, 13 ; 2 : 11 ; 3 : 15 ; 4 : 5, 7, 13, 18 ; 5 : 4).

베드로는 바울식 표현을 빌리면 "생각건대 현재의 고난은 장차 나타날 영광과 족히 비교할 수 없도다"는 내용으로, 즉 미래의 밝고 영광스러운 구원을 고난당하는 신자들의 시야의 초점에 둠으로써 그들을 위로 독려하는 것이다. 최종승리와 최종영광에 대한 소망이 현실의 고난을 극복할 수 있는 것이다.

3. 삼위일체의 보장

베드로는 이렇게 선택된 나그네들의 산 소망을 밝힌 다음 삼위일체 하나님이 그들로 하여금 기어이 그 '산 소망'을 차지하도록 보장하신다는 것을 지적한다.

삼위일체 하나님의 보장을 성부, 성자, 성령의 사역으로 나누어 살펴보면 우선 성부께서는 신자들을 미리 아신 분이시다(1 : 2). 신자들은 어쩌다가 추첨된 복권과 같은 존재들이 아니라, 성부의 예지에 의해 신분이 보장된 자들이다.

성부는 이렇게 그들을 미리 아실 뿐 아니라, 때가 되었을 때 예수 그리스도의 부활로 인하여 신자들을 친히 해산하셨다(1 : 3). 사람은 유산도 할 수 있고 사산도 할 수 있으며 기형아도 나을 수 있으나, 하나님의 해산에는 유산이나 사산이나 조산이나 기형아 출산이 없다.

성부는 이렇게 친히 해산한 신자들을 현재 계속 능력으로 보호하시고 계신다(1 : 5). 해산만 하고 버리신 것이 아니라, 계속 부활의 능력으로 신자들을 보호하시고 계시는 것이다.

성부는 이렇게 신자들을 해산하시고 보호하실 뿐 아니라, 현재 선행 중에 애매하게 고난당하는 신자들을 마침내 심판을 통해서 신원해 주신다(1 : 17 ; 2 : 23 ; 4 : 5). 지금은 억울하고 답답해도 마침내 신자의 억울함을 풀어주시는 것이다. 현재의 고통은 성부의 현재적인 보호와 미래적인 신원으로 해결이 되는 것이다.

성부의 사역을 요약하면, 산 소망을 위해 해산하신 신자들의 신분을 보장하시고 그들을 고난 중에 보호하실 뿐 더러 최종적으로 신원해 주시는 것이다.

성부의 사역이 그렇다면, 성자의 사역은 어떠한가?

성자는 의로운 분으로서 불의한 자들을 위하여 대속적 고난을 당하시고 십자가의 죽음을 당하심으로써 방황하던 우리들을 산 소망을 향한 순례길로 인도하셨다(1 : 2 ; 1 : 19 ; 2 : 21~24 ; 4 : 1, 13 ; 5 : 1).

성자는 십자가에서 대속적 죽음을 당하실 뿐 아니라 우리를 위하여 부활 하셨고(1 : 3 ; 3 : 21), 우리의 선구자로서 이미 하늘 영광으로 들어가셨다(3 : 22).

성자는 또한 우리의 목자장으로서 우리를 하나님 앞 산 소망에로 인도하시고 계신다(2 : 25 ; 3 : 18).

성자의 사역은 우리를 위해서 고난당하시고 죽으심으로써 우리를 바른 길로 들어서게 하셨고 부활을 통하여 성부의 해산을 가능하게 하셨고 승천을 통하여 산 소망에로의 길을 여셨으며, 우리를 계속 산 소망에로 인도하시는 목자장 역할을 하시는 것으로 요약된다.

그러면 성령은 어떤 사역을 하시는가?

성령은 우리가 산 소망을 차지할 수 있도록 거룩하게 하신다(1 : 2).

성령은 그리스도의 경우(1 : 11)와 우리의 경우(4 : 14)에 동일하게 고난과 영광을 증언하신다.

성령은 고난당하는 우리 위에 계셔서 우리로 하여금 불시험을 감당하게 하신다(4 : 14).

고난당하는 성도들에 대한 성령의 사역은 그리스도의 고난과 영광의 여정과 성도들의 고난과 영광의 여정을 증언하실 뿐 아니라, 고난 당하는 신자들에게 그것을 감당할 수 있는 능력을 제공하시는 것으로 요약된다.

4. 고난에 대한 새로운 시각

베드로는 위에서 신자들의 선택된 나그네 신분과 삼위일체의 신분보장을 소개한 다음 이러한 진리 때문에 신자들이 고난을 당할 때에 고난에 대한 초월적인 시각을 가질 수 있다는 것을 제시하고 있다. 미래의 산 소망이 현실을 도피하게 하는 아편이 아니라, 현실을 역동적으로 살게 하는 바른 시각을 제공한다는 것이다. 베드로가 제시하는 하는 고난시각은 다음과 같다.

(1) **모든 신자들이 동일한 고난을 당하고 있다**(5 : 9). 베드로는 신자들은 산 소망을 향한 고난 공동체라는 진리를 밝히고 있다. 어느 신자 한 사람만 특별하게 고난을 당하는 것이 아니고, 모든 신자들이 동일한 고난을 당하기 때문에 서로 위로와 격려가 되는 것이다.

(2) **신자들은 고난당할 때 그리스도의 고난에 동참할 뿐 아니라 그분의 모본을 따르는 것이다**(2 : 21이하 ; 4 : 12~13). 신자가 그리스도의 고난에 동참한다는 것은 그분의 영광에 동참하는 것을 보장하는 것이다. 또한 그리스도는 무죄하신 의로운 분으로서 불의한 자들을 위한 애매한 고난을 당하셨지만, 우리는 그분을 통해서 치료받은 사람들로서 애매한 고난을 당하고 있는 것이다. 애매한 고난 중에 가장 억울한 분이 있다면 그는 곧 예수 그리스도이시다. 인간적으로 말하면 가장 억울한 고난을 당하신 분이 그리스도이신데, 우리는 그분의 고난에 비하면 아무것도 아닌 고난을 당하고 있는 것이다. 그럼에도 불구하고 그분의 영광에 동참할 수 있게 되었으니, 감사하지 않을 수 없는 것이다.

(3) **신자들이 고난을 당하면 죄를 그치는 복을 받는다**(4 : 1). 신자들은 하늘의 영광스러운 기업을 차지할 거룩한 백성으로 연단을 받고 성숙하게 되는 것이다.

(4) **신자들이 고난을 받으면 받을 수록 산 소망을 붙잡는 믿음이 선명해 진다**(1 : 7). 고난이 산 소망을 제거하는 것이 아니라, 고난이 오히려 산 소망을 더욱 빛나게 하는 것이다. 고난을 당하면 믿음 속의 불순물이

제거되고, 정화된 믿음의 레이다에 하늘의 영광등대가 잡혀오는 것이다.

(5) 신자가 선행 중에 고난을 당하는 것은 영광의 영이신 성령께서 그와 함께 있다는 표지이다(4 : 14). 내게 성령이 계시는가 하는 의심이 가끔 생길 수 있는데, 내가 선을 위하여 고난을 당하는 것을 보면 영광의 영이신 성령이 나와 함께 계신다는 것이 마치 도장을 찍은 것처럼 확실해지는 것이다.

(6) 신자가 억울한 고난을 당할 때에 마치 하나님이 주무시는 것 같은 느낌이 들 때가 있으나 하나님은 반드시 최종심판을 통해서 신자의 억울한 사정을 풀어주신다(4 : 17~19 ; 1 : 7). 지금은 당장 억울해서 속이 터질 것처럼 답답해도, 하나님이 마침내 신원해 주신다는 믿음을 가질 때에 소망이 생기는 것이다.

5. 책임지는 현실생활

앞서 말한 것처럼 고난의 현실에서 미래적 소망을 제시하면 불의의 현실에 대해 무감각하도록 아편주사를 놓는 것이라는 비판이 있다. 그러나 베드로전서를 보고 신자들의 삶을 보면 그것이 사실이 아니라는 것이 반증된다. 신자는 미래의 소망이 확실하기 때문에 현재에 육체의 정욕을 따르지 않고 하나님의 뜻을 따라 바른 삶을 살게 된다. 신자는 선택된 나그네이기 때문에 이 세상의 가치관에 따라 방탕의 홍수에 쓸려내려가는 것이 아니라, 본향인 하늘의 가치관에 따라 방탕에 역류하는 삶을 사는 것이다.

신자는 세상에 대해서도 권위를 인정하고 애매한 고난 중에도 책임을 감당하는 삶을 살게 된다(2 : 11~12 ; 2 : 13~3 : 12). 의로운 자로서 불의한 자들을 위한 고난을 당하신 성자의 모델을 따라서 신자는 고난 중에도 계속 선행을 힘쓰는 것이다.

신자들은 세상에 대한 책임을 감당할 뿐 아니라, 또한 교회 내부적으로도 상호간의 책임을 감당하는 것이다(5 : 1~11). 불시련 중에도 하나님의 최종신원을 바라보고 서로 사랑하는 삶을 사는 것이다. 하나님의 권위를 부여받은 자들은 자원하는 마음으로 본을 보이면서 순수한 동기로 일하게 되고, 권위 밑에 있는 자들은 권위자들에게 겸허하게 순복하는 것이다. 뿐 만 아니라, 우는 사자처럼 삼킬 자를 찾아 두루 다니는 사단을 대적하면서 바른 삶을 추구하는 것이다.

선택된 나그네들로서 삼위일체 하나님의 신분보장을 확보받고 있는 신자들은 현실의 고난을 긍정적으로 보면서 미래의 '산 소망'을 향해 역동적으로 행진하는 자들이다. 이것이 하나님의 '진짜 은혜'이니, 우리는 고난 중에도 이 '은혜에 굳게 서야' 하는 것이다.

제 2 장
고난의 축복   (3 : 13 − 17)

13또 너희가 열심으로 선을 행하면 누가 너희를 해하리요 14그러나 의를 위하여 고난을 받으면 복 있는 자니 저희의 두려워함을 두려워 말며 소동치 말고 15너희 마음에 그리스도를 주로 삼아 거룩하게 하고 너희 속에 있는 소망에 관한 이유를 묻는 자에게는 대답할 것을 항상 예비하되 온유와 두려움으로 하고 16선한 양심을 가지라 이는 그리스도 안에 있는 너희의 선행을 욕하는 자들로 그 비방하는 일에 부끄러움을 당하게 하려 함이니 17선을 행함으로 고난을 받는 것이 하나님의 뜻일진대 악을 행함으로 고난 받는 것보다 나으니라

3 : 10~12에서 시 34 : 12~16을 인용했던 베드로는 그 인용구의 주제인 신원(vindication)을 본문에서는 독자들의 상황에 직접 적용하고 있다. 하나님이 마침내 종말론적으로 갚아주실 것이기 때문에 선행 중에 당하는 고난은 오히려 복이 된다. 하나님께서 선한 일을 행하면서 당하는 애매한 고난을 신원해 주실 것이기 때문에 선행자가 고난을 당할 때에 소극적으로는 흔들리지도 말고 두려워하지도 말라는 권면이 가능해진다. 애매한 고난을 당할 때에 적극적으로는 거룩하신 그리스도를 실제적으로 거룩하게 인정하는 삶을 살면서 구원 완성의 소망에 대해서 항상 변증할 준비를 해야 한다.

하나님의 종말적인 신원이 있기 때문에 현재 선행 중에 고난당하는 것이 현재는 악행 중에 편안을 누리고 마침내 종말적 심판을 받는 것보다 비교할 수 없이 더 좋다.

본문분해

Ⅰ. 선행＋고난＝복(福) (3 : 13~14상)
　　1. 선의 열심당(3 : 13)
　　2. 선행자의 고난은 복(3 : 14상)
Ⅱ. 고난 당할 때(3 : 14하~16)
　　1. 공포와 소동에 말려들지 말라(3 : 14하)
　　2. 그리스도를 거룩하게 하라(3 : 15상)
　　3. 항상 변증을 준비하라(3 : 15하~16)
Ⅲ. 더 나은 고난(3 : 17)

Ⅰ. 선행＋고난＝복(福) (3 : 13~14상)

1. 선의 열심당(3 : 13)

(1) 선의 열심당원들(Zealots)?

우리말 번역 "너희가 열심으로 선을 행하면"의 헬라어 원문은 "너희가 선의 열성자들이 되면(혹은 라면)"이다. '선의 열성자들'에서 '선'의 내용은 이미 2 : 11~3 : 9에서 밝혀져 있으므로 그곳을 참조하면 된다. '선의 열성자들'('투 아가쑤 젤로타이')에서 당장 우리의 눈길을 끄는 것은 '열성자들'('젤로타이')이란 단어이다. '젤로타이'라고 하면 금방 당시에 정치적으로 이스라엘 독립을 위해서 로마 식민정권에 폭력으로 항거하던 열심당원들(Zealots)이 떠오르기 때문이다. 그런데 베드로가 이 말을 쓸 때에 열심당원들을 염두에 두었을까?

이 질문에 대해서 선뜻 '그렇다'고 대답할 수는 없다. 왜냐하면, 헬레니즘의 헬라어에서 덕성 진리 경건 정의 선행 등 도덕적인 개념들과 관련하여 '젤로테스'('젤로타이'의 원형)가 사용되고 있기 때문이다. 신약성경에도 영적인 은사들과 관련하여(고전 14 : 12), 또는 하나님(행 22 : 3) 율법(행 21 : 20) 선조들의 전통(갈1 : 14) 혹은 선행(딛 2 : 14)과 관련하여 '무엇에 빠져서 그것을 열성적으로 추구하는 자'의 의미로 이 단어가 사용되고 있기 때문이다.

이렇게 볼 때 베드로 사도도 단순히 '선을 열성적으로 추구하는 자들'이란 의미로 '선의 열성자들'이란 표현을 사용했을 가능성이 있다. 그러나 다른 한편으로는 베드로가 베드로전서를 쓸 당시(주후 64~66년)에 이미 열심당원들이 활동하고 있었고, 팔레스틴에서는 로마 식민정권에 대한 저항이 무장항쟁의 수준에 이르렀고 제1차 유로(유대인 /로마인) 전쟁의 먹구름이 몰려오고 있었던 상황으로 미루어 보아 베드로가 '열심당원들'을 전혀 의식하지 않고 '젤로타이'란 말을 사용했다고 보기가 힘들다. 설령 베드로 자신이 그런 의도로 쓰지 않았다고 하더라도 베드로전서의 독자들 중에는 그런 의도로 읽을 자들이 있을 것이라는 의식은 베드로도 할 수 있었을 것이다.

초기의 최선의 사본들에는 '젤로타이'라는 단어가 기록되어 있지만 어떤 후기의 사본들에(K L P)는 '젤로타이'라는 말 대신에 '미메타이'('추종자들')라는 말이 기록되어 있는 것을 보아도 그렇다. 이렇게 된 것은 아마 '젤로타이'라는 말이 정치적으로 좋지 않은 의미를 시사하기 때문이었을 것이다.

베드로가 '열심당원들'이란 말을 의식하고 '젤로타이'라는 말을 썼다면 그는 독자들이 인생과 생명을 걸고 독립을 위해 열성적으로 투쟁하는 '열심당원들'처럼 선을 위해서 인생을 건 열성을 낼 것으로 암시했다고 볼 수 있다. 물론 베드로가 무력항쟁과 독립투쟁을 지지했다고 볼 수는 없지만 말이다(2 : 13~25, 특히 19절). 베드로가 '열심당원들'이란 의미를 의식하지 않고 '젤로타이'란 말을 썼다고 할지라도, 이 말 자체를 선과 연결하여 사용할 때는 '선에 집착하여 집요하게 그것을 추구하는 열성(avid preoccupation)을 가진 자들'이라는 의미로 사용한 것이다. 베드로가 설령 열심당원들을 염두에 두지 않고 그 말을 썼다고 할지라도, 우리는 그 말의 의미를 생생하게 하기 위해서 방향과 방법은 다르지만 열성적인 열심당원들을 염두에 두는 것은 마치 예화를 듣는 것과 같은 효과를 볼 것이다. '선의 열성자들'은 선이 의무이기 때문에 마지못해 행하는 자들이 아니라 자신들이 선을 간절히 원해서 열성적으로 행하는 자들(enthusiasts)이다.

　우리 신자들은 선의 열심당원들이고 열심당원들이 되어야 마땅하다. 신자는 선행에 있어서 아래의 '바쁜 사람'처럼 되어야 한다.

　　친한 친구에게
　　어떤 부탁을 하고 싶거든
　　그리고 믿을만하고
　　안전하고 확실한 약속을 원한다면
　　항상 계획할 시간이 많은
　　한가한 사람에게 가지 말라

　　여가를 즐기는 사람은
　　일순간도 내어 줄 수 없다
　　그는 자기 친구가 절망에 빠지기까지
　　꾸물대느라 바쁘다
　　그러나 깨어 있는 모든 시간에
　　일로 꽉찬 사람은
　　시간을 허비하는 기술이 없다

멈춰서 피할 시간이 없다

그러니 부탁을 해서
당장 일이 이루어지게 하려면
하루 20시간 계속 일하는
그런 사람에게로 가라
그는 달리 쓰지 않는 한 순간을
어디에선가 찾아내서
게으른 사람이 변명하고 있는 동안
당신의 일을 처리해 줄 것이다

(2) 누가 해하리요

베드로는 "너희가 선의 열성자들이라면 누가 너희를 해하리요"라고
하였다. 선의 열성분자들을 "누가 해하리요"라는 것을 그들을 해할 자
가 없다는 것을 수사학적 질문으로 표현한 것이다. 그렇다면 선의 열성
자들을 해할 자가 없다는 말은 무슨 의미일까?

어떤 사람들은 '선행자를 해할 자가 없다'는 말씀을 '원칙적으로 말하
면 선행자를 해할 자가 없다'는 의미로 본다. '선행자를 해할 자가 없다'
는 것은 일종의 격언(proverb)인데, 베드로는 여기서 이런 격언적 원리
를 소개하고 있다는 것이다. 즉 일반원리 면에서는 사람들은 선행자를
좋아하고 그에게 상을 줄지언정 해를 가하지 않는다는 것이다. 구체적인
삶의 현실에서는 선행자가 "애매하게" 고난을 당할 수가 있고(2 : 19)
예수 그리스도가 '악행의 이유없이' 애매하게 고난당하신 대표적인 인물
이지만 일반적으로는 선행자가 해를 당하지 않는다는 것이다. 그러면,
베드로가 정말로 선행자가 해를 당하지 않는 일반원리를 "누가 너희를
해하리요?"라는 강한 수사 의문문으로 표현했을까?

이렇게 보는 것이 다음과 같은 면에서 자연스럽지 못하다.

1) "누가 너희를 해하리요?"라는 수사의문문은 "너희를 해할 자가 결코 없다"는 의미인데, 베드로가 '일반적인 면에서는 선행하는 너희를 해할 자들이 없다'는 것을 이렇게 강조해서 표현했을 리 없다. 왜냐하면, 베드로의 수신자들이 이미 보편적으로 선행하면서 고난을 당하고 있는 자들이기 때문이다(1 : 6; 2 : 11, 18~19; 3 : 1; 4 : 1, 12~19; 5 : 1, 10). 선행하면서 고난을 당하는 자들에게 만일 베드로가 '너희가 선을 행하면 일반원리 면에서 결코 너희를 해할 자 없다'고 말했다면 그들은 '무슨 말씀을 하십니까? 지금 우리는 선행하면서 고난을 당하고 있지 않습니까?'는 반발을 할 수 있었을 것이다.

2) 베드로가 '일반원리 면에서 결코 선행자는 해를 당하지 않는다'는 의미로 말했다면, 예수 그리스도를 고난의 모델로 제시하는 베드로전서의 내용 자체가 무의미해지거나 예수 그리스도의 고난 자체가 약화될 것이다. 베드로는 계속 선행하면서 애매하게 고난당하는 자들에게 예수 그리스도의 고난을 모델로 생각하여 위로를 받고 인내하라고 말했다(2 : 21~25; 3 : 18; 4 : 1, 13~16; 5 : 1). 따라서 이렇게 말한 베드로가 '선행자는 일반적으로 결코 해를 받지 않는다'고 말했을 리 없다.

3) 본문 13절 맨앞에 "또"('카이')라는 접속사가 나온다. 이 접속사는 10~12절에 인용된 시 34 : 12~16의 내용과 13절이 연결되어 있다는 것을 보여준다. 12절에 "주의 눈은 의인을 향하시고 그의 귀는 저의 간구에 기울이시되 주의 낯은 악행하는 자들을 향하시느니라"는 말씀이 나오고 바로 뒤이어 "누가 너희를 해하리요?"는 말씀이 나오는 것이다. 하나님께서 악행자를 징벌하시고 선행자를 보호하시기 때문에 선행자를 해할 자가 결코 없다는 것이다. 하나님의 절대적인 보장에 근거해서 선행자를 해할 자가 없다는 말이 나온 것이다. 그런데 시 34 : 19에 보면 "의인은 고난이 많으나 여호와께서 그 모든 고난에서 건지시는도다"는 말씀이 있다. 이것은 시편 34편이 선행자가 실제로 고난을 많이 당하는 현실의 맥락에서 나왔다는 것을 보여준다. 시편 34편이 이런 맥락에서

나왔기 때문에 이것을 인용한 베드로가 '선행자는 일반적으로 결코 해를 당하지 않는다'는 말을 했을 리가 없다.

그러면 베드로가 어떤 의미에서 "누가 너희를 해하리요?"라고 했는가?

그것은 '선의 열성자들을 진정으로 궁극적으로 해할 자가 결코 없다'는 의미이다. 박해자들이 선행자들의 명예와 재산과 생명을 취해 갈 수 있지만, 그들이 진정으로 궁극적인 해는 절대로 가하지 못한다는 것이다. 왜냐하면 그들이 명예와 재산과 생명을 탈취해도 선행자들은 이런 일시적인 것들과 비교할 수 없는 축복, 즉 하나님이 보장하신 영원한 보물을 소유하고 있기 때문이라는 것이다. 핍박자들이 육은 해할 수 있으나 궁극적으로 영은 해하지 못하기 때문이다. "몸은 죽여도 영혼을 능히 죽이지 못하는 자를 두려워하지 말고"(마 10 : 28). 또한 악행자를 마침내 징벌하시고 선행자들을 마침내 보상하시는 하나님이 계시기 때문에 선행자를 해할 자가 결코 없다는 것이다.

베드로가 "누가 너희를 해하리요"라고 한 것은 확고부동한 확신의 강력한 표현이다. "내가 하나님을 의지하였은즉 두려워 아니하리니 혈육 있는 사람이 내게 어찌 하리이까"(시 56 : 4). "여호와는 내 편이시라 내게 두려움이 없나니 사람이 내게 어찌할꼬"(시 118 : 6). "주 여호와는 나를 도우시리니 나를 정죄할 자 누구뇨"(사 50 : 9). "만일 하나님이 우리를 위하시면 누가 우리를 대적하리요"(롬 8 : 31). "누가 너희를 해하리요"라는 베드로의 표현은 이와 같은 고단위의 확신을 나타내는 것이다.

종교개혁자 말틴 루터가 고된 일을 하고 있는데 어떤 사람이 교황이 그를 쫓고 있다는 말을 해주었다. 그 때 루터는 다음과 같이 대답했다. "만일 그것이 말틴 루터와 교황 간의 문제라면 말틴 루터가 당하게 되어 있습니다. 그러나 그것이 교황과 하나님 간의 문제라면 교황이 당하게 되어 있습니다." 하나님의 안전보장에 대한 확신이 루터에게 있었던 것이다.

2. 선행자의 고난은 복(福)

베드로는 이렇게 선행자를 궁극적으로 해할 자가 결코 없다는 확신을 말하고 난 다음 선행자가 고난당하는 구체적인 삶의 현실의 가능성을 지적하면서 선행자의 고난은 결국 복된 것이라는 진리를 밝혔다. 선행자가 궁극적인 해로부터 보호받는다는 것이 결코 그가 현실적인 고난을 면제받는다는 의미가 아니다. 오히려 선행자의 궁극적인 안전은 현실적인 고난도 복이라는 진리와 맥을 같이한다. 현실적으로 아무리 고난을 당해도 궁극적으로 "주의 눈이 의인을 향하시고 그의 귀는 저의 간구에 기울이시기" 때문에 선행자의 고난조차도 복이 된다는 것이다. 13절에 나오는 베드로의 확신은 고난조차도 복이라는 사실을 보장하는 확신이다.

베드로가 13절과 14절을 "그러나"로 연결시키는 것은 '선행자를 결코 해할 자가 없다. 더군다나 설령 너희가 고난을 당한다 해도 너희는 복되다'는 의미가 있다. 13절의 해(害)로부터의 안전은 14절 상반절의 복(福)과 상응하는 것이다. 해로부터의 자유는 정의로 인한 고난의 가능성을 배제하는 것이 아니라, 고난도 복이 되도록 하는 근거이다.

베드로가 사용한 "의를 위하여 고난을 받으면 복있는 자다"는 표현은 주님의 제8복을 회고케 하는 것이다. "의를 위하여 핍박을 받은 자는 복이 있나니 천국이 저희 것임이라 나를 인하여 너희를 욕하고 거짓으로 너희를 거스려 모든 악한 말을 할 때에는 너희에게 복이 있나니 기뻐하고 즐거워하라 하늘에서 너희 상이 큼이라 너희 전에 있던 선지자들을 이렇게 핍박하였느니라"(마 5 : 10∼12). 베드로가 주님의 제8복을 기억하고 이런 표현을 사용했다는 것은 4 : 14에서도 드러난다. "너희가 그리스도의 이름으로 욕을 받으면 복있는 자로다 너희 위에 영광의 영이 계심이라."

베드로가 "너희가 고난을 받으면"이라고 할 때 '고난을 받으면'('파스코이테')이 희구법(optative)으로 되어 있다. '고난당해도 복이다'는 14절의 축복과 '고난받는 것이 낫다'('하나님의 뜻일진대'에도 '쎌로이'라는 희구법)는 17절의 행복선언에 사용된 희구법은 '심지어' 고난 중에도, 또는 하나님께서 악행자들로 하여금 선행자들을 누르도록 허용하시는 경우에도 '복되다' '더 낫다'는 확언을 강화시키는 것이다. 신자가 국가의 위정자들이나 주인이나 남편이나 이웃(2 : 13~3 : 9)으로부터 의 때문에 고난을 당하는 경우에도 이런 고난을 당하는 신자는 복이 있다는 것이다.

그러면 베드로가 말한 복이란 어떤 것인가? 베드로전서 전체의 맥락에서 볼 때 여기서 말하는 복은 성부 성자 성령에 의해 보장된 "썩지 않고 더럽지 않고 쇠하지 아니하는 기업을 잇게" 될 복을 가리킨다(1 : 4). 이런 미래적 복을 보장받은 자들은 이미 현재적으로 복된 자들이다. 고난을 당하면 이런 복은 더욱 빛나게 되고(1 : 7) 이 복과 현실을 연결시키는 믿음이 더 순화된다(1 : 7).

이미 지적한 바 있지만 주님이 십자가 지신다는 말씀을 할 때에 강력하게 만류하여 주님의 신랄한 책망을 받았던 베드로(마 16 : 22~23)가 이제는 주님이 말씀하신 제8복의 의미를 깨닫고 자신의 서신에서 그 깨달음을 이렇게 밝힌다는 것은 베드로가 그만큼 성숙했다는 것을 시사한다. 복음서의 베드로는 바깥뜰에서 숯불을 쬐면서 주님을 부인한 베드로지만, 사도행전의 베드로는 재판정 안에서도 "사람보다 하나님을 순종하는 것이 마땅하다"고 용기로 맞선 베드로이다. 소녀 사환 앞에서도 겁을 집어 먹었던 베드로가 대법원장(대제사장) 앞에서도 담대한 사람이 된 것이다. 의를 인한 고난을 복으로 볼 줄 아는 것은 신앙의 성숙이다.

바울도 고난의 복을 깨달은 사도였다. "그러므로 내가 그리스도를 위하여 약한 것들과 능욕과 핍박과 곤란을 기뻐하노니 이는 내가 약할 그 때에 곧 강함이니라"(고후 12 : 10). 3세기 초 초대교회의 교부 터툴리

안도 이렇게 말했다. "그리스도인에게 있어서의 감옥은 선지자에게 있어서의 광야와 같다. 그것을 감옥이라고 부르지 말고 수련장소라고 부르라. 마음이 하늘에 있으면 발목은 쇠고랑을 느끼지 못한다."

II. 고난당할 때(3 : 14하~16)

1. 공포와 소동에 말려들지 말라(3 : 14하)

"저희의 두려워함을 두려워 말며 소동치 말고 너희 마음에 그리스도를 주로 삼아 거룩하게 하고"라는 표현은 이사야 8 : 12~13에서 따온 표현이다. 이사야 8 : 12~13의 한글개역은 "…그들의 두려워하는 것을 너희는 두려워하지 말며 놀라지 말고 만군의 여호와 그를 위하여 너희가 거룩하다 하고"로 되어 있다. 이사야 8 : 12~13의 헬라어 역본인 70인경은 "너희는 그의 두려움을 결코 두려워하지 말고 요동되지 말라 주 그를 거룩하게 하라"고 되어 있다. 베드로는 70인경의 "그의 두려움"을 "그들의 두려움"으로, "주 그"를 "주 그리스도"로 바꾸어 본문을 기록한 것으로 보인다. 이것은 여자적 인용이 아니라 적용적 인용이라고 할 수 있는 것으로서, 베드로가 이사야 8 : 12~13을 당시의 상황에 맞게 적용하여 사용한 것이다.

(1) 두려워 말라

"저희의 두려워함을 두려워 말며"는 직역하면 "저희의 두려움을 너희는 두려워하지 말라"가 된다. "저희의 두려움"에서 "저희의"라는 소유격은 주격적 소유격으로 보면 "저희가 두려워하는 두려움"이 되고, 목적격적 소유격으로 보면 "저희를 두려워하는 두려움"이 된다. 본문의 "저희"라는 복수는 누구를 가리키는가? 이것이 13절의 "해하는 자"를

가리킬 수 없는 것은 "해하는 자"('호 카코손')는 단수로 되어 있기 때
문이다. 본문의 문맥을 살펴보면 그것은 17절의 "욕하는 자들"('호이 에
페레아존테스')을 가리킨다고 볼 수 밖에 없다. "저희"가 "욕하는 자
들" 즉 신자들을 박해하는 자들이라면, "저희의 두려워함"은 "저희가
두려워하는 것"인가, 아니면 "저희를 두려워하는 것"인가? 베드로가 여
기서 "저희가 두려워하는 것을 두려워하지 말라"는 것인가, 아니면 "저
희를 두려워하는 두려움, 즉 저희에 대한 두려움을 두려워하지 말라"는
것인가? 문맥에는 "저희가 두려워하는 것"이 나타나 있지 않다. 따라서
문맥에 자연스러운 것은 "저희에 대한 두려움" 즉 "저희를 두려워하는
두려움을 두려워하지 말라"는 것이다. 본문에서 베드로가 단순히 "그들
을 두려워하지 말라"고 하지 않고 "그들을 두려워하는 두려움을 두려워
하다"는 동족목적어를 쓴 것은 이사야 8 : 12~13의 표현을 사용했기 때
문이다. 베드로는 신자들을 박해하는 자들을 두려워하지 말라는 것이다.
　베드로는 의 때문에 고난을 당할 때에 박해자들을 두려워하지 말라고
권면한 것이다. "만군의 여호와 그를 너희가 거룩하다 하고 그로 너희의
두려워하며 놀랄 자를 삼으라"는 이사야서의 말씀(8 : 13)과 "몸은 죽
여도 영혼은 능히 죽이지 못하는 자들을 두려워하지 말고 오직 몸과 영
혼을 능히 지옥에 멸하시는 자를 두려워하라"는 마태복음의 말씀(10 :
28)처럼, 베드로는 신자들이 두려워할 분명한 대상이 박해자들이 아니
라는 것을 말한 것이다. 물론 베드로는 본문에서 하나님을 두려움의 대
상으로 밝히지 않고, 다만 박해자들이 두려움의 대상이 아니라는 것만을
밝혔지만, 베드로의 의도에는 하나님만이 진정한 두려움의 대상이고 박
해자들은 두려움의 대상이 아니라는 점이 들어 있는 것이다.
　이사야 8장의 배경을 보면 이스라엘 왕 베가와 시리아(아람) 왕 르신
이 유다 왕 아하스에게 군사동맹을 요청했을 때 아하스 왕은 그 요청을
거부했다. 아하스는 물밑으로 이미 앗수르 왕과 동맹을 맺고 있었기 때
문이다. 그래서 시리아와 이스라엘이 유다를 침공해서 위협을 가한 것이

다. 이런 상황 속에서 선지자 이사야는 유다가 앗수르와 불신앙적 동맹을 맺은 것을 책망하면서 위기로부터 구출받기 위해서 하나님을 의지할 것을 촉구한 것이다. 우리가 위험한 일을 당할 때 아하스 왕처럼 인간적인 두려움에 빠져서 잘못된 선택을 할 수가 있는 것이다. 두려움의 대상을 바로 알고 믿지 못할 때에 하나님을 무시하고 인간을 두려워해서 그릇된 방향으로 결정을 내리게 되는 것이다. 인간을 두려움의 대상으로 삼으면, 사람이 두려워서 하나님의 뜻을 어기는 일이 빈발하는 것이다. 사람을 두려움의 대상으로 삼아 하나님의 뜻을 어긴 것은 이스라엘 역대 왕들의 실록에서 수없이 찾아볼 수 있고 교회의 역사와 오늘의 현실에서도 계속 반복되는 것이다. 겉으로는 경건한 척하면서도 물밑으로는 인간적인 시각에 따라 제 살 길(하나님의 뜻에 어긋나는 길)을 마련해 놓고 사는 경우가 얼마나 많은가. 따라서 신자들이 고난을 당할 때에 바른 결정을 내리기 위해서는 인간 박해자들이 두려움의 대상이 아니라는 것을 분명히 해야 한다. 하나님의 시각에 따라 두려움의 대상이 선명해야 한다.

(2) 소동치 말라

'소동하다'는 말은 '흔들리다, 방해를 받다, 트러블을 당하다'는 의미가 있다. 일단 두려움의 대상을 잘못 잡으면 흔들리게 되는데, 이것은 방향이 잘못잡힌 두려움의 결과로 나타나는 것이다. 신자가 하나님을 두려워하지 않고 사람을 두려워할 때에 자신을 버티고 있는 마음의 기둥 뿌리가 흔들리기 시작하는 것이다. 하나님을 두려움의 대상으로 삼으면 절대 방패 절대요새이신 하나님을 신뢰하기 때문에 '누가 나를 해하리요' '고난도 복이다'는 확신이 생겨서 굳게 서 있게 되지만, 사람을 두려움의 대상으로 삼으면 방패와 요새가 없어지기 때문에 흔들리게 되는 것이다.

예수님도 십자가를 앞둔 제자들에게 "너희는 마음에 근심하지(본문의 '소동하지'와 동일한 단어) 말라 하나님의 믿으니 또 나를 믿으라"고 하셨다(요 14 : 1). 예수님은 또한 "세상에서는 너희가 환란을 당하나 담대하라 내가 세상을 이기었노라"고 하셨다(16 : 33). 세상을 이기신 예수님을 믿으면 담대해져서 흔들리지 않고, 예수님의 승리를 자신의 승리로 누릴 수 있게 되는 것이다.

사람은 누구나 자신이 통제할 수 없는 고난을 당할 때에 일단 공포와 동요에 사로잡히게 되어 있다. 그러나 베드로는 "주의 눈은 의인을 향하시고 그의 귀는 저의 간구에 기울이시되 주의 낯은 악행하는 자들을 향하시느니라"는 말씀(3 : 12)을 앞세우고 '우리를 해할 자 없다' '고난도 복이다'라는 진리를 가슴에 심어주면서 박해자들을 인해서 고난을 당할 때에 두려워하지도 말고, 요동하지도 말도록 권면한 것이다.

이것이 신앙인의 자세이다. "내가 누워 자고 깨었으니 여호와께서 나를 붙드심이로다 천만인이 나를 둘러치려 하여도 나는 두려워 아니하리이다"(시 3 : 5~6). "내가 사망의 음침한 골짜기로 다닐지라도 해를 두려워하지 않을 것은 주께서 나와 함께 하심이라 주의 지팡이와 막대기가 나를 안위하시나이다"(시 24 : 4). "여호와는 나의 빛이시요 나의 구원이시니 내가 누구를 두려워하리요 여호와는 내 생명의 능력이시니 내가 누구를 무서워하리요"(시 27 : 1).

스코틀랜드의 어느 노목사님이 어린 소년에게 시편 23편을 읽어보라고 하였다. "여호와는 나의 목자시니"라고 소년이 읽고 있는데 목사님이 "아니, 아니, 똑바로 읽어봐!"하고 가로챘다. "여호와는 나의 목자시니"하고 소년이 다시 진지하게 천천히 읽기 시작하는데 "아니, 아니, 똑바로 읽어보라니까"하고 목사님이 머리를 흔들면서 말했다. 그러면서 목사님은 소년에게 "내가 하는 것을 잘 봐"하고는 왼손을 들더니 오른손 엄지 손가락을 왼손 엄지 위에 대고 "그"(The)라고 하였다. 그리고 오른손 둘째 손가락을 왼손 둘째 손가락 위에 대고 "여호와"(Lord)라고 하고 세째 손가락을 꼭 붙잡고 "나처럼 이렇게 꼭 붙잡아라"라고 하면서 "나의"라고 했다. 목사님은 오른손 네째 손가락과 다섯째 손가락으로 왼손 네째와 다섯째 위에 올리고 "목자 시니"라고 했다. 그랬더니 소년은 "아, 그 여호와는 나의 목자시군요"라고 말했다.

얼마후 오전에 양치러 나갔던 그 소년은 가파른 절벽 밑에 떨어져 죽은 것이 발견되었다. 절벽에서 발을 헛디뎌 사고가 난 것이다. 슬픔에 빠진 부모가 그 소년을 보고 한가지 위로받은 것이 있었다. 그것은 그 소년이 싸늘한 시체가 되어 있었는데도 왼손 세째 손가락을 꼭 붙잡고 있었다는 것이다. 그래서 부모는 자기 아들이 그의 목자 품에 안긴 것을 알 수 있었던 것이다.

2. 그리스도를 거룩하게 하라(3 : 15～16)

"너희 마음에 그리스도를 주로 삼아 거룩하게 하고"는 원문을 직역하면 "주 그리스도를 너희들의 마음들 속에 거룩하게 하라"가 된다. 그리스도가 주(主)가 아닌데 여기서 비로소 주로 삼는 것이 아니고 이미 주(主)이신 그리스도를 마음 속에서 거룩하게 하라는 것이다. 본문의 근거 구절인 이사야 8 : 13은 '만군의 여호와를 거룩하게 하라'로 되어 있는데 본문은 '만군의 여호와'를 '그리스도'로 대치하고 있다. 이것은 베드로가 그리스도를 하나님과 동일시한 것으로서(사 8 : 10), 베드로의 기독론을 핵심적으로 보여준다.

'거룩하게 하다'는 거룩하지 않은 분을 거룩하게 하라는 의미도 아니고 (주 그리스도는 무죄하신 분이시므로, 히 4 : 15), 거룩하신 분을 더 거룩하게 하라는 의미도 아니다(주 그리스도는 완벽하게 거룩하신 분으로 그분 속에 거룩의 발전이 있을 수 없으므로). '그리스도를 거룩하게 하다'는 주기도의 두번째 항목, 즉 '이름이 거룩히 여김을 받으시오며'와 같은 내용으로서 '그리스도를 거룩하신 분으로 인정하거나 선언하다'를 의미한다.

하나님은 이스라엘을 인하여 자신의 거룩함을 열국에 나타내신다고 하셨다. "내가 또 너희로 말미암아 내 거룩함을 열국의 목전에 나타낼 것이며"(겔 20 : 41). 이와같이 주 그리스도의 거룩하심은 핍박과 고난 중에도 그분을 주로 고백하는 그리스도인들을 통해서 알려진다.

그리스도인들을 통해서 그리스도의 거룩하심이 알려지는 방면은 행동과 말을 통해서이다. "너희가 순종하는 자식처럼 이전 알지 못할 때에 좇던 너희 사욕을 본 삼지 말고 오직 너희를 부르신 거룩한 자처럼 너희도 모든 행실에서 거룩한 자가 되라 기록하였으되 내가 거룩하니 너희도 거룩할지어다 하셨느니라"(1 : 14~16). "오직 너희는 택하신 족속이요 왕같은 제사장들이요 거룩한 나라요 그의 소유된 백성이니 이는 너희를 어두운데서 불러내어 그의 기이한 빛에 들어가게 하신 자의 아름다운 덕을 선전하게 하려 함이니라… 육체의 정욕을 제어하라 너희가 이방인 중에서 행실을 선하게 가져… 하나님께 영광을 돌리게 하려 함이니라"(2 : 9, 11, 12). 1장과 2장의 이런 말씀은 선한 행실을 통해서 하나님의 거룩하심이 드러나게 되는 경우를 주로 가리킨다.

그러나 본문은 "너희 속에 있는 소망에 관한 이유를 묻는 자에게는 대답할 말을 항상 예비하되"라는 말씀이 나와 있으므로 말을 통한 변증으로 그리스도의 거룩하심을 드러내는 것과 관련되어 있다.

그런데 행동과 말로 그리스도의 거룩을 드러내는 것은 마음으로 그리스도의 거룩하심을 인정하는 데에 뿌리를 두고 있다. 본문에 "너희 마음에 주 그리스도를 거룩하게 하라"는 말씀이 바로 이 점을 지적하는 것이다. 이렇게 볼 때 '거룩하게 하라'의 초점이 본문에서는 그리스도의 주되심에 대한 내면적 인정에 있다.

주 그리스도의 거룩하심을 내면적으로 인정하게 될 때 마음의 두려움은 사라지고 흔들리지 않게 된다. 두려움/요동과 그리스도의 주(主)되심을 인정하는 것은 상반개념이다. 그리스도를 주로 인정하면 공포와 요동이 없어지고, 공포와 요동에 사로잡혀 있다면 그리스도를 내면적으로 거룩하게 하지 않는 것이다. 공포와 요동은 그리스도 대신에 사람을 주

(主)로 삼는 데 기인된다. 우리가 그리스도 대신 무엇을 의뢰하든 일단 고통의 시간이 오면 그 신뢰는 무너지고 우리가 두려워하던 것이 우리를 압도하게 된다. 부 명예 권력 지위 건강 매력 인기 등은 고난의 돌풍 앞에서 우리를 붙잡아주지 못한다. 그러나 사람 대신에 그리스도를 주로 인정하면 공포와 요동은 없다. 아래의 예화가 보여주듯이, 모든 다른 두려움을 해결하는 길은 그리스도의 주되심을 인정하는 것이다.

어느 나이지리아 선교사가 네 마을이 연합으로 드리는 성찬식 예배에 참석하여 어떤 아프리카인이 회중에게 설교하는 것을 들었다. "오늘 제 마음에 있는 기쁨을 말로 다 표현할 수 없습니다. 제가 오늘 저의 마을 사람들과 길을 걸어오면서 보니 모든 사람들이 각기 손에 신약성경과 찬송가를 들고 있었습니다. 손에 단도나 총을 든 사람이 하나도 없었습니다. 아무도 두려움을 가지고 걷는 사람이 없었습니다. 4년 전만 해도 단도를 들지 않고는 여러분 마을을 통과하지 않았고 또 혼자서 통과하는 사람도 없었습니다. 여러분 마을 사람도 우리 마을을 통과할 때는 해를 입었습니다. 그런데 어째서 지금은 이렇게 좋게 되었습니까? 과거에 우리는 여러분들과 함께 같은 신들을 섬겼습니다. 오늘날 우리는 여러분들과 함께 같은 하나님을 섬기고 있습니다. 우리가 섬기는 하나님은 평화의 신입니다. 그분은 우리의 아버지이시고 우리는 형제들입니다. "

사람이 주냐, 그리스도가 주냐?—이것이 고난을 당할 때에 대답해야 할 실제적인 질문이다. 고난을 당할 때에 인격의 중심, 즉 마음에 누가 왕좌를 차지하고 있느냐 하는 것은 매우 실존적인 문제인 것이다. 공포/요동 혹은 확신/확고가 여기에 좌우되기 때문이다. 하나님을 바로 모시면 두려움 대신에 확신의 사람이 되는 것이다.

3. 항상 변증을 준비하라(3 : 15하~16)

사람을 주로 삼으면 두려워 흔들리게 되지만 그리스도를 주로 인정하면 확신 속에 요동하지 않게 된다. 베드로는 소극적으로는 공포와 요동을 하지 말라고 하고, 적극적으로 주 그리스도를 거룩하게 하라고 한 다음 항상 변증을 준비하고 있으라고 권면했다. 마음 속에 주 그리스도를 모시고 공포와 요동이 해결된 상태에서 비로소 변증을 할 수 있기 때문에 기본적인 마음의 자세를 정리한 후에 변증을 준비하라는 권면을 한 것이다.

(1) 대답할 것을 예비하라

"너희 속에 있는 소망에 관한 이유를 묻는 자에게는 대답할 것을 항상 예비하되"—여기서 "너희 속에 있는 소망"은 1 : 3에서 이미 언급한 "산 소망"으로 그 내용은 하늘에 간직한 "썩지 않고 더럽지 않고 쇠하지 아니하는 기업(企業)"이고, 다른 각도로 말하면 예수 그리스도가 나타나실 때에 완성될 "구원"이다(1 : 4, 5, 7). '소망'에 대한 변호를 예비하라는 본문의 문맥에서 '소망'은 구원의 미래적 완성이라는 시각에서 본 신앙과 동일한 내용이다(1 : 22 ; 3 : 5). '소망'은 '신앙'의 동의어라고 할 수 있다. 따라서 '소망'에 대한 변증은 신앙 전반에 대한 변증이다.

"너희 속에"(헬라어로 '엔 휘민')라는 것은 개인적으로 '너희 안에'(in you)를 의미할 수도 있고 집단적으로 '너희 가운데'(among you)를 의미할 수도 있다. 전자는 소망의 개인적 내면성을 드러내고 후자는 그리스도인들이 공동으로 소유하고 있는 소망의 기독교적 보편성을 드러낸다. "너희 안에"가 이 둘 중의 하나를 가리킬 수도 있지만 중의성(重意性)의 원리(예 : 요 3 : 3에 중생을 가리키는 '겐네스싸이 아노쌘'에서 '아노쌘'이 '위로부터'와 '다시'를 다 포괄하는 것처럼)에 따라 '너희들이 그리스도인들로서 공동으로 가지고 있으면서도 개별적으로 내면에 간직한'을 의미할 수도 있다.

"이유를 묻는 자"에서 '이유를 묻다'(헬라어로 '아이테인 로곤')는 법정 청문회의 상황이나 일상생활의 상황에 다 사용될 수 있는 표현이다.

'이유를 묻다'는 표현은 '무엇에 관한 설명을 요구하다'를 의미한다. "이유를 묻는 자에게 대답할 것"에서 "대답할 것"은 헬라어로 '아폴로기아'인데 여기서 '변증'을 의미하는 영어 apology가 나왔다. '아폴로기아'도 '이유를 묻다'처럼 법정의 변호를 가리킬 수도 있고(행 22 : 1 ; 25 : 16 ; 빌 1 : 7, 16 ; 딤후 4 : 16) 일상생활에서 오해나 비판에 대한 변호를 의미할 수도 있다(고전 9 : 3 ; 고후 7 : 11). 본문에서는 "이유를 묻는 자에게 대답할 것"을 "항상 예비"할 것을 촉구하는 문맥에 나온다. 뿐만 아니라, "묻는 자"는 헬라어 원문상 "묻는 모든 자"('판티 토 아이툰티')이다. 이렇게 볼 때 '이유를 묻다'와 '변호'가 '모든 자'와 '항상'의 문맥에 나오기 때문에 법정에만 제한되는 것이 아니라 기독교인이 비기독교인들과 접촉하는 동안에 언제든지 일어날 수 있는 오해와 비판의 경우에 해당되는 것이다. 그러나 '법정의 변호'는 이 말씀을 비유적으로 이해하고 기억하는 데 도움이 된다. 불신자들과 함께 어울려 살고 있는 우리는 항상 법정에서 재판을 받는 사람처럼 자신의 입장(소망)을 변호해야 하는 것이다. 우리는 우리의 소망에 대한 설명을 요구하는 자에게 우리의 소망을 선명하게 변호하도록 "항상 예비해"야 한다.

그리스도를 주(主)로 삼고 있는 그리스도인들은 주변의 사람들을 두려워하지 말고 오히려 그리스도인의 신앙(본문의 '소망')에 대한 적대적인 질문을 하는 자들에게 항상 '소망'을 변호할 준비가 되어 있어야 한다. 그리스도인들은 적대와 박해의 환경에서도 '소망'이 이러한 역경을 이긴다는 것을 행동과 말로 표현해야 하는 것이다. 적대와 핍박의 환경은 인간적으로 보면 소망이 없는 환경인데 이런 환경에서 '소망'을 변호하는 것은 그 '소망'이 환경을 초월하는 진리임을 입증하는 것이다. 신자에게 있어서 위기는 신앙을 전하는 기회이다. '소망이 없는' 환경에서 '소망스럽게' 살고 그 '소망'을 전하면 불신자들이 주목할 수 밖에 없기 때문이다.

독일에서 남편과 아내가 심하게 다툰 사건이 있었다. 남편은 자기 아내 앞에서 목매어 자살했다. 이 사건이 법정에서 다루어졌다. 표면적으로 보면 아내는 아무 잘못이 없는 것 같다. 그저 자살을 목격한 것 뿐이다. 그러나 법정은 그 사건을 표면적으로 다루지만은 않았다. 법정은 아내가 남편이 목매어 달린 로프를 쉽게 끊을 수 있었는데 그저 사건의 진행을 만족스럽게 지켜보고 있었다는 데 착안했다. 아내는 "도움을 주지 않은 죄"로 유죄판결을 받았다. 법정의 판결은 이런 것이었다. "의무에 반(反)하여, 행동을 생략함으로써 그녀는 남편에 의해 시작된 원인의 고리를 끊는 데 실패했다. 그래서 그녀는 그의 죽음을 유발하는 데 동참한 것이다."

하나님의 아들딸들은 죽어가는 세상에 도움을 주어야 한다. 예수 그리스도와 그의 의를 통한 하나님의 구원을 변증하고 선포할 책임이 있다. 우리는 위의 어떤 여인처럼 살아갈 것이 아니라, 다음의 두 장군처럼 살아야 한다.

제1차 세계대전 당시 퍼싱(Pershing) 장군이 장병들에게 이런 연설을 한 적이 있었다. "나는 47년 동안 예수 그리스도를 믿고 있습니다. 나는 그분 없이는 인생을 직면할 수 없습니다. 나의 모든 과거는 용서되었고 현재 매일 하나님으로부터 도움을 받을 수 있다는 것을 아는 것이 작은 일이 아닙니다." 이렇게 말하고 나서 퍼싱 장군은 확고한 태도로 "나는 장병 여러분에게 이런 구세주를 추천합니다"고 했다. 또 유엔군 총사령관 맥아더 장군은 "나는 예수 그리스도를 믿습니다"고 하면서 구체적인 삶을 통해서 자신이 그리스도인이라는 증거를 계속 제공했다고 한다.

(2) 변증자의 태도 : 온유와 두려움

베드로는 소망을 변증하도록 항상 예비하라고 하면서 변증하는 자세를 덧붙였다. 그것은 "온유와 두려움"이다. 변증을 하되 "온유와 두려움을 가지고('메타')" 하라는 것이다. '온유'(헬라어 '프라우테스')는 '온유'(meekness), '부드러움'(gentleness), '겸손'(humility) 등으로 번역될 수 있는 단어이다. 온유는 낮은 자리에서 부드럽게 상대방을 대하는 것을 말한다. '두려움'(헬라어 '포보스')은 문맥에 따라 '두려움'(fear), '경외심'(reverence), 혹은 '존경'(respect)을 의미할 수 있다.

이제 문제가 있다. 주변의 불신자들이 '소망에 대한 설명'을 요구해 올 때 온유한 태도로 답변하라는 것은 이해할 수 있는데, '두려움을 가지고' 답변하라는 것은 무엇인가? 더군다나, 바로 앞절에 사람들(특히 박해자들)을 두려워하지 말라는 말씀이 있고 그리스도의 주되심이 강조되어 있는데, '두려움을 가지고' 변호하라는 것이 무슨 말씀인가?

"온유와 두려움"은 누구에 대한 태도인가? 사람들에 대한 것인가, 아니면 하나님에 대한 것인가? 아니면 온유는 사람들에게 대한 것이고 두려움은 하나님에 대한 것인가?

1 : 14에서 동일한 단어 '포보스'가 '두려움'(fear)을 의미하기 때문에 바로 한 절 뒤인 15절에서 "두려움"을 '존경'으로 보는 것은 무리가 된다. 15절의 '포보스'를 '두려움'으로 볼 경우 이것이 사람들에게 대한 것으로 볼 수가 없다. 왜냐하면 사람들을 두려워하지 말라는 것은 바로 앞절에 나왔기 때문이다. 이렇게 말하는 것은 절대적인 의미에서 사람들을 두려워하지 말라는 것이 성경의 교훈이라는 것은 아니다. 로마서 13장에 국가의 권위자들에 대한 기독교인의 태도를 다룰 때에 "두려워할 자를 두려워하며(헬라어로 '포보스'란 단어)"라는 말씀이 있다(13 : 7). 이 경우의 두려움은 하나님이 세우신 국가의 권위에 대한 정당한 태도의 일부로 제시되어 있다. 그러나 베드로전서 본문에서는 박해자들을 두려워하지 말라는 말씀이 나오고 바로 뒤따라 기독교 신앙에 대해 도전하는 자에게 "온유와 두려움으로" 변증하라는 말씀이 나오기 때문에, 여기서 "두려움"은 사람들에 대한 것이 아니다. 그것은 하나님에 대한 경외심이다.

이렇게 "두려움"을 하나님에 대한 것으로 보면, "온유"는 누구에 대한 것인가? 온유도 하나님에 대한 겸손한 태도로 볼 수도 있겠지만, 그

것보다는 기독교 신앙에 도전해 오는 자들에 대한 태도로 보는 것이 자연스럽다. 그들에게 기독교 신앙을 변증할 때에 모든 것을 다 아는 사람처럼 거만한 태도로 하지 말라는 것이다. 우리가 기독교 신앙을 변증할 때에 변증하는 말의 내용도 중요하지만 변증자의 태도도 그 못지않게 중요하다. 변증의 내용에 맞는 태도가 있어야 하는 것이다. 불신자들에게 기독교 신앙을 변증할 때에 '나는 아는데 너희들은 살아계신 참 하나님도 모르는 무식쟁이들이고 바보들이다'는 투로 변증하면 안된다. 불신자들을 깔아뭉개거나 무시하거나 멸시하는 거만은 기독교의 진리에 위배되는 것이다. 우리는 증인들이지, 검사들이 아니다. 기독교 변증을 할 때에 불신자를 물고 늘어져 따지는 식으로 해서는 안된다. 우리가 무엇을 믿고 왜 그것을 믿는지를 말하면 되는 것이다. 변증의 목적이 논쟁에서 이기는 것이 아니라, 상실된 영혼들을 그리스도에게로 인도하는 것이기 때문이다.

하나님을 경외하는 마음, 즉 하나님 앞에서 낮아진 마음이 있다면 불신자들에게 공격적인 태도는 사라지고 온유한 자세로 변증하게 될 것이다. 우리는 "하나님의 능하신 손 아래서"(5 : 6) 교회의 권위자들을 겸손하게 대하고(5 : 5) 다른 사람들에게 겸손하며(3 : 8), 심지어 박해자들과 도전자들에게도 겸손해야 하는 것이다.

겸손과 온유는 손을 맞잡고 동행한다. 온유한 사람은 자신의 이권과 정당함을 스스로 변호하기 위해서 상대방을 공격하지 않고 그것을 오히려 하나님에게 의탁하는 사람이다(시 37편). 모세도 온유했고(민 12 : 3) 예수님도 온유하셨으며(마 11 : 29 ; 21 : 5), 신자들은 모두 온유해야 한다(갈 5 : 23 ; 엡 4 : 2 ; 골 3 : 12 ; 딤후 2 : 25 ; 약 3 : 13). 이러한 온유가 박해자들 혹은 도전자들에 대해서도 나타나야 하는 것이다.

술주정뱅이 남편이 자기 술친구들과 술집에서 술을 퍼마시면서 "내가 자네들을 자정에 집에 데리고 가도 예수쟁이 내 마누라는 불평없이 일어나서 저녁상을 차려 줄 걸세"라고 자랑을 늘어놓았다. 이 말을 들을 사람들은 그 사람이 허풍을 떨고 있다고 생각하면서 "그러면 어디 한번 시험해 보세" 하고 한밤중에 그 집으로 몰려갔다. 그런데 아니나 다를까 그의 아내는 아무 불평없이 일어나서 맛있는 음식으로 저녁상을 차려왔다. 그녀는 마치 기다리고 있었다는 듯이 쾌활하게 음식을 대접했다. 저녁을 먹고 난 다음 그 사람들 중에 가장 술이 덜 취한 사람이 그녀에게 물었다. "우리는 이렇게 무례한 짓을 하는데 아줌마는 어떻게 이토록 친절할 수 있습니까?" 그 때 그녀는 이렇게 대답했다. "선생님, 제 남편과 제가 결혼했을 때는 저와 그분이 다 죄인들이었습니다. 그런데 하나님께서 저를 그 위험한 죄악에서 불러내주셨습니다. 저의 남편은 아직도 그 가운데 있습니다. 남편이 앞으로 당할 일을 생각하면 몸이 떨립니다. 남편이 지금 상태로 죽으면 그 앞날은 영원히 참혹할 것입니다. 그래서 저는 남편이 살아 있는 동안이라도 최대한 편하게 해드릴려고 합니다." 그녀의 친절하고 신실한 대답을 들을 술친구들은 모두 크게 감동을 받았다. 그녀의 남편은 그 후에 진지한 신자와 좋은 남편이 되었다.

(3) 변증자의 삶 : 선한 양심

"양심"이란 하나님께서 사람들의 마음 속에 옳고 그름을 하나님 앞에서 판단하도록 새겨주신 도덕적 /영적 의식이다. "양심은 하나님의 명령을 불순종할 경우 벌을 가하도록 하나님의 '부섭정'(副攝政)으로 임명되었다. 양심은 우리 자신의 행동에 판결을 내린다. 그 벌칙은 후회이다, 그 촉구를 무시할 경우 양심은 그 벌칙을 요구한다. 양심은 하나님의 도덕적 통치의 일부로서 인간으로 의무를 행하게 하며 불순종의 경우 마음으로 그 자체의 처형자를 만드는 탁월한 고안이다. 죄지은 양심이 가하는 벌칙보다 조만간 더 확실하게 가해지는 벌칙은 없을 것이다. 양심은 증인들이 필요없다. 범죄자를 체포하는 과정이 필요없다. 판사들과 처형자들이 필요없다. 채찍이나 투옥이나 쇠고랑이 필요없다. 양심의 문책은 가장 은밀한 피난처까지 범죄자를 따라간다. 가장 빨리 도망가는 범죄자도 따라잡으며, 북쪽의 눈산에서나 적도의 사막에서도 그를 찾아낸다. 양심은 가장 웅장한 왕궁 속으로도 찾아가서 범죄자가 인간이 가할 수 있는 모든 복수로부터 안전할 때에도 그를 찾아낸다. 양심은 사망의 음침한 골짜기로도 그를 추격하며 먼 나라에 망명해도 그를 체포한다"(알버트 반스).

다른 비유로 말하면, 양심은 하나님의 진리의 빛이 들어오게 하는 창문이다. 성경에는 "선한 양심"이라는 표현도 나오고(행 23 : 1 ; 딤전 1 : 5, 19 ; 히 13 : 18), "깨끗한 양심"이라는 표현도 나온다(딤전 3 : 9 ; 딤후 1 : 3 ; 히 9 : 14). 이것은 하나님 앞에서의 인격적 순전성을 가리키는 표현이다. 선한 양심은 하나님의 진리의 빛을 잘 전달하는 깨끗한 유리창이다. 그러나 우리가 계속 불순종하면 이 유리창이 점점 더러워져서 "더러운 양심"이 되고(딛 1 : 15), 불순종을 더 계속하면 선악에 전혀 무감각한 "화인맞은 양심"이 되고(딤전 4 : 2) 악을 선하다고 하고 선을 악하다고 하는 "악한 양심"이 된다(히 10 : 22).

우리가 기독교 신앙을 변증할 때에 온유와 두려움도 필요하지만 '선한 양심'도 필요하다. 양심이 불량해서 비판이나 박해를 받는다면 그것은 그리스도를 위한 고난이 아니고 자기가 당연히 받아야 할 것을 받는 것이다. 베드로는 양심이 선량한데도 받는 고난을 높이 평가하고, 특히 그 고난이 기독교 신앙에 대한 대답을 요구하는 형태로 나타날 때에 어떻게 할 것인가를 본문에서 다루고 있다. 따라서 기독교 '소망'을 변증할 때에 선한 양심이 전제되어야 하는 것이다.

양심이 선하면 속이 편하고, 속에 평안을 누리면 밖으로 영적인 전쟁을 담대하게 감당할 수 있다. 양심에 거리낌이 있으면 속이 불안하고, 속이 불안하면 밖으로는 잠재력이 중풍에 걸린 형태로 드러난다. 선한 양심이 있으면 누가 무엇이라고 말하고 누가 도전하든 겁내지 않고 자신이 할 일을 담대하게 수행하게 된다. 바른 변증에는 선한 양심이 필수조건인 것이다.

본문은 기독교인이 선한 양심을 가지면 "그리스도 안에 있는 너희의 선행을 욕하는 자들로 그 비방하는 일에 부끄러움을 당하게" 된다고 했다. 이 말씀은 '선한 양심'(헬라어로 '수네이데신 아가쎈')이 '선한 행동'(헬라어로 '아가쎈 아나스트로펜')을 직결시키고 있다. 선한 양심은 보이지 않는 것이고 선한 행동은 보이는 것이다. 선한 양심이 속에 있으면 그것이 선한 행동으로 드러난다. 선한 양심이 있다고 하면서 선한 행동이 드러나지 않는다면 그 양심은 선한 것이 아니다. 선한 행동은 있는데 선한 양심이 없다면 그것은 선한 척하는 행동이지 선한 행동이 아니다. 선한 행동이 없으면 선한 양심을 가지고 있다는 말이 거짓말이다. 선한 양심은 선한 행동으로 나타나기 마련인 것이다. 따라서 우리는 선한 행동을 만들어내려고 하지 말고 선한 양심을 유지하는 데 힘써야 한다.

두 형제가 어느 읍에서 가게를 운영하면서 재고품 목록 중에서 팔리지 않은 작은 물품들이 없어진 것을 발견하고는 당혹해 하고 있었다. 얼마 동안 고민하던 형제는 그 문제를 이렇게 해결하기로 하였다. 그들 중의 한 사람은 물건을 팔고 나머지 한 사람은 다락방에 올라가서 구멍을 내고 그 구멍을 통해서 가게를 살펴보기로 했다. 그들은 이웃 사람 몇명이 물건을 훔친다는 사실을 발견했다. 그러나 그 사실을 공개적으로 밝히는 대신에 그들은 가게 천정에 구멍이 있다는 사실을 손님들 사이에 풍문으로 퍼뜨렸다. 그랬더니 갑자기 도적질이 없어졌다. 그리고 가끔 손님들 중에는 천정을 쳐다보면서 죄책감을 느끼는 표정을 짓는 경우가 있었다.

'가게 천정에 구멍이 있다'는 것은 '누군가 보고 있다'는 것을 의미한다. 우리의 일체의 언행심사를 '누군가 보고 있는데' 그것이 양심이다. 우리는 선한 양심을 유지하는 데 힘써야 한다.

선한 양심과 선한 행동(이미 말한 대로 '아나스트로페'는 삶 전체 포괄)이 앞서 말한 대로 직결되어 있다면, '선하다'는 것의 기준이 무엇이며 선한 양심과 행동의 원동력이 무엇인가? "그리스도 안에"라는 말이 정답이다. 선한 양심과 선한 행동의 기준과 근거는 그리스도이다. 우리

가 참으로 "그리스도 안에" 있으면, 즉 그리스도와의 연합을 유지하면
선한 양심도 유지하게 되고 선한 행동도 흘러나오게 되는 것이다. 그리
스도는 선의 기준이고, 인간적으로는 악행을 촉발하는 상황 속에서도 선
을 행하도록 하는 능력과 동기이다.

그리스도인들이 선한 양심을 가지고 선한 삶을 살 때에 "선행을 욕하
는 자들은 그 비방하는 일에 부끄러움을 당하게" 된다. 그들은 여전히
비방하고 욕할 것이다. 그러면서도 자신들이 비방하는 그리스도인들의
선한 삶을 다른 사람들이 보게 될 때에 그들의 비방이 얼마나 근거가 없
는 것인가 드러나게 되고 그 결과 그들은 부끄러움을 당하게 될 것이
다. 도적이 도적질을 계속하면서도 제 발이 저린 것처럼 박해자들은 비
방을 계속하면서도 제 얼굴이 뜨거워지는 것이다. 그들이 부끄러움을 당
한다는 것은 현재의 삶에서도 부끄러움을 당한다는 것을 포괄하지만 앞
으로 그리스도께서 재림하셔서 그들을 심판하실 때에 궁극적인 부끄러
움을 당할 것이라는 데에 초점을 두고 있다(2 : 12). 베드로의 주된 관심
은 그들이 지금은 신자들을 비방하고 있지만 궁극적으로는 종말적 부끄
러움을 당하게 될 것이라는 데에 있다. 종말적인 위치전복이 있을 것이
다. 신자들은 결코 부끄러움을 당하지 않을 것이지만(사 28 : 16 ; 벧전
2 : 6~7), 신자들을 비방하고 박해하는 자들은 궁극적인 부끄러움을 당
할 것이다(시 6 : 10 ; 22 : 5 ; 25 : 2, 3 ; 31 : 1, 17 ; 35 : 4 ; 40 : 14 ;
44 : 7 ; 70 : 2 ; 127 : 5 ; 사 28 : 16 ; 렘 6 : 15 ; 17 : 13, 18).

우리는 악행으로 고난을 당해서도 안되지만 선행으로 고난을 당할 때
에 놀라서도 안된다. 이 세상에는 선을 악하다고 하고 빛을 어둠이라고
하는 자들이 많이 살고 있기 때문이다(사 5 : 20). 요셉은 선행 때문에
투옥되었고 다니엘은 선행 때문에 사자굴에 던져졌으며 예수님은 선행
때문에 십자형을 당했다. 그러나 요셉과 다니엘과 예수님은 선한 양심과
선한 행동 때문에 박해자들을 부끄럽게 했다. 선한 양심은 복음화의 원
자탄이다. 선한 양심에서 나오는 선한 행동은 악행자들과 악한 세상을

마침내 폭파시키는 것이다.

선한 양심이 이토록 중요한 것이므로 우리는 선한 양심을 유지해야 한다. "우리가 선한 양심을 유지하려면, 우리는 우리의 삶 속에서 죄를 처리하고 그것을 고백해야 한다(요일 1 : 9). 우리는 '창문을 깨끗하게' 해야 한다. 우리는 또한 시간을 내어 하나님의 말씀을 취하고 '빛을 들어오게' 해야 한다. 강한 양심은 지식에 근거한 순종의 결과이고 강한 양심은 상실된 자들에게 강력한 증거가 된다. 그것은 또한 핍박과 고난의 때에 우리에게 힘을 제공한다"(위어스비).

Ⅲ. 더 나은 고난(3 : 17)

베드로는 선행하면서 고난당하는 것은 하나님이 궁극적으로 절대안정을 보장하시는 복(福)이라는 것과 이렇게 고난당할 때에 두려워 흔들리지 말고 주 그리스도를 거룩하게 하면서 바르게 변증할 것을 말한 다음에 17절에서는 "선을 행함으로 고난 받는 것이… 악을 행함으로 고난 받는 것보다 나으니라"는 말씀을 덧붙였다. 악행으로 인한 고난보다 선행으로 인한 고난이 '더 나은 고난'이란 말씀은 무슨 의미를 지니고 있는가?

1. 더 나은 길

현세에는 네 가지 길이 있다고 볼 수 있다. (1) 선행하면서 고난당하지 않는 길 (2) 악행하면서 고난당하지 않는 길 (3) 악행하면서 고난당하는 길 (4) 선행하면서 고난당하는 길.

첫째의 길, 즉 선행하면서 고난당하지 않는 길―실제로 이런 길이 있을까? 진정한 의미의 선행을 하는데 고난당하지 않는 길이 있을까? 일반적으로 말하면, 선행하면 칭찬받게 되어 있는 것이 사실이다. 불신자들의 선행은 사단이 공격할 대상이 아니기 때문에 그 선행의 결과로 고난을 당하지 않을 수 있다. 그렇지만 신자에게 있어서 진정한 선행의 길은 본질상 고난을 수반하는 '좁은 문'이고 '좁은 길'이다(마 7 : 13~14). "너희가 세상에 속하였으면 세상이 자기의 것을 사랑할 터이나 너희는 세상에 속한 자가 아니요 도리어 세상에서 나의 택함을 입은 자인고로 세상이 너희를 미워하느니라"(요 15 : 19). 진정한 선행은 세상에 속하지 않는 자의 삶인데 세상에 속하지 않으면 당장 세상과 세상의 임금 마귀가 쏘는 화살의 표적이 된다(요 14 : 30 ; 16 : 11). "무릇 그리스도 예수 안에서 경건하게 살고자 하는 자(경건하게 살기를 원하는 모든 자들)는 핍박을 받으리라"(딤후 3 : 12). 따라서 신자가 선하게 살 경우 고난을 당하는 경우가 많다.

두번째의 길, 즉 악행하면서 고난당하지 않는 길이 있는가? 이 세상에서는 일시적으로나 혹은 항속적으로 악행하면서 고난당하지 않는 길이 있다. '일시적으로'란 말은 그 악행이 일시적으로는 적발되지 않을 수 있다는 것이고, '항속적으로'란 말은 하나님의 최후심판이 이르기 전 이 세상에서는 그 악행이 계속 적발되지 않을 수 있다는 것이다. 우리가 사는 세상에서는 법망을 교묘하게 피하면서 부정축재하여 잘 먹고 잘 사는 사람들이 많다.

세번째의 길, 즉 악행하면서 고난당하는 길은 당연지사이다. 이 세상에서 법에 어긋나는 악행을 하면 고난을 당하게 되어 있다. 두번째의 경우가 있으나 보통의 경우는 악행하면 고난을 당한다. 베드로는 2 : 20에서 "죄가 있어 매를 맞는" 경우를 말했다. 이것이 세번째의 길이다.

네번째의 길, 즉 선행하면서 고난당하는 길이 본문 3 : 17과 관계되어 있는 길이다. 이것은 구약 선지자들과 성도들의 길이었고 예수 그리스도의 십자가의 길이었으며 신약의 모든 신자들의 길이다. "아무든지 나를 따라오려거든 자기를 부인하고 자기 십자가를 나를 좇을 것이니라"(마

16 : 24).

이제 본문 3 : 17에서 베드로가 "선을 행함으로 고난 받는 것이… 악을 행함으로 고난 받는 것보다 나으니라"고 했다. 여기서 "선을 행함으로 고난을 받는 것"은 분명히 현재에 고난을 받는 것을 말하는 것이다. 그러면 "악을 행함으로 고난을 받는 것"도 현재에 고난을 받는 것, 즉 세번째의 길을 말하는 것인가?

베드로는 이미 2 : 20에서 악행하면서 현재 고난을 당하는 것보다 선행하면서 현재 고난을 당하는 것이 더 낫다는 것을 언급한 바 있다. "죄가 있어 매를 맞고 참으면 무슨 칭찬이 있으리요 오직 선을 행함으로 고난을 받고 참으면 이는 하나님 앞에서 아름다우니라." 그러면 본문 3 : 17의 "악을 행함으로 고난 받는 것"도 2 : 20처럼 악행하면서 현재 고난을 받는 것을 말하는가, 아니면 악을 행함으로 하나님의 최후심판 때와 그 이후 미래에 고난을 받는 것을 말하는가?

그러나 만일 베드로가 3 : 17에서 '선행하면서 고난당하는 것이 악행하면서 고난당하는 것보다 더 낫다'고 말했다면, 이것은 '선은 악보다 낫다'는 말을 한 것이 되고 만다. 이런 말을 구태여 할 필요가 있겠는가? 선이 악보다 낫고 선행하며 현재 고생하는 것이 악행하며 현재 고생하는 것보다 낫다는 것은 말할 필요가 없을 정도의 당연지사인데, 왜 베드로가 이런 불필요한 말을 했겠는가? 베드로가 2 : 20에서 말한 것도 자세히 관찰하면 '악행하며 현재 고생하는 것보다 선행하며 현재 고생하는 것이 더 낫다'고 단순하게 말한 것이 아님을 알 수 있다. 2 : 20의 대조는 선행 중에 고생하며 '참는 것'과 악행하며 고생 중에 '참는 것', 즉 인내의 대조이다. 부당하게 고생하며 참는 것은 가치가 있으나 악행하여 당연히 당할 고생을 참는 것은 가치가 없다는 것이다. 따라서 2 : 20과 3 : 17을 단순비교의 방식으로 비교하고 3 : 17에서 언급한 '악행하며 고생하는 것'이 단순히 '악행하며 현재 고생하는 것'을 의미한다고 결론짓는 것은 정당하지 못하다.

'선행하며 현재 고생하는 것이 악행하며 현재 고생하는 것보다 더 낫다'는 식의 말은 구태여 할 필요가 없는 말이므로 베드로가 이런 의미로 3 : 17의 말씀을 했다고 보기는 힘들다. 베드로는 오히려 '선행하며 현재 고생하는 것이 악행하며 미래에 고생하는 것보다 더 낫다'는 의미로 3 : 17을 말했을 것이다. 이렇게 보는 것은 예수님의 말씀과도 일맥상통한다. 선행하기 위해서 눈 하나 혹은 손 하나 없어지고 영생에 들어가는 것이 악행하면서 온전한 몸을 가지고 있다가 미래에 지옥에 던지우는 것보다 더 낫다(마 5 : 29, 30).

이렇게 볼 때 3 : 17의 말씀은 '선을 행함으로 현재에 고난 받는 것이 … 악을 행함으로 지옥의 고난을 받는 것보다 더 낫다'는 것을 암시하는 말씀이다. 이것은 '선을 행함으로 현재 고난받는 것이… 악을 행함으로 현재는 고난을 받지 않고 주님 재림 후에 고난받는 것보다 더 낫다'는 말씀이 된다. 다시 말해서 선을 행함으로 현재에 고난당하는 것이 악을 행함으로 현재에 고난당하지 않는 것보다 더 낫다는 말씀이 된다. 베드로는 여기서 선행과 더불어 현재의 고난을 당하는 것과 악행과 더불어 미래에 고난당하는 것, 선행과 더불어 현재에 고난을 당하는 것과 악행과 더불어 현재에 고생하지 않는 것을 대조하고 있는 것이다. 선행과 함께 현재의 고난을 택할 것인가, 악행과 함께 미래의 고난을 택할 것인가? 선행과 함께 현재의 고난을 택할 것인가, 악행과 함께 현재 잘 먹고 잘 사는 것을 택할 것인가? 이것이 3 : 17에 암시된 양자택일이다.

2. 하나님의 고난관제탑

베드로는 선을 행함으로 고난받는 것이 악을 행함으로 고난을 피하는 것보다 더 낫다는 진리를 말하면서, 따라서 고난을 자처해야 한다고 말하지 않는다. 선행과 더불어 고난당하는 것이 더 나은 길이라고 해서 고난을 일부러 끌어들일 필요는 없는 것이다. 베드로는 이런 의미에서 "하나님의 뜻일진대"라는 단서를 붙이고 있다.

"하나님의 뜻일진대"라는 것은 '하나님이 그것을 요구하신다면', 즉 '우리가 고난당하는 것이 우리의 유익을 위해서 필요하다는 것을 하나님이 보실 때에'라는 의미가 있다. 선행과 더불어 당하는 고난은 필연성의 문제가 아니라 가능성의 문제이다. 하나님이 요구하실 때에 당하는 것이 선행(善行)의 고난인 것이다. 하나님은 그분의 백성이 때때로 고난당하는 것이 필요하다는 것을 아신다. 고난을 당하지 않으면 얻을 수 없는 효과가 고난을 당함으로써 얻게 될 경우에 하나님은 그런 고난을 당하도록 허용하신다.

그런데 여기서 명심해야 할 것은 하나님이 고난을 통제하신다는 진리이다. 비행장에서 안전과 능률을 위하여 항공기의 이착륙을 관제하는 탑이 있듯이, 하나님께서 자기 백성의 구원을 위하여 순경과 역경을 관리하시고 통제하시는 탑이 있다. 이름하여 고난관제탑이라고 할 수 있는데, 우리가 기억해야 할 것은 고난관제탑에 우리를 사랑하시는 아버지 하나님이 앉아 계시다는 사실이다.

제 3 장
그리스도의 고난 모델 (3 : 18 — 22)

18 그리스도께서도 한번 죄를 위하여 죽으사 의인으로서 불의한 자를 대신하셨으니 이는 우리를 하나님 앞으로 인도하려 하심이라 육체로는 죽임을 당하시고 영으로는 살리심을 받으셨으니 19 저가 또한 영으로 옥에 있는 영들에게 전파하시니라 20 그들은 전에 노아의 날 방주 예비할 동안에 하나님이 오래 참고 기다리실 때에 순종치 아니하던 자들이라 방주에서 물로 말미암아 구원을 얻은 자가 몇명 뿐이니 겨우 여덟명이라 21 물은 예수 그리스도의 부활하심으로 말미암아 이제 너희를 구원하는 표니 곧 세례라 육체의 더러운 것을 제하여 버림이 아니요 오직 선한 양심이 하나님을 향하여 찾아가는 것이라 22 저는 하늘에 오르사 하나님 우편에 계시니 천사들과 권세들과 능력들이 저에게 순종하느니라

베드로는 위에서 그리스도인이 선행 중에 당하는 고난은 복되다는 것과 고난 중에 공포와 소동에 휘말리지 말고 그리스도를 거룩하게 하면서 항상 변증을 준비하라는 것을 독자들에게 촉구했다. 그리고 악행으로 인한 고난보다 선행으로 인한 고난이 더 나은 고난이라는 것을 밝혔다.

신자들은 선행을 인한 '애매한' 고난을 바로 감당해야 한다는 것을 말한 베드로는 본문에서는 그리스도의 고난을 모델로 제시했다. 그리스도는 의로운 자로서 불의한 자들을 위한 대속의 고난을 당하셨다. 그분은 죽으시고 부활하시고 승천하셔서 왕적 위엄과 권세로 만유를 통치하고 계신다. 베드로는 이 점에서 그리스도의 고난이 신원(vindication)을

받았다는 사실을 밝힌 것이다. 그리스도께서 고난을 당하셨지만, 결과적
으로 하늘에 오르셔서 우주적 주권을 행사하고 계신 사실은 선행을 인한
고난 면에서 그리스도와 동일시되는 신자들도 고난으로부터 신원을 받
을 것이고 마침내 실현된 하늘 '소망'을 누리게 된다는 면에서 큰 위로와
격려가 되는 것이다. 고난을 통과해서 영광의 자리로 들어가신 그리스도
의 '비전'이 오늘날 고난을 당하는 신자들에게 소망을 북돋우어 주는 것
이다.

본문분해
　I. 불의한 자들을 위한 그리스도의 고난(3 : 18)
　II. 영으로 전파하심(3 : 19~20)
　III. 물/세례의 예표(3 : 21~22)

I. 불의한 자들을 위한 그리스도의 고난(3 : 18)

1. 그리스도의 고난

"그리스도께서도 한번 죄를 위하여 죽으사"에서 "그리스도께서도"에
주목할 필요가 있다. 이 표현은 2 : 21에서도 동일한 표현으로 나타나는
데, 그 동일한 헬라어 표현은 "왜냐하면 그리스도께서도…"('호티 카이
크리스토스')이다. 이것은 위에서 성도들의 고난을 말하고 난 다음 그것
을 그리스도의 고난과 연결하는 표현이다. 고난 당하는 성도들에게 그리
스도의 고난을 모델로 제시하는 것이다. 위에서 베드로가 어디에 근거를
두고 선행자가 고난당하는 것이 복이라는 것과 고난 당할 때에 공포와
소동에 말려들지 말고 선한 양심을 가지고 미래의 소망을 변증하라는 것
을 권면했는가? 베드로가 고난당하는 성도들에게 그렇게 권면할 수 있는

근거는 그리스도 자신의 고난이다.

성도의 고난과 그리스도의 고난의 유비(analogy)는 100% 맞아떨어지는 유비는 아니다. 왜냐하면 본문에 나타나는 그리스도의 고난은 '한 번'의 고난이고 불의한 자들을 위한 대속적 고난이며, 죄를 위한 구속적 고난이기 때문이다. 본문에서 그리스도의 고난과 성도의 고난은 고난당할 만한 일을 하지 않고 애매하게 고난을 당한다는 점에서 공통점이 있을 뿐이다. 우리의 고난과 그리스도의 고난 간에 차이점들이 많지만 선행을 위한 고난이라는 이러한 공통점이 있다는 것은 우리가 그리스도와 동일시된다는 것이다. 또한 고난에 있어서 그리스도와 동일시되는 것은 부활과 미래의 영광 면에서도 그리스도와 동일시되는 축복을 내포하고 있다. 이러한 사실을 생각하면 고난당하면서도 그 고난을 견디게 되고 감사가 우러나올 수 밖에 없다.

교인들에게 괴로움을 당하는 어떤 목회자가 상회 감독에게 찾아가서 "이제는 더 이상 못견디겠으니 사임하게 해 주십시오"라고 말했다. 그 때 감독은 뜻밖에도 "교인들이 얼굴에 침을 뱉던가요?" 하는 질문을 했다. "아니요, 그렇지는 않습니다"고 그 목회자가 대답했다.

"교인들이 때린 적이 있습니까?"

"아니요."

"교인들이 옷을 벗기고, 조롱하고, 비웃은 적이 있습니까?"

"아니요."

"교인들이 채찍질하고 가시 면류관을 씌우고 십자……?"

감독이 '십자가' 하려고 하는데 그 목회자는 감독의 말을 가로채면서 "아닙니다. 하나님이 도우시면 그들이 제게 그런 짓들을 할 때까지 저는 목회를 계속하겠습니다"고 말했다. 그 목회자가 목회상의 고통을 감당하겠다는 각오는 그리스도의 고난을 모델로 삼은 순간부터 생긴 것이다.

베드로는 이미 2 : 18~20에서 선행 중에 애매하게 고난을 당하면서도 인내하는 것이 하나님 앞에서 아름다운 것이라고 했다. 그리고 나서 그 근거로 예수 그리스도의 애매한 고난의 모델을 제시했다. 그러면 2장 마지막 부분의 그리스도의 고난과 3장 마지막 부분의 그리스도의 고난의 강조상의 차이점이 무엇인가?

2장 마지막 부분에서 베드로는 그리스도께서 욕을 당하시면서도 대신 욕하시지 않고 고난을 당하시면서도 위협하시지 않고 공의로 심판하시는 자에게 맡기신 것이 우리가 죄에 대하여 죽고 의에 대하여 살도록 하시는 본이라는 점을 지적했다. 즉 그리스도의 고난이 고난당하는 성도들의 현재적 삶의 본이라는 것이다. 이 점이 "그리스도도 너희를 위하여 고난을 받으사 너희에게 본을 끼쳐 그 자취를 따라오게 하려 하셨느니라"는 말씀으로 제시되었다(2 : 21).

3장 마지막 부분에서 베드로는 그리스도의 고난의 목적을 성도들을 위한 미래의 소망에 두었다. "이는 우리를 하나님 앞으로 인도하려 하심이라"는 표현이 바로 이 점을 꼬집어낸다(3 : 18). 다시 말해서 그리스도께서 죽음과 부활을 거쳐 하나님의 우편에 재위하신 것이 고난당하는 성도들의 밝은 미래를 약속하는 근거가 된다는 것이다. 그리스도께서 고난을 통해서 하나님 우편으로 가신 것은 우리를 앞으로 "하나님 앞으로 인도"하시기 위함인 것이다.

2장 마지막과 3장 마지막은 이와같이 각기 그리스도의 고난 모델을 제시하여 고난당하는 성도들을 권면하는 것이다. 그런데 2장 마지막의 포인트는 고난당하는 성도들의 현재의 삶이고, 3장 마지막의 포인트는 고난당하는 성도들의 미래의 삶이다. 2장 마지막과 3장 마지막의 더 구체적인 차이점들이 아래에서 드러나겠지만, 핵심적인 차이점은 2장 마지막은 그리스도가 고난을 당하신 자세대로 고난을 참아나가라는 것이고 3장 마지막은 그리스도께서 고난 후에 영광의 하나님 앞으로 가신 것을 바라보고 고난을 견디라는 것에 있다.

베드로는 이런 의미에서 "그리스도께서도"의 "도"('카이')를 사용한 것이다. 베드로는 이렇게 그리스도의 고난 모델을 제시하면서 그분이

"한번 죄를 위하여 죽으셨다"고 했다. 여기서 "죽으셨다"('아페사넨', A C 등)는 단어는 어떤 사본들에는 "고난받으셨다"('에파센', B K P 등)로 되어 있다. "죽으셨다"는 단어는 "한번"('하팍스')과 "죄를 위하여"라는 표현과 자연스럽게 맞추기 위하여서, 그리고 "그리스도께서 우리를 위하여 [우리 죄 때문에, 혹은 너희를 위하여] 죽으셨다"는 전통적인 표현을 생각해서 필사자가 고쳐넣은 것 같다. 원본에는 "고난받으셨다"는 표현이 들어있었을 것인데, 이것은 3 : 13~17 말씀의 고난 주제와 직결되어 적절하나 '한번'과 연결되면 '한번 고난받으셨다'는 어색한 표현이 되기 때문에 필사자가 고쳤을 가능성이 있다. 사본비평상 이런 논의를 할 수 있으나 "죽으셨다"는 단어가 들어가든 "고난받으셨다"는 단어가 들어가든 의미상 큰 변화는 일으키지 않는다. 죽으심은 고난의 구체적인 절정이고 고난은 죽으심을 포괄하는 예수님의 전반적인 삶이기 때문이다.

그리스도의 고난이 본문에서는 "한번 죄를 위하여" 당하신 것으로 되어 있는데, "한번"은 '지금'과 대조되는 '한때'(과거의 부정기적 기간)일 수도 있고, '거듭거듭'과 대조되는 '딱 한번'(once-for-all)일 수도 있다. 히브리서에서는 거듭된 동물의 제사와 예수님의 영속성을 가진 단번의 제사가 대조되어 있지만(히 7 : 27 ; 9 : 12 ; 10 : 10), 본문은 그러한 대조는 드러나 있지 않다. 그러나 본문도 그리스도의 '한번'의 고난이 충족하고 완벽한 것으로서 그 목적을 다 성취했다는 의미는 담고 있다. 그리스도의 고난이 "죄를 위하여"라는 것은 그리스도의 죽음이 그분을 따르는 자들의 죄들을 처리하는 데 결정적 영향을 미쳤다는 것을 의미한다. 그리스도의 죽음이 대속성을 가지고 있다는 점이 구약에서는 속죄제물을 통해서 예표되었고(레 5 : 7 ; 6 : 23 ; 시 39 : 7 ; 사 53 : 5, 10 ; 겔 43 : 21~25) 신약에서는 직접적으로 제시되었다(롬 8 : 3 ; 고전 15 : 3 ; 살전 5 : 10 ; 히 5 : 3 ; 10 : 6, 8, 18, 26 ; 요일 2 : 2 ; 4 : 10).

2. 그 고난의 성격과 목적

(1) 고난의 성격

베드로는 그리스도가 당하신 고난의 성격을 "의인으로서 불의한 자들 (원문)을 대신"한 것이라고 지적했다. 그리스도의 무죄성이 그분이 "의 인"이라는 점에 나타난다. 그리스도가 무죄한 분이라는 것은 베드로서 에도 나타나 있고(1 : 19 ; 2 : 22~23 ; 4 : 1) 신약 다른 부분에서 나타 나 있다(마 27 : 19 ; 눅 23 : 47). 그리스도는 초대교회에서 '의로운 자' 라는 별명으로 불리워지기도 하였다(요일 2 : 1, 29 ; 3 : 7 ; 행 3 : 14 ; 7 : 52 ; 22 : 14). 그리스도가 '의로운 분'이라는 것의 구약적 배경은 여 호와의 종의 의로움과 그분이 대속하시는 백성의 죄악성이 대조되어 있 는 이사야 53장 전체에서 찾아볼 수 있지만, 특히 53 : 11의 "나의 의로 운 종"이라는 표현 속에서 찾아볼 수 있다.

의로운 그리스도께서 "불의한 자들"을 위하여 고난을 당하셨다고 할 때에 우리들도 이 "불의한 자들" 속에 포함된다. 선행 때문에 고난을 당 한다는 차원에서는 위에서 말한 대로 성도들과 그리스도가 공통점이 있 지만, '불의한 자들을 위한 의인의 고난'이라고 할 때에는 성도들은 오히 려 불의한 자들 속에 포함된다는 말이다(롬 5 : 6~8 ; 딤전 1 : 15). 성 도들은 무죄성 면에서 의로운 자들도 아니고, 불의한 자들을 위한 대속 적 고난을 당하는 자들도 아닌 것이다.

대학생 몇명이 쾌락의 저녁시간을 보낸 후에 집으로 돌아오고 있었다. 술취한 우두머리가 교회 첨탑 위에 달빛의 조명을 받고 있는 십자가를 보고 소리를 질렀다.

"너 수학쟁이들, 하나님의 플러스(+) 사인 좀 보라."

그날 밤 그들 중 한 학생은 잠을 이룰 수 없었다. 아침이 되면서 그는 그들의 우두머리 방으로 가서 하나님의 플러스 사인인 그 십자가를 자기 는 하나님의 풍성한 사랑의 상징으로 받아들이기로 결심했노라고 말했다. 7명의 대학생들이 곧 그 학생과 같은 결심을 내렸다. 십자가는 불의한 자들을 위해 의로운 주님이 고난당하신 '하나님의 플러스 사인'인 것이다.

(2) 고난의 목적

베드로는 그리스도가 당하신 고난의 성격을 무죄한 자의 대속적 고난으로 규정한 다음 그 고난의 목적을 "우리를 하나님 앞으로 인도하려 하심"이라고 했다. 불의한 자들을 위한 의인 그리스도의 죽음은 하나님과 불의한 자들을 화해시키는 데 그 목적이 있었다. '인도하다'('프로사가게인')는 동사는 동물을 제물로 하나님에게로 데려가는 것을 가리키기도 하고(출 29 : 10 ; 레 1 : 2), 사람을 재판받도록 법정으로 데리고 가는 것을 가리키기도 하며(출 21 : 6 ; 민 25 : 6 ; 행 16 : 20), 사람을 서임받도록 하나님에게 데려가는 것을 가리키기도 한다(출 29 : 4, 40 : 12 ; 레 8 : 14 ; 민 8 : 9). 그러나 본문에서는 제사나 재판이나 서임의 의미로 '인도하다'는 단어가 쓰인 것이 아니다. 물론 2 : 5, 9에 성도와 제사제도의 연결이 있지만, 그런 은유가 3 : 18에 들어있는 것은 아니다. 본문의 초점은 제사 혹은 예배에 있는 것이 아니라, 불의한 자와 하나님의 화해에 있다. 불의한 자가 의인 예수 그리스도의 대속의 죽음의 결과로 회심하여 어두움에서 빛으로(2 : 9), 우상숭배에서 하나님 경배로 바꾸어지는 대신관계의 변화에 있는 것이다.

그리스도께서 우리를 하나님께로 인도하시는 것이 하나님과의 화해를 의미한다면, 이것은 현재 하나님과 화해한 상태에만 관한 것인가? 그런 것은 아니다. 우리는 물론 그리스도의 죽음의 목적이 성취된 현재에 하나님과의 화해를 누리고 있지만, 그리스도께서 우리를 하나님에게로 인도하는 것이 현재적 측면으로 끝나는 것이 아니다. 특히 베드로전서 전체의 초점이 미래적 구원의 완성에 있고, 예수 그리스도께서 "영혼의 목자와 감독"으로서(2 : 25) 우리를 현재의 고난을 통과하도록 인도하셔서 미래적 하늘의 기업을 차지하도록 하시는 데 있다는 점이 중요하다. 본문 3 : 22에서도 그리스도는 "하늘에 오르사 하나님 우편에 계시니 천사들과 권세들과 능력들이 저에게 순복한다"는 사실이 밝혀져 있다. 그리스도 이미 하나님 앞으로 들어가신 분으로서 동시에 우리 영혼의 목자이시기 때문에 우리를 미래에 영광스러운 하나님 앞으로 인도하실 것이다.

그리스도의 대속적 고난의 목적이 우리를 하나님께로 인도하는 것이라고 할 때에, 그리스도의 인도는 현재적 측면과 미래적 측면을 다 포괄하고 있다. 우리는 목자되신 그리스도의 인도하심을 받아 현재적으로 하나님과의 화해를 누리고 있을 뿐 아니라, 미래적으로 완성될 구원의 자리에서 하나님과의 교제를 누리게 될 것이다. 그리스도께서 고난을 통해서 영광의 자리에 들어가신 사실과 그분이 고난 중에 처한 우리의 목자이시라는 사실은 고난당하는 우리에게 엄청난 위로가 된다.

제임스 파커라는 사람이 병원을 방문했을 때 어떤 간호원이 사방을 흰 스크린으로 가린 병상을 가리키면서 "저 불쌍한 사람은 죽어가고 있습니다. 신부님이 여기에 오셔서 마지막 성사를 집행하셨습니다. 저분은 곧 돌아가실 것입니다"고 했다. 파커는 간청해서 허락을 받아내고 그 안으로 들어가 보았다. 그가 죽어가는 그 사람을 보니 그 사람은 십자가를 품에 품고 있었다. 파커는 몸을 굽혀서 그 십자가를 치워버렸다. 그 때 그 환자는 눈을 뜨고 괴롭다는 표정을 지으면서 "그것을 돌려 주시요. 나는 십자가를 품고 죽고 싶습니다"고 나직한 목소리로 말했다. 파커는 십자가에 그려진 예수님을 가리키면서 "그분은 놀라운 구세주이십니다"고 진지하게 말했다.

"그래요, 그래요. 저는 십자가를 사랑해요. 그러니 제가 편하게 죽을 수 있도록 십자가를 돌려 주시오."

"십자가가 중요한 것이 아니라 십자가에서 죽으신 주 예수 그리스도가 중요합니다. 그분은 당신을 구원하시기 위해서 죽으셨습니다."

이 말을 들은 환자는 순간 당황해 하다가 갑자기 얼굴 빛이 밝아졌다. "아, 그렇습니까. 십자가가 아니라, 십자가에서 죽으신 분, 그분이 저를 위해서 죽으셨군요. 네, 선생님, 이제 알겠습니다. 저는 전에는 이것을 깨닫지 못했습니다."

파커는 십자가를 돌려주고 잠시 기도한 후에 그 자리에서 떠났다. 잠시 후 그는 그 환자의 시신이 영안실로 옮겨지는 것을 보았다.

주 예수 그리스도는 우리를 하나님께로 인도하시기 위해서, 즉 우리를 구원하시기 위해서 십자가에서 대속의 죽음을 죽으신 것이다.

3. 그리스도의 육과 영

그리스도가 당하신 고난은 성격 면에서 의로운 자가 불의한 자들을 위하여 대속적으로 당하신 애매한 고난이고 목적 면에서 우리를 하나님에게로 인도하시기 위한 고난이다. 베드로는 이렇게 그리스도가 당하신 고난의 성격과 목적을 지적한 다음 그분이 "육체로는 죽임을 당하시고 영으로는 살리심을 받으셨으니"라고 했다. 이것은 그리스도의 고난이 그분을 궁극적 파멸로 이끄는 파괴적 고난이 아니라 생명에로 이끄는 고난이라는 것을 보여준다. 즉 베드로는 그리스도의 고난을 그 지향점 면에서 밝힌 것이다.

여기서 "육체로는 죽임을 당하시고"라는 구절이 예수님의 십가가의 죽음을 의미하는 것은 명백하다. 그러나 "영으로는 살리심을 받으셨으니"라는 구절이 무엇을 가리키느냐가 논란의 대상이 된다. "영으로 살리심을 받은" 것이 예수님의 부활 이전인가, 혹은 부활 자체인가? 다시 말해서, 예수님께서 죽으시고 부활하시기 전 무덤 속에서의 3일 간 그분의 영의 상태를 말하는 것인가, 아니면 무덤 속의 3일을 지내고 부활하신 것을 가리키는가?

(1) 죽음과 부활 간 무덤 속의 3일간 영혼의 상태라는 주장

예수님이 "영으로 살리심"을 받았다는 것은 육으로는 죽어서 3일간 무덤 속에 있는 동안 영으로는 살아계셨다는 것이다. 이런 주장은 1) 바로 다음절인 3 : 19에 그리스도께서 "영으로 옥에 있는 영들에게 전파하셨다"는 구절과 2) 4 : 6에 "죽은 자들에게도 복음이 전파되었다"는 구절에 걸맞는 것으로 보인다.

(2) 예수님의 부활 자체를 가리킨다는 주장

위의 주장은 1) 예수님이 십자가에서 죽으실 때 육과 영이 다 죽었고 바로 다음 순간 육은 죽은 상태에 그대로 있는 반면 영(혹은 혼)만 살리심을 받았다는 이상한 이론에 근거하고 있고, 2) 3 : 19의 그리스도의 전도는 그분의 부활 이전 3일간의 전도가 아니고 부활 이후의 전도라고 볼수 있다. 따라서 위의 주장은 근거가 없다는 것이다. 그래서 "영으로 살리심을 받은" 것은 그리스도의·부활 자체를 가리킨다고 보는 것이다.

위의 두 해석 중에 어느 것이 옳은 해석인가 하는 것은 아래의 3 : 19~20을 강해할 때 드러날 것이다. 여기서는 다만 그리스도의 죽음이 전멸(全滅)의 죽음이 아니라, 살리심을 전제한 죽음이었다는 것 만을 확인하는 것으로 족하다. 왜냐하면 우리의 고난과 그리스도의 고난이 유비되는 문맥에서 그리스도의 죽음이 죽음으로 끝나는 고난이 아니었던 것처럼 우리의 고난도 고난으로 끝나는 고난이 아니라는 점이 우리로 하여금 고난을 견디게 하는 진리이기 때문이다.

II. 영으로 전파하심(3 : 19~20)

본문을 기록한 베드로는 후에 이 본문이 다양한 해석의 사냥터가 되리라는 것을 전혀 예측하지 못했겠지만, 강해자들의 눈에 본문은 어느쪽으로 해석해도 그 나름의 난관에서 빠져나갈 수 없는 미로처럼 보인다. 필자는 본문을 다룸에 있어서 (1) 우선 얼른 읽어서 들어오는 의미로 본문을 해석한 다음 (2) 이런 해석이 성경 전체의 교훈의 빛으로 볼 때 야기하는 문제점들을 관찰하고 (3) 이런 문제점들을 해결하기 위한 다른 대안들이 무엇인지를 살핀 다음 (4) 필자 나름의 해결책을 제시해 보고자 한다.

1. 표면적인 해석

3 : 18에서 베드로는 그리스도께서 육으로는 죽임(십자가형)을 당하셨지만 영으로는 살리심을 받으셨다고 했다. 그리고 나서 3 : 18의 '영으로'라는 말을 바로 이어서 3 : 19에서 "또한 영으로 옥에 있는 영들에게 전파하셨다"고 되어 있다. 3 : 19의 '영으로'는 원문에 '그 안에서'('엔 호')라는 관계대명사구로 되어 있다. 관계대명사의 선행사는 3 : 18의 '영'이다. 그러니까 예수님은 십자가에서 육으로는 죽으심을 당하셨지만 영으로는 살리심을 받아서 살리심을 받은 그 상태의 영으로 "옥에 있는 영들에게 전파하셨다"는 것이 된다. 그러면 "옥에 있는 영들"은 누구인가?

3 : 20에는 "그들은 전에 노아의 날 방주 예비할 동안에 하나님이 오래 참고 기다리실 때에 순종치 아니하던 자들이라 방주에서 물로 말미암아 구원을 얻은 자가 몇명 뿐이니 겨우 여덟명이라"고 되어 있다. 이 말씀에 근거해 보면 "옥에 있는 영들"은 선한 천사들이나 악한 영들이 아니라, 사람들의 영들이라는 것을 알 수 있다. 문맥상 노아의 때에 물로부터 구원을 얻은 자들이 노아의 식구 8명, 즉 사람들이었기 때문에 "옥에 있는 영들"인 "그들"도 선한 천사들이나 악령들이 아니라 사람들의 영들인 것이다. 그들이 "옥"에 있다는 것은 지옥에 있다는 것이다.

이렇게 볼 때 예수님은 십자가에서 죽으시고 부활하시기 전 3일 어간에 영으로 "옥에 있는 영들에게 가서(우리말 개역성경에는 없으나 원문에는 '포류세이스'로 있음) 전파하셨다." 그러면 예수님이 십자가에서 죽으시고 부활하시기 전 3일간 지옥에 내려가셔서 노아시대에 불순종하던 사람들의 영들에게 무엇을 전파하셨는가?

동일한 저자 베드로가 쓴 베드로전서의 4 : 6에 보면 "죽은 자들에게도 복음이 전파되었다"는 기록이 나온다. 3 : 19의 "전파했다"는 것은 원문으로 '에케룩센'으로서 좋은 것(복음)을 전파한 경우도 되고 나쁜 것(정죄와 심판)을 전파한 경우도 된다. 그러나 4 : 6에서는 '유앙겔리스세'라는 단어가 사용되어 복음을 의미하는 '유앙겔리온'이 전파되었다는 것을 보여준다. 그러면, 그리스도께서는 육으로 죽으신 상태에서 영으로 사셔서 지옥으로 내려가셨고 지옥에 가셔서는 노아시대에 불순종하다가 물에 죽은 사람들의 영들에게 복음을 전하신 것이 된다.

2. 위의 해석이 야기하는 문제점들

위의 해석은 다음과 같은 문제점들을 야기한다.

(1) 그리스도께서 '영'으로 살리심을 받았다면, 그분의 '영'이 어느 시점에서인가 죽었다는 말이 된다. 영육 이분법적 인간관으로 볼 때 사람이 죽으면 육은 썩고 영은 죽지 않고 낙원이나 지옥으로 바로 간다. 신자의 영은 그리스도와 함께 거하는 낙원으로 가고(빌 1 : 23) 불신자의 영은 지옥으로 간다(눅 16 : 23~24). 예수 그리스도는 완전한 하나님이시면서 완전한 사람이셨으므로, 그분의 영도 다른 사람의 영처럼 죽지 않을 텐데, 죽었다니 무슨 말인가?

(2) 지옥에 간 사람들의 영혼들에게 복음을 전파한다는 말이 성경적으로 타당한 말인가? "한번 죽는 것은 사람에게 정하신 것이요 그 후에는 심판이 있다"는 것이 성경의 교훈인데(히 9 : 27), 죽음 후에도 복음을 들을 수 있는 기회가 있고 회개의 기회가 있다는 것이 무슨 말인가?

더군다나 지옥에서까지 복음을 들을 수 있다니, 도대체 이것이 무슨 말인가?

(3) 그리스도께서 영으로 지옥에 내려가셨다는 것이 성경적으로 정당한 주장인가? 그리스도께서 지옥에 가셨다는 것은 성경 다른 부분의 지지를 받지 못하는 것이 아닌가?

(4) 만일 그리스도께서 죽으시고 부활하시기 전 3일 어간에 지옥에 가셔서 노아시대에 불순종한 자들의 영들에게 복음을 전하셨다면, 왜 하필 그들에게만 전하셨는가? 타락 이후 그리스도의 죽으심까지 지옥에 간 무수한 영혼들에게 동일하게 복음을 전하셔야지, 왜 노아시대에 불순종하던 사람들의 영혼들에게만 복음을 전하셨는가?

3. 대안적 해석들

본문의 표면적인 해석이 위와 같은 문제들을 유발하기 때문에 이런 문제점들을 의식한 학자들이 다음과 같은 대안적인 해석들을 제시하였다.

(1) 찰스 비그(Charles Bigg)의 해석

찰스 비그는 옥스포드 대학교 교회사 교수를 역임한 학자로서 '국제비판주석'(The International Critical Commentary, 약칭 ICC) 시리즈 「베드로전서 유다서 주석」에서 다음과 같은 해석을 했다.

그리스도가 '영으로 살리심'을 받았다는 것은 그분의 영이 죽었었다는 것을 의미하지 않는다. 선지자들 속에 있던 그리스도의 신적 영은(1 : 11) 죽어서 분해될 수 없다. 인간 그리스도의 영이 파괴된 후 재창조되었다는 것은 거의 생각할 수도 없고 성경에서 이런 사상을 찾아낼 수도 없다. 본문 바로 다음절(3 : 20)에서 베드로는 홍수 이전 사람들의 영들이 살아 있다는 것을 밝히고 있다.

찰스 비그는 이런 관점에서 '살리심을 받았다'는 것을 3 : 7의 "생명의 은혜"면에서 설명했다. 하늘의 생명은 땅의 생명과 확연히 구분되는 것으로서 새로운 생명, 제이의 생명, 하나님의 참신한 은혜이다. 하늘의 생명은 땅의 생명에 이어지는 것이므로 이 둘을 분리시킬 수는 없지만, 양자가 구분된다. 요한복음 10 : 18의 빛에 비추어 본문을 해석할 수도 있다. "나는 [내 목숨을, my life] 버릴 권세도 있고 다시 얻을 권세도 있다"는 구절에서 '생명'은 끝나고 다시 시작하는 것으로 되어 있는 반면에 '나'는 불변적으로 계속 존재한다.

찰스 비그는 19절과 20절의 주된 의도는 18절의 '살리심을 받았다' ('조오포이에세이스')의 증거를 대는 것이라고 했다. 그리스도는 죽은 후에도 살아 계셔서 사역을 계속했다. 3 : 18~22의 문맥에서 그리스도의 삶은 시간적 순서 면에서 '죽었다', '가서 전파했다', '하늘로 가서 하나님의 우편에 계시다'—즉 죽음—전파—승천으로 이어진다. 19절에서 사건의 시기는 죽음과 승천 어간이기 때문에 노아가 당시의 사람들에게 회개를 전파했을 때 그리스도가 노아 속에 계셨다는 해석—어거스틴, 베데, 아퀴나스 등의 해석으로 "옥에 있는 영들"을 '노아 당시 죄의 감옥에 있는 자들'로 봄—은 부당하다. 베드로가 말하고자 하는 점은 그리스도가 지상에서 사역하셨을 뿐 아니라, 영으로서 감옥에 있는 영들에게 전파하러 가셨다는 사실이다.

옥에 있는 영들은 노아시대에 노아의 말을 듣지 않다가 죽은 사람들이다. '영들'('프뉴마타')이라는 말이 죽은 후의 사람들을 가리켜 사용되기도 했고(히 12 : 23) 본문의 병행구인 4 : 6('죽은 자들에게 복음이 전파되었다')에 '죽은 자들'이라는 말이 나오기 때문이다.

4 : 6에 '복음이 전파되었다'('유앙겔리스세')는 단어로 보아 베드로가 보기에는 그리스도께서 그런 영들에게 복음을 전하고 회개의 기회를 주었다. 후대의 주석가들은 신학적인 영향을 받아 이 점을 인정하지 않고 (1) 그리스도가 그들에게 희망을 전한 것이 아니라 정죄를 전했다거나 (2) 그분은 의로운 자들에게만 복음을 전했다거나 (3) 그분은 노아시대

에 불순종하다가 죽는 순간에 회개한 자들에게 전했다거나 (4) 그분은 의로웠던 자들에게는 복음을 전하고 불순종했던 자들에게는 정죄를 전했다는 식으로 재해석을 한다. 이런 모든 해석들은 다 정당하지 못하다. 왜냐하면 본문에 노아 식구 8명 외에는 다 불순종했다고 말하기 때문이다.

찰스 비그는 베드로의 말 속에는 회개없이는 구원이 없고 복음을 듣지 않고는 정당한 회개 기회가 없다는 사상이 깔려 있다는 것이다. 그리스도가 땅에 오시기 전에 살던 사람들은 복음을 들을 수 없었기 때문에 긍휼하신 하나님은 그들에게 복음을 들을 수 있는 마지막 기회를 제공하시지 않고 그들을 정죄하시지 않을 것이다.

찰스 비그는 베드로가 여기에서 아마도 당시 유대인 학파들에 유행하던 신앙을 수정된 형태로 표현하고 있는 것 같다고 했다. 〈에녹서〉에는 비록 흐미하고 파손된 형태로지만, 홍수 이전의 죄인들, 거인들, 그리고 거인들이 속인 사람들에게 첫심판(대홍수)과 세상 끝의 마지막 심판 사이에 "인자의 이름이 그들에게 계시되었기 때문에" 그들에게 큰 기쁨이 있었고, 그들에게 이렇게 회개의 기회가 주어졌다는 기록이 나온다. 〈브레쉬트 라바〉에는 "묶여져 있던 그들, 게힌놈에 있던 그들이 메시야의 빛을 보았을 때 그들은 기쁘게 그분을 받아들였다", "이것이 기록되어 있다 : 우리는 당신 안에서 기뻐하고 즐거워할 것입니다. 언제? 그 포로들이 지옥과 그들의 머리에 있는 세키나로부터 기어나올 때에"라는 구절들이 있다. 베드로가 이런 가르침을 땅 위에서 복음을 듣지 못한 특별한 자들에게만 제한해서 적용한 것이라고 보았다.

찰스 비그는 베드로가 여기서 그리스도의 지옥강하(Descensus ad Inferos)-이것은 이미 베드로의 오순절 설교(행 2 : 27)와 눅 23 : 43, 그리고 아마도 엡 4 : 9에 나옴-를 주장할 뿐 아니라, '지옥을 약탈함' (the Harrowing of Hell)이라는 지옥강하의 특수형태를 주장하고 있다고 보았다. 이런 사상이 아마 마 27 : 52, 53에 깔려 있는 것 같고 다음 문서들에 있는 사상과도 연결되어 있다 : 〈레위의 유언〉 4 ; Hermas, SIM, ix. 16. 5~7 ; Iren. iv. 33. 1, 12, v. 31. 1 ; the Presbyter in Irenaeus, iv. 27. 2 ; Marcion in Irenaeus, 1. 27. 2 ; the Fragment of the Gospel of Peter, 41 ; Tert. DE ANIMA, 55 ; Origen, CELSUS, ii. 43 ; IN LUCAM, Hom. iv ; IN JOAN. ii. 43 ; ACCTA THADDAEI in Eus. H. E. i. 13. 20 ; Ignatius, MAGN. ix. 3.

(2) 피터 데이비스(Peter H. Davids)의 해석

카나다 신학교(Canadian Theological Seminary)의 성경학과 신약 교수 피터 데이비스는 '새로운 국제 신약주석'(The New International Commentary on the New Testament, 약칭 NICNT) 시리즈 「베드로전서 주석」에서 다음과 같은 해석을 했다.

본문에서 육('사륵스') /영('프뉴마')의 대조는 얼른 보면 그리스도의 본질(nature)에 있어서의 육과 영의 대조로 보인다. 이것은 헬라적 이원론적 대조인데, 초대 교부들이 이런 식의 대조로 이 본문을 해석한 것 같다(Origen, C. CELS 2. 43 ; Epiphanius, HAER. 69. 52). 그러나 본문에서 육 /영의 대조는 영육 이원론적 대조가 아니다. 예수님은 육만 죽고 영만 살림을 받았다는 것이 아니다. 그리스도의 죽음은 전인으로서의 죽음이고 그리스도의 부활도 전인으로서의 부활이다. 본문의 육과 영은 본질(nature) 면의 대조가 아니라, 존재양식(mode of existence) 면의 대조이다. 그리스도가 '육으로 죽임을 당했다'는 것은 '비(非)중생 인간성'이라는 존재양식에 대해서 죽었다는 의미이고 '영으로 살리심을 받았다'는 것은 하나님을 기쁘게 하는 중생자의 존재양식 면에서 살리심을 받았다는 의미이다. 다시 말해서 그리스도는 영육 전인으로서 죄와의 동일시 상태에서 죽으심을 당하셨기 때문에 더이상 죄를 위해서 죽을 필요가 없고, 영육 전인 면에서 부활하신 인격자로 살아계시기 때문에 그리스도인들이 영육 전인 면에서 그분의 존재양식에 동참할 수 있게 된 것이다(롬 8장).

그리스도가 "영으로 가서 옥에 있는 영들에게 전파했다"는 구절에서 '영으로'라는 것은 '영적인 존재양식으로'(in the spiritual mode of existence), 즉 '부활 이후(postresurrection) 상태로'를 의미한다. '영으로'('엔 호[프뉴마티]', in the spirit)에서 '영'을 인간의 육과 대비되는 영으로 볼 수 없는 것은 위에서 이미 지적했다. 그것을 '성령'으로 보는 것도 문맥상 너무 갑작스런 의미를 도입하는 것이 된다. 물론 성령께서 사람들을 다른 곳으로 운반하는 것이 언급되어 있지만(겔 8 : 3 ; 행 8 : 39 ; 계 4 : 1~2), 본문의 '영'을 성령으로 보는 것은 이례적인 것이 되고 '영'의 의미를 왜곡하는 것이다.

그러면 그리스도께서 부활 이후의 상태로 '어떤 옥에 있는 어떤 영들에게 무엇을 전했다'는 말은 무슨 의미인가? 이것에 대한 설명으로는 다음과 같은 것들이 있다.

(1) '영들'은 구약 성도들의 영들이고 '옥'은 그들이 그리스도를 기다리고 있는 장소이며, 그리스도는 그들에게 구속(redemption)을 선포하신다(칼빈). 피터 데이비스의 반론 : 칼빈이 본문을 그리스도께서 부활 이후 상태에 복음을 전하신 것으로 본 통찰은 뛰어나지만, 본문에서 '옥'은 부정적인 의미로 사용되었고 '그들이 불순종했다'('아페이세사신')는 것이 구약 성도들에게 적용될 수 없다는 점이 문제이다.

(2) '영들'은 노아시대 홍수에서 죽은 자들의 영들이고 '옥'은 하데스이고 그리스도는 죽음과 부활 어간에 그들에게 복음을 전하셨다(혹은 그들이 '옥'에 갇히기 전 노아시대에 복음을 들었다)(C. E. B. Cranfield, E. Stauffer, H. J. Vogels, Beare, Goppelt, Windisch, Wand ; 가장 최근에 홍수전 노아의 전도를 통해서 그리스도께서 사람들에게 복음을 전했다고 주장한 주석가는 W. Grudem으로서 그는 「베드로전서 주석」에서 42페이지에 걸쳐 이 문제를 거론했다).

(3) '영들'은 창세기 6 : 1이하의 타락한 천사들이고, '옥'은 그들이 묶여 있는 곳이고, 그리스도는 그들에게 심판－혹은 노아시대에 회개－을 선포하셨다(F. Spitta, Selwyn, Hauck, Jeremias, B. Reicke, W. J. Dalton).

(4) '영들'은 창세기 6 : 1이하의 타락한 천사들의 후손들인 귀신들이고 그들은 땅에서 피란처를 찾아 보호를 받고 있었는데, 부활하신 그리스도께서 그들의 은신처를 침공하셨다(J. R. Michaels).

(5) '영들'은 타락한 천사들이고 에녹(원본에는 에녹이 나온다는 것)이 그들에게 심판을 선포했다(E. J. Goodspeed).

피터 데이비스는 이상과 같이 다섯가지 해석들을 소개한 다음 각 용어의 의미를 언어학적인 배경에 비추어 문맥 속에서 조사해야 한다고 했다. '영들'은 신약에서 특별한 의미수정(예 : 히 12 : 23)이 없는한 인간이 아닌 영적인 존재들을 가리킨다(마 12 : 45 ; 막 1 : 23, 26 ; 3 : 30 ; 눅 10 : 20 ; 행 19 : 15~16 ; 16 : 16 ; 23 : 8~9 ; 엡 2 : 2 ; 히 1 : 14 ; 12 : 9 ; 계 16 : 13, 14). 따라서 본문의 '영들'은 천사들이나 귀신들을 의미한다고 기대할 수 있을 것이다. 그러면 영들이 노아시대에 불순종했는가? 창세기 6 : 1~4을 특히 베드로 시대의 유대인들이 읽을 때에 '하나님의 아들들'은 하나님에게 불순종하여 옥에 갇힌 천사들로 해석되었다. 〈에녹1서〉에 보면 에녹이 투옥의 장소를 보면서 이런 말을 듣는다 : "이들은 주님의 명령들을 범해서 이 장소에 묶인 하늘의 별들에 속한 자들이다"(21 : 6) ; "이곳은 천사들의 감옥이다. 그들은 여기에 영원히 갇혀 있다"(21 : 10). 〈에녹1서〉 21 : 6, 10에 '영들' '옥' '불순종' 등 본문의 모든 요소들이 들어 있다. 영들이 불순종하여 옥에 갇힌 것은 다 노아시대에 이루어진 사건이다.

그리스도께서 이 감옥으로 가셨는데, 벧후 2 : 4에서는 이 '옥'을 '타르타루스'라고 했다(계 20 : 1~3 참조). '타르타루스'가 지하세계인지, 혹은 어느 장소인지는 모른다. 그리스도는 '타르타루스'에 있는 동안에 거기 있는 악령들에게 전파했다. '전파하다'('케루소')는 단어는 통상적으로 천국복음의 선포와 관계되어 있지만(예 : 고전 9 : 27), 때때로 세속적인 의미로 사용되기도 했다(눅 12 : 3 ; 롬 2 : 21 : 계 5 : 2). 베드로가 복음선포를 4회나 언급했지만(1 : 12, 25 ; 4 : 6, 17), '케루소'라는 단어를 복음전파와 관련하여 사용한 적은 없다.

신약에서 영들에게 복음을 전한다는 말을 쓴 적은 없지만, 신약성경이 그리스도께서 영들을 이기셨다는 말을 한다(고후 2 : 14 ; 골 2 : 15 ; 계 12 : 7~11 ; 엡 6 : 11~12 참조). 〈에녹1서〉도 감옥에 있는 영들에게 심판을 선포하는 것을 언급하고 있다(16 : 3). 따라서 본문은 부활하심으로 죄와 지옥을 이기시고 사람들을 구속하신 그리스도께서 투옥된 영들(타락한 천사들)에게 그들의 멸망을 확인하는 의미로 심판을 선포하신 것을 가리키는 것으로 보인다.

(3) 램지 마이컬스(J. Ramsey Michaels)의 해석

고든-콘웰 신학교(Gordon-Conwell Theological Seminary) 신약 교수를 역임하고 현재는 사우스웨스트 미주리 주립대학교 종교학 교수인 램지 마이컬스는 '말씀 성경주석'(Word Biblical Commentary, 약칭 WBC) 시리즈 「베드로전서 주석」에서 다음과 같은 해석을 제의했다.

3 : 19의 "저가 또한 영으로"로 번역된 구절의 원문은 '또한 그것 안에서'('엔 호 카이')인데, 이것은 그리스도의 부활('영으로 살리심을 받음')이 그리스도가 '가서 전파하신' 사건과 밀접하게 연결된 것을 보여준다. 다시 말해서 그리스도가 가서 영들에게 전파한 것은 그분의 부활의 직접적인 결과이다. 3 : 19의 '그것 안에서'('엔 호')의 '그것'은 앞에 나오는 '영'을 가리키는 것이 아니고, '영으로는 살리심을 받음' 전체를 가리키는 것으로 보는 것이 아마 가장 좋을 것이다. 이렇게 보면 그리스도는 '영으로 살리심을 받은 상태에서' 가서 전파하신 것이 된다.

죽은 자들로부터 부활하신 그리스도는 자신의 사역을 완성하시기 위해서 '또한' 여행을 하셨다. 그리스도는 가서 노아시대에 하나님에게 불순종했던 영들에게조차도 전파하셨다. 다시 말해서 그분은 가장 멀리 있는 청중에게도 찾아가신 것이다. 이것은 그리스도의 보편적 주권을 극적으로 표현하는 베드로의 구체적인 표현방식이다. 그리스도의 보편적 주권은 22절에 "천사들과 권세들과 능력들이 저에게 순복"한다는 것으로 밝혀져 있다. 그러면 '영들'의 정체는 무엇인가?

20절은 '영들'을 홍수전 "노아시대"의 존재들로 제시한다. 그러면 이들은 홍수에 멸망당한 사람들의 영들인가, 아니면 "사람의 딸들"과의 파행 때문에 하나님의 심판으로 홍수를 불러들였던 "하나님의 아들들", 유대인 전통과 초기 기독교 전통에서 천사들로 이해한 자들인가? 혹은 이 두 그룹을 다 포괄하는가?

'영들'이라는 복수가 인간 존재들과 관련되어 사용된 것은 신약에 한번(히 12 : 23) 뿐이다. 그런데 히 12 : 23에서는 '영들'이 '온전케 된 의인들의 영들'이라는 것이 수식구로 밝혀져 있지만, '영들' 자체가 인간 영들을 의미하지는 않는다. 물론 인간이 '영'을 소지하고 있지만, 통상적으로 인간 개인을 '영'이라고 하든가 인간 집단을 '영들'(프뉴마타)이라고 하는 경우는 없다(인간들을 '혼들', 헬라어로 '프슈카이'라고는 하지만. 벧전 1 : 20). 한편, '영'('프뉴마')이 신약에서 자주 초자연적인 존재들, 특히 악령들을 가리켜 사용되었다(예 : 마 10 : 1 ; 눅 10 : 20).

베드로가 본문을 쓸 때 에녹에 대한 유대인 전통, 특히 〈에녹1서〉에 영향을 받았다는 것은 거의 모든 학자들이 동의한다. 〈에녹1서〉는 죽은 자들의 영들을 가리킬 때는 히 12 : 23처럼 수식하는 단어와 함께 쓰이거나(22 : 3, 9, 12, 13 ; 9 : 3, 10) 그런 수식구가 나온 바로 다음에 뒤이어서 쓰였다(22 : 6, 13). 인류를 부패케 한 "하나님의 아들들"은 통상적으로 '천사들'로 불리거나(6 : 2) '보초들'로 불리었다(12 : 2, 4). 본문의 '영들'과 가장 근접한 병행구는 아마 〈에녹1서〉 15 : 8~10일 것인데,

거기에서 '영들'은 악령들의 의미로 사용되었다.

이렇게 볼 때 본문의 '영들'은 홍수에 죽은 사람들의 영혼들도 아니고, 범죄하여 홍수심판을 유발한 천사들도 아니고 그 천사들과 여인들 사이에서 나온 '악령들'이다. 그런데 이런 의견의 문제점은 신약성경에서 악령들은 '옥에' 있다고 되어 있지 않고 세상에서 적극적인 활동을 하고 있는 것으로 되어 있다는 점이다.

여기서 '옥'('플라케')은 외부인들을 해치지 못하도록 가두는 곳('감옥')일 수도 있고 내부인들을 보호하기 위한 '은신처'일 수도 있다. 계 18 : 2에 바벨론이 "귀신의 처소와 각종 더러운 영의 모이는 곳과 각종 더럽고 가증한 새의 모이는 곳"이라고 되어 있는데, 여기서 '모이는 곳'의 원문은 본문의 '옥'과 같은 '플라케'이다. 계 18 : 2의 '플라케'('옥')는 외부인들을 해치지 못하도록 가두는 '감옥'이 아니라 내부인들을 보호하기 위한 '은신처'의 의미로 사용된 것이다.

그리스도는 '플라케'로 가셔서 거기 있는 악령들에게 무엇을 전파하셨는가? 베드로전서에서 베드로는 복음을 전할 때는 '유앙겔리제인'(복음을 전하다)이라는 단어를 사용했는데(1 : 12, 25 ; 4 : 6), 본문에서는 '케루세인'(전하다)을 사용했다. 전파의 내용이 무엇인가 하는 것은 그것을 받은 '영들'이 어떤 존재들인가 하는 것과 관계가 있다. 그런데 여기서 또하나의 문제는 왜 그리스도께서 수천년 전 노아시대의 '영들'에게 전파하셨나 하는 점이다. 그러나 '영들'이 예수 그리스도께서 천국 선포 과정에서 대항한 악한 영들이라면, 문제는 쉽게 해결될 수 있다. 그분이 악령들을 추방하셨을 때 악령들은 은신처를 구했고 그분은 그것을 허락하셨다(막 5 : 10, 12, 13). 악령들의 나라는 그리스도의 사역 때문에 아직 전복되지는 않았지만 흔들렸다(막 3 : 23 ; 마 12 : 25 ; 눅 11 : 17~22). 본문의 '은신처에 있는 영들'을 이런 배경에서 본다면, 그리스도께서 죽음과 부활 후에 그들에게 전한 것은 그 악령들의 '은신처'가 더이상 불가침 성역이 아니라는 점이었을 것이다. 악령들도 우주 상의 다른 모

든 권력들과 함께 그리스도의 주권에 굴복해야 하는 것이다(22절). 본문
에서는 구원의 선포나 심판의 선포가 다루어진 것이 아니라, 과거에 하
나님의 임재의 침공을 받지 않던 악령들이 이제는 그리스도에 의해 침공
을 받아 주 그리스도에게 굴복하게 된 것을 다루는 것이다(빌 2 : 10).
그러면 이런 악령들의 '은신처'가 어디인가?

'영들'이 '악령들'을 가리킨다면, 악령들의 '은신처'('플라케')가 땅 위
하늘 어디, 혹은 땅 아래 어디를 가리킨다고 하는 것은 어리석은 일일 것
이다. 본문의 초점은 그 장소가 어디이든지 그리스도께서 자신의 주권을
그 악령들에게 선포하셨다는 것이다. 악령들이 자기들의 철천지 원수 그
리스도로부터 안전하다고 생각하는 곳이 어디이든지 그리스도는 거기에
가서 자신의 주권을 선포하신 것이다.

4. 필자의 해석

위에서 몇가지 해석을 소개했는데, 독자 중에는 필자가 직접 나름의
해석을 제시하면 될 텐데 왜 이렇게 여러가지 해석을 소개하여 독자에게
혼란을 초래하는가 하는 반문도 할 수 있을 것이다. 그러나 이미 앞서 지
적한 대로 3 : 19~20은 어떻게 해석하든지 간에 그 나름의 문제점들을
안게 되어 있다. 이런 난제를 해석함에 있어서 필자가 나름대로의 일방
적인 해석만을 제의한다는 것은 독자들의 판단을 한쪽으로 치우치게 할
수 있을 것이다. 뿐만 아니라, 여러가지 해석을 제시하지 않고 한가지 해
석만을 제의하는 과정에서는 깊이 다루어져야 할 복잡한 문제가 단순화
될 위험도 있을 것이다. 필자는 이런 점을 고려하여 몇가지 해석을 소개
하면서 우회하였다. 아래에 제시하는 필자의 해석도 '이것만이 옳고 이
것 외에는 다 틀렸다'고 할 정도의 확신을 담은 해석이 아니고, 필자 나
름대로 생각해 본 해석이다. 그러므로 독자는 위의 여러가지 해석 중에
서 본인이 성경적으로 사고해 볼 때 가장 적절하다고 생각되는 것이 있

으면 그것을 택할 수도 있을 것이다.

위에서 몇가지 해석을 소개한 다음 종합적으로 살펴볼 때 본문에서 '영들'은 노아시대의 불순종한 사람들의 사후(死後) 영들, 구약의 신자들 혹은 의인들, 노아시대에 불순종하다가 죽어가면서 회개한 자들, 혹은 악령들 등으로 해석될 가능성의 범위를 가지고 있다. '옥'은 불신자들이 죽은 다음에 최후심판을 기다리는 대기장소('하데스'), 지옥, 악령들의 감옥, 악령들의 은신처, 죄악의 감옥 등으로 해석될 수 있다. '전파'의 내용은 복음, 정죄, 그리스도의 주권 등이 될 수 있다. 그리스도께서 전파한 시점은 죽음과 부활 사이의 3일 어간, 부활 이후, 노아 속에서 전파한 노아시대 등이 될 수 있다. '영들'이 4가지, '옥'이 5가지, '전파'가 3가지, 기간이 3가지 — 이렇게 놓고 순전히 통계적으로 해석의 가능성을 따지면 본문에서 총 180개의 해석이 나올 수 있다. 본문이 해석학적 미로라는 것이 실감이 난다.

이런 해석학적 미로에서 필자가 빠져나가는 방법은 필자가 보기에 우선 선명한 것으로부터 출발해서 덜 선명한 것으로 나아가는 것이다.

필자가 볼 때 가장 선명한 것은 '영들'이 노아시대에 노아의 전도를 통해 나타난 하나님의 뜻에 불순종하다가 죽은 자들의 영들이라는 것이다. 3 : 19~20의 원문을 직역하면 "그것 안에서(in which) 그가 또한 옥 안의 영들에게 가서 전파하셨다 ; 그들은 노아의 날들에 방주가 준비되는 동안 하나님의 오래참으심이 기다리는 때 당시에 불순종했다. 그것 속으로(into which) [들어가서] 몇 명, 즉 여덟 혼들(persons)이 물을 통해서 구원받았다"로 된다. 여기서 '영들'은 '그들'이고 '그들'은 노아시대에 방주가 준비되는 동안 하나님이 오래 참으실 때 불순종한 자들이다. 그런데 '그들'이 선한 천사들이나 악한 천사들이 될 수 없는 것은 바로 다음에 노아 식구 8명이 언급되어 있기 때문이다. 다시 말해서 본문에는 불순종해서 '옥'에 간 '그들'과 순종하여 구원받은 8명의 '사람들'이 대조되어 있는 것이다(암시적으로). 이렇게 볼 때 '그들'은 '영들'이 아니고 '사람들'이다.

사람들을 두고 '영들'이라고 하는 경우가 신약성경에는 한군데(히 12 : 23) 밖에 없다는 것이 위의 사실을 뒤집어엎지 못한다. 히 12 : 23을 제외하고 '영들'('프뉴마타')은 신약에서 사람들이 아닌 영들을 가리켜 사용되었다는 것은 사실이다. 그리고 히 12 : 23의 '영들' 앞에 "온전케 된 의인들의"라는 수식구가 붙어 있어서 그것이 사람들의 영들이라는 것이 명시된 것도 사실이다. 본문에는 이와같은 수식구가 없이 그냥 '옥에 있는 영들'이 나오기 때문에 여기의 '영들'은 사람들이 아니고 악령들이라고 하는 논리는 무리가 있다. 왜냐하면 본문에는 히 12 : 23과 같은 수식구가 '영들' 앞에 붙어 있는 대신에 근접문맥에 노아시대에 불순종한 사람들과 순종하여 구원받은 8명의 사람들이 나오기 때문이다. 직접적인 수식구 대신에 근접문맥에 분명하게 '영들'이 사람들의 영들이라는 것이 나온다면, 직접적인 수식구가 붙어 있지 않은 경우의 '영들'은 신약에서 사람들이 아닌 천사들(악한 천사들 혹은 선한 천사들)을 가리킨다는 논리는 설득력이 없는 것이다.

본문의 '영들'이 선하건 악하건 천사들을 가리키는 것이 아니기 때문에 그것을 악령들로 보는 해석은 설 자리가 없다. '영들'이 악령들이 아니라면 '옥'이 '악령들의 감옥' 혹은 '악령들의 은신처'라는 해석도 자동적으로 성립되지 않는다. '영들'이 악령들이 아니고 사람들이라면, 노아시대의 사람들 중에 누구인가?

'영들'이 구약의 신자들이라고 하면서 '옥'을 '죄악의 감옥'으로 보는 것은 본문 문맥상 억지이다. 본문에서 베드로는 '그들'이 불순종했다는 것은 분명히 밝히고 있기 때문에, 그들을 구약 신자들로 볼 수 없는 것이다. 또한 '옥'을 '죄악의 감옥'이라고 볼 수 없는 것은 '옥에 있는 영들'은 살아 있는 자들이 아니고 죽은 자들이기 때문이다. 본문이 암시하는 것은 '옥에 있는 영들'은 불순종하다가 죽은 자들의 영들이라는 것이다. '영들'이 죽어가는 순간 회개한 자들이라는 해석은 본문해석 상의 여러가지

난제들을 피하여 가기 위하여 착상한 기발한 아이디어일 수는 있으나, 그러한 근거는 본문 어디에서도 찾을 수 없고 성경 어디에서도 찾을 수 없다.

'영들'이 노아시대에 불순종하던 자들의 사후 영들이고 '옥'이 악령들의 감옥, 악령들의 은신처, 혹은 죄악의 감옥이 아니라면, '옥'에 대해서 이제 남아 있는 가능성은 최후심판을 거쳐 지옥 가기 전의 대기장소인 '하데스'나 지옥이다. '옥'이 지옥이라는 자들은 행 2 : 27 ; 눅 23 : 43 ; 엡 4 : 9 ; 마 27 : 52, 53 등과 유대인 전통, 특히 〈에녹1서〉를 증거로 댄다. 그러나 행 2 : 27은 그리스도께서 지옥에 강하하셨다는 구절이 아니다. "내 영혼을 음부에 버리지 아니하시며 주의 거룩한 자로 썩음을 당치 않게 하실 것임이로다"에서 '영혼'은 벧전 3 : 19에 나오는 '영' 즉 '프뉴마'가 아니고 '혼' 즉 '프슈케'일 뿐 아니라, '영혼'은 '주의 거룩한 자'와 병행되는 것으로 전인을 가리키는 단어이고, 이 말씀은 음부에 버렸다가 건져냈다는 것이 아니라 '음부에 버리지 아니하신다'는 말씀이기 때문이다. 눅 23 : 43의 "오늘 네가 나와 함께 낙원에 있으리라"는 구절은 지옥강하의 구절이 아니라, 그와 정반대로 주님이 죽던 그날 바로 낙원에 가셨다는 구절이다. 엡 4 : 9의 "올라가셨다 하였은즉 땅 아랫 곳으로 내리셨던 것이 아니면 무엇이냐"라는 구절에서 "땅 아랫 곳"을 지옥이라고 할 근거가 없다. 마 27 : 52, 53에 예수님이 죽는 순간 무덤들이 열리고 자던 성도들의 몸들이 많이 일어난 것은 '지옥약탈'의 근거가 아니다. 지옥약탈로 '성도들'이 부활했다면, 그 이전에 성도들이 지옥에 가 있었다는 말이 되는데, 이것은 그야말로 비성경적인 사상이다. 〈에녹1서〉의 표현과 본문의 표현이 아무리 흡사하다고 해도 표현상의 유사성에 근거하여 위와같이 성경 전체에서 어긋나는 사상을 지지하는 것은 정당한 논리가 아니다.

필자는 본문 난제의 미로를 이만큼 빠져 나왔는데, 더이상은 빠져나갈 수가 없음을 솔직히 고백한다. 예수님이 지옥으로 강하하시지 않았다면,

하데스로 강하하셨다는 것이 된다. 지금까지 한 말을 종합하면, 예수님은 죽음과 부활 사이 3일 기간 동안 하데스에 가서 노아시대에 불순종하다가 죽은 자들의 영들에게 전파하신 것이 된다. 예수님이 십자형에 처하신 시대와 노아시대는 수천년의 시간적 간격이 있는데, 노아시대 이후에 불순종하다가 죽은 자들의 영들에게는 전파하시지 않고 노아시대의 그들에게만 전파하셨는가? 또 영들에게 전파하셨다면, 그 내용이 구원이건 심판이건 죽음 후에도 다시 기회가 주어진다는 말이 되는데, 이것은 어떻게 해결할 수 있는가? 등등. 필자는 본문 난제의 미로에서 더이상 빠져나갈 수 없다는 것을 고백한다. 앞으로 하나님이 지혜를 주시면 주석을 쓸 때 이 문제를 해결할 수 있을 지는 모르겠다. 필자가 억지로 빠져나가려면 나갈 수 있을 지 모르나 하나님의 말씀을 억지로 푸는 것은 자멸에 이르는 길이기 때문에(벧후 3 : 16), 일단 겸손히 여기서 논의를 중지하고자 한다.

III. 물/세례의 예표(3 : 21~22)

베드로는 노아시대의 홍수사건을 본문에 끌어들인 다음 그 홍수사건에서 '물'을 세례와 연결시키고, 세례의 의미를 그리스도의 부활과 관련시킨 후, 그리스도가 지금 하나님 우편에서 보편적 주권을 행사하고 계시다는 사실로 매듭지었다.

1. 물/세례(3 : 21상)

3 : 21 상반절은 원문을 직역하면 "그 원형(antitype) 세례는 지금 너희들도 구원한다"가 된다. 3 : 20('당시')과 3 : 21('지금')을 연결시키는 것은 '구원'과 '물'이다. 3 : 20에서 베드로는 노아의 8식구가 "물을

통해서('디아') 구원받았다"고 했다. 여기서 '통해서'('디아')란 전치사는 '위협이 되는 물을 통과해서 벗어나왔다'는 의미일 수도 있고 '물을 수단으로 해서 구원받았다'는 의미일 수도 있다. 전자의 경우는 '물'이 구원의 장소가 되고 후자의 경우는 '물'이 구원의 수단이 된다. 자연현상으로서의 홍수의 물을 생각하면 물로부터의 구원이라는 말이 적합하지만, 3 : 21에서 베드로는 '물'을 선행사로 해서 '그 원형 세례는 지금 너희들도 구원한다'고 했기 때문에 물이 구원의 수단으로 사용된 것이 분명하다.

'물'이 구원의 수단이라면 당장 노아의 8식구들이 무엇으로부터 구원받았는가 하는 반문이 나올 수 있다. 그들은 죄인들과 적대적 환경으로부터 구원받았을 뿐 아니라, 물리적인 죽음으로부터 구원을 받았다. 또한 그들이 방주를 통해서 구원받은 것이라고 말하는 것이 물을 통해서 구원받았다고 말하는 것보다 더 정확하지 않은가 하는 반문도 있을 수 있다. 그러나 베드로는 여기서 방주의 '나무'와 세례의 예표론을 다루려는 것이 아니고 '물'과 세례의 예표론을 다루려고 한 것이다.

베드로는 노아홍수의 물은 모형이고 세례는 원형이라는 것을 말하기 위해서 '원형'('안티티포스')이라는 말을 사용했다. 노아시대는 '물'이 그 8식구를 구원했지만, 지금은 그 물에 해당되는 세례가 신자들을 구원한다는 것이다. 그런데 기독교 세례가 '구원한다'는 것은 신약성경에서 여기만 나오는 말이다. 베드로는 세례가 구원한다는 것을 지적한 다음, 바로 뒤이어 세례의 의미를 언급했다. 베드로가 이렇게 한 것은 아마 자신의 말이 세례의식 자체의 구원성으로 오해되는 것을 막기 위함일 것이다. 다른 각도에서 보면, 베드로는 '세례가 구원한다'는 것을 말한 다음 그것이 '어떻게' 구원하는가를 세례의 의미로 밝힌 것이다.

2. 세례의 의미(3 : 21하)

베드로는 세례가 "육체의 더러운 것을 제하여 버림이 아니요 오직 선한 양심이 하나님을 향하야 찾아가는 것이라"고 정의했다. 세례는 부정적으로는 "육체의 더러운 것을 제하여 버림"이 아니고, 긍정적으로는 "선한 양심이 하나님을 향하여 찾아가는 것"이다.

(1) 부정적인 정의

세례가 "육체의 더러운 것을 제하여 버림이 아니요"라는 것은 세례가 물 안에서 씻는 의식이지만 이런 외부적인 의식이 구원을 주는 것이 아니라는 뜻이다. 세례의식의 물 자체가 마술적인 구원력이 있는 것이 아니라는 것이다.

(2) 긍정적인 정의

세례는 긍정적으로 "선한 양심이 하나님을 향하여 찾아가는 것"이다. "선한 양심"은 거짓이 없는 순수한 마음(1 : 22), 즉 하나님과 사람들 앞에서 정직하고 진실한 마음을 가리킨다. 신자들은 자신들에게 적대하는 사람들을 향해서도 '선한 양심'을 가져야 하지만 하나님을 향해서도 선한 양심을 가져야 한다. "하나님을 향하여 찾아가는 것"에서 "찾아가는 것"('에페로테마')은 '요구' '호소'를 의미할 수도 있고 '계약' '각오'를 의미할 수도 있다. 전자의 경우 세례가 선한 양심으로 하나님에게 호소하는 것이 되고, 후자의 경우 세례가 선한 양심으로 하나님 앞에서 약조하는 것이 된다. 유대인들이 쿰란 공동체에 입단할 때에 서약하는 것이 있었던 점으로 미루어 보아(1QS 1~2 ; 5 : 8~10) '요구'보다는 '계약'의 의미가 더 적절한 것 같다. 세례는 선한 양심으로 하나님을 향하여 약속하는 의식인 것이다. 부분적인 마음으로 서약하는 것이 사람들은 속일 수 있으나, 하나님은 속일 수 없다. 하나님에 대한 서약은 마음의 순수성에서 우러나와야 하는 것이다. 그러나 선한 양심으로 하나님에 대하여 서약한다고 해도 그 자체로써는 구원을 이루지 못할 것이다. 그래서 "예수 그리스도의 부활하심으로 말미암아"라는 구절이 덧붙여 있는 것이다. 하나님께서 "예수 그리스도의 죽은 자 가운데서 부활하심으로" 우리를 거듭나게 하신 것처럼 "예수 그리스도의 부활하심으로 말미암아" 우리를 구원하시는 것이다. 순수한 마음으로 하나님을 향하여 서약하는 세례는 이것이 의식으로 표면화되는 것이다.

3. 그리스도의 보편적 주권(3 : 22)

베드로는 "예수 그리스도의 부활"을 언급하고 바로 뒤이어 "그는 하늘에 오르사 하나님 우편에 계신다"는 것을 언급했다. 이것은 앞서 지적한 대로 그리스도께서 '죽으시고. 가서 전파하시고… 하늘로 가사 하나님 우편에 계신다'로 구원사의 진전을 지적한 것이다.

그리스도는 하늘로 가셨다(행 1 : 10). 이것은 그리스도께서 고난을 겪으신 다음 승천하심으로 권능의 자리로 들어가신 것을 말한다. 그리스도는 하늘로 먼저 들어가신 선구자이신데(히 6 : 20), 그분이 우리의 목자이시기 때문에 우리를 그곳으로 인도하실 것이다. 베드로는 신자들의 애매한 고난을 말하다가 그리스도의 고난 모델을 통해서 신자들을 위로하고 있는데, 그리스도의 승천은 고난당하는 신자들에게 엄청난 소망을 주는 것이다.

그리스도는 하늘로 가셔서 "하나님 우편에 계신다." 이 표현은 그리스도께서 왕적 위엄과 권능의 자리에서 다스리시고 계신다는 것을 의미한다(시 110 : 1 ; 행 2 : 34 ; 5 : 31 ; 엡 1 : 20 ; 골 3 : 1 ; 히 1 : 3 ; 8 : 1 ; 10 : 11 ; 12 : 2).

그리스도는 "하나님 우편"에 계시는데, "천사들과 권세들과 능력들이 저에게 순복"한다. 만유가 높아지신 그리스도에게 복종하는 것이다(고전 15 : 27~28 ; 엡 1 : 22 ; 히 2 : 5~9). "천사들과 권세들과 능력들"은 사단을 우두머리로 하는 악령들로서(요 12 : 31 ; 14 : 30 ; 16 : 11 ; 고후 4 : 4 ; 고전 10 : 19~21 ; 계 9 : 20) 악과 우상숭배와 박해의 배후

세력들이다. 이러한 세력들이 베드로전서의 독자들을 괴롭히는 배후세
력들인 것이다. 베드로는 그리스도께서 왕적 위엄의 자리에서 이런 세력
들을 통제하고 계신다는 것을 밝힘으로써 고난당하는 성도들을 격려하
고 위로한 것이다. 이런 세력들이 박해자들을 통하여 그리스도인들을 괴
롭히는 것이 최종결론이 아니라, 그리스도의 우주적인 통치가 최종결론
이라는 것이 고난당하는 성도들에게 소망을 불어넣는 것이다.

"우리가 우리 고등학교 잡지를 창간하려고 하는데 먼저 학교 모토가
필요합니다. 생각나는 것이 있습니까?" 하고 선교고등학교 교장 선생님
이 질문을 했다. "지금은 생각이 나지 않습니다" 하면서 질문받은 선교
사는 대답을 이었다. "그것에 대해서 기도하고 생각해 볼테니 한 이틀
후에 다시 찾아오시지요." 며칠 후에 그 선교사는 하나의 모토를 발견했
다. 그것은 "십자가를 지라 : 면류관을 쓰라"(Bear the Cross : wear
the crown)는 것이었다. 먼저는 십자가를 지는 것이고 다음은 면류관
을 쓰는 것―이것이 그리스도의 삶이었고, 신자들의 삶인 것이다.

앤드류 보나르(Andrew Bonar)의 미국방문 마지막 날 뉴욕에서 환
송회를 열게 되었다. 몇몇 연사들이 나와서 보나르에게 찬사를 보냈다.
마지막으로 한 사람이 나와서 "의로운 재판관인 주님이 그날에 앤드류
보나르에게 주실 의의 면류관을 생각해 보십시오"라고 말했다. 그 때 앤
드류 보나르는 강단 앞으로 나가서 하늘을 향해 손을 들고 바울이 디모
데에게 한 말을 맺었다. "나에게만 아니요, 그의 나타나심을 사모하는
모든 자에게입니다." 불의한 자들을 위한 의인 예수님의 죽음이 죽음으
로 끝난 것이 아니라 그의 우주적인 통치로 열매를 맺은 것처럼 선을 행
하면서 애매한 고난을 당하는 신자들도 고난으로 끝나는 것이 아니라 의
의 면류관을 받게 될 것이다.

제 4 장
생각의 무장 (4 : 1 — 6)

1그리스도께서 이미 육체의 고난을 받으셨으니 너희도 같은 마음으로 갑옷을 삼으라 이는 육체의 고난을 받은 자가 죄를 그쳤음이니 2그 후로는 다시 사람의 정욕을 좇지 않고 오직 하나님의 뜻을 좇아 육체의 남은 때를 살게 하려 함이라 3너희가 음란과 정욕과 술취함과 방탕과 연락과 무법한 우상숭배를 하여 이방인의 뜻을 좇아 행한 것이 지나간 때가 족하도다 4이러므로 너희가 저희와 함께 극한 방탕에 달음질하지 아니하는 것을 저희가 이상히 여겨 훼방하나 5저희가 산 자와 죽은 자 심판하기를 예비하신 자에게 직고하리라 6이를 위하여 죽은 자들에게도 복음이 전파되었으니 이는 육체로는 사람처럼 심판을 받으나 영으로는 하나님처럼 살게 하려 함이니라

베드로는 위에서 그리스도의 고난을 고난당하는 신자들에게 모델로 제시하였다. 베드로는 "그러므로"('운')라는 접속사로 본문을 시작함으로써 그리스도의 고난에서 교훈을 이끌어내고 있다. 본문은 그리스도의 고난에서 우리가 용기와 능력을 얻도록, 즉 우리가 그리스도의 고난을 실제적인 신앙생활에서 실존적인 능력으로 사용하도록 권면하는 내용이다. 이것은 3 : 17에서 끊어진 권면을 다시 하는 것이다. 베드로는 3 : 17까지 선행 중에 고난당하는 신자들이 어떤 자세로 살아야 할 것인가에 대해서 권면하다가 3 : 18~22에 그리스도의 고난 모델을 제시한 다음 다시 신자들에 대한 권면으로 돌아온 것이다.

베드로는 3 : 18~22에서 그리스도의 죽음과 부활과 승천과 우주적 주
권 및 기독교 세례 등을 거론했는데 본문에서는 이런 면에서 직접적으로
교훈을 이끌어내는 것이 아니라, 3 : 18상반절의 "그리스도께서도 한번
죄들을 위하여 고난당하셨다"는 핵심적인 말씀에서 교훈을 이끌어내는
것이다. 3 : 18~22에서 거론된 그리스도의 죽음 부활 승천 주권 등은 모
두 그리스도께서 죽음의 고난을 통해서 죄에 대한 결정적인 승리를 하셨
다는 것으로 요약될 수 있다. 베드로는 4 : 1~6에서 바로 이 점, 즉 그
리스도께서 고난으로 죄(우리들의)에 대해서 결정적인 승리를 하신 점
을 우리의 생활에 적용하는 것이다. 그리스도께서 고난을 통해서 죄에
대한 결정적인 승리를 하셨는데, 우리도 고난을 통해서 죄에 대한 승리
에 동참하도록 권면하는 것이다.

베드로는 본문에서 그리스도의 고난을 보면서 동일한 생각으로 무장
을 하라고 권면한다. 그 이유는 고난당한 자가 죄를 중지하기 때문이다.
베드로는 그리스도의 고난을 생각하면서 동일한 생각으로 무장하는 목
적은 남은 생애 동안 사람들의 정욕들을 기준으로 살지 않고 하나님의
뜻대로 살도록 하는 데 있다는 것을 밝힌다.

베드로는 이렇게 그리스도의 고난을 생각하면서 동일한 생각으로 무
장해야 할 이유와 목적을 총론으로 밝힌 후에 신자들의 과거와 현재를
대조적으로 제시했다. 과거에는 신자들이 이방인들의 뜻을 따라 온갖 죄
악들을 범했으나 현재에는 그러한 생활을 청산했기 때문에 이방인들이
분개와 놀라움을 보이고 있다는 것이다. 베드로는 여기서 그리스도의 고
난에 근거하여 신자들이 일단 기독교인이 되는 순간부터 과거를 청산하
고 과거와 결정적인 단절을 한 다음 새생활을 하게 된 것을 일상생활에
서 인식하도록 촉구하고 있는 것이다.

베드로는 뒤이어 인간들의 정욕들대로 방탕한 생활을 하면서 기독교
인들을 비웃는 자들이 결국 하나님의 심판을 받게 된다는 것, 따라서 그
들이 하나님 앞에서 책임을 져야 한다는 것을 지적한다. 하나님 앞에서

자신의 삶에 대한 책임을 지는 것은 '산 자들'만이 아니라, '죽은 자들'도 여기에 포함된다. 왜냐하면 그들도 산 자들 못지않게 복음을 이미 들은 자들로서 복음에 부정적으로 반응한 자신들의 삶에 대해서 책임을 져야 하기 때문이다.

본문의 이러한 내용을 요약하면 다음과 같다.

본문분해

I. 호소 : 동일한 태도로 무장하라(4 : 1~2)
II. 자극 : 신자들의 과거와 현재(4 : 3~4)
III. 격려 : 심판(4 : 5~6)

I. 호소 : 동일한 태도로 무장하라(4 : 1~2)

여기서 베드로는 먼저 그리스도의 고난을 언급한 다음 신자들이 동일한 생각으로 무장해야 할 것을 말한다. 신자들이 그리스도가 고난당하신 태도로 무장하면 삶이 성숙해져서 남은 생애에 악한 욕망에 따르지 않고 하나님의 뜻에 따라 살게 되는 것이다.

1. 고난의 각오로 무장하라

베드로는 "그리스도께서 이미 육체의 고난을 받으셨으니 너희도 같은 마음으로 갑옷을 삼으라"고 권면한다. 위에서 말한 대로 베드로는 3 : 18~22에서 그리스도의 고난의 파노라마를 보여준 다음 그 전체에서 결론을 이끌어내지 않고 다만 3 : 18상반절, 즉 '그리스도도 고난당하셨다'는 사실에서 결론을 이끌어내고 있다. "그리스도께서 육체로(원문은 '사르키'로 여격) 고난받으셨다"는 구절은 3 : 18의 "그리스도도… 고난받으셨다… 육체로는 죽임을 당하시고"라는 구절과 연결된 것이다.

이 구절에서 "육체로"('사르키')라는 단어가 매우 중요하다. 4 : 1에 이어지는 말씀에도 "육체로('사르키') 고난당한 자"란 구절이 있고 4 : 2에 "육체 안의('엔 사르키') 남은 때"란 구절도 있으며, 4 : 6에 "육체로('사르키') 사람들처럼 심판받으나"는 구절도 있다. 그리스도도 '육체로' 고난당하셨고 우리도 '육체로' 고난당하고 남은 때도 '육체 안의' 기간이고 심판도 '육체로' 당하는 것이라면, '육체로'란 무슨 의미가 있는가?

그리스도께서 '육체로' 고난당하시고 고난당한 신자들도 '육체로' 고난당했다는 말은 고난은 육체로만 당하고 영으로는 당하지 않는다는 말인가? 그것이 아니다. 그리스도께서 '육체로' 고난당하셨다는 것은 그분의 지상생활 전체가 고난의 삶이었다는 것이다. 이것을 3 : 18과 연결하면 그분의 고난은 십자가에 죽으심으로 그 절정에 이르렀다. 그리스도는 십자가에서 대속적 죽음을 당하신 것으로 절정을 이룬 고난을 통해서 죄 문제를 결정적으로 해결하셨다.

여러분의 아들이 예리한 칼에 찔려 살해당했다면 여러분은 아들을 죽인 그 칼을 기념품으로 보관하겠는가? 여러분은 아들을 죽은 그 칼이 보기도 싫어질 것이다. 여러분은 그 칼을 영원히 보이지 않는 곳으로 치워버릴 것이다. 우리들의 죄가 예수 그리스도를 십자형으로 몰고갔는데, 우리는 죄를 보물처럼 간직하겠는가? 결코 그럴 수 없는 것이다. 죄를 청산하는 것이 천번만번 마땅한 것이다.

베드로가 우리들의 죄 때문에 고난당하신 그리스도의 태도로 신자들이 무장할 것을 권면한 것은 이런 뜻이 있다. "너희도 같은 마음으로 갑옷을 삼으라"는 말씀에서 "갑옷을 삼는다"는 말은 적절한 도구나 무기로 무장한다는 것을 의미한다. "마음"은 생각, 사고방식, 태도, 기질 등을 의미한다. 신자들이 죄와 고난에 대해서 그리스도와 같은 태도로 무장한다는 것은 그들이 그리스도처럼 죄를 증오하되 소극적으로는 죄를 해결하기 위하여, 적극적으로는 의를 위하여 고난당하겠다는 태도를 갖는 것을 말한다. 우리가 그리스도와 동일한 고난각오를 가지면 죄성을 억누를 수 있는 무적의 무기로 무장하게 된다.

죄 속에 사는 신자는 사단의 손 안에 든 무서운 무기이다. 신자는 죄에 대적해서 싸우는 태도를 견지해야 한다. 태도(outlook)가 결과(outcome)를 결정한다. 어둠 속에 계속 머물면 어둠에 익숙해지는 것처럼 죄악 세상에 살면 죄에 익숙해지기 쉽다. 죄와 타협하고 죄에 익숙해지기 쉬운 세상에서 우리는 죄와 싸우면서 고난을 당하겠다는 각오를 해야 한다.

2. 고난무장의 이유

베드로는 고난당할 각오로 무장해야 할 이유를 "육체의 고난을 당한 자가 죄를 그쳤다"는 데서 찾았다. 이 구절의 의미가 무엇인가? "육체로 고난당한 자"는 누구이고, "죄를 그쳤다('페파우타이'는 완료형으로 '이미 그쳤다'를 의미)"는 것을 무엇인가? 이 구절의 의미는 다음과 같이 여러가지로 해석되었다.

(1) "육체로 고난당한 자"는 그리스도이고, "죄를 그쳤다"는 것은 '죄를 끝장냈다'는 의미이다(그리스도의 속죄).

(2) 어떤 사람이 세례에서 그리스도와 동일시되면 그 사람은 죄와 그에 대한 죄의 능력을 끝내버렸다는 것을 의미한다(롬 6 : 1~12 ; 요일 5 : 18~19)(그리스도인의 칭의).

(3) 어떤 사람이 고난을 당하면, 그는 육체에 뿌리박고 있는 죄를 끝내거나 자신의 죄를 속하는 것이다(그리스도인의 속죄).

(4) 어떤 사람이 고난당하기로 각오하면 그는 죄와 결정적으로 결별하기로 선택한 것이다(그리스도인의 성화과정에서의 각오).

(5) 그리스도인이 고난당하면(죽으면), 그는 그리스도처럼 죄로부터

자유로와질 것이다(그리스도인의 영화).

"육체로 고난당한 자가 죄를 그쳤다"는 구절의 의미를 바르게 파악하기 위하여 4 : 1~2를 원문대로 직역할 필요가 있다 : "그러므로 (1) 그리스도께서 육체로 고난당하셨으니 (2) 너희도 동일한 태도로 무장하라 - (3) 왜냐하면 육체로 고난당한 자가 죄를 그쳤으므로 - (4) 육체 안의 남은 기간에 더이상 사람들의 정욕들로 살지 않고 하나님의 뜻으로 살기 위하여."

위에서 (2)와 (4)는 그리스도인들의 고난과 직결된 구절이고(1)은 그리스도의 고난과 직결된 구절이다. 문제는 (3)이 (1)의 그리스도의 고난과 관계된 것이냐, 아니면 (2) (4)의 그리스도인의 고난과 관계된 것이냐 하는 것이다.

(1) 그리스도의 고난과 연결하는 경우

(3)을 그리스도인의 고난과 연결시키면 그것이 "누구든지 육체로 고난당한 자는 죄를 그쳤다"는 식으로 일반원리를 말하는 격언이라고 보는 것이다. 이럴 경우 "고난당한 자"라는 원문의 부정과거 시제를 일반적(generic) 진리를 말하는 것으로 보고, "그쳤다"는 완료형을 격언적(gnomic) 용법으로 보는 것이다. 이럴 경우 그리스도인이 고난을 통해서 삶을 죄로부터 순화시킬 수 있다(성화과정)고 보든지, 혹은 그리스도인이 세례에서 그리스도의 죽음과 동일시되면 죄로부터 칭의되어 새 삶을 시작했다는 것이 된다(칭의, 롬 6 : 1~11). 전자의 경우 베드로전서 전체의 사상(그리스도인이 여전히 죄와 싸와야 한다)과 어긋날 뿐 아니라, 인간의 일반적인 경험, 즉 고통이 사람을 더 완악하게 할 수도 있다는 점과 일치하지 않는다. 후자의 경우 우리의 '옛사람'이 그리스도와 함께 십자가에 못박혔다는 것을 말하는데, 이것이 본문의 의미이겠는가 하는 의문이 있다.

이렇게 볼 때 (3)은 (1)과 직결된 것으로서 베드로가 "그리스도께서

육체로 고난을 당하셨으니 너희도 동일한 태도로 무장하라"고 한 다음
"왜냐하면 육체로 고난당하신 자(그리스도)가 죄를 그쳤다"고 괄호로
덧붙인 것으로 볼 수 밖에 없다. 그리스도의 고난을 말하는 (1)의 경우
도 "육체로 고난당하셨다"고 했고 (3)의 경우도 "육체로 고난당한 자"
라고 하여 양자 간에 표현상에도 병행이 된다. 그러나 이렇게 해석할 경
우 "그리스도께서 육체로 고난당한 자로 죄를 그쳤다"면 그리스도가 죄
를 그치기 전 상태, 즉 죄를 짓는 상태에 있었다는 말인가 하는 신학적인
난관에 부딪히게 된다. 그리스도의 무죄성은 이미 베드로전서 2 : 22에
명시되어 있으므로 이것은 말이 되지 않는다.

이러한 신학적인 문제는 본문을 3 : 18과 연결하면 자연스럽게 해결된
다. 3 : 18에 보면 그리스도는 의로운 분으로서 불의한 자들의 죄 때문에
고난을 당하셨고, 그 고난의 절정이 죽음이었다. 그분은 한번의 죽음으
로써 죄 문제를 결정적으로 해결하셨다.

베드로는 우리가 고난당하신 그리스도와 동일한 태도로 무장하라고
하면서 그리스도께서 고난당하심으로써 우리의 죄를 결정적으로 처리하
셨으므로 우리가 이제는 남은 때를 사람들의 정욕들로 사는 것이 아니라
하나님의 뜻대로 살 수 있게 되었다는 것을 지적한 것이다. 의인 그리스
도께서 불의한 자들의 죄 때문에 고난당하심으로 죄를 청산하신 것에
근거하여 우리가 그리스도와 동일한 태도로 무장하면 하나님의 뜻대로
살게 된다는 것이다.

(2) 그리스도인의 고난과 연결하는 경우

"육체로 고난당한 자가 죄를 그쳤다"는 것을 3 : 18에 비추어 그리스
도의 고난과 연결하여 해석하는 것이 위와 같은 설득력이 있음에도 불구
하고 본문의 문맥상 결정적인 문제점은 바로 그 뒤를 잇는 "더이상… 육
체 안의 남은 때"라는 구절이다. "더이상"('메케티')이란 말과 "육체 안
의 남은 때"라는 말은 그리스도인의 생활에 있어서 죄와의 결정적인 단

절이 이루어진 때를 함의하는 말이다. 다시 말해서 그리스도인이 살아가면서 결정적으로 죄를 그친 때가 있음을 시사하는 말이다.

"육체로 고난당한 자가 죄를 그쳤다"는 것은 그리스도인이 고난당하신 그리스도와 동일한 태도로 무장해야 할 이유를 제시하는 구절이다. 그리스도인이 고난을 각오하는 태도로 무장해야 할 이유는 그리스도인이 고난을 당하면 죄를 그치게 되기 때문이다. "육체로 고난당한 자가 죄를 그쳤다"는 것은 그리스도인의 생활에 일반적으로 적용되는 격언이다. 그리스도인이 의 때문에 단 마음으로 겸손하게 고난을 당하면 마음이 죄로부터 단절되고 세상적인 생활방식으로부터 젖을 떼게 된다. 선행 때문에 고난을 당하면서도 계속 하나님을 순종하는 사람은 죄와의 깨끗한 결별을 한 것이다. 그것은 그리스도인이 더이상 죄를 짓지 않는다는 말은 아니다. 사람이 이 세상에서 죄로부터 절대적인 자유를 누린다는 것은 성경의 사상과 어긋난다(왕상 8 : 46 ; 잠 20 : 9 ; 전 7 : 20 ; 약 3 : 2 ; 요일 1 : 8). 본문에서도 "더이상"이란 말이 바로 뒤이어 나오는 것은 아직도 죄를 지을 가능성이 있다는 것이다. 그것은 그리스도인이 선행 중에 고난을 당하면 과거에 그를 지배하던 죄의 쇠고랑이 효과적으로 끊어진다는 말이다. 죄의 능력에 지배받던 옛생활이 끝나게 된다는 것이다. 그리스도에게 충성하여 그를 위한 고난에 동참하면 그의 삶 속에서 죄의 올가미가 결정적으로 떨어져 나가는 것이다. 이런 의미에서 "죄를 그쳤다"는 것은 신자의 행동기준이 고난을 피하는 것이 아니라 하나님에게 순종하는 것임을 결정적으로 드러내보인 것을 뜻한다.

"고난당하기 전에는 내가 그릇 행하였더니 이제는 주의 말씀을 지키나이다"(시 119 : 67). "고난당한 것이 내게 유익이라 이로 인하여 내가 주의 율례를 배우게 되었나이다"(119 : 70).

3. 고난무장의 목적

베드로는 우리가 고난의 그리스도와 동일한 각오로 무장하는 목적은
"그 후로는 다시 사람의 정욕을 좇지 않고 오직 하나님의 뜻을 좇아 육체
의 남은 때를 살게 하려 함"이라고 했다. 베드로는 "육체로 고난당한 자
가 죄를 그쳤다"는 것을 괄호로 말했다. 따라서 4 : 1~2 전체는 "더이
상 사람들의 정욕들로 살지 않고 육체 안의 남은 때를 하나님의 뜻으로
살기 위하여… 너희도 같은 마음으로 무장하라"가 된다. 베드로는 우리
가 고난각오로 무장하는 목적을 두 가지로 제시했다.

(1) 소극적인 목적

우리가 고난각오로 무장하는 소극적인 목적은 "육체 안의 남은 때를
더이상 사람들의 정욕들로 살지 않는" 데 있다. "육체 안의 남은 때"라
는 구절은 우리에게 할당된 지상생활이 짧다는 것을 암시한다. "사람들
의 정욕들로 산다"는 것은 사람들이 '하나님'의 기준대로 살지 않고 '하
나님'의 뜻에 모순되는 '사람들의' 악한 욕망들을 충족시키기 위해서 사
는 것을 말한다. "정욕들"이란 성적인 욕망들만을 말하는 것이 아니라,
3절에 열거된 성적인 죄악과 음주와 관련된 죄악, 그리고 우상숭배 등을
포함하는 말이다. "정욕들"은 요한의 표현대로 하면 "육신의 정욕과 안
목의 정욕과 이생의 자랑" 등 성부로부터 온 것이 아니라 세상으로부터
온, "세상에 있는 모든 것"을 포괄한다(요일 2 : 15).

신자가 고난을 당하면 아래 시처럼 정욕을 그치고 신자의 향기를 발하
게 된다.

그리스도인의 고난은 유익만 가져온다
고통으로부터 모든 미덕이 나온다
향료식물이 자라는 동안에는

자극적인 향기를 발산하지 않지만
부서지고 발밑에 밟히면
사방에 달콤한 향기를 발하는 것처럼

(2) 적극적인 목적

우리가 고난각오로 무장하는 적극적인 목적은 "하나님의 뜻으로 육체의 남은 때를 사는" 데 있다. "하나님의 뜻"은 바로 다음절인 3절에 나오는 "이방인의 뜻", 즉 주색(酒色)과 우상숭배 행위로 표출되는 불신자의 뜻과 대조되는 것이다. "하나님의 뜻으로 사는 것"은 죄와 결별하고 사람들의 정욕들을 청산하고 주색과 우상숭배등, 이방인들이 좋아서 행하는 것들과 담을 쌓고 사는 것이다. 이것은 베드로전서 전체의 시각에서 보면, 우리가 선택된 나그네로서 하늘소망을 바라보고 선행(2 : 15, 17)에 힘쓸 뿐더러 선행으로 인해 고난을 당하는 것이다.

고난각오로 무장한 신자들은 인본적인 욕망에 따라 사느냐, 아니면 하나님의 뜻에 따라 사느냐 하는 문제에 있어서 양자택일을 한다. 중립지대에서 머뭇거리지 않는다. 인간적인 정욕에 지배받는 삶을 청산하고 하나님의 뜻에 지배받는 삶을 선택한 것이다.

그리스 연대기에는 안티고누스 밑에 심한 병이 들어 언제 무덤 속으로 들어갈 지 모르는 한 병사의 이야기가 기록되어 있다. 그 병사는 항상 가장 용감한 용사로 전선 맨 앞에 서서 싸왔다. 그는 질병으로 인한 고통이 너무 심해서 그 고통을 잊기 위해서 앞서서 싸운 것이다. 그는 곧 죽을 몸이었기 때문에 죽음을 두려워하지 않았다. 안티고누스는 그 병사의 용맹을 크게 치하하던 중 그가 병들었다는 것을 알고 당시 최고의 명의를 시켜 그를 치료해 주게 했다. 그런데 놀라운 것은 그가 병을 고친 순간부터 전선의 앞에 나타나지 않았다는 것이다. 그는 이제 자기의 안일을 추구한 것이다. 그가 친구에게 한 말에 의하면 그는 이제 무언가를 위해서 살 가치를 발견했다는 것이다. 건강, 가정, 가족 등을 위해서 살아야 하기 때문에 이전처럼 생명을 걸 수가 없다는 것이다.

우리도 고난을 당하면 이 세상에서 살아야 할 이유와 미련을 가지고 있지 않게 된다. 그리고 다가올 세상의 희망에 사로잡혀서 자기부인과 열정과 근면을 가지고 하나님의 뜻을 추구하게 되는 것이다.

인본적인 욕망과 하나님의 뜻—앞으로 남은 때를 이 중 어느것에 맞추어 보낼 것인가 하는 것은 사활적인 중요성을 지니고 있다. 현재의 시각으로 볼 때 인본적인 욕망대로 사는 삶은 매력적이고 하나님의 뜻대로 사는 삶은 짐스러운 것으로 보인다. 그러나 사실은 하나님의 뜻은 우리의 최선을 위한 하나님의 사랑의 표현이다. 따라서 우리는 하나님이 우리의 삶 속에서 무엇을 하시고 계시는지를 모른다고 하여도, 하나님이 우리의 최선을 위해서 일하시는 것만은 분명히 믿어야 한다. 우리는 설명에 의해서 사는 사람들이 아니고 약속에 의해서 사는 사람들이다. 하나님의 뜻대로 사는 것은 현재적으로 하나님이 우리에게 할당하신 풍성한 삶을 극대화하는 비결이다.

조셉 파커 박사는 사랑하는 아내가 갑자기 세상을 떠나고 난 다음 거의 미친 사람처럼 되었다. 그러나 런던의 시성전(City Temple)에서 그의 설교를 듣던 사람들은 그 참혹한 사건 이후에 파커 박사는 과거와는 아주 다른 사람이 되었다는 것을 알았다. 영력이 더 강하고 다른 사람들의 필요에 더 예민하고 설교자와 목회자로 실력을 더 갖추게 되었다는 것이다.

신자는 고난 속에서 더욱 깊은 차원에서 하나님의 뜻대로 살게 되는 것이다.

하나님의 뜻대로 사는 삶은 미래적인 시각으로도 최고의 삶이다. 우리가 인본적인 욕망에 따라 사는 것은 '육체의 남은 때'를 허비하는 것이고, 하나님의 뜻애 따라 사는 것은 '육체의 남은 때'를 영원한 가치를 위해서 투자하는 것이다.

II. 자극 : 신자들의 과거와 현재(4 : 3~4)

베드로는 신자들이 고난당하신 그리스도와 동일한 고난각오로 무장할 것을 말한 다음, 그들의 과거의 삶과 현재의 삶을 대조시킴으로써 그들을 자극하고 있다. 그들의 과거의 삶은 과거로 "족하다." 그리고 그들의 현재의 삶은 과거의 동료들이 "비방한다." 그들은 자신들이 볼 때도 과거의 삶과 단절되어 있고, 과거의 동료들이 봐도 단절되어 있다. 다시 말해서 그들의 과거의 삶은 이미 물 건너 간 것이다. 거기서 이리로 올 수도 없고 여기서 그리로 갈 수도 없도록 서로 단절되어 버린 것이다.

1. 과거는 과거로 족하다(4 : 3)

"너희가 음란과 정욕과 술취함과 방탕과 연락과 무법한 우상숭배를 하여 이방인의 뜻을 좇아 행한 것이 지나간 때가 족하도다." 베드로는 여기서 "지나간 때"와 앞절의 "남은 때"를 대조하고 있다. 예수를 믿지 않다가 믿은 사람들은 "지나간 때"와 "남은 때" 사이에 돌아오지 못할 강이 가로놓여 있는 것이다. "지나간 때"의 삶은 그 때로 "족하다"고 했는데, 여기서 "족하다"는 것은 모순어법(irony)이다. 충분해서 충분하다는 것이 아니라, '나쁜 짓은 이제 그만!'이란 뜻에서 "족하다"고 한 것이다. 우리에게 할당된 짧은 인생의 "지나간 때"를 허비한 것도 통탄스러운데, 앞으로 "남은 때"를 행여나 다시 허비한다면 가슴을 칠 일이 아닌가.

"지나간 때"의 삶의 기준은 "이방인의 뜻"이다. "이방인들"이란 하나님의 언약 공동체인 유대인들 외의 사람들을 가리킨다. 베드로는 독자들의 과거의 상태를 주저없이 "이방인들"의 삶이라고 하였다. 오늘날 우리에게 적용한다면, 이것은 "불신자들"을 가리키는 말이다. "이방인들의 뜻"에서 "뜻"은 '원하는 것'('불레마')을 의미한다. 이것은 "하나님의 뜻"에 대치되는 "사람들의 정욕들"의 메아리이다.

과거에 그들은 "이방인의 뜻을 좇아 행했다"고 하였다. 여기서 "행하
다"는 단어('포류에스사이')는 습관적인 행동이나 생활방식을 말한다.
그들은 "이방인의 뜻"을 따르는 것이 습관적인 생활방식이 되었다. 이
런 생활방식이 표출된 행위들이 본문에 여섯 가지로 열거되어 있다. 그
중에 두 가지는 섹스와 관련된 것이고 세 가지는 술과 관련된 것이며 한
가지는 우상숭배이다.

섹스와 관련된 행위들 : "음란과 정욕". "음란"('아셀게이아')은 도덕
의 고삐가 풀린 과도한 성욕행위들을 가리킨다(막 7 : 22 ; 고후 12 : 21
; 갈 5 : 19 ; 벧전 2 : 2, 7, 18). "정욕"은 2절(1 : 14 ; 2 : 11)의 일반
적인 의미의 "정욕들"과 구분되는 부당한 성적 욕망들로서 전통적인 악
덕 목록에 들어가 있다. 베드로후서 2 : 18~19에서 베드로는 음란과 정
욕이 백성 가운데서 일어난 거짓 선지자들에 의해서 교회 안에 침투해
들어온 것을 비판하며 경고하였다. "저희가 허탄한 자랑의 말을 토하여
미혹한데 행하는 사람들에게서 겨우 피한 자들을 음란으로써 육체의 정
욕 중에서 유혹하여 저희에게 자유를 준다 하여도 자기는 멸망의 종들이
니 누구든지 진 자는 이긴 자의 종이 됨이니라." 베드로후서 2 : 18~19
은 이렇게 음란과 정욕이 교회 안으로 침투한 것을 경고하고 있지만, 본
문은 신자들이 과거에 음란과 정욕을 따라 살았다는 것을 말하고 있다.
이것을 보면 음란과 정욕을 따르던 과거를 청산했다 해도 그런 생활에
빠질 수 있다는 것을 볼 수 있다. 본문에서 음란과 정욕, 이 두 단어가 각
기 복수형으로 되어 있어서 빈발하는 행위들임을 보여준다.

술과 관련된 행위들 : "술취함과 방탕과 연락". 이 세 가지는 다 술주
정뱅이들의 술파티와 관련된 단어들이다. "술취함"('오이노플루기아이
스')은 습관적인 주정뱅이들의 술거품이 부글부글 끓어오르는 것을 연상
케 하는 말로서 '술파티'(drunken orgies)를 말한다. "방탕"('코모이스
')도 술과 관련된 연회(feasts)를 말한다. "연락"('포토이스')도 역시

마시고 흥청망청 떠들고 노는 주연(revelies)을 말한다. 구태여 구분한다면 "술취함"은 술거품이 부글부글 끓어오르는 데 포인트가 있고 "방탕"은 마시고 떠들어대는 술친구들에 포인트가 있으며 "연락"은 마시는 행위에 포인트가 있다. 이 세 가지도 앞의 섹스 관련 죄악들처럼 모두 복수형으로 되어 있어서 빈발하는 행위들임을 보여준다.

　"무법한 우상숭배" : 베드로가 "우상숭배"를 섹스 및 술과 관련된 죄악들과 연결하여 사용한 것은 이런 죄악들이 근본 뿌리에 있어서 윤리적이라기보다 종교적이라는 것을 암시한다. 아마 베드로는 여기서 섹스 및 술과 관련된 죄악들이 이방인들의 종교행위들이었음을 밝히기 위해서 "우상숭배"를 마지막 절정적인 위치에서 언급한 것 같다. 베드로는 "우상숭배"를 "무법한" 것이라고 규정했다. "무법한"이란 단어는 유대인의 십계명에 어긋난다는 의미도 포함하고 있겠지만, 보다 더 넓은 의미로 하나님이 보시기에 전적으로 부당하고 역겨운 것이라는 의미를 지니고 있는 것 같다.

　순더랜드(Sunderland)의 전화 박스 안에서 다음과 같은 글이 발견되었다.

　　헤로인(마약) 왕은 나의 목자시니, 나는 항상 부족하리로다
　　그가 나를 시궁창에 눕게 하시고
　　요동치는 물가로 인도하시는도다
　　그가 노력에도 불구하고 악의 길로 인도하시는도다
　　그렇다. 나는 가난의 골짜기를 통과하면서
　　모든 악을 두려워하노니 헤로인, 당신이 나와 함께 하심이라
　　그들은 내 가족 앞에서 식탁을 뺏고
　　당신은 내 머리에서 이성을 제거하시니
　　내 슬픔의 잔이 넘치나이다
　　마약중독이 내 평생에 정녕 나를 망하게 하리니

나는 저주받은 자들의 집에 영원히 거하리로다

이 내용이 타이프된 카드 뒤에는 다음과 같은 후기(後記)가 기록되어 있었다. "나는 20세의 젊은 여자로서 과거 1년 반 동안 악몽의 길을 방황하고 다녔다. 나는 마약을 그만두고 싶고 또 그렇게 노력하지만 그만둘 수 없다. 감옥도 도움이 되지 않고 병원도 내게 장기적인 도움이 못되었다. 처음에 나를 마약에 걸리게 했던 그 사람이 차라리 총을 가지고 내 골을 쏘아 쏟아지게 했더라면 좋았을 걸. 정말 그녀가 그렇게 했더라면 좋았을텐데. 나는 그것을 얼마나 원하는지!"

이 얼마나 슬프고 비극적인 일인가. 마약의 노예가 되어 헤어나지 못하는 한 여인의 고뇌를 읽으면서, 우리는 하나님께서 과거에 쾌락의 종이었던 우리를 해방시켜 주신 것을 감사해야 한다. 그리고 아직도 쾌락 감옥에 갇힌 자들에게 예수 그리스도를 전하여 그들을 해방시켜야 한다. 그들도 우리처럼 "지나간 때가 족하도다"는 고백을 할 수 있게 해야 하는 것이다.

사단은 과거에 대한 기억을 우리를 실망케 하는 무기로 사용하지만, 하나님은 그것을 우리의 성화를 자극하는 무기로 사용하신다. 하나님은 이스라엘이 애굽에 종살이 하던 것을 기억하라고 하셨다(신 5 : 15). 바울은 교회를 핍박한 과거를 기억하고(딤전 1 : 12이하) 주님에게 더욱 충성하였다. 우리는 흔히 과거에 저지른 죄의 굴레는 기억하지 않고 죄의 쾌락을 기억하는 경향이 있다. 그러나 본문에서 베드로는 우리로 하여금 과거에 저지른 죄의 독성과 악성을 기억하게 함으로써 이미 토해낸 과거에 대해 미련을 갖지 말도록 촉구하는 것이다.

2. 달라진 현재

베드로는 독자들의 부끄러운 과거는 과거로 족하니 더이상 미련을 두

지 말 것을 말한 다음 그들의 현재가 달라진 것을 지적했다. "너희가 저
희와 함께 그런 극한 방탕에 달음질하지 아니하는 것을 저희가 이상히
여겨 비방하나." 베드로는 여기서 먼저 위에서 언급한 죄악들을 "극한
방탕"이라고 규정하고 이방인들은 그런 길로 달음질하고 있다는 것을
밝혔다. "극한 방탕"은 '방탕을 쏟아냄'(outpouring of dissipation)
혹은 '방탕의 홍수'(flood of dissipation)를 의미한다. '물을 쏟아냄'이
란 비유와 '달음질'이란 비유가 연결되어 '방탕의 홍수로 달음질한다'는
것으로 표현되어 있다. '달음질'을 '홍수' 쪽으로 고치면, '방탕의 홍수에
몸을 던진다'는 것으로 표현할 수 있을 것이다. 이방인들은 홍수같은 방
탕으로 달음질치는 자들이다.

　어느 소녀가 아버지 집 앞에서 전선을 가지고 놀고 있었다. 그녀는 전
선을 끌어서 그 스파크가 일어나는 것을 보고 즐기고 있었다. 한번은 전
선의 껍질이 벗겨진 부분에 손이 닿자 엄청난 전류가 그녀의 몸 전체로
흘러들어왔다. 그녀는 비명을 지르며 전류를 제거하고자 했으나 그럴 수
가 없었다. 이미 전류가 그녀의 힘줄에까지 흘러들어온 것이었다. 그녀
의 어머니가 현장에 도착했을 때 소녀는 "엄마, 나를 살려줘요! 손이 타
고 있어요."라고 소리를 질렀다. 어머니도 소녀를 도우려고 하다가 오히
려 전류에 의해 땅에 나뒹굴었다. 마침내 어떤 남자가 도끼를 들고와서
전선을 끊었다. 그 결과 소녀의 생명은 간신히 건졌으나 소녀는 심한 화
상으로 몸이 말이 아니었다.

　영적인 영역에서도 이러한 비극이 계속 빚어지고 있다. 사람들은 방탕
의 전선을 가지고 놀고 있는 것이다. 방탕의 전선에서 나오는 전류가 마
침내 그들의 인생 전체를 망가지게 할 것을 알지도 못한채 쾌락의 스파
크와 스릴을 즐기고 있는 것이다. 신자들은 마치 도끼로 전선을 끊은 것
처럼 극한 방탕의 줄을 끊고 사는 자들이다. 이런 신자들을 보고 불신자
들은 이상히 여기고 있다.

　이방인들은 이렇게 신자들이 그런 방탕에 달음질하지 않는 것에 놀라

면서 비방을 한다. "이상히 여긴다"는 말은 '실망과 분노로 놀란다'는 의미가 있다. 이방인들은 신자들이 자신들의 방탕에 동참하지 않는 것에 실망하고 분노하며 놀라는 것이다. 그들은 자기들과 같이 행동하던 자들이 기독교로 개종한 다음 갑자기 과거생활을 청산한 것에 이렇게 놀랄 뿐 아니라, 조롱과 비난까지 하게 되는데, 이것이 '비방한다'는 단어로 표현되어 있다. '비방하다'는 단어('블라스페메인')가 신을 모독하는 것과 관련되어 있다는 것은 5절에 심판자 하나님이 언급되어 있다는 점에서도 드러난다. 신자들의 변화된 삶 때문에 신자들을 비방하는 자들은 사실 그들을 어둠에서 빛으로 불러내신(2:9) 하나님을 모독하는 것이다. 하나님의 자녀를 비방하는 것은 하나님 자신을 비방하는 것이다(눅 10:16; 요 12:48; 15:18~25; 마 25:41~46).

사람들은 죄를 마시고 악을 먹음으로써 몸을 파괴하고 가정을 파탄시키고 인생을 파멸케 하는 것에는 놀라거나 비난하지 않고, 오히려 바로 사는 사람을 보고 놀라고 비난한다. 세상은 바울을 미친 사람 취급했고(행 26:24), 예수님도 미친 사람 취급을 했다(막 3:21). 그들은 영적인 진리를 보지 못하는 소경들이고(고후 4:3~4), 진리에 대해 무감각한 시체들이다(엡 2:1).

III. 격려: 하나님의 심판(4:5~6)

베드로는 방탕한 과거와 단절된 신자들의 현재생활을 언급한 다음 아직도 방탕의 홍수에 몸을 던지면서 바로 사는 신자들을 비방하는 불신자들은 하나님의 심판을 받게 된다는 사실을 지적했다. 이것이 불신자들에게는 경고가 되고 신자들에게는 격려가 된다.

1. 하나님의 심판(4 : 5)

"저희가 산 자와 죽은 자 심판하기를 예비하신 자에게 직고하리라"는 말씀에서 하나님이 "산 자들과 죽은 자들을 심판하실 준비가 되어 있는 분"으로 나타나 있다. 물론 예수 그리스도도 보편적인 심판자이시지만 (행 10 : 42 ; 17 : 3), 본문에서 베드로는 하나님을 염두에 두고 이 말을 했다. 왜냐하면 베드로전서에서 하나님이 심판자로 제시되어 있고(1 : 17), 예수 그리스도는 고난당하실 때 "공의롭게 심판하시는" 하나님에 게 만사를 일임하신 분으로 제시되어 있기(2 : 23) 때문이다. 본문의 문 맥에서도 예수 그리스도는 고난의 모델로, 하나님은 고난당하신 그리스 도를 심판으로 신원하시는 분으로 제시되어 있다.

"산 자들과 죽은 자들"은 '모든 사람들'을 말한다(1 : 17 ; 히 12 : 23). 심판의 보편성은 만인 속에도 드러나 있지만 시간의 보편성('산' 자 들과 '죽은' 자들)에도 드러나 있다. 하나님은 세계의 창조시부터 심판시 까지의 모든 인간들의 심판자이시다.

"직고하리라"에서 '직고하다'(give account)는 말은 3 : 15의 '이유 를 묻다'(call to account)와 반대되는 말이다. 신자들은 이 세상의 법 정에서 문책을 받을 수 있으나, 불신자들은 하늘법정에서 책임을 져야 한다. 신자들이 세상에서는 하나님에게 버림받은 것 같고 자신들을 변호 할 능력이 없는 것 같지만, 사실 진정으로 문제가 있는 사람들은 불신자 들이다. '직고하다'는 말은 하나님 앞에서의 궁극적 책임을 가리키는 말 이다. 신자들이 불신자들에게서 고난당하는 3 : 15~16의 상황이 뒤집어 져서 불신자들이 하나님 앞에서 책임추궁을 당할 것이기 때문이다.

2. 죽은 자들에게 복음전파(4 : 6)

베드로는 하나님께서 산 자들과 죽은 자들을 심판하신다는 말을 하고

난 후 바로 뒤이어 "죽은 자들에게도 복음이 전파되었다"는 말씀을 한다. 본문 앞의 "이를 위하여"라는 죽은 자들에게 복음이 전파된 것은 하나님의 심판이 있기 때문이라는 것이다. 하나님의 심판은 전파된 복음에 대한 반응을 근거로 해서 집행된다는 것이 암시되어 있다.

여기서 문제는 "죽은 자들"이 누구인가 하는 점이다. 이것에 대해서 여러가지 해석들이 있다.

(1) "죽은 자들"=영적으로 죽은 자들(엡 2:1). 이 해석은 바로 앞의 5절의 "죽은 자들"이 영적으로 죽은 자들이 아니라 육적으로 죽은 자들을 의미하기 때문에 문제가 있다. 뿐 만 아니라, 6절의 "죽은 자들"이 영적으로 죽은 자들이라면 "복음이 전파되었다"는 과거시제보다는 "복음의 전파되고 있다"는 현재(진행)시제가 더 적합할 것이기 때문이다.

(2) "죽은 차들"=구약시대에 죽은 의인들. 이 해석은 그들이 의인들로 죽었기 때문에 신약시대에 하데스에서 복음이 그들에게 전파되면 그 복음을 받아들이고 "영으로는 하나님처럼 살" 수 있게 된다는 것이다. 이 해석도 5절의 "죽은 자들"이 구약시대의 죽은 의인들로 국한될 수 없기 때문에 문제가 있다. 또한 본문의 주제가 박해의 위협을 당하는 신자들에게 격려하는 것이기 때문에 사람들이 죽고 난 다음에도 복음을 접할 제2의 기회가 주어진다는 식의 말이 적합하지 않다. 뿐만 아니라, 구약시대의 의인들이 복음을 듣지 못했다는 가정도 문제가 있다. 왜냐하면 구약의 선지자들 속에 "그리스도의 영"이 계셔서 그리스도의 고난과 영광을 증언하셨기 때문이다(1:11).

(3) "죽은 자들"=이미 죽은 그리스도인들. 종말이 가까왔기 때문에 (4:7) 베드로는 고난당하는 신자들에게 죽은 그리스도인들과 살아 있는 그리스도인들이 함께 완성된 구원에 동참한다는 것으로 위로를 주고 있다는 것이다. 현재에 죽은 그리스도인들은 그들이 살아있는 동안에 복음을 들었기 때문에 "영으로는 하나님처럼 산다"는 것이다. 그러므로 살아서 고난당하는 신자들도 앞으로 영으로는 하나님처럼 영원히 살 것

을 생각하고 위로를 받으라는 것이다. 이 해석도 5절의 "죽은 자들"이 죽은 그리스도인들만이 아니라 모든 죽은 자들을 가리키기 때문에 문제가 있다.

(4) "죽은 자들"=죽은 상태에서 복음을 듣는 모든 죽은 자들. 살아서 복음을 듣지 못한 자들이 죽어서 복음을 들을 수 있는 기회가 부여된다는 것이다. 이 해석은 만인이 하나님의 심판을 받는다는 것과 자연스럽게 연결될 수 있다. 만인이 공평하게 복음을 들을 수 있는 기회를 부여받고 복음에 대한 반응에 의해서 심판을 받게 된다는 것이 되기 때문이다. 이 해석의 문제점은 죽은 후에도 제2의 회개의 기회를 부여받는다는 것이 성경의 교훈(히 9 : 27)과 어긋난다는 것 이다. 본문 4 : 4~5도 방탕의 홍수에 몸을 던지고 사는 자들이 살아 있을 때의 삶에 대해서 죽고 나면 심판을 받는다는 것을 전제하는 것이다. 이와 함께, 고난당하는 신자들에게 위로하는 것이 본문의 주제인데, 불신자들이 신자들을 박해하다가 죽은 후에도 기회가 있다는 말이 그들에게 무슨 위로가 되겠는가 하는 문제가 있다.

위의 네가지 해석은 다 문제가 있다. 따라서 또하나의 해석이 필요한데, 그것은 "죽은 자들"은 육적으로 죽은 자들을 말하고, 그들에게 복음이 전파되었다는 것은 그들이 살아 있는 동안에 그들에게 복음이 전파되었다는 것을 의미한다는 해석이다. 베드로는 5절에서 산 자들이든 죽은 자들이든 만인이 하나님의 심판대 앞에 서야 한다고 말했다. 그리고 6절에서는 그 기준을 제시하는 것이다. 그 기준이란 바로 살아 있을 때 들은 복음에 대한 반응이다. "죽은 자들"도 산 자들과 함께 하나님의 심판을 받는 것은 그들이 이미 복음을 들었기 때문이다.

사람들에게 복음이 전파된 목적은 "육체로는 사람처럼 심판을 받으나 영으로는 하나님처럼 살게 하려 함"이다. 여기서 육체와 영, 사람들과 하나님이 서로 대조되어 있다. "사람처럼"('카타 안스로푸스')의 원문은 '사람들에 의하여'(according to men)로 번역될 수 있다. 이것은 사람들의 판단의 기준을 의미한다. 전파되는 복음을 받아들이는 자는 육체적으로는(물리적 존재의 제한된 환경에서는) 사람들의 판단기준에 따라 박해자들에 의해서 정죄를 받는다는 것이다(롬 8 : 5 ; 고전 3 : 3 ; 9 : 8 ; 갈 3 : 15).

"하나님처럼"('카타 세온')의 원문은 '하나님에 의하여'로 번역될 수 있다. 이것은 '하나님 보시기에' '하나님 앞에서' 등의 의미로서 하나님의 판단기준을 말한다. 복음을 받아들이는 자는 하나님의 판단기준에 의해서 부활의 새생명(영적으로) 안에서 살게 된다.

사람들은 신자들을 신랄하게 비난하고 심지어 죽이기까지 한다. 그러나 하나님은 그들에게 생명을 주시고 그들을 구원하신다. 사람들은 육신적으로는 신자들에게 고통과 슬픔과 죽음을 가할 수 있으나, 하나님은 영적인 생명, 거룩한 생명을 현세에서 살게 하시고 오는 세상에서 영원히 살게 하신다.

복음을 받아들이는 신자가 이렇게 사람들 보기에는 정죄를 받지만 하나님 보시기에는 새생명을 누린다고 했는데, 신자의 이런 모습은 예수 그리스도의 모습과 흡사하다. 예수 그리스도도 "사람에게는 버린 바 되었으나 하나님께는 택하심을 입은 보배로운 산 돌"인 것이다(2 : 4). 예수 그리스도와 신자들의 삶이 이렇게 사람들에게는 버림을 받으나 하나님에게는 인정을 받는 것이다. 이것은 베드로전서의 주제 중에 고난과 신원(vindication)이라는 주제와 일맥상통한다. 그리스도께서 고난과 신원의 과정을 겪으신 것처럼 신자들도 고난과 신원의 과정을 겪을 것이다.

본문에 암시된 고난과 신원은 히브리서 11장의 믿음의 사람들이 겪은 것과도 비슷하다. 신앙의 사람들은 땅에서 나그네들과 이방인들이었지만(히 11 : 13 ; 벧전 1 : 1 ; 2 : 11), 앞으로는 부활의 새생명을 누리며 살 자들이다(히 11 : 19). 신앙의 사람들은 불신자들에 의해서 정죄된 삶을 살게 되어 있지만, 스스로 고난의 길을 선택하기도 한다. 모세는

"도리어 하나님의 백성과 함께 고난받기를 잠시 죄악의 낙을 누리는 것
보다 더 좋아하고 그리스도를 위하여 받는 능욕을 애굽의 모든 보화보다
더 큰 재물로 여겼다"고 했다(히 11 : 25~26). 모세가 이렇게 한 것은
하나님의 평가가 있을 것("상주심")을 바라보았기 때문이다.

　하나님께서 갚아주신다는 신원의 진리는 에다 리이드(Eda A. Reid)
의 '후에'(After)라는 시가 잘 묘사하고 있다.

　　　십자가 후에 생명의 면류관
　　　울음 후에 노래
　　　슬픔의 밤 후에 밝고 영광스러운 새벽

　　　가슴앓이 후에 위로
　　　폭풍 후에 고요
　　　고통과 한숨 후에 하나님의 사랑은 치료하는 유향

　　　사모 후에 현실
　　　방황 후에 정로
　　　이별의 아픔 후에 해후의 기쁨

　　　통곡 후에 기쁨의 기름
　　　어둠 후에 빛
　　　땅 위의 수고와 시련 후에 그리스도의 복된 얼굴

제 5 장
은사 청지기의 봉사 (4:7-11)

7만물의 마지막이 가까왔으니 그러므로 너희는 정신을 차리고 근신하여 기도하라 8무엇보다도 열심으로 서로 사랑할지니 사랑은 허다한 죄를 덮느니라 9서로 대접하기를 원망없이 하고 10각각 은사를 받은 대로 하나님의 각양 은혜를 맡은 선한 청지기같이 서로 봉사하라 11만일 누가 서로 말하려면 하나님의 말씀을 하는 것같이 하고 누가 봉사하려면 하나님의 공급하시는 힘으로 하는 것같이 하라 이는 범사에 예수 그리스도로 말미암아 하나님이 영광을 받으시게 하려 함이니라 그에게 영광과 권능이 세세에 무궁토록 있느니라 아멘

베드로는 위에서 인간의 판단기준에 따른 인간적인 욕망충족을 위한 삶을 살지 말고 하나님의 판단기준에 따른 하나님의 뜻을 수행하기 위한 삶을 살도록 신자들을 권면했다. 이런 권면에서 지나간 때와 남은 때를 대조하면서 과거에는 욕망의 홍수에 몸을 던지는 삶을 살았지만, 그것은 과거로 족하니 더이상 미련을 갖지 말라고 했다. 이제 남은 때는 과거를 깨끗이 청산하고 하나님의 뜻에 따르는 삶을 살라고 했다.

이런 삶을 살기 위해서 한편으로는 그리스도께서 죄를 속죄하시기 위해서 선행 중에 고난당하신 것처럼 동일한 마음으로 무장해야 한다. 죄와 싸우되 고난을 무릅쓰고 싸울 각오를 무기로 삼아야 하는 것이다. 다

른 한편으로는 고난이 끝이 아니라 하나님의 신원이 있다는 사실을 기억
해야 한다. 고난과 신원-이것이 그리스도의 삶의 과정인 것처럼 신자의
삶의 과정이기도 하다. 베드로는 이렇게 한편으로는 고난을 각오하도록
하고 다른 한편으로는 신원을 바라보고 격려를 받도록 한 것이다.

'최후심판'을 기억하고 '남은 때'에 고난을 각오하고 바로 살아라는 이
상의 권면이 본문에서는 "만물의 마지막이 가까왔다"는 구절로 연결된
다. 이러한 시대의 촉박성이 근신하여 기도하는 것으로 연결된다. 촉박
한 시대와 근신기도, 이것이 또한 사랑의 봉사로 연결된다. 마지막으로
사랑의 봉사가 하나님이 주신 은사들을 맡은 청지기로서의 봉사로 설명
된다.

"만물의 마지막이 가까왔"으니 방탕 대신에 근신이(4 : 7), 주색(酒
色) 대신에 사랑이(4 : 8), 술잔치 대신에 손님대접이(4 : 9), 착취 대신
에 봉사가(4 : 10~11) 신자의 생활방식이 되어야 한다. 불신자들이 방
탕한 생활에 빠지는 것은 말세의식과 심판의식이 없기 때문이다. 그러나
신자들은 현세의 모든 삶에 대해서 하나님 앞에서 최종적인 책임을 져야
한다는 의식이 있기 때문에 하나님의 뜻대로 살아가는 것이다.

지금까지의 말씀과 본문을 넓은 시각으로 비교해 보면, 2 : 11~4 : 6
이 불신자들과 적극적인 박해자들에 대한 신자들의 생활태도를 거론한
부분이라면 본문은 신자들 상호 간의 생활태도를 권면한 부분이다. 전자
는 외부인들에 대한 신자들의 책임을 다룬 것이고 후자는 내부인들에 대
한 신자들의 책임을 다룬 것이다.

본문분해

   I. 말세의 근신기도(4 : 7)
   II. 열심히 사랑하라(4 : 8)
   III. 은사 청지기로 봉사하라(4 : 9~11)

I. 말세의 근신기도(4:7)

위에서 인간의 기준에 따른 인간욕망충족의 삶을 청산하고 하나님의 기준에 따른 하나님의 뜻 수행의 삶을 살도록 권면한 베드로는 여기에 고난각오도 필요하지만 말세의식과 근신기도가 필요하기 때문에 "만물의 마지막이 가까왔으니 그러므로 너희는 정신을 차리고 근신하여 기도하라"고 했다.

1. 말세의식

4:5에서 하나님은 심판 준비상태에 계신다는 말씀이 본문의 "만물의 마지막이 가까왔다"는 말씀으로 표현되었다. 베드로는 이미 "산 자들과 죽은 자들"의 보편적 심판이 여기서는 "만물의 마지막"이라는 보다 넓은 개념 안에 포괄되었다. 여기서 "마지막"은 곧 완성될 구원(1:5, 9)의 목표점임과 동시에 복음을 거절하는 자들의 종착점이기도 하다. 베드로는 "만물의 마지막"을 위로나 위협의 의도로 말한다고 밝힌 것이 아니지만, 이 말 자체는 희망과 경고를 포함한다. "만물의 마지막이 가까왔다"는 사실은 마지막을 위한 긴급하고 절실한 준비가 필요하다는 것을 암시한다.

복음서에서 "가까왔다"('엥기켄')는 말이 현재에 이미 실현되었다('가까이 와 있다')는 의미로 쓰인 적이 있지만(마 4:17; 눅 10:9, 11), 본문에서 이 말은 '곧 임할 것이다'는 의미로 쓰였다. 베드로는 시한부 종말론자들처럼 "마지막"의 날짜를 지정하지는 않았지만 그것이 곧 임할 것이라는 사실은 언급한 것이다. "만물의 마지막이 가까왔다"는 말씀의 의도는 지금 행동할 시간은 있지만 낭비할 시간은 없다는 것이다. 하나님의 구속사역들이 다 이루어진 상태에서 이제 주님이 재림하실 준비가 다 되어 있기 때문에, 신자들은 이런 촉박한 상황의식을 가지고 준비해야 하는 것이다.

베드로는 주님이 감람산에서 하늘로 올라가시는 것을 목격했다. 주님이 다시 오신다는 약속도 천사를 통해서 들었다. 신약전체가 주님의 재림을 강조하는데, 베드로도 여기서 주님의 재림에 구원완성의 소망을 정초하는 것이다(1 : 5, 8~12 ; 4 : 13, 17 ; 5 : 4, 10).

2. 근신기도

베드로는 "만물의 마지막이 가까왔다"는 것을 바로 기도를 위한 근신으로 연결시켰다. "너희는 정신을 차리고 근신하고 기도하라." 원문을 직역하면, '너희는 기도를 위하여 정신을 차리고 근신하라'가 된다. 베드로는 말세의식을 근신생활과 연결하되, 근신생활의 목표가 기도라는 점을 구체적으로 지적한 것이다. '정신을 차리라'와 '근신하라'는 두 단어는 거의 비슷한 의미를 지니고 있다. 선명한 생각(전자='소프로네사테')과 정신적인 각성(후자='넵사테')이 이 두 단어의 공통된 강조점이다. 전자는 혼돈과 혼란, 즉 미친 것과 대조되는 맑은 정신을 의미하고 후자는 술취함과 반대되는 깨어있음을 의미한다. 양자는 정신을 분산시키지 말고 선명하게 집중하는 근신을 이중으로 강조한다.

1 : 13에서 베드로는 소망을 위한 각성을 지적했는데 본문에서는 기도를 위한 각성을 지적하고 있다. 기도를 위한 근신은 특히 주님이 겟세마네 동산에서 제자들에게 하신 말씀에서 강조되었다. "시험에 들지 않게 깨어 있어 기도하라"(마 26 : 41 ; 막 14 : 38). 주님의 근신기도의 말씀을 무시하다가 주님을 세 번이나 부인하는 뼈아픈 체험을 한 베드로가 본문에서는 주님이 하신 말씀을 그대로 강조하고 있다. "너희는 기도를 위해서 근신하고 근신하라." 과거의 베드로는 근신기도없이 주님을 부인했으나, 성령강림 후의 베드로는 "전혀 기도에 힘쓰는" 기도대장이었고 (행 1 : 14) 정해진 기도시간(제6시=12시 ; 제9시=오후 3시)에 규칙

적으로 기도하는 사람이 되었다(행 3 : 1 ; 10 : 9). 겟세마네 동산에서 주님의 피땀 흘리는 근신기도를 목격한 베드로가 무릎으로 성령의 역사를 일으키면서 근신기도의 중요성을 깊이 깨달았기 때문에 본문에서 기도를 위한 근신을 '근신, 또 근신'하는 식으로 강조한 것이다. 기도는 몰아지경의 주술이 아니라 정신 차린 상태에서 하는 하나님과의 교제이다. 근신기도는 영적인 전쟁과 말세의 시련극복의 필수요소이다(눅 21 : 36 ; 엡 6 : 18 ; 골 4 : 2 ; 벧전 5 : 8).

전보의 발명차 사무엘 모르스(Samuel F. B. Morse)에게 어떤 사람이 이런 질문을 했다. "모르스 교수님, 실험을 하시는 동안 다음에 무엇을 해야 할 지 몰라서 중단하신 적이 있습니까?"

"네, 그렇습니다. 여러번 그랬습니다."

"그런 경우에는 무슨 일을 하셨습니까?"

"선생님, 제가 확실하게 대답할 수 있습니다. 그러나 이것은 일반인들은 전혀 모르는 것입니다. 저는 무엇을 해야 할 지 분명히 알지 못할 때마다 빛을 주십사고 기도드렸습니다. 저는 전기를 귀중하게 적용했습니다. 미국과 유럽에서 제 이름이 붙은 발명 때문에 엄청난 부와 명예가 제게 찾아왔습니다. 그것은 제가 다른 사람들보다 더 우수했기 때문이 아니라, 하나님께서 그것을 제게 보여주시기를 기뻐하셨기 때문입니다."

이렇게 모르스 부호를 발명한 모르스 교수가 제일 먼저 보낸 전신은 잠언 3 : 5, 6이었다. "너는 마음을 다하여 여호와를 의뢰하고 네 명철을 의지하지 말라 너는 범사에 그를 인정하라 그리하면 네 길을 지도하시리라."

모르스 교수는 전보 발명을 위한 실험에서 시련에 부딪힐 때마다 하나님에게 기도를 드림으로써 그것을 극복했다. 우리는 말세의 시련을 극복하기 위해서 깨어 기도해야 하는 것이다.

II. 열심히 사랑하라(4 : 8)

말세의식을 가진 근신기도를 강조한 베드로는 4 : 8에서 "무엇보다도 열심으로 서로 사랑할지니 사랑은 허다한 죄를 덮는다"고 했다. 근신기도를 통해서 하나님과의 교제를 하는 신자는 다른 신자들과 교제를 해야 하는데, 바로 이것이 사랑이다. "만물('모든 것들')의 마지막"에서 '모든 것들'을 서두에 세운 베드로가 4 : 8에서도 '모든 것들보다도'("무엇보다도")에서 '모든 것'을 서두에 세워서 사랑이 말세에 신자들 간의 상호관계에서 가장 절실한 것임을 강조하고 있다.

1. 꾸준한 사랑

"열심으로 서로 사랑하라"에서 "열심으로"는 '끊임없이'(constantly) 혹은 '열성적으로'(fervently, deeply)를 의미한다. 깊이 사랑하면 자연히 '꾸준하게' 사랑하게 된다. 따라서 베드로가 여기서 열성적인 사랑과 꾸준한 사랑을 구분하고 있다고 보기보다는 '열성적인 꾸준한 사랑'을 말하고 있다고 보는 것이 무난한다(2 : 17). "서로 사랑하라"는 문자 그대로 상호적인 사랑을 말한다. 본문은 신자들 상호 간에 꾸준한 열성적 사랑을 권면하고 있는 것이다.

베드로는 주님으로부터 사랑이 율법의 요체라는 것을 들었다(마 22 : 37~40). 주님으로부터 사랑의 중요성을 들은 베드로는 말세의식을 가지고 근신기도 하는 중에 특별히 신앙생활에 핵심적으로 중요한 사랑을 강조한 것이다. '서로 사랑하라'는 것은 제자들 간에 주님의 지상사역 마지막까지도 '누가 크냐?'는 경쟁적 질투심이 자기 속에서와 다른 사람들 속에 움틀거리고 있는 것을 체험한 베드로(눅 22 : 24)로서는 절실한 것이었을 것이다. 제자들은 경쟁심과 질투심으로 다투고 있는데 친히 소매를 걷어올리시고 제자들의 발을 씻기시면서 "내가 너희를 사랑한 것 같이 너희도 서로 사랑하라"고 하셨던 주님의 행동화된 말씀이 기억에 생생했을 것이다(요 13 : 34). '열성으로 사랑하라'는 것은 시련을 앞둔 상황에서나 시련 중에서 적절한 권면이다(마 24 : 12 ; 벧전 1 : 6 ; 4 : 12). 사랑한다고 하다가도 시련이 오면 고난 때문에 배신하는 것이 보통이기 때문이다. 신자들은 주님으로부터 받은 말씀이 영원하기 때문에 상호간의 사랑이 지속적이어야 한다(1 : 23~25).

우리가 열성적으로 서로 사랑하는 것은 하나님께서 먼저 우리를 사랑하셨기 때문이다(요일 4 : 19). 우리가 꾸준히 서로 사랑할 수 있는 것은 주님이 우리를 끝까지 사랑하셨고 사랑하시기 때문이다(요 13 : 1 ; 롬 8 : 38~39).

어느날 아버지가 아들에게 하나님의 위대한 사랑을 가르쳐 주고 싶었다. 그는 아들을 데리고 높은 산에 올라가서 북으로 스코틀랜드를 가리키고 남으로 영국을 가리키고 동으로 바다를 가리키고 서로 언덕과 골짜기 너머를 가리키고 난 다음 팔을 벌려 동서사방을 향해 원을 그리면서 "내 아들 조니야, 하나님의 사랑은 이 모든 것만큼 크단다"고 말했다. 그랬더니 아들은 반짝거리는 눈으로 "그러면 우리는 바로 그 가운데 서 있네요"라고 말했다.

우리들은 이러한 주님의 사랑에서 동기유발과 능력부여를 받아 서로 사랑하게 된다. 우리의 사랑은 주님의 사랑에 부딪혀 그것을 깨닫는 만큼 성숙해진다(엡 3 : 17~19). 사랑의 성숙은 실생활에서 사랑을 실천하는 과정에서 넘어지면서 배우는 것이다. 아장아장 걷는 자녀는 부모의 발을 밟지만 십대의 자녀는 부모의 가슴을 밟는다는 말이 있다. 이렇게 부모의 사랑하는 가슴을 밟는 자녀가 부모의 사랑을 깨달아가는 과정에서 사랑이 성숙해지는 것이다. 자녀들의 사랑이 시련 속에서 테스트를 받으면서 성숙해지는 것처럼 신자들 서로 간의 사랑도 시련 속에서 테스트를 받으면서 성숙해지는 것이다.

2. 사랑의 포용성

서로 열성적으로 사랑할 것을 권면한 베드로는 "사랑은 허다한 죄를 덮는다"고 하는 말씀을 덧붙였다. 잠언 10 : 12에 "미움은 다툼을 일으켜도 사랑을 모든 허물을 가리우느니라"는 말씀이 있다. 시편 85 : 2에는 하나님께서 "주의 백성의 죄악을 사하시고 저희 모든 죄를 덮으셨나이다"는 말씀이 있다. 이 중에 베드로는 잠 10 : 12 하반절의 말씀을 본문에서 인용하고 있는 것 같다.

"사랑이 허다한 죄를 덮는다"는 구절에서 "덮는다"는 단어는 죄를 '부당하게 덮어버린다' 혹은 '죄를 속한다'는 의미를 지닌 것이 아니라, '죄를 용서한다'는 의미를 지니고 있다. 예수 그리스도는 우리의 죄를 대속하심으로써 처리하셨지만, 우리는 예수 그리스도의 긍휼과 사랑을 본받아 신자들의 죄를 용서함으로써 죄를 처리한다. 서로 간의 사랑이 상대방의 죄 앞에서 금이 가는 수가 많다. 죄는 사랑의 장애물이다. 그러나 죄인은 우리를 무한히 용서하신 하나님의 사랑에 부딪힌 자라면 형제들의 죄를 용서할 수 있고 또 용서해야 마땅한 것이다(마 18 : 21~35). 그리스도의 사랑이 우리의 죄를 극복한 것처럼 우리들의 사랑이 상대방의 죄를 극복해야 하는 것이다. 죄를 용서로 극복하고 죄인인 상대방을 품는 것 — 이것이 사랑의 본질적 포용성이다.

어떤 학자들은 "사랑이 허다한 죄를 덮는다"는 말씀에서 '허다한 나의 죄를 덮는다'는 의미를 찾아낸다. 사랑하면 상대방의 죄를 덮는 것이 아니라, 사랑하는 바로 그 사람의 죄가 덮힌다는 것이다. 그러나 본문의 구약배경인 잠언 10 : 12은 다툼을 일으키는 미움과 허물을 덮는 사랑을 대비시키고 있기 때문에, 여기서 '허물을 덮는다'는 것은 자연히 남의 허물을 덮는 것이다. 베드로는 본문에서 사랑하는 것이 내 죄를 덮는 비결이라는 것을 말하는 것이 아니라, 신자들 상호 간의 사랑의 본질 내지 성격을 말하는 것이다. 사랑은 본질상 상대방의 죄를 처리해 주는 포용성이 있다는 것이다. 사랑은 잘못들을 기록해 두지 않는다(고전 13 : 5). 상대방이 내게 잘못한 것들을 내 기억의 컴퓨터에 입력하고 영구적으로 저장하는 것은 사랑의 본질에 어긋나는 편협성이다.

어떤 사람이 자기 개에게 돌을 던졌다. 그 타격이 너무 심해서 개의 다리가 부러졌다. 그런데도 그 개는 끙끙 대고 절뚝거리면서 주인에게 다가와서 잔인한 돌을 던진 주인의 손을 핥았다.

영국 왕들 중에 리차드가 가장 용감한 왕이었던 것 같다. 그가 전쟁터에서 어찌나 용맹스럽던지 사람들은 그에게 '사자같은 왕'이란 별명을 붙여주었다. 그는 용감할 뿐 아니라, 매우 관대한 왕이었다. 그의 왕위를 찬탈하기 위해 반역했던 동생 존(John)이 궁휼을 구하자 리차드는 "나는 그를 용서한다. 그가 내 용서를 잊어버리는 것만큼 쉽게 나는 그가 가한 피해를 잊어버릴 것이다"고 했다.

리차드가 10년 정도 통치한 다음 프랑스의 영주 비도말(Vidomar)이 그에게 반역했다. 리차드는 군대를 거느리고 그를 치러 갔다. 그는 그 영주의 성을 포위한 후에 두려움도 없이 성벽에 접근했다. 그 때 버트랑 드 굴둥(Bertrand de Gurdun)이라는 젊은 군인이 왕의 이마를 겨냥해 화살을 쏘았다. 화살은 왕의 왼쪽 어깨를 관통했고, 왕은 치명적인 부상을 입었다. 왕이 텐트에 머물고 있는 동안 성은 점령되었고 버트랑은 포로가 되어 고통 중에 죽어가는 왕 앞으로 끌려갔다. 리차드는 조용히 그의 얼굴을 쳐다보면서 "젊은이, 나는 자네가 나를 죽인 것을 용서하네"라고 말했다. 그러면서 옆에 있는 군인들에게 "그에게 100 실링을 주어 풀어주게"라고 지시했다.

신자는 상처난 개나 치명상을 당한 리차드 왕이 한 것처럼 상대방의 죄악을 기억하지 않고 용서하는 관대한 사랑을 해야 한다.

III. 은사 청지기로 봉사하라(4:9~11)

베드로는 말세의식을 가지고 근신해서 기도할 것과 서로 꾸준히 사랑할 것을 권면한 다음 사랑의 구체적인 한 표현으로 손님대접을 언급했다. 그리고 나서 사랑으로 봉사할 때의 자세를 하나님이 주신 은사들에 대한 청지기 정신으로 설명했다. 베드로는 또한 청지기 정신으로 사랑의 봉사를 할 때에 하나님의 영광을 드러내는 것을 목적으로 삼으라는 말씀으로 이 부분을 매듭짓는다.

1. 원망없는 손님대접(4:9)

"서로 대접하기를 원망 없이 하고"-여기서 "대접하라"는 단어는 원문에 '손님대접하는'('필로크세노이', hospitable)이란 형용사이지만 3:8의 형용사처럼 명령의 의미로 사용되었다. 기독교 선교는 초기부터 손님대접에 근거한 사역이다(마 10:11~13, 40~42 ; 눅 10:5~7 ; 행 16:15, 32~34 ; 21:7, 17 ; 28:14). 손님대접은 가정교회의 형태로 된 한 개교회 내부에서도 중요했지만(롬 16:5 ; 고전 16:19 ; 골 4:15), 순회선교사들을 대접하는 개교회들의 관계 면에서도 중요했다(요이 10~11 ; 요삼 5~6). '접대 전도'(hospitality evangelism)는 초대교회나 현대교회에서 매우 중요한 사역이다.

바울도 로마교회에 손님대접을 강조했고(12:13) 히브리서 저자도 이것을 강조했다(13:2). 손님대접은 교회 감독의 의무이기도 하지만(딤전 3:2 ; 딛 1:8), 모든 신자들의 의무이기도 하다. 손님대접은 그 자체로서 하나의 봉사사역이지만, 선교사역의 필수적인 배경이 되기도 한다.

손님대접 사역에 있어서 명심해야 할 것은 "원망 없이" 그것을 해야 한다는 점이다. 초대교회에서는 특별히 순회사역자들로 인해서 이런저런 문제들이 많이 일어났기 때문에, "원망 없이"라는 것이 손님대접의 매우 현실적인 자세가 되어야 했다. 사람은 죄인의 이기적인 본성 때문에 대접하면서 베품에 인색하고 대접받으면서 감사함에 인색하다. 대접하는 사람은 하지 않아도 될 일을 덤으로 한다는 생각을 하기 쉽고 대접받는 사람은 당연히 받을 것을 받는다고 생각하기 쉽다. 대접받는 사람도 조심해야 하고 대접하는 사람도 조심해야 한다. 본문은 대접하는 사람에게 "원망 없이" 하라는 권면이다. 신자는 모든 일을 원망과 불평 없이 해야 하지만(빌 2 : 14), 특히 자선행위나 대접사역에서는 원망 대신에 즐거움을 유지하는 것이 매우 중요하다(롬 12 : 8 ; 고후 9 : 7).

초대교회의 문서 〈디다케〉 11장에 나오는 다음 문단은 본문 이해에 도움이 될 것이다.

그러나 사도들과 선지자들에 관해서는, 복음의 규정대로 행하라. 각 사도가 당신에게 올 때에 그를 주님처럼 영접하라. 그러나 그는 하루 이상 머물면 안된다. 혹 그럴 필요가 있다면, 이틀은 가능하다. 그러나 그가 삼일 머물면 그는 거짓 선지자이다. 그리고 그가 떠날 때에 그 사도가 머물 곳을 찾을 때까지의 음식을 제외하고는 아무것도 받지 못하게 하라. 그가 돈을 요청하면 그는 거짓 선지자이다.

마드라스와 남부 마라티 철도청의 요직을 맡고 있던 로즈(A. C. Rose) 씨와 그의 아내 로즈 부인은 마드라스에 있는 동안 주의 백성들을 위해 집을 개방했다. 그들의 자애로운 손님접대는 인도 남부지역에서 잘 알려져 있었다. 그들이 손님을 모시는 객실 책상 위에는 다음 글이 기록된 카드가 놓여 있었다. '우리의 기쁨 중의 하나는 우리가 사랑하고 선택한 친구들을 우리 집에 모시는 것입니다. 그대의 방문이 편하고 행복하기를 빕니다. 그대가 떠날 때가 되면 향기로운 생각과 행복한 추억을 가지고 가시기 바랍니다.'

카드의 뒷면에는 다음과 같이 아름다운 글이 기록되어 있었다.

이 조용한 방에서 달콤한 잠을 즐기세요
그대가 누구든지, 오 그대여!
슬픈 어제가 그대의 쉬는 마음을 뒤흔들지 말게 하세요
내일도 그 다가올 악의 꿈으로 그대의 안식을 해치 말기를
그대의 주님은 변함없는 친구
그분의 사랑이 그대를 감싸고 있습니다
자신과 세상을 잊으세요
따가운 불빛을 끄세요
머리 위 별들이 깨어 있으니
달콤하게 쉬세요. 안녕!

2. 은사의 청지기(4 : 10~11상)

베드로는 사랑의 구체적인 한 표현으로 손님대접을 언급한 다음 그리스도인의 일반적인 봉사정신을 은사를 맡아 관리하는 청지기 정신으로 지적하였다. "각각 은사를 받은 대로 하나님의 각양 은혜를 맡은 선한 청지기 같이 서로 봉사하라." 손님대접할 때에 자칫하면 자기 것을 가지고 자기가 자선을 베푼다는 생각을 하기 쉽다. 베드로는 여기서 손님대접을 포함한 모든 봉사행위를 하나님이 주신 다양한 은혜의 여러가지 표현들, 즉 은사들을 관리하는 청지기 행위라는 것을 지적하여 기독교 봉사의 바른 신학을 제공하고 있다.

(1) 은사 청지기 정신

우리는 흔히 '재물의 청지기'라는 말은 많이 하고 듣고 있지만, '은사의 청지기'라는 말은 별로 많이 쓰지 않는다. 하나님이 주신 은사들에 대한

청지기 정신이 없으면 하나님으로부터 받은 은사들을 자기성취의 이기적인 도구로 사용하는 수가 많다. 하나님의 백성 공동체를 세우기 위한 은사들이 종종 공동체 파괴 방향으로 오용되는 것은 바로 이 은사 청지기 정신의 결핍 때문이다.

베드로는 예언(1 : 11), 기독교 선교 및 회심(1 : 2, 12), 적대적인 환경에서의 신실성(4 : 14) 등을 성령과 관련시켜 지적하면서도 본문에서는 은사들을 성령과 명시적으로 관련짓지 않았다. 이것은 베드로가 성령을 몰랐다거나 은사들을 주시는 분이 성령이라는 것을 몰라서라기보다는 베드로가 손님대접을 포함한 기독교 봉사사역을 말함에 있어서 은사의 기원을 밝히는 것에 초점을 두지 않았기 때문이다. 베드로는 본문에서 은사들은 하나님에게서 온다는 넓은 사상만을 밝히고 있다. 또한 그는 은사목록을 제시하지도 않고 4 : 11에서 '말'과 '봉사'라는 넓은 범주만을 제시하고 있다.

베드로는 또한 본문에서 은사적 직임의 목록을 열거하지도 않았다. 다만 "선한 청지기들"('칼로이 오이코노모이')이란 포괄적인 용어를 사용하고 있을 뿐이다. "선한 청지기들"이란 사도들이나(고전 4 : 1~2) 혹은 감독들 내지 주교들을(딛 1 : 7) 구체적으로 지칭하는 말이 아니다. 이 말은 하나님의 다양한 은혜가 표출된 은사들을 받아 봉사하는 모든 신자들을 총칭하는 말이다. 베드로가 "하나님의 각양 은혜"라고 할 때는 그것이 미래의 완성된 구원을 의미하는 '은혜'(1 : 10, 13 ; 3 : 7)를 말하는 것이 아니라 현재 하나님의 백성 공동체의 유익을 위해서 역동적으로 나타나는 각종 은혜를 말한다. 종말적 '은혜'가 이미 하나님의 백성 속에서 구체적으로 다양한 형태로 역사하고 있다는 것이다. 은혜의 다양성과 은사의 다양성을 인정해야 나와 다른 사람들의 사역에 대해서 관대한 태도를 가질 수 있고, 나와 다른 사역자들을 공동체의 유익을 위해서 활용할 수 있다.

하나님의 종말적 '은혜'가 공동체의 유익을 위해서 구체적인 은사들로 나타나는데, 베드로는 본문에서 각자가 "은사들을 받은 대로… 서로 봉사하라"고 했다. 은사는 숨겨두는 것이 아니고 사용하는 것이다. 그리고 은사 사용은 자기 자신만을 위한 것이 아니고 "서로 봉사하는" 방향을 잡아야 한다.

캄벨 몰간 박사는 교직을 그만두고 목회를 하라는 주님의 부르심을 받았다. 그가 처음에 부르심을 받고 결심을 했을 때 그는 무릎을 꿇고 기도를 드렸다. 마치 주님의 육성을 듣는 것처럼 그는 "너는 무엇이 되고 싶은가―나의 종인가, 아니면 위대한 설교자인가?"는 음성을 들었다. 몰간은 물론 위대한 설교자가 되고 싶었다. 그러나 왜 그가 둘 다는 될 수 없는가? 그는 영적인 갈등을 겪다가 마침내 하나님께서 무명하고 초라한 곳에서 봉사하기를 원하신다는 생각이 들었다. 그래서 그는 하나님에게 하나님의 종이 되는 것이 자기의 최고의 소원이라고 말씀드렸다. 그런데 주님은 그를 그분의 종만이 아니라 위대한 설교자로 만드신 것이다. 몰간은 갈등 속에서 은사의 청지기 의식을 가진 것이다.

(2) 언어의 은사와 행위의 은사

신약성경에는 성령의 은사목록이 다섯 가지로 나온다(롬 12 : 6~8 ; 고전 12 : 7~11 ; 12 : 28~30 ; 엡 4 : 11 ; 벧전 4 : 11). 이 5대 은사목록에 다 등장하는 은사는 하나도 없고 모든 은사들을 총괄하는 목록도 없다. 고린도전서 7 : 7에는 이 중 어디에도 등장하지 않는 결혼 은사와 독신 은사를 언급하고 있다. 이런 점에서 하나님의 은사는 그 다양성에 한계가 거의 없다고 말할 수 있다. 하나님이 풍성하신 분이시기 때문에 그분의 은사가 다양할 수 밖에 없다.

"누가 말하려면"이란 구절에서 언어의 은사는 비단 교육과 설교만을 포함한다고 할 수 없다. 전도, 예언, 권면, 지혜, 지식, 찬양, 간증, 방언, 방언 통역 등이 다 여기에 포함될 수 있다. 이 모든 언어 은사 사역에 있어서 우리는 "하나님의 말씀을 하는 것 같이" 해야 한다. "하나님의 말씀을 하는 것 같이"라는 것은 자신이 하는 말이 하나님의 육성이라는 의미가 아니다. 그것은 '하나님의 말씀을 하는 것 같은 진지한 태도와 바른 목적으로 하라'는 의미이다. 남을 비난하고 남에게 해를 주고 사람들 간에 이간하는 말을 이미 언급한(2 : 1, 12 ; 3 : 16) 베드로는 여기서 남에게 힘을 주고 인간관계를 응집시키는 말을 하도록 권면하는 것이다. "하나님의 말씀"('로기아 세우')은 '하나님의 신탁들'을 의미한다. 이 말이 롬 3 : 2에서는 구약성경을 지칭했고 눅 6 : 32, 35에서는 이교세계에 선포된 그리스도의 말씀을 지칭했다. 따라서 이것은 언어은사로 말하는 자의 '하나님 앞에 선 자세'를 암시하는 것이다.

"누가 봉사하려면"에서 행위은사도 언어은사처럼 가능한 모든 행위은사들을 총괄하는 우산용어이다. 베드로는 하나님의 은혜가 다양하다는 것을 지적하는 것으로 만족했을 뿐, 다양한 은사들을 열거하지는 않았다. 봉사, 구제, 행정, 긍휼, 신유, 기적행함, 영분별 등이 여기에 다 포함될 수 있을 것이다. "하나님의 공급하시는 힘으로 하는 것 같이 하라"는 것은 언어은사를 사용하는 자세와 마찬가지로 하나님의 백성 중에서 행해지는 모든 좋은 것들의 궁극적인 기원이 하나님이라는 것을 지적한다. 모든 은사도 하나님으로부터 오고 은사를 가지고 봉사하는 힘도 하나님으로부터 온다. 은사와 능력의 공급자는 하나님이시다. 은사로 봉사하는 자는 그것이 자신에게서 기원된 것처럼 자신의 능력을 과시하는 자세로 봉사하면 안된다. 사람들이 보는 앞에서 인간의 능력으로 자신의 신분과시를 위해서 은사를 행사하면 바로 피곤해 지고(갈 6 : 9 ; 살후 3 : 13) 하나님에 대한 신앙이 성숙하기보다는 자신에 대한 자만이 부풀어 오른다. 바로 뒤이어 나오는 '하나님의 영광'이 이런 태도를 바로 잡아 주는 것이다. 불평하는 봉사와 높은 자리에서 '봐주는' 식의 대접을 막는 비결이 여기에 있다.

3. 봉사의 최종목적

베드로는 은사의 청지기 정신을 밝힌 다음 봉사의 최종목적을 하나님의 영광에 두고 있다. "이는 범사에 예수 그리스도로 말미암아 하나님이 영광을 받으시게 하려 함이니 그에게 영광과 권능이 세세에 무궁토록 있느니라 아멘." 베드로는 모든 언어사역과 행위사역에서 하나님의 영광이 드러나는 것을 갈구한 것이다.

언어은사와 행위은사를 통한 신자 상호간의 수평적인 봉사가 그 궁극적인 목적에 있어서는 수직적인 차원을 가지고 있는 것이다. 신자의 수평적 봉사가 하나님 중심적이어야 한다는 것이다. 언어은사와 행위은사의 원천이 하나님이시고 은사 사용의 능력을 공급하시는 분도 하나님이시기 때문에 사역자가 아니라 하나님이 영광을 받으시는 것은 너무도 자명하고 당연하다.

사역이 성공할 때에 자신의 조직기술과 자신의 관리능력으로 성공하는 것처럼 생각하기 쉽고, 하나님의 백성 공동체를 위한 사역이 자기 개인의 사기업이 되고 자신은 그 기업의 회장 행세를 하기 쉽다. 영광을 하나님에게 돌리는 자세가 견지될 때에만 기독교 사역의 사기업화를 막을 수 있다. 하나님 나라의 모든 사역자들은 하나님의 영광에 구멍을 내는 두더쥐들이 되면 안된다. 하나님의 영광에 구멍을 내서 자신의 사기업을 세우려는 자는 마침내 그 구멍이 자기를 허는 구멍이 된다는 것을 명심해야 한다.

베드로도 한때는 제자들 중에 '누가 크냐?'는 다툼의 주인공이 되기도 하였으나 성령 충만한 베드로는 과거의 베드로가 아니었다. 나면서부터의 앉은뱅이로 하여금 그 자리에서 걷기도 하고 뛰기도 하는 기적을 일으킨 베드로에게 사람들이 주목할 때에 베드로는 이렇게 말했다. "우리 개인의 권능과 경건으로 이 사람을 걷게 한 것처럼 왜 우리를 주목하느냐? 아브라함과 이삭과 야곱의 하나님 곧 우리 조상의 하나님이 그 종

예수를 영화롭게 하셨느니라"(행 3 : 12~13). 자신의 영광을 위한 시샘쟁이 베드로가 하나님의 영광을 위한 질투쟁이로 바뀐 것이다.

'하나님을 영화롭게 한다'는 것은 하나님에게 없는 영광을 그분에게 돌린다는 것이 아니다. 영광과 능력과 지혜와 존귀 등이 본질적으로 하나님에게 속해 있기 때문에(계 4 : 11 ; 5 : 12), 하나님에게 없는 영광을 하나님에게 돌린다는 것은 '하나님'의 본질에 어긋나는 것이다. 따라서 하나님을 영화롭게 한다는 것은 하나님이 영광스러우신 분임을 언행심사로 인정하고 경배하고 찬양하는 것이다.

신자들이 상호봉사 사역에 있어서 하나님께 영광을 돌리는 것의 범위는 "범사"이다. 봉사생활의 어느 부분도 하나님의 영광에서 벗어나는 것이어서는 안된다(고전 10 : 31). 또한 신자들이 하나님에게 영광을 돌리는 것은 "예수 그리스도로 말미암아"서이다. 이것은 예수 그리스도께서 신자의 봉사를 통해서 하나님께 영광을 돌리신다는 뜻이 아니라, 예수 그리스도께서 우리로 하여금 하나님에게 영광을 돌리는 것이 가능하도록 하신다는 점이다(1 : 3, 21 ; 3 : 21).

"그에게 영광과 권능이 세세에 무궁토록 있느니라"는 말씀에서 '그'는 누구를 가리키는가?

(1) 하나님을 가리킨다는 주장. 바로 앞에서 예수 그리스도를 통하여 하나님에게 영광을 돌린다는 말씀이 나왔는데, 갑자기 예수 그리스도에게 "영광과 권능" 운운하는 것은 자연스럽지 못하기 때문이다. 10~11절에 하나님 중심성이 주류로 흐르고 있는데, 갑자가 예수 그리스도에게 영광이 있다는 것이 어색하다는 것이다.

(2) 예수 그리스도를 가리킨다는 주장. 계 1 : 6의 송영이 본문과 동일한 "영광과 권능이 세세에 무궁토록. 아멘"로 되어 있는데 이것이 그리스도에게 돌려지기 때문이다. 만일 하나님이 '그에게'라는 관계대명사의 선행사라면 '그(예수)를 통하여 그(하나님)에게'라는 표현이 되어야 한다는 것이다.

'그에게'라는 관계대명사의 선행사가 예수 그리스도이든지 하나님이든
지 근본적인 의미변화는 없다. 그러나 5 : 11의 송영이 하나님에게 돌려
지는 것과 맥을 같이 하여 베드로전서의 흐름과 본문의 흐름으로 보아
본문의 송영이 하나님에게 돌려지는 것이 더 자연스럽다.

트라얀 황제가 유대인 랍비에게 "나는 당신네 하나님의 영광을 보고
싶다"고 말했다. 랍비는 "인간의 눈으로는 결코 볼 수 없습니다"고 대
답했다. 그래도 계속 보여 달라고 재촉을 하는 황제에게 랍비는 이렇게
말했다. "그러시다면, 하나님의 대사들 중 한분을 보시는 것부터 시작하
시지요." 랍비는 구름 없는 하늘에 떠 있는 정오의 태양을 가리키면서
황제에게 그것을 응시하시라고 말했다. 황제는 "너무 눈이 부셔서 볼 수
가 없구만"이라고 말했다. 그 때 랍비는 이렇게 말을 맺었다. "폐하께서
하나님이 만드신 피조물 중의 하나의 영광도 견뎌내시지 못하시니, 창조
자의 가림없는 영광을 어떻게 보시겠습니까?"

"그에게 영광과 권능이 세세 무궁토록 있느니라"고 할 때에 하나님의
영광은 인간이 도무지 감당할 수 없는 것이다.

제 6 장
그리스도인으로 고난당할 때 (4 : 12 – 19)

¹²사랑하는 자들아 너희를 시련하려고 오는 불시험을 이상한 일 당하는 것 같이 이상히 여기지 말고 ¹³오직 너희가 그리스도의 고난에 참예하는 것으로 즐거워하라 이는 그의 영광을 나타내실 때에 너희로 즐거워하고 기뻐하게 하려 함이니라 ¹⁴너희가 그리스도의 이름으로 욕을 받으면 복 있는 자로다 영광의 영 곧 하나님의 영이 너희 위에 계심이라 ¹⁵너희 중에 누구든지 살인이나 도적질이나 악행이나 남의 일을 간섭하는 자로 고난을 받지 말려니와 ¹⁶만일 그리스도인으로 고난을 받은즉 부끄러워 말고 도리어 그 이름으로 하나님께 영광을 돌리라 ¹⁷하나님 집에서 심판을 시작하실 때가 되었나니 만일 우리에게 먼저 하면 하나님의 복음을 순종치 아니하는 자들의 그 마지막이 어떠하며 ¹⁸또 의인이 겨우 구원을 얻으면 경건치 아니한 자와 죄인이 어디 서리요 ¹⁹그러므로 하나님의 뜻대로 고난을 받는 자들은 또한 선을 행하는 가운데 그 영혼을 미쁘신 조물주께 부탁할지어다

베드로는 4 : 7~11에서 말세의식과 근신기도 및 은사의 청지기 정신에 입각한 봉사를 권면한 다음 본문에서 다시 고난문제로 돌아와서 그리스도인의 고난을 다루고 있다. 베드로는 그리스도인이 고난을 당할 때 어떻게 해야 할 것인가를 본문에서 권면하고 있다.

그리스도인이 고난을 당할 때 먼저 이상한 일 당하는 것처럼 이상하게 생각하지 말고, 오히려 그리스도의 고난에 동참하는 자로서 기뻐하고 즐

거워하라고 한다. 이런 권면은 살인 도적질 등 악행으로 인해 고난당할
경우에는 해당되지 않고, 어디까지나 그리스도의 이름으로, 즉 그리스도
인으로 고난을 당할 경우에 해당된다.

　그리스도인으로 고난당하는 것은 하나님의 영광의 영이 그 위에 계신
다는 증거이다. 그러므로 그리스도의 이름으로 고난당하는 그리스도인
은 부끄러워하기보다 오히려 하나님께 영광을 돌려야 한다.

　베드로는 이렇게 그리스도인으로 고난당할 때에 이상히 여기거나 부
끄러워하지 말고 즐거워하면서 하나님께 영광을 돌릴 것을 권면한 다음
하나님의 심판을 언급함으로써 이런 권면을 심각하게 받아들이도록 촉
구하고 있다.

　앞서 지적한 대로 2 : 11~4 : 6이 외부인들에 대한 신자들의 책임을
다룬 부분이라면 4 : 7~11은 내부인들에 대한 신자들의 책임을 다룬 부
분이다. 4 : 7~11은 5 : 1~5 부분, 즉 교회 내부의 지도자들에 대한 권
면으로 자연스럽게 연결된다. 그런데 본문 4 : 12~19은 교회 내부인들
간의 책임을 다루다가 다시 베드로전서 전체의 주제라고 할 수 있는 고
난문제를 거론하는 말씀이다. 베드로는 고난문제를 이미 1 : 6~8에 언
급했고, 외부인들에 대한 책임부분인 2 : 11~4 : 6에서도 거론했는데 본
문에서 재차 그것을 거론하는 것이다. 1 : 6~8은 고난총론이고 2 : 11~
4 : 6은 고난각론이고 4 : 12~19은 고난재론이다. 이렇게 볼 때 4 :
12~19은 4 : 7~11로부터 5 : 1~5로 넘어가는 글의 흐름을 끊어 놓는
부분으로 보이지만, 베드로전서 전체의 주제 면에서는 고난문제가 너무
심각하고 중요하기 때문에 다시 거론한 것으로 보인다.

　본문은 마태복음 5 : 10~12에 기록된 주님의 팔복교훈의 메아리이다.
베드로는 주님의 제8복을 회상하면서 본문을 기록한 것 같다.

　베드로는 본문에서 '그 마지막이 어떠하겠느냐?' '어디 서리요?' 등의
수사의문문을 사용하고 있을 뿐 아니라 '갑이 어떠하다면 하물며 을이랴'
라고 하는 하물며 논법을 사용하고 있다. 후자는 '작은 것으로부터 큰 것

에로'(from the lesser to the greater) 옮겨가는 논법이다. '만일 우리에게 먼저 하면, [하물며] 하나님의 복음에 불순종한 자들이랴' '만일 의인들이 겨우 구원을 얻으면, [하물며] 죄인들이랴'는 논법이 본문에 나온다.

본문분해

I. 불시험(4 : 12~13)
II. 그리스도인으로 당하는 고난(4 : 14~16)
III. 심판의 심각성(4 : 17~19)

I. 불시험(4 : 12~13)

베드로는 여기서 우리가 불시험을 당할 때에 이상한 것이 일어나는 것처럼 이상하게 생각하지 말고 고난당하신 그리스도를 따르는 자들이 그리스도의 고난에 동참하는 것으로 생각하라고 한다. 그리스도의 고난에 동참하는 것으로 생각하면 기뻐할 수 있게 되는데, 우리는 이렇게 기뻐하라는 것이다. 이런 현재의 기쁨은 또한 이미 영광 중에 계시는 그리스도의 영광이 나타날 때의 형언할 수 없는 즐거움을 준비하는 것이다.

1. 불시험을 이상하게 생각하지 말라(4 : 12)

신자들은 성부 성자 성령의 안전보장을 확보하고 있는 자들이다(1 : 2). 신자들은 예수 그리스도의 부활을 통해서 하나님이 해산하신 자녀들로서 하늘의 기업을 소망으로 약속받고 있을 뿐 아니라(1 : 3~4) 현재에도 하나님의 능력으로 보호받고 있다(1 : 5). 신자들은 "택하신 족속이요 왕 같은 제사장들이요 거룩한 나라요 그의 소유 된 백성"이라는 고귀한 신분을 가지고 있고(2 : 9) 영혼의 감독과 목자의 인도함을 받고 있다(2 : 25). 신자들은 우주적 주권을 행사하시는 예수 그리스도를 따르고 있다(3 : 22). 그런데 이런 신분과 특권을 가진 신자가 마치 버림받은 사람처럼 고난을 당하다니, 얼른 보면 신자의 고난이라는 것은 이상하기 짝이 없는 것이다. 그것도 보통 시련이 아니라 불시련을 당하다니, 그야말로 이상한 현상으로 보인다.

이렇게 이상하게 보이는 것이 신자의 고난인데, 베드로는 이상하게 여기지 말라고 한다. 고난당하면서 이상한 것 당하는 것처럼 생각할 수 있는 신자들에게 베드로는 아주 부드러운 권면을 하고 있다. "사랑하는 자들아"는 2 : 11의 경우처럼 주요한 다른 부분으로 넘어갈 때 쓰는 용어이기도 하지만, 베드로가 고난당하는 신자들을 권면할 때 부드럽게 접근하는 것을 보여주기도 하는 용어이다.

베드로는 고난당하는 신자들에게 '…하지 말고 …하라'(헬라어로 '메 … 알라')는 권면을 한다. 먼저 부정적인 권면은 "이상히 여기지 말라"는 것이다. '이상히 여기다'('크세니제인')는 동사는 뜻밖의 일에 충격을 받거나 당황하여 놀라는 것을 표현한다. 3 : 14의 두려움과 동요가 여기서는 '이상히 여기다'는 단어로 표현되었다.

베드로는 '이상히 여기다'는 말을 "이상한 일 당하는 것 같이"라는 구절을 덧붙여 설명하고 있다. 4 : 4에 의하면 불신자들은 신자들이 과거의 방탕한 생활을 청산하고 빛의 자녀들로 사는 것을 '이상하게 여긴다.' 신자들은 자칫 불신자들이 신자들을 박해하는 것을 이상하게 여길 가능성이 있다. 베드로는 신자들은 불신자들이 가하는 고난을 이상하게 생각해서는 안된다고 말한다. 고난이라는 것이 그리스도인의 존재 자체에 생소한(foreign) 한 것이 아니다. 고난은 그리스도인의 존재 자체에 걸맞는 것이고, 당연한 것이다. 그것이 왜 이상한 것이 아니냐 하는 것은 13절에 그리스도의 고난에 동참한다는 말로 지적이 되어 있다. 불시험이 이상한 일이 아닌 것은 예수 그리스도께서 친히 극도의 고난을 당하셨고 그분을 따르는 자들이 고난당할 것을 누차 예언하셨기 때문이다(마 10 : 24~25 ; 눅 6 : 40 ; 요 13 : 16 ; 15 : 18~21 ; 16 : 1~4 ; 요일 3 : 13). 고난의 불가피성은 이미 1 : 6에서 '반드시 혹은 필연적으로'를 의미하는 '에이 데인'(must, by necessity)이라는 표현에 암시되어 있다.

베드로가 이상히 여기지 말라는 것은 신자들이 당하는(혹은 당할) "불시험"이다. 여기서 "불시험"('퓨로시스')이라는 것은 용광로를 연상케 하는 불시련이다. 소돔 고모라의 멸망과 종말적 '바벨론'의 멸망에 대해서 이 단어가 사용되었다(계 18 : 9, 18). 잠 27 : 21에서는 금은을 제련하는 '풀무'라는 말이 나오는데 히브리어 성경의 헬라어 역본인 70인경에서는 히브리어 '쿠르'를 헬라어 '퓨로시스'로 번역하였다. 쿰란 공동체에서는 '쿠르'와 동의어인 '마쯔라프'가 의인들의 불시련과 악인들의 심판을 동시에 의미하는 '종말적 시련 혹은 테스트, 즉 말세의 그 시련'이라는 전문용어로 사용되었다. 그러나 본문에서는 베드로가 악인들의 심판이라는 의미에서 '불시련'을 사용한 것이 아니고 신자들의 시련을 두고 사용하고 있다.

불시련은 고통의 심각성보다는 제련성에 포인트를 둔 말이다. "너희를 시련하려고 오는"이란 구절이 이 점을 보여준다. 잠 27 : 21에 나오는 대로 풀무가 금과 은을 제련하는 것처럼 고난이 신자들을 순화시킨다. 고난이 고통스럽기는 하지만 궁극적으로는 신자에게 유익을 준다. 하나님의 심판의 불은 불신자들을 소멸하는 것이지만, 하나님의 제련의 불은 신자들을 정화시킨다. 하나님은 신자 속에 있는 죄를 제거하시는 작업을 완성하실 것인데, 고난은 하나님이 이미 신자 속에 제련작업을 시작하셨다는 증거이다.

시속 75마일의 태풍이 3천 5백만 달러 짜리 금문교를 쳐서 금문교가 12. 5피트 굽었다. 그러나 뉴욕의 엔지니어는 금문교는 손상을 입지 않았다고 말했다. 그는 이렇게 말했다. "금문교가 무너지려면 18피트나 굽어야 합니다. 금문교는 본래 그렇게 건축되었습니다." 신자들은 생의 모든 폭풍들을 견뎌내도록 지음을 받았다. 역경의 구름이 신자들을 파괴하지 못한다. 강한 신앙은 폭풍을 견뎌낼 뿐 아니라, 비 후에 구름 한 점 없이 맑은 하늘을 내다본다.

흑인 노인이 이런 말을 했다. "제가 가장 좋아하는 구절은 '…이 지나가게 되었다'는 것입니다. 이유는 이렇습니다. 환란이 와서 내 영혼을 슬픔으로 휘몰아갈 때, 인생의 시험들과 시련들이 내 머리 위를 사납게 때릴 때, 저는 하나님의 말씀에서 위로를 찾습니다. 성경을 조금 읽다가 보면 금방 '…이 지나가게 되었다'(…한 일이 있었다)는 구절에 부딪히게 됩니다. 이 구절은 슬픔과 고통은 머물기 위해서 오는 것이 아니라, 지나가기 위해서 오는 것이라는 교훈을 줍니다." 흑인 노인은 실로 지혜로운 사람이다. 인생의 슬픔과 고통이 영혼을 제련하고 인격을 승화하는 목적을 달성하고 나면 결국 지나가고 마는 것이다.

베드로는 본문에서 고난의 두 가지 유익한 측면을 제시하고 있다. 하나는 우리를 위한 그리스도의 고난이라는 측면이고, 다른 하나는 우리를 위한 우리의 고난이라는 측면이다. 우리를 위한 그리스도의 고난과 우리의 동참이라는 주제는 13절에서 거론되고, 여기 12절에서는 우리를 위한 우리의 고난이 언급되었다. 우리의 고난은 우리를 제련하는 것이므로, 결국 우리에게 유익을 주고 지나가는 것이다.

2. 그리스도의 고난에 동참하는 것으로 기뻐하라(4 : 13)

신자의 고난이 이상한 것이 아닌 이유는 그리스도께서 고난을 당하셨고, 신자가 고난을 당하므로 이 면에서 그리스도와 동일시된다는 점이다. "오직 너희가 그리스도의 고난에 참예하는 것으로 즐거워하라."

(1) 그리스도의 고난에 동참

베드로는 그리스도의 고난이 '사건 이전에' 선지자들에 의해서 예언된 것이라는 것을 밝힌 바 있다(1 : 11). 여기서는 그리스도의 고난 '사건 이후'의 시각으로 그것을 밝히고 있다. 그리스도의 고난에 '참예'한다는 표현은 베드로전서에서 여기에 처음 나오지만, 그 사상은 이미 2 : 19~ 21 ; 3 : 17~18 ; 4 : 1에 언급되어 있다(빌 3 : 10 ; 고후 1 : 5~7).

"그리스도의 고난에 참예하는 것"은 세례 받을 때에 의식적으로 동참한다는 것이나 그리스도와의 신비적 연합 속에서 신비하게 동참한다는 것을 의미하지 않는다. 그것은 일상생활에서 그리스도의 발자취를 따르면서 고난을 겪는다는 것을 의미한다. 베드로는 본문에서 그리스도께서 교회를 통해서 현재적으로 당하시는 고난을 말하는 것이 아니라, 교회가 그리스도의 기초적(foundational) 고난에 현재 동참하는 것을 말한다.

베드로전서 전체와 성경 어디에도 그리스도인의 고난이 속죄적 의미가 있다거나 그리스도의 대속적 고난에 보태는 의미가 있다고 말하지 않기 때문에, 본문의 고난도 그리스도의 속죄적 고난에 동참하는 것을 말하는 것이 아니다. 여기서 그리스도의 고난에 참예한다는 것은 우리가 고난을 당하므로 고난당하신 그리스도를 본받고 그분과 동일시된다는 것이다.

베드로는 겟세마네와 갈보리 사건을 목격했다. 그리스도의 고난사건을 목격한 그는 그 고난의 의미도 파악했다. 그 고난은 의인으로서 불의한 자들을 위해서 당하신 고난이다(3 : 18). 악인의 형통과 의인의 고난은 구약에서도(욥기, 시편 73편, 예레미야 12장) 사람들의 갈등문제였지만 인류역사 전체에서 끊임없는 갈등의 요인이 되고 있다. 그런데 '의인의 고난'이라는 말이 100% 정확하게 적용될 수 있는 경우는 그리스도의 고난 뿐이다. 그분은 무죄하신 분으로서 불의한 자들을 위한 고난을 당하신 것이다. 우리는 그분의 고난 때문에 의롭다함을 받은 자들로서 그리스도의 고난에 동참하는 것이다.

"그리스도의 고난들"은 그리스도인이 그의 이름으로 당하는 고난들을 가리킬 수도 있고 그리스도께서 당하신 고난들을 가리킬 수도 있다. 그

리스도의 이름으로(4 : 14), 그리스도인으로(4 : 16) 당하는 고난에 포
인트를 두면 그것은 그리스도인이 당하는 고난이 된다. 그러나 4 : 13 본
문에는 "그리스도의 고난들"과 "그의 영광"이 연결되어 사용되고 있으
므로 "그리스도의 고난들"은 그리스도께서 당하신 고난들로 보는 것이
더 적합하다. 앞서 말한 대로 우리는 그의 구속에 기여하는 고난을 당하
는 것이 아니라, 그의 발자취를 따르는 고난(2 : 21)을 당한다는 면에서
"그리스도의 고난들"에 동참하는 것이다. 이것이 그분의 영광과 동일시
되는 전제조건이다.

(2) 기뻐하라

고난을 우리를 괴롭히는 것으로만 보는 시각에서는 도무지 기쁨이 나
올 수 없다. 그러나 고난을 그리스도의 경험에 동참하는 것으로 보는 시
각에서는 즐거움이 자연스럽게 생겨난다. 우리가 그리스도 때문에 고난
당한다는 사실 자체가 우리가 그에게 속했다는 것에 대한 보증이다. 이
것 자체가 우리의 가슴에서 기쁨이 솟구치게 한다. 이것은 또한 우리에
게 소망을 준다. 왜냐하면, 우리가 그리스도의 고난에 동참하는 것은 앞
으로 그리스도의 영광에 동참하는 것을 확인해 주는 것이기 때문이다.
우리가 그리스도처럼 하나님의 뜻대로 고난을 당하면, 그리스도처럼 하
나님의 영광에 들어갈 것이다. 이렇게 볼 때 고난은 위협이 아니라 약속
이다. 그리스도의 선(先) 고난 후(後) 영광 패턴이 우리의 삶의 패턴이
기 때문이다.

우리가 고난당하면서도 기뻐할 수 있는 것은 우리가 한편으로는 현재
고난당하신 그리스도와 동일시되고 그분에게 속해 있다는 사실 때문이
다. 다른 한편으로는 미래에 그리스도의 영광에 동참할 소망이 있기 때
문이다. "이는 그의 영광을 나타내실 때에 너희로 즐거워하고 기뻐하게
하려 함이라." 우리가 그리스도 때문에 고난을 당하면 현재적 기쁨이 있
을 뿐 아니라 미래적 기쁨도 있다. 그런데 본문에서 베드로는 현재적 기

뿜은 '기뻐하라'('카이레테')는 한 단어로 표현했고, 미래의 기쁨은 '즐거워하면서 기뻐한다'('카레테 아갈리오메노이')는 두 단어로 표현했다. 이렇게 현재의 기쁨은 한 단어로, 미래의 기쁨은 두 단어로 표현된 것도 현재의 기쁨에 비해 미래의 기쁨은 더욱 클 것이라는 것을 암시한다. 그러나 그보다 더 중요한 것은 현재에는 고난 중에서 기뻐하는 것이고 미래에는 그리스도의 영광 중에서 기뻐한다는 점이다.

제1차 세계대전 중 독일의 하르츠 산에서부터 아름다운 노래를 부르는 카나리아들을 수입할 수 없게 되었다. 그래서 뉴욕의 어떤 무역상이 카나리아들에게 노래 훈련 시스템을 만들기로 마음을 먹었다. 그는 새의 노래를 녹음해 두었는데, 그것이 별 효과가 없었다. 그러나 어느날 아주 성공적인 방법을 발견하게 되었다. 그가 카나리아 새장을 두꺼운 천으로 덮고 빛을 완전히 차단하자 카나리아들은 노래를 배우기 시작했다. 신자의 노래도 가슴에서 우러나오는 것인데, 많은 신자들은 어둠 속에서 노래를 배우게 된다. 고통의 어둠 속에서 그리스도의 고난에 동참하는 기쁨을 맛보는 것이다.

그리스도인의 고난이 이와같이 기독론적 시각과 종말론적 시각에서 재조명될 때에 그 고난은 슬픔과 낙담의 계기가 아니라, 기쁨과 소망의 계기가 된다. 종말적 시각에서 그리스도인의 고난이 그리스도의 고난과 연결될 때에 그리스도인은 그리스도의 선고 난/후 영광의 삶을 현재와 미래에 누릴 수 있는 것이다.

Ⅱ. 그리스도인으로 당하는 고난(4:14~16)

베드로는 위에서 그리스도인의 고난은 그리스도인을 순화하는 기능을 가지고 있을 뿐 아니라, 그리스도의 고난에 동참하는 동일시의 기능을 가지고 있다고 했다. 따라서 우리는 고난이 우리를 정화시킨다는 점에서도 기뻐하지만, 그리스도에게 속해서 그분과 동일시된다는 점에서 기뻐한다. 현재 그리스도에게 속한 것도 즐거움의 요소이지만, 미래에 그리스도의 영광이 대낮의 태양처럼 비취게 될 때에 그분의 영광에 동참한다는 것도 한없는 기쁨의 요소가 된다.

베드로는 4 : 14~16에서 위에서 말한 고난의 성격을 더 구체적으로 밝히면서 고난당하는 자들을 격려하고 있다. 위에서 말한 고난은 "그리스도의 이름으로 당하는 고난"이고, 악행으로 당하는 고난이 아니며, "그리스도인으로" 당하는 고난이라는 것을 밝히면서 이에 대한 바른 인식과 반응을 촉구하고 있다.

1. 영광의 영이 계신 증거(4 : 14)

고난당하는 신자들이 그리스도의 영광에 동참하는 것은 미래적인 것일 뿐 아니라, 현재적인 것이다. 성령은 "하나님의 영"이시면서 동시에 '그리스도의 영광의 영'이시다. 성령은 그리스도의 영광을 드러내는 분이다(요 16 : 14). 성령은 성부와 성자의 영광의 보좌로부터 보내심을 받은 분으로서 그리스도의 영광을 드러내신다. 성령께서 그리스도의 영광을 드러낸 사건들은 사도행전에 많이 기록되어 있을 뿐 아니라, 지금도 고난당하는 신자들의 삶에서 나타나고 있다.

쿠바의 카스트로 정권 하에서 22년간 감옥생활을 한 아르만도 발라다레스(Armando Valladares)는 자기가 어떻게 그리스도를 믿게 되었는지를 다음과 같이 말했다. "처형당하면서도 '왕 그리스도 만세! 공산주의 붕괴!'를 부르짖은 동포들의 외치는 소리들이 나를 새로운 삶에로 깨워주었다. 그 외침들이 하나의 조짐이 되고 사람들을 뒤흔들어 놓는 상징이 되었기 때문에 1963년에는 사형선고 받은 사람들은 처형장으로 끌려가기 전에 입마개를 씌웠다. 간수들은 그 외침들을 두려워했던 것이다." 영광의 영이 고난당하는 신자 속에 계신다는 증거가 처형당하면서도 '그리스도 만세!'를 부른 쿠바 신자들의 생활로 드러난 것이다.

때때로 우리는 "하나님의 영"이 내게 계시는가 하는 의심을 가질 수 있다. 고난을 당할 때는 하나님께서 나를 버린 것이 아닌가 하는 생각을 할 수도 있다. 그러나 "그리스도의 이름으로" 고난을 당하는 것이 "영광의 영"이 함께 계신다는 증거라는 진리는 고난당하는 신자에게 충격적 은혜를 준다.

베드로는 "그리스도의 이름으로" 고난당하는 것이 "복"이라고 말했다. 여기서 "그리스도의 이름으로 욕을 받는다"는 말씀에서 "욕을 받는다"는 것은 말로 모독을 당하는 것을 주로 말하지만, 이것만 말하는 것은 아니다. 그것은 그리스도를 고백하기 때문에, 그리스도를 위한 일을 하기 때문에, 그리스도와 연결되어 있다는 사실 때문에 사회로부터 거절당하고 모독당하는 것 전체를 포함하는 말이다. 그들은 표면적으로 보면 사람들에게 버림받은 사회의 쓰레기같지만, 영적인 시각으로 보면 "복된 자들"이다. 앞서 말한 대로, 그들은 그리스도와 동일시될 뿐 아니라, '영광의 영'이 그들 위에 계시기 때문이다.

2. 악행으로 인한 고난은 당하지 말라(4 : 15)

베드로는 고난이 복이라는 것을 지적하면서 이럴 경우는 고난은 악행으로 인한 고난이 아니라는 점을 밝혔다. "너희 중에 살인이나 도적질이나 악행이나 남의 일을 간섭하는 자로 고난을 받지 말려니와." 베드로가 여기서 살인이나 도적질을 언급한 것은 독자들 중에 이런 죄를 범할 가능성이 있어서가 아니라, 자신이 말하는 고난의 의미를 돌출시켜 강조하기 위해서 흔히 언급하는 악덕 목록에서 두 가지를 대표적으로 언급한 것이다. 베드로는 이런 의미에서 살인과 도적질을 언급한 다음 '악행'이라는 포괄적인 것을 언급했다. 이것은 살인과 도적질을 지적한 다음 '어떠한 종류의 악행이든지 다 포괄한다'는 의미에서 "악행"을 언급한 것이다. 그리고 "남의 일을 간섭하는 자"를 언급한 것은 '심지어 남의 일을 간섭하는 것까지라도 하지 말라'는 의미가 있다. '남의 일을 간섭하는 자'는 헬라어로 '남에게 속한'을 의미하는 '알로트리오스'와 '감독관'을 의미하는 '에피스코포스'가 결합된 단어이다. 이것은 마치 다른 사람들의 도덕적인 감독관인 것처럼 남의 일에 사사건건 끼어들어 간섭하는 것을 말한다. 베드로는 그리스도인들이 우상숭배와 이교적 부도덕을 거부하고 복음을 전파하는 열정 때문에 때때로 자신들이 개입하지 말아야 할 일에 개입하여 간섭하는 죄악을 범치 말도록 경고하는 것이다. 그리스도인이라면 누구나 이와같은 일들을 행하여 그리스도의 이름에 욕을 돌려서는 안된다.

3. 고난을 부끄러워 말고 하나님께 영광을 돌리라(4 : 16)

그리스도인은 악행으로 그리스도의 이름에 욕을 돌려서도 안되지만, "그리스도인으로" 당하는 고난을 부끄러워해서도 안된다. 베드로는 4 : 13에서 "그리스도의 고난에 참예하는 것"을 4 : 14에서 "그리스도의 이름으로" 욕을 받는 것으로 바꾸어서 설명했다. 4 : 15에서는 이런 고난이 악행으로 당하는 고난이 아니라는 것으로 부정적으로 규정한 다음, 다시 4 : 16에서는 이것이 "그리스도인으로" 당하는 고난이라고 긍정적으로 규정했다. "그리스도인"('크리스티아노스')이라는 말은 이방인들이 만들어낸 말로서(행 11 : 26 ; 26 : 28), 처음에는 이것이 아마 공개적 고백이나 생활방식으로 '그리스도'와 연결된 자를 비방하는 말로 사용된 것 같다. 헤롯을 따르는 자를 '헤롯당'이라고 한 것처럼 그리스도를 따르는 자를 '그리스도당'이라는 의미에서 '크리스티아노스'라고 했을 것이다. 2세기에 이르러서는 그리스도인들이 스스로 자신들을 '크리스티아노스'로 호칭했다. 4 : 16의 '크리스티아노스'는 그리스도인들의 자기칭호라기보다는 기독교를 반대하는 외부인들에 의한 조롱의 칭호였을 것이다. 요즈음 식으로 말하면, '예수쟁이'와 같은, 굳이 말하자면 '그리스도쟁이'의 의미로 쓰인 것이다.

베드로는 "그리스도인으로 고난을 받은즉 부끄러워 말라"고 했다. 베드로는 그리스도를 믿는 자들은 결코 '부끄러움'을 당하지 않을 것이나(2:6;사 28:16) 그들을 비방하는 자들은 '부끄러움'을 당할 것이라고 했다(3:16). 이 경우의 '부끄러움'은 종말적으로 하나님의 구원으로부터 제외되는 객관적 사실을 가리킨다. 그러나 4:16의 '부끄러움'은 객관적 사실로서의 부끄러움을 말하는 것이 아니라, 신자들이 언어의 모독과 신체적 고통을 당할 때에 주관적으로 어떤 태도를 가지느냐와 관계된 부끄러움이다. 예수님도 제자들에게 자신과 자신의 말을 부끄러워하지 말라고 하셨다. "누구든지 이 음란하고 죄 많은 세대에서 나와 내 말을 부끄러워하면 인자도 아버지의 영광으로 거룩한 천사들과 함께 올 때에 그 사람을 부끄러워하리라"(막 8:38;눅 9:26). 바울도 빌립보 교인들에게 자신은 투옥되어 죽음의 위협에 처한 자신을 부끄러워하지 않는다고 말했다(빌 1:20;딤후 1:12).

베드로는 그리스도인으로 고난당하는 것을 부끄러워하지 말고 오히려 "그 이름으로 하나님께 영광을 돌리라"고 했다. 그리스도인들은 상호봉사에 있어서도 하나님께 영광을 돌려야 하지만(4:11), 외부인들로부터 고난을 당할 때도 하나님께 영광을 돌려야 한다. 그리스도인들이 고난 중에 어떻게 하나님께 영광을 돌릴 것인가 하는 구체적인 내용은 베드로가 지적하지 않았지만, "부끄러워하지 말라"는 말씀과 연결해 볼 때 고난 중에도 그리스도에 대한 신앙을 공개적으로 고백하되 결과에 대한 두려움을 갖지 말고 그렇게 하는 것(3:15~16)이 하나님에게 영광을 돌리는 것이라는 것을 미루어 짐작할 수 있다.

"그 이름으로 하나님께 영광을 돌리라"에서 "그 이름으로"는 이런 의미가 있다. '너희를 박해하는 자들은 "크리스티아노스"라는 이름으로 너희를 조롱하지만, 너희들은 오히려 "크리스티아노스"라는 이름으로 적극적으로 하나님에게 영광을 돌리라.' 그리스도인들이 악행으로 인한 고난을 당하지 않고 '크리스티아노스' 즉 그리스도에 대한 충성과 그리스도의 발자취를 따르는 생활방식 때문에 고난을 당하는 사실 자체가 하나님에게 영광이 된다. 이것도 그들이 고난당하면서도 기뻐할 이유 중의 하나이다. 우리가 그리스도인으로 고난을 당하면 현재적으로 (1) 우리 자신이 순화되고 (2) 고난당하신 그리스도와 동일시되며 (3) 동시에 영광의 영이 우리 위에 계실 뿐 아니라 (4) 하나님에게 영광을 돌리게 되는 것이다. 그것이 미래적으로는 그리스도의 영광에 동참하는 결과에 이르게 된다.

Ⅲ. 심판의 심각성(4 : 17~19)

베드로는 우리가 그리스도의 이름 때문에 고난을 당할 때에 이상히 여기지 말고, 부끄러워하지 말며, 오히려 기뻐하고 하나님에게 영광을 돌리라는 것을 말한 다음, 4 : 17~19에서는 심판의 심각성을 들어 위의 권면이 엄숙한 권면임을 밝히고 있다. 이 말씀은 불신자들에게는 경고이고 신자들에게는 격려와 각성이다.

신자와 불신자의 심판을 함께 말할 때에 자칫 신자에게 구원의 확실성이 상실될 수도 있다는 오해가 있을 수 있다. 그러나 본문이 말하는 심판은 이런 것이 아니다.

미국에서 평원의 불은 결코 잊을 수 없는 광경이다. 바람이 심하게 불면, 평원의 불은 말이 달리는 속도보다 더 빠른 속도로 번진다. 평원지대에 정착한 사람들은 일단 불이 일어나면 피할 수 없다는 것을 잘 알고 있다. 그래서 그들 나름대로 사는 길을 만들어 냈다. 그들은 자기 집 주변에 일단 불을 지른다. 잠시 후에는 넓은 지역이 불로 태워져서 검게 그을러버린다. 그 후에 그들은 불이 지나간 장소에 가서 그곳에 머문다. 평원의 큰 불이 오다가 이미 불이 지나간 자리에서 더이상 가지 못하고 머물러 버리는 것이다. 이미 타버린 곳에는 더 태울 것이 없기 때문이다.

예수 그리스도의 십자가, 갈보리의 십자가는 하나님의 심판의 불이 지나간 곳이다. 우리가 일단 그 안에 들어가면 하나님의 정죄심판을 받지 않게 되는 것이다. 의인 예수님이 우리 죄인들을 위하여 심판을 받으셨기 때문이다. 본문에서 말하는 심판은 신자의 구원도 불안전하고 가변적이라는 의미를 내포하고 있지 않다. 그리스도의 십자가 심판으로 이미 정죄심판을 면제받은 신자들이 받는 심판은 다른 의미의 심판인 것이다.

1. 심판 — 우리에게 먼저 하니, 하물며(4 : 17)

"하나님 집에서 심판을 시작할 때가 되었나니 만일 우리에게 먼저 하면 하나님의 복음을 순종치 아니하는 자들의 그 마지막이 어떠하며." 이 구절을 헬라어 원문대로 직역하면 "왜냐하면 하나님의 집으로부터의 심판을 시작할 때(여기에 이 '때'가 언제인지 명시하는 동사가 없음) ; 그런데 만일 먼저 우리들로부터라면(여기도 시제가 명기되어 있지 않음), 하나님의 복음에 불순종하는 자들의 마지막은 무엇?(여기에도 시제가 명기되어 있지 않음)"이 된다.

원문에 시제를 명기하는 동사형이 기록되어 있지 않기 때문에 본문의 심판이 현재 이루어지는 것인지, 미래에 이루어질 것인지를 분별하기가 쉽지 않다. 그것이 현재에 이루어지고 있는 것인지, 혹은 미래의 최후심판인지를 파악하기가 쉽지 않다는 것이다. 그것이 미래의 최후심판이라면, 하나님께서 신자들의 최후심판을 먼저 하고 불신자들의 최후심판은 나중에 하는 것이 된다. 이 문제를 놓고 대부분의 주석가들은 현재에 하나님의 심판이 이미 시작되었고 앞으로 그것이 불신자들의 최후심판으로 이어진다는 식으로 해석하고 있다.

구약성경에는 하나님께서 하나님의 백성들을 인류역사의 끝에 있을 최후심판 전에 인류의 역사가 진행되는 과정에서 심판하시는 사건들이 빈번하게 언급되어 있다. 에스겔 9장에도 허리에 먹그릇을 찬 서기관이 예루살렘 성을 순행하면서 "그 가운데서 행하는 모든 가증한 일로 인하여 탄식하며 우는 자의 이마에 표"를 하고 표 없는 자들을 죽이는 심판이 행해진다. 그런데 하나님의 백성에 대한 역사 속의 그 심판이 "성소에서 시작"하되 "성전 앞에 있는 늙은 자들로부터 시작"한다(겔 9 : 6). 심판이 하나님의 집에서부터 시작한다는 본문의 말씀과 장로들에 대한 권면이 바로 뒤이어지는 것(5 : 1)과 심판사건 이전과 이후에 영광이 언급된 점(겔 9 : 3 ; 10 : 4 ; 벧전 4 : 14 ; 5 : 1) 등은 본문과 에스겔 9장 간에 병행이 있음을 시사한다.

고린도전서 11 : 30~32을 보면 그리스도인들이 성찬식을 분별없이 행하다가 하나님의 판단(원문에 베드로전서 본문과 같은 '심판' '크리네인')을 받아 약해지기도 하고 병들기도 하고 죽기도 했다고 했다. 그러나 이런 경우의 심판(판단)은 세상 사람들의 경우처럼 정죄받아('크리네인' 앞에 '카타' against가 붙어 있음) 멸망받는 것이 아니라 징계라는 것이 밝혀져 있다.

이런 각도에서 베드로전서 4 : 17의 "하나님의 집에서 심판을 시작할 때"는 최후심판을 말하는 것이 아니라, 현재 역사 속에서 신자들에게 임하는 하나님의 심판을 말한다고 볼 수 있다. 현재 신자들이 당하는 '불시련'은 하나님이 신자들에게 가하는 심판의 측면이 있다. 신자들이 전혀 죄가 없다면 불순물이 제거되는 순화의 과정이 필요가 없을 것이다. 그러나 신자들에게 죄가 남아 있기 때문에 그들을 시험하는 불시련이 있는 것이다. 우리가 어떤 불시련을 당하는 것은 반드시 그것을 당해야 할 만큼 다른 사람들보다 더 죄가 많아서가 아니라, 우리 속에는 아직도 제거되어야 할 죄가 남아 있기 때문이다.

하나님의 심판이 신자들에게 임할 때는 신자들을 정화시키는 불로 임하지만(말 3 : 1~3) 불신자들에게 임할 때는 그들을 소멸하는 불로 임한다(3 : 5). 신자들에게 현재에 임하는 하나님의 '심판'이 불시련의 형태를 취한다면, 하나님의 복음을 불순종한 불신자들에게 마지막으로 임할 최후심판을 어떠하겠는가—이것이 4 : 17의 의미이다. 현재 신자들에게는 제련의 불이 최후심판에 불신자들에게는 영멸의 불이다.

본문은 신자들과 불신자들에게 하나님의 심판을 언급하면서 그 기준이 "하나님의 복음"에 대한 반응이라는 것이 명기되어 있다. 불신자들이 하나님의 정죄와 영멸의 심판을 받는 것은 "하나님의 복음에 불순종"하기 때문이다.

하나님의 뜻에 불순종한 사람들은 세상에서 현재적으로도 심판을 받는 수가 있다. 알렉산더 대왕은 세계 민족들을 다 정복하고 난 다음 더 정복할 것이 없어서 울었다. 그리고 자기가 정복한 도시에 불을 질러서 그 속에서 죽어갔다. 기사들을 죽이고 그들에게서 빼앗은 금반지를 세 개의 통에 가득 채웠던 한니발은 객지에서 자기 손으로 독약을 타 마시고 애도하는 사람 하나 없이 죽어갔다. 800개 도시를 점령하고 수백만의 적들을 죽인 피로 자기 옷을 염색한 시저는 자기가 최고의 승리를 거둔 바로 그 장소에서 절친한 친구들의 칼을 맞아 세상을 떠났다. 유럽을 초토화하고 자기 나라를 황폐케 했던 나폴레옹은 유배지에서 죽었다.

불신자들은 이렇게 세상에서도 심판을 받는 경우가 있지만, 본문은 불신자들이 정죄의 영멸의 심판을 받는 것을 말하는 것이다.

2. 심판 – 의인이 겨우, 하물며(4 : 18)

이것은 잠언 11 : 31(70인경)의 인용이다. "보라 의인이라도 이 세상에서 보응을 받겠거든 하물며 악인과 죄인이리요." 하나님의 거룩의 불은 너무도 강렬해서 복음을 순종하는 신자들도 하나님의 징계 속에서 심각한 고통을 느끼거든, 하물며 복음에 불순종하는 불경건한 죄인들이 어떻게 감당하겠는가. "살아계신 하나님의 손에 빠져 들어가는 것이 무서

332 시련을 너끈히 이기는 하나님의 은혜

울진저"(히 10 : 31). "산과 바위에게 이르되 우리 위에 떨어져 보좌에 앉으신 이의 낯에서와 어린양의 진노에서 우리를 가리우라 그들의 진노의 큰 날이 이르렀으니 누가 능히 서리요"(계 6 : 16~17). 이 구절은 17절의 내용을 다른 표현으로 바꾼 것이다.

18절의 "의인"은 17절의 "우리"와 19절의 "하나님의 뜻대로 고난을 받는 자들"과 연결되는 신자들을 가리킨다. 베드로가 여기서 의인들이 "겨우" 구원을 받는다는 표현을 쓴 것은 신자들의 구원의 확실성(1 : 15)을 의심하는 것이 아니고, 최종구원에 이르는 길이 그만큼 험하다는 것을 나타내는 것이다. 신자들에 대한 마지막 신원과 구원은 베드로전서 전체에 흐르고 있는 흔들리지 않는 확실한 소망이다. 그러나 신자들의 구원이 고난없이 편하게 얻는 것은 아니다(눅 13 : 23~24). "그 날들을 감하지 아니할 것이면 모든 육체가 구원을 얻지 못할 것이나 그러나 택하신 자들을 위하여 그 날들을 감하시리라"(마 24 : 22).

의인들의 구원도 험한 길을 통과하는 것이거든, 하물며 불의한 자들이 당할 심판이야 어떠하겠는가. 헝가리의 어떤 왕이 한번은 몹시 슬퍼하고 있으니까, 그의 동생이 왜 그렇게 슬퍼하느냐고 물었다. 그 때 왕은 "나는 큰 죄를 지었기 때문에 어떻게 죽을지, 그리고 하나님의 심판대 앞에 어떻게 나타날지가 무서운 것이다"고 대답했다. 동생은 왕의 이런 대답을 듣고 비웃었다.

헝가리에서는 당시에 처형당하는 사람의 문 앞에서 처형자가 나팔을 부는 풍습이 있었다. 그런데 밤중에 왕의 동생집 문 앞에서 나팔소리가 들렸다. 왕의 동생은 깜짝 놀라 일어나서는 황급히 왕에게로 달려갔다. 자기가 무엇을 잘못 했길래 처형당해야 하는가 항의하기 위해서였다. 왕은 이렇게 대답했다. "너는 내게 잘못한 것이 없다. 그러나 처형자의 모습만 봐도 그렇게 공포스러운데, 내가 어떻게 하나님의 심판대 앞에 서겠는가?"

3. 선행 중에 고난을 받으라(4 : 19)

하나님의 심판이 신자들에게는 징계로 임하고 불신자들에게는 영멸로 임하는데, 이런 심각한 심판이 있으니 신자들은 경성하고 불신자들은 경고를 받는 것이 마땅하다. 신자들은 어떤 일이 있어도 악행으로 인한 고난을 당하지 않도록 경성해야 하고 불신자들은 영멸에 이르지 않도록 지금 복음을 받아들여야 한다. 베드로는 19절에서 17~18절에 언급한 하나님의 심판을 생각하며 신자들이 어떤 태도를 취해야 할 것인가 하는 결론을 내린다. "그러므로 하나님의 뜻대로 고난을 받는 자들은 또한 선을 행하는 가운데 그 영혼을 미쁘신 조물주께 부탁할지니라."

여기서 "하나님의 뜻대로 고난을 받는 자들"은 악행 때문에 고난당하는 자들이 아니라, 그리스도의 이름 때문에 그리스도인으로 고난당하는 그리스도인들을 말한다. 고난이 하나님의 뜻에 의한 것이라는 점은 베드로전서에서 거듭 언급되었다(1 : 6 ; 2 : 15 ; 3 : 17 ; 5 : 6). 그리스도인이 하나님의 통제를 벗어나 박해자들의 손에서 마치 사자에게 뜯기는 토끼처럼 고난당하는 것이 아니라, 하나님의 고난관제탑에 통제당하는 상태에서 고난당하는 것이다. 다시 말해서 고난당하는 그리스도인의 생활 속에서 하나님은 선한 뜻을 이루시는 작업을 하시고 계시는 것이다.

하나님께서 고난을 통제하시고 계시므로 우리는 고난 중에도 선을 행하면서 우리의 영혼을 하나님께 부탁해야 한다. 우리의 삶 전체를 신실하신 창조주 하나님께 일임하고 살아야 한다. 고난 중에도 선을 계속 행하는 것은 신실하신 하나님에 대한 신뢰심의 발로이다. "그 영혼을 미쁘신 조물주께 부탁한다"는 표현은 시편 31 : 5에서 인용한 것 같다. "내가 나의 영을 주의 손에 부탁하나이다 진리의 하나님 여호와여 나를 구속하셨나이다." '그 영혼을 부탁한다'는 것은 인간의 가장 소중한 것, 즉 자기 자신 전체를 하나님에게 양도한다는 것이다. "내 영혼을 아버지 손에 부탁하나이다"고 말씀하신 예수 그리스도(눅 23 : 46)를 따르는 우리들도 하나님 손에 영혼을 부탁해야 한다. 죽음의 순간만이 아니라, 언제든지 그렇게 해야 한다. 특별히 고난당할 때에 자기 인생 전체를 하나님에게 일임해 놓고 선행에 집중하는 것이 신자의 삶이다.

하나님에게 인생 전체를 양도할 수 있는 것은 그분은 "미쁘신 조물주"이시기 때문이다. 하나님은 100% 신실하시다(롬 9 : 6 ; 11 : 29 ; 고후 1 : 18 ; 딤후 1 : 12 ; 2 : 13 ; 히 10 : 23). 하나님은 또한 조물주이시기 때문에 전적으로 신뢰할 수 있다(마 6 : 25~33 ; 10 : 29~31). 하나님은 인간에게 생명을 창조해서 주신 분이기 때문에 그 생명을 책임지신다. 그분은 신실하시기 때문에 변화의 그림자도 없이 책임을 지신다. 신실하신 조물주 하나님에게 모든 것을 일임하고 선행에 집중하라는 것은 고난당하는 신자들에 대한 메시지의 결론으로 매우 적절하다.

제 7 장
장로들에게 주는 권면 (5 : 1 — 5)

1너희 중 장로들에게 권하노니 나는 함께 장로 된 자요 그리스도의 고난의 증인이요 나타날 영광에 참예할 자로다 2너희 중에 있는 하나님의 양무리를 치되 부득이함으로 하지 말고 오직 하나님의 뜻을 좇아 자원함으로 하며 더러운 이를 위하여 하지 말고 오직 즐거운 뜻으로 하며 3맡기운 자들에게 주장하는 자세를 하지 말고 오직 양무리의 본이 되라 4그리하면 목자장이 나타나실 때에 시들지 아니하는 영광의 면류관을 얻으리라 5젊은 자들아 이와같이 장로들에게 순복하고 다 서로 겸손으로 허리를 동이라 하나님이 교만한 자를 대적하시되 겸손한 자들에게는 은혜를 주시느니라

베드로가 장로들에게 주는 권면(5 : 1~5)은 교회 내부적(intra-church)인 대동단결을 위한 메시지이다. 이미 살핀대로 4 : 12~19은 장로들이라는 특별계층에게 주는 권면이 아니라 교인 전체에게 주는 권면이다. 5 : 6~12도 역시 교인 전체에게 고난 중에도 견고하게 서라고 하는 권면이다. 이렇게 볼 때 5 : 1~5은 교인 전체에 대한 권면에 앞뒤로 둘러싸인 샌드위치처럼 되어 있다. 베드로가 장로들에 대한 권면을 이렇게 교인 전체에 대한 메시지에서 특별하게 다루는 것은 평소에도 교회 지도자들의 생활이 중요하지만 특별히 베드로전서가 전체적으로 보여주는 대로 핍박이나 고난의 상황에서는 지도자들의 리더쉽이 더욱 중요하기

때문이다. 어려운 때에는 특별히 목자의 지도력이 중요한 것이다.

베드로는 이미 2 : 13~3 : 7에서 신자들의 대사회적인 생활을 다루었다. 그런데 2 : 13~3 : 7에서는 주로 권위 아래에 있는 사람들이 권위자들에게 어떻게 해야 할 것이 다루어졌다. 국민이 위정자에게 어떻게 하고 사환이 주인에게 어떻게 하며 아내가 남편에게 어떻게 하는 것이 다루어진 것이다. 이것은 그 당시 권위의 자리에 있는 자들이 대부분 불신자들이었기 때문일 것이다. 만일 권위자들이 신자들이었다면 그들을 상대한 권면이 주어졌을 것이지만, 그들이 대개 불신자들이기 때문에 권위 밑에 있는 신자들에게 권면을 한 것이다. 그런데 본문(5 : 1~5)은 권위의 자리에 있는 장로들에게 주는 권면이다. 이것은 교회 내부에서는 권위자들도 역시 신자들일 뿐 아니라, 오히려 모범적인 신자들이고 또 그래야 하기 때문이다.

본문은 역시 장로들에 관한 말씀인 딤전 3 : 1~7 ; 딛 1 : 7~9 등과도 비교될 수 있다. 본문과 후자는 장로들에게 해당되는 권면이라는 점에서는 유사하지만, 전자는 이미 장로가 된 사람들에게 주는 권면인 반면에 후자는 장로가 될 사람들에게 주는 권면이라는 점에서는 차이가 있다. 후자는 장로의 자격목록이고 전자는 장로직을 성실하게 수행하라는 권면이다.

성격상 본문과 가장 비슷한 구절은 사도행전 20장 후반부 말씀일 것이다. 바울은 밀레도에서 에베소교회의 장로들을 불러 그들에게 권면을 한 것이다. 거기에서 바울은 자신의 목회모델을 제시하면서 하나님의 양무리를 치도록 유언을 했다고 볼 수 있다. 베드로도 본문에서 장로들에게 유언조의 권면을 했다고 볼 수 있다. 물론 베드로후서가 있기 때문에 베드로전서의 이 본문을 유언이라고 하는데 무리가 있다고 할 지 모른다. 그러나 베드로는 이미 4 : 7에 "만물의 마지막이 가까왔다"는 촉박감을 가지고 권면하고 있는 만큼 본문이 장로들에게 대한 베드로의 목회유언이라고 할 수 있는 것이다. 이제 세상에 있을 날이 얼마 남지 않은 베드로가 하나님의 양무리를 맡아 치리할 장로들에게 절실한 권면을 하는 것이다.

본문에서 베드로는 동료장로의 입장에서 그리스도의 고난과 영광에의 동참자로서 장로들에게 세 가지 지침을 제시하고 있다. '…하지 말고 …하라'(헬라어 '메… 알라')의 형식으로 (1) 부득이함으로 하지 말고 자원함으로 (2) 이권을 위하여 하지 말고 즐거운 뜻으로 (3) 주장하지 말고 본으로 목회할 것을 권면하고 있다.

베드로는 이처럼 3대 목회지침을 제시한 다음 앞으로 받을 영광의 면류관을 언급함으로써 격려하고, 마지막으로 장로들의 권위 밑에 있는 젊은이들에게 겸손한 자세로 장로들에게 순복할 것을 권면한다. 장로들에게 순복하라는 권면은 장로들에게는 교만을 확보해 주는 것이 아니다. 장로들에게 준 세가지 목회지침을 요약하면 결국 다른 사람들에게 대한 겸손이라고 할 수 있기 때문이다.

본문분해
Ⅰ. 권면자의 신분(5 : 1)
Ⅱ. 3대 목회지침(5 : 2~3)
Ⅲ. 영광의 면류관(5 : 4)
Ⅳ. 젊은이들의 순복(5 : 5)

Ⅰ. 권면자의 신분(5 : 1)

한글개역에는 나타나 있지 않지만, 원문에는 본문이 '그러므로'('운')로 시작되는 것으로 되어 있다. '그러므로'라는 접속사는 본문의 권면이 4 : 12~19의 권면과 연결된다는 것을 보여준다. 본문은 4 : 12~19 말씀 중 특히 심판이 "하나님의 집에서부터 시작"한다는 구절과 직결된 것 같다. 하나님의 심판이 "하나님의 집"에서 시작되기 때문에 하나님의 집 관리에 책임을 맡은 장로들에게 특별한 권면이 필요한 것이다.

베드로는 여기서 독자들 중에서 장로들에게 해당되는 특별한 권면을 하면서 자신은 동료장로로서, 그리스도의 고난들의 증인으로서, 또한 나타날 영광의 동참자로서 권면한다는 것을 밝힌다.

1. 동료장로로서

신약성경에서 '장로'라는 교회 직분자로 명백히 언급된 곳은 행 11 : 30 ; 14 : 23 ; 15 : 2~6, 22~23 ; 16 : 4 ; 20 : 17~18 ; 21 : 18 ; 딤전 5 : 1~2, 17, 19 ; 딛 1 : 5 ; 약 5 : 14 등이다. 이 중에 사도행전의 6군데 중에서 4군데가 예루살렘 교회와 관련해서 '장로'라는 말이 쓰이고 있다. 이것은 초대교회의 리더쉽이 유대적 배경을 가지고 있음을 보여준다 (마 16 : 21 ; 21 : 23 ; 막 14 : 43, 53 ; 눅 20 : 1 ; 행 4 : 5, 8 ; 25 : 15). 유대인 회당이나 마을회의나 국회(산헤드린)의 리더쉽 패턴은 연장자 중심이었다. 이것은 쿰란 공동체에도 해당되었고(1QS 6 : 8) 헬라 로마의 지방의회와 시의회도 역시 마찬가지였다. '장로'라는 말('프레스뷔테로스') 자체가 연장자라는 것을 보여준다. 그러나 모든 연장자들이 장로가 되는 것은 아니고, 앞서 지적한 대로 일정한 자격을 갖춘 연장자들이 장로가 되었다. '장로'라는 말이 초대교회 역사가 진행되면서 표준적인 지도자 형태로 점차 두드러지게 되었다(〈클레멘트 1서〉, 〈클레멘트 2서〉, 안디옥의 이그나시우스 서신들 등).

베드로는 장로들에게 권면하면 자신도 장로라는 것을 밝힌다. "함께 장로된 자"로 자칫 함께 장로로 안수된 자로 오해될 수 있으나, 이렇게 번역된 구절은 헬라어로는 한 단어 '쉼프레스뷔테로스'로서 '동료장로' (fellow elder)를 의미한다. '동료장로'라는 단어는 신약성경에서 여기만 나오는 단어이고 고대문헌에서도 아직 발견되지 않았다. 아마 베드로가 만들어낸 신조어 같다. 이것은 '동료종'('쉰둘로스', 골 1 : 7 ; 4 : 7) 이나 '동료군인'('수스트라티오테스', 빌 2 : 25 ; 몬 2)이나 '동역자'('쉰 에르고스', 롬 16 : 3, 9, 21 ; 고후 8 : 23 ; 몬 1, 24)와 같이 권위의식보 다는 공감의식 동등의식 연대의식 등을 드러내는 것이다.

베드로는 이미 자신이 "예수 그리스도의 사도"라는 것을 밝혔다(1 : 1). '사도'는 예수 그리스도와 함께 한 자로서 그분의 부활을 목격한 교 회 창설 사역자이기 때문에 물론 '장로'보다 더 중요한 신분이다. 그러나 베드로는 본문에서 마치 총회장이 지방의 목회자들에게 '저도 동료 목회 자입니다' 할 때와 같은 자세로 '동료장로'라고 한 것이다. 과거에 '누가 크냐?'고 다른 사도들과 다투던 베드로가 그대로 남아 있었다면 자신을 '수석장로'라고 할 수 있었을 것이다. 그러나 성령 강림 이후의 베드로는 경쟁하고 질투하던 과거의 베드로가 아니다. 그는 '동료장로'의 입장에서 본문의 '권면'이 윗사람이 아랫사람에게 하는 권면이 아니라, 권면하는 자신에게도 해당되는 권면이라는 것을 밝힌 것이다. 뿐만 아니라, '동료 장로'라는 말은 앞서 언급한 하나님의 심판에 비추어 보면 베드로도 다 른 장로들과 함께 하나님의 심판을 받을 자라는 것을 암시한다. 베드로 라고 해서 하나님의 심판에서 면죄되는 성역이 아닌 것이다.

윗필드와 함께 있던 어떤 목회자가 윗필드와 인터뷰를 하면서 웨슬레 와 그의 추종자들에 대한 말을 나누게 되었다. 그 목회자는 웨슬레의 구 원에 대한 의심을 표명하면서 윗필드에게 이렇게 말했다. "선생님, 우리 가 천국에 가면 웨슬레를 볼 수 있을 것으로 생각하십니까?" 윗필드는 이렇게 대답했다. "아닙니다, 선생님. 웨슬레 그분은 영원한 보좌에 너 무 가까이 있고 우리는 멀리 떨어져 있어서 그분 얼굴을 보지도 못할 것 입니다."

베드로가 본문에서 자신을 '동료장로'라고 하는 것은 이러한 겸손의 태도인 것이다.

2. 그리스도 고난의 증인으로서(현재)

베드로는 권면하는 자신의 신분을 '동료장로'로만 밝히지 않고 '그리스도 고난의 증인'으로도 밝힌다. 여기서 "그리스도의 고난"은 원문상 "그리스도의 고난들"이다. 그리스도의 십자가 고난만을 말하는 것이 아니라, 그리스도께서 겪으신 모든 고난들을 가리키는 말이다. "그리스도의 고난들"은 베드로가 그리스도 때문에 당한 '베드로의 고난들'을 의미하는 것이 아니라 그리스도께서 당하신 고난들이다. 이 점은 베드로전서 전체에 나타나 있다(1 : 11 ; 4 : 13). 장로들에게 권면하는 말씀에서 베드로가 "그리스도의 고난들"을 언급하는 것은 베드로전서 전체에 드러난 대로, 모든 신자들이 그리스도의 고난정신으로 무장하고 살아야 한다는 것을 암시하는 것이다.

'증인'이라는 말은 본래 '목격자'(eyewitness)를 가리키는 말이다. 그런데 문제는 베드로는 그리스도의 절정적 고난 즉 십자형의 고난 장면을 목격하지 못했고 그것을 피했다는 데 있다. 그는 그리스도의 십자가 처형의 목격자가 아니라, 그리스도를 세 번이나 부인하고 피한 고난의 도피자였다. 그런 베드로가 자신을 가리켜서 "그리스도의 고난의 증인"이라고 한 것이다. 이것은 베드로가 과거에는 그리스도의 고난을 피했으나 이제는 회개하고 그 고난에 동참하는 자라는 것은 암시해 준다.

'증인'이라는 말('마르투스')은 영어로 '순교자'('마터' martyr)라는 말과 어원이 같다. 헬라어에서 유래된 '순교자'라는 영어단어에서 헬라어 '증인'의 의미를 추론하는 것은 '시대착오'(anachronism)이다. 그러나 베드로 당시에 '증인'이라고 할 때는 순교의 의미가 내표된 것이 사실이다. 이렇게 볼 때 '증인'이라는 말은 단순히 '사실을 사실대로 가감없이 증거하는 자'라는 의미 외에 '죽을 각오로 증거하는 자'라는 의미가 들어있다.

"그리스도의 고난들"은 베드로가 그리스도의 이름으로 당한 고난들은 아니지만, 베드로는 '증인'이라는 말로 그리스도의 고난과 자신의 고난을 연결하고 있다. 베드로는 그리스도의 고난에 대한 '죽을 각오를 한 증인'인 것이다. 그리스도의 고난에서 혜택을 본 모든 신자들은 또한 그리스도의 고난의 발자취를 따르는 자들이다(2 : 21). 교회의 지도자들은 고난당하신 그리스도의 발자취를 따르는 면에서 교인들의 '본'이 되어야 하고, 교인들은 이 면에서 교회 지도자들을 통해서 그분의 고난의 발자취를 따르는 것이다.

베드로가 자신을 "그리스도의 고난의 증인"이라고 한 부분은 사도행전 20장에서 바울이 에베소 장로들에게 유언적으로 권면한 말씀과 일맥상통한다. 거기서 바울은 자신이 과거에 "유대인의 간계를 인한 시험"을 참고 주를 섬겼다고 했고(20 : 18), 현재도 "나는 심령에 매임을 받아 예루살렘으로 가는데 거기서 무슨 일을 만날는지 알지 못하노라 오직 성령이 각성에서 내게 증거하여 결박과 환난이 나를 기다린다 하시나 나의 달려갈 길과 주 예수께 받은 사명 곧 하나님의 은혜의 복음 전하는 일을 마치려 함에는 나의 생명을 조금도 귀한 것으로 여기지 아니하노라"고 했다(20 : 22~24). 이런 자세가 베드로의 자세이고 장로들이 마땅히 가져야 할 자세이다. 모든 신자들은 우리를 위해서 몸을 버리신 예수 그리스도를 따르는 자들이기 때문에 날마다 자기를 부인하고 자기 십자가를 지고 그분을 따라야 한다(마 16 : 24~25).

3. 나타날 영광의 동참자로서(미래)

베드로는 현재 그리스도의 고난의 증인일 뿐 아니라, 앞으로 "나타날 영광에 참예할 자"라고 했다. "나타날 영광"이 베드로와 장로들에게 특별한 상급을 내포하고 있는 것은 사실이다(5 : 4). 그러나 "나타날 영광"이 모든 신자들의 공통된 희망인 것도 사실이다(1 : 7, 13 ; 4 : 13). 그리스도의 '고난과 영광'은 신자들의 고난과 영광의 전형이다. 베드로는 이 점을 베드로전서 전체의 척추로 사용하고 있다. 바울도 "생각컨대 현재의 고난은 장차 나타날 영광과 족히 비교할 수 없도다"고 했다(롬 8 : 18). 현재의 고난과 장래의 영광—이것은 신약신학 전체의 골격이고 신앙의 골격이다.

베드로는 이미 변화산에서 그리스도의 영광을 잠시 맛보았던 사도이다(마 17장). 그러나 그가 여기서 "나타날 영광의 동참자"라고 한 것은 자신에게만 해당된다는 것이 아니다. 모든 신자들은 앞으로 나타날 영광에 동참할 자들이다(4 : 13). 모든 신자들은 앞으로 나타날 영광의 미래적 동참자들일 뿐 아니라, 그 영광의 현재적 동참자들이기도 하다. "영광의 영"이 우리에게 계신다(1 : 6 ; 4 : 12, 13).

Ⅱ. 3대 목회지침(5 : 2~3)

베드로는 1절에서 교회 지도자의 의식을 분명하게 심어주었다. '장로'로서의 의식과 현재의 고난을 각오하고 장래의 영광을 희망하는 의식을 심어준 것이다. 장래의 영광을 희망하면서 현재의 고난을 감당하는 교회의 지도자—이러한 의식은 베드로 자신의 의식이면서 동시에 베드로가 동료장로들에게 환기시키는 지도자 의식이었다.

베드로는 이런 의식을 가지고 "너희 중에 있는 하나님의 양무리를 치라"고 권면했다. 장로들의 '목자적 기능'(pastoral function)이 여기에 분명히 제시되어 있다(행 20 : 28). "하나님의 양무리"라는 구절은 베드로 자신이 주님으로부터 받은 명령의 메아리이다. 부활하신 주님은 베드로에게 "내 어린 양을 치라(먹이라)"고 거듭 말씀하셨던 것이다(요 21 : 15, 16, 17). 베드로와 장로들의 보호 하에 있는 '양떼'는 베드로의 것이나 그들의 것이 아니라 성자와 성부의 공동소유이다(요 10 : 11~18, 26~27 ; 21 : 15~17). 구약성경에도 하나님의 백성은 "여호와의 양무리"이고(렘 13 : 17)'만군의 여호와가 돌보는 그 무리'이다(슥 10 : 3). 예수 그리스도은 "목자장"이시고(5 : 4), 양은 하나님의 양이다.

"너희 중에 있는"이라는 구절은 "하나님의 양 무리"를 치는 책임이 위임되었다는 것을 시사한다. 장로는 목자장 예수 그리스도 밑에서 목회하는 부목자(under-shepherd)이다. "너희 중에 있는"이라는 구절은 또한 장로들도 양떼에 포함된다는 것을 암시한다. 장로들도 목자장 예수 그리스도의 목회를 받는 하나님의 양들이다.

"양 무리를 치라"에서 '친다'(shepherd)는 말은 목자의 책임을 포괄하는 단어이다. 목양하는 일은 베고픈 양을 먹이고, 연약한 양을 강하게 하고, 병든 양을 고치고, 상한 양을 싸매어 주고, 쫓긴 양을 돌아오게 하며, 잃어버린 양을 찾는 것이다(겔 34 : 1~4).

베드로는 이렇게 목자장을 모신 부목자 의식을 가지고 하나님의 양떼를 치되 다음과 같은 세 가지 지침에 따라 치라고 말한다. 다음 세 가지는 목자들이 흔히 범하기 쉬운 세 가지 죄악, 즉 양떼를 치기 싫은 나태(sloth)와 물욕(desire for gain)과 권력욕(lust for power)과 직결된 것이다.

1. 억지로 하지 말고 자원해서 하라

베드로는 하나님의 양떼를 먹일 때 "부득이함으로 하지 말고 오직 하나님의 뜻을 좇아 자원함으로 하라"고 했다. "부득이함으로"의 원어 '아낭카스토스'는 헬라문헌에서 찾기 힘든 희귀한 단어이고 신약성경에서는 5 : 2에만 나온다. "부득이함"은 자발적으로 하는 것이 아니라 외부적인 세력이나 환경에 의해 강요되어 억지로 하는 것을 말한다. 처음에는 자발적으로 나선 목양이라도 하는 과정에서 가족들과 교인들과 기타 환경에 의해서 목양이 짐스럽게 느껴질 때 억지로 하는 태도가 생겨날 수 있다.

베드로는 신자들 간에 손님대접하는 것도 "원망없이"하라고 했는데 (4 : 9), 본문에서는 목양을 "부득이함" 없이 하라는 것이다. 바울도 헌금정신으로 "각각 그 마음에 정한 대로 할 것이요 인색함으로나 억지로 하지 말지니 하나님은 즐겨 내는 자를 사랑하시느니라"고 했다(고후 9 : 7). 여기서 "억지로"('엑스 아낭케스')라는 말은 본문의 "부득이함으로"란 말과 같은 뜻이다. 바울은 한편 복음을 전파할 때 "내가 복음을 전할지라도 자랑할 것이 없음은 내가 부득불 할 일임이라 만일 복음을 전하지 아니하면 내게 화가 있을 것임이로다"고 했다(고전 9 : 16). 여기서 "부득불"이란 단어도 역시 '아낭케'이다. 그러면 '아낭케'(억지로, 부득불)라는 단어는 '그렇게 하지 않으면 더 좋겠지만 그렇게 하더라도 별로 상관이 없다', 즉 '억지로 해도 하지 않는 것보다는 낫다'는 의미가 있는가?

바울이 고전 9 : 16에서 말한 '아낭케'는 상급('미스소스')의 문맥에서 말한 것이다. 고전 9 : 17~18에서 바울은 "내가 내 임의로 이것을 행하면 상을 얻으려니와 임의로 아니한다 할지라도 나는 직분을 맡았노라 그런즉 내 상이 무엇이냐 내가 복음을 전할 때에 값없이 전하고 내게 있는 권을 다 쓰지 아니하는 이것이로다"고 했다. 이런 문맥에서 볼 때 '억지로 하는 것'은 그 자체가 죄가 된다기보다는 상을 받지 못하는 계기가 된다는 것이다. 복음전파는 하나님이 바울에게 맡기신 '하나님의 강요'이기 때문에 원하든 원하지 않든 수행해야 할 '직분'이다. 이 직분을 '억지로라도' 수행하지 않으면 화가 임할 것이다. 그러나 억지로 수행하는 것이 상 받는 계기는 될 수 없다. 당연히 해야 할 일을 한 것이기 때문이다. 바울이 복음전파를 통해서 상을 받을 수 있는 것은 값없이 전하고 자신의 권한을 다 사용하지 않은 것이다. 즉 값을 받고 전해도 괜찮은데 값을 받지 않고, 권한을 사용해도 괜찮은데 권한을 사용하지 않은 것이 바울이 받을 상의 근거가 된다는 것이다.

베드로전서의 본문에서도 "부득이함"은 상급의 문맥에서 이해하는 것이 타당한 것 같다. 왜냐하면 '부득이함으로' 해도 목양을 안하는 것보다는 낫기 때문이다. 5 : 4에 "목자장이 나타나실 때에 시들지 아니하는 영광의 면류관을 얻는다"는 말씀은 본문이 상급의 문맥임을 시사하는 것이다. 베드로가 말하는 것은 장로들에게도 인간적인 자아가 너무도 강력하기 때문에 그 자아의 욕구를 충족시키려는 삶을 살다가 보면 하나님의 양떼를 목양하는 것조차 억지가 될 수 있다는 것이다. 그런데 억지로 하는 것은 의무감에서 하는 것이기 때문에 상을 받는 목양이 될 수 없다.

"부득이함으로" 하는 것의 반대는 "하나님의 뜻을 좇아 자원함으로" 하는 것이다. '자원'은 하나님을 섬기는 봉사(출 36 : 2 ; 느 11 : 2)와 하나님께 드리는 제사(레 7 : 16 ; 23 : 38 ; 민 15 : 3 ; 29 : 39 ; 신 12 : 6 ; 시 54 : 6 ; 119 : 108)와 관련하여 쓰이는 단어이다. 이것은 "하나님의 뜻"을 자유스럽고도 감격하면서 따르는 태도를 말한다. 다시 말해서 "하나님의 뜻"을 이기적인 자아와 충돌하는 것으로 보지 않고 자아가 자유스럽게 "하나님의 뜻"에 굴복하는 태도를 말하는 것이다.

로버트 모팻 선교사는 안식년에 영국에서 아프리카의 오지에 대한 설교를 했다. 아프리카 대륙의 경이와 요구에 대한 설명을 들은 사람들 중에는 건장하게 생긴 스코틀랜드 사람 데이비드 리빙스톤이 있었다. 그는 의학을 공부하는 사람으로서 하나님을 섬기는데 일생을 바치기로 이미 결심한 사람이었다. 그렇지만 어디에서 어떻게 봉사하는 것이 가장 효과적일까 하는 것은 아직 발견하지 못한 상태였다. 그는 중국으로 가려고 했지만 아편 전쟁 때문에 갈 수가 없었다.

리빙스톤이 모팻 박사의 설교를 듣는 중에 이런 말을 들었다. "북쪽으로 대평원이 있는데 거기서 저는 가끔 수천 마을의 연기가 아침 햇살에 비치는 것을 보았습니다. 거기에 선교사가 들어간 적이 없습니다."

"수천 마을의 연기!" 리빙스톤은 이 말을 결코 잊을 수 없었다. 그가 일생을 바칠 가치가 있는 무엇이 거기에 있다고 생각했다. 어렵고 힘든 일이지만, 그는 선교사가 한번도 들어가지 않은 곳에 들어가서 아무도 하지 못할 봉사에 자신을 던지고 싶었다. 리빙스톤은 새로운 비전에 충만해서 모팻 박사에게 "제가 아프리카로 가도 될까요?" 이것이 바로 데이비드 리빙스톤의 일생일대의 자발적인 결단이었던 것이다.

2. 탐욕으로 하지 말고 열정으로 하라

베드로는 목양을 "더러운 이를 위하여 하지 말고 오직 즐거운 뜻으로 하라"고 했다. 한글개역은 이렇게 길게 되어 있지만, 원문은 간단하게 '탐욕적으로가 아니라 열정적으로'로 되어 있다.

'탐욕적으로'('아이크로케르데로스')는 의역하면 '부정직한 이를 사랑하는'이란 의미가 된다. '탐욕적으로 하지 말라'는 것은 돈에 대한 사랑으로 목양을 하지 말라는 것이다. 목회자가 받는 사례 자체가 '더러운' 것이나 '부끄러운' 것이 아니다. 사례가 목양의 동기가 될 때에 그것은 더럽고 부끄러운 것이 된다.

예수님은 "저 먹을 것 받는 것이 마땅하다"고 하시면서도 "거저 받았으니 거저 주라"고 하셨다(마 10 : 8, 10). 바울도 "먹고 마시는 권"을 인정하면서도(고전 9 : 4~6) 복음이 효과적으로 전파되도록 값없이 전하고 자신의 권한을 다 사용하지 않는다고 했다(고전 9 : 18). 예수님이나 바울이나 본문의 베드로는 목양을 개인사업으로 만들지 말라고 하신 것이다. '열정적으로 하라'는 목양을 향한 정열과 열정과 에너지를 가지라는 것이다(마 26 : 41 ; 막 14 : 38 ; 행 17 : 11 ; 롬 1 : 15 ; 고후 8 : 11~12, 19 : 9 : 2). 여기서 말하는 열정은 타산적인 데서 오는 열정이 아니라, 하나님의 뜻에 대해서 불타는 열정이다.

어떤 대도시에서 일하는 의사가 한번은 실망한 상태에 있는데 시골에서 그의 아버지가 올라왔다. "그래, 어떻게 지내나?"하고 아버지가 묻자 아들은 "아무 재미가 없습니다"하고 대답했다. 늙은 아버지는 그 대답에 기분이 나빴으나 용기와 인내와 희망을 가지라고 했다. 그날 늦게 그는 아들과 함께 무료 진료소로 갔다. 그는 25명의 가난한 환자들이 아들의 진료를 받는 것을 보았다. 마지막 환자의 진료가 끝나고 문을 닫은 후에 아버지는 이렇게 말했다. "나는 네가 아무것도 하지 않는 줄로 알았다. 그런데 한 달에 25명을 진료한다 하여도 귀한 일을 하는 것이므로 하나님께 감사를 드릴 수 있겠는데, 너는 하루에도 그렇게 많은 사람들을 도와주지 않았느냐." 이 말을 들은 아들은 "돈이 생기는 것이 아니잖아요"하고 말했다. 그 때 아버지는 "너의 동포들에게 유용한 인간이 되는 것과 돈을 어떻게 비교할 수 있다는 것이냐?" 하고 소리를 질렀다.

신자의 사역은 이권을 위한 것이 아니라, 하나님의 뜻에 대한 열정 때문에 하는 것이다.

3. 주장하지 말고 본을 보이라(5 : 3)

베드로는 또한 "맡기운 자들에게 주장하는 자세를 하지 말고 오직 양무리의 본이 되라"고 했다. "맡기운 자"('톤 클레론')은 '몫'(portion) 혹은 '지분'(share)을 말한다. 이것은 영적인 '기업'('클레로노미아', 1 : 4)의 일부분을 말하는 것도 아니고, 장로 개개인에게 할당된 양떼들을 말하는 것도 아니고 개교회의 장로들에게 맡겨진 개교회의 양떼들 전체를 말하는 것이다. 이것은 2절의 "너희 중에 있는 하나님의 양 무리"와 같은 의미이다.

"주장하는 자세를 하지 말라"는 것은 예수님이 교훈하신 대로 이방인 지도자들처럼 피지도자들에게 세도를 부리지 말라는 것이다(마 20 : 25~28 ; 막 10 : 42~45 ; 눅 22 : 25~27). 장로는 목자로서 감독할 권한을 가지고 있다. 목자장 그리스도께서 그에게 목양권을 주신 것이다. 그러나 그는 어디까지나 목자장 밑에 부목자이다. 그는 주님의 말씀을 전하는 것이지, 자신의 칙령을 전하는 것이 아니다. 그는 자신의 욕구를 발산하는 것이 아니라, 하나님의 계시된 뜻을 구현하는 것이다. 그가 주님 대신에 자신의 권위를 앞세우고 자신의 욕망대로 양떼를 주장하는 것은 목양의 독재이다. '주장하다'는 것은 상대방을 물리적 심리적 폭력으로 억누르는 것을 말한다. 장로는 주장하는 폭군이 아니라 섬기는 종(servant-leader)이 되어야 한다. 목자장 되신 예수 그리스도께서 '종-왕'(Servant-King)이셨던 것처럼 부목자도 '종-지도자'가 되어야 하는 것이다.

장로는 양떼를 주장하지 말고 그들에게 본을 보여야 한다. 자신이 하나님에게 겸손하게 순종함으로써 양떼로 하여금 하나님의 뜻에 겸손하게 순종하게 해야 한다. 목자장 자신이 제자들의 발을 씻기시는 본을 보이신 것처럼(요 13), 부목자들(장로들)도 역시 섬기는 본을 보여야 한다. 교회의 지도자는 위협이나 심리적 협박이나 권력의 과시나 기타 강압적인 방식으로 양떼를 주장하는 것이 아니라, 자신의 본으로 양떼를 인도하는 것이다. 교회 지도자들은 양떼가 본받을만한 삶을 살아야 한다.

몇명의 십대 소녀들이 그들에게 성경을 가르치실 새로운 선생님에 대해 의견을 나누고 있었다. 새로 부임할 여자 선생님에 대해서 솔직한 말을 나누고 있었다. 그 중 한 소녀는 이렇게 말했다. "만일 너희들이 그 여자 선생님을 선택한다면 나는 공부하러 나오지 않겠다." "왜? 그 선생님이 무엇이 문제길래?" 하고 여러 소녀들이 반문했다. 그 때 그 소녀는 이렇게 대답했다. "문제가 많지. 내가 토요일에 그 선생님 집안 일을 도와 드리고 있단 말이야. 그런데 그 선생님은 지금도 내게 빚을 지고 있어. 앞으로도 갚지 않을 거야. 그 선생님은 좋은 신자가 되라는 말을 많이 하지만, 그 선생님이 이웃 사람들에게 하는 야비한 말을 들으면 너희들도 놀랄 거야. 사실, 나도 그 선생님에 대해서 말하기 싫은데, 우리 모두 주일날 가르치는 그대로 사시는 선생님을 찾을 때까지 기다리자." 영적인 지도자가 본이 되지 못할 때 이런 문제가 생기는 것이다.

성경공부반에서 회심한 어떤 젊은 여인이 어느 회사 회장 사무실 비서로 일하게 되었다. 회장은 그녀가 일을 능수능란하게 처리할 뿐 아니라 열성을 기울여 하기 때문에 회사 대표로서 감사한다는 말을 했다. 그녀는 그것이 주님을 증거할 수 있는 기회라고 생각하고 이렇게 말했다. "회장님, 저는 몇달 전에 예수님을 제 개인의 구세주로 영접했습니다. 저는 저의 모든 삶이 그분을 위한 증거가 되기를 원하고 있습니다. " 비단 교회의 지도자 만이 아니라 모든 신자는 어디에서 무슨 일을 하든지 본을 보이는 삶을 살아야 하는 것이다.

Ⅲ. 영광의 면류관(5 : 4)

베드로는 위에서 목양자가 억지로가 아니라 자원하여, 탐욕으로가 아니라 열정으로, 강압으로가 아니라 모본으로 목양할 것을 권면했다. 베드로의 권면에 의하면 목양에 아무런 보상이 없는 것처럼 보인다. 그러나 5 : 4의 말씀은 목양에 보상이 없는 것이 아니라는 점을 분명히 한다. 목양에 보상이 있기는 있는데, 그 시기는 현세가 아니라 "목자장이 나타나실 때"이다. 그리스도가 나타나신 것이 1 : 20에서는 초림을 가리키고 1 : 7에서는 재림을 가리킨다. 본문에서 "목자장이 나타나실 때"는 재림을 가리킨다. 그리스도를 "목자장"이라고 한 것은 5 : 1 이하가 목양 문맥이기 때문이다.

"목자장이 나타나실 때"에 그분이 부목자들(under-shepherds)에게 보상을 하실 것이다. 종말적 상급이 있을 것이다(엡 6 : 8 ; 골 3 : 25 ; 히 10 : 36 ; 11 : 13, 39). 본문에서는 종말적 상급이 현세적 보상과 대조되어 있다. 장로들은 현세적 보상을 위하여 일하지 말아야 한다. 그러면 주님 재림시에 그들에게 종말적 보상이 있다. 주님이 재림하면 고통과 수고의 밤은 지나고 영광과 보상의 아침이 밝아올 것이다.

신실한 목자들이 재림시에 받을 것은 금과 은이 아니라 면류관이다.

본문에서는 그것이 "시들지 않는 면류관"이라고 했다. "시들지 않는"의 헬라어는 '아마란티노스'인데 이것은 영원히 시들지 않는 꽃이라고 한다. 그러니까 "시들지 않는 면류관"은 '아마란트 꽃 같은 면류관'을 말한다. 이것은 고전 9 : 25의 '썩지 아니할 면류관', 딤후 4 : 8의 '의의 면류관', 약 1 : 12과 계 2 : 10의 '생명의 면류관', 계 3 : 11의 '면류관'과 일맥상 통한다. 세상의 월계관은 시들고 썩는다. 세상이 주는 상급은 잊혀진다. 그러나 주님이 주시는 상급은 시들지 않고 썩지 않고 영원히 계속되는 것이다. 목자들이 이 세상에서는 멸시와 고난을 당할 수 있지만 하늘에 서는 영광과 영예를 얻을 것이다. 하나님의 양떼를 목양하는 일은 영원 한 가치와 보상이 있는 일이다.

Ⅳ. 젊은이들의 순복(5 : 5)

베드로는 위에서 장로들에게 바른 목양태도를 갖도록 권면했다. 강요 가 아닌 자원, 이권이 아닌 열정, 세도가 아닌 모본 - 이것은 한마디로 목 자장 밑에서 하나님의 양떼에 대한 겸손한 태도를 가지라는 것이다. 여 기서 겸손이란 목자의 권위나 직분을 포기하는 것을 말하는 것이 아니 라, 목자의 권위를 행사하는 태도를 말하는 것이다. '나는 목자장이 아니 고 목자장 밑의 부목자이다'는 바른 목자의식과 '내가 돌보는 양떼는 나 의 양떼가 아니라 하나님의 양떼다'는 바른 양떼의식이 있을 때에 목자 는 겸손해진다. 목자의 이런 겸손에 대해서 권면한 베드로는 5 : 5에서 장로들의 권위 밑에 있는 젊은 사람들에게 겸손을 권면하고 있다. 젊은 이들은 하나님 앞에서 겸손하게 목양하는 장로들을 멸시하지 말고, 그들 에게 순복해야 하는 것이다.

중국내지선교회의 허드슨 테일러는 다음과 같은 말을 한 것으로 유명 하다. "세계에서 가장 위대한 선교(mission)는 순복(Submission)이다!" 이것을 가장 잘 예증해 주는 것이 조지 와싱턴이 보여준 경우이다. 프랑스의 외교관이 어느 연회에서 조지 와싱턴의 모친에게 어떻게 그렇게 훌륭한 자녀를 길러냈느냐는 질문을 했을 때 와싱턴의 모친은 이렇게 대답했다. "선생님, 저는 그에게 순종을 가르쳤습니다." 젊은이는 의욕과 의협심 때문에 윗어른들을 무시하기 쉬운데, 크리스챤 젊은이들은 하나님의 말씀대로 순복하는 것을 배워야 한다.

위정자들에 대한 순복(2 : 13), 주인들에 대한 순복(2 : 18), 남편에 대한 순복(3 : 1)처럼 장로들에 대한 순복도 중요한 덕목이다. 우리는 만유가 순복하는(3 : 22) 예수 그리스도에게 순복하면서 인간들 중에서도 하나님이 세우신 권위자들에게 순복해야 한다.

"젊은이들아 이와같이 장로들에게 순복하고 다 서로 겸손으로 허리를 동이라 하나님이 교만한 자를 대적하시되 겸손한 자들에게는 은혜를 주시느니라." 여기서 "젊은이들"이란 말이 나오기 때문에 같은 절에 나온 '장로들'은 직분상의 '장로들'이 아니라, 연령상의 '늙은이들'이라는 해석이 있다. 그러나 본문은 "이와같이"로 시작하여 앞에 나오는 내용과 연결되어 있다. 그러므로 5절의 '장로들'은 단순히 나이가 많은 사람들이 아니라, 나이가 많은 사람들 중에서 하나님의 양떼들에 대한 목양사명을 받은 직분자들이다.

본문의 "젊은이들"은 보다 낮은 집사들이나 기타 직분자들을 가리킨다는 해석이 있다. 사도행전 5 : 6에 "젊은 사람들"이 아나니아의 시신을 메고 나가서 장사한 기록을 보면 이런 해석이 설득력이 있는 것 같지만, "젊은이들"이 회중의 특정계층이라는 점이 증명된 바가 없다.

5절에서 특별히 베드로가 "젊은이들"에게 장로들에 대한 순복을 권면한 것은 장로들의 권위 밑에 있는 회중 가운데 특별히 젊은이들이 그 권위로부터 벗어나려고 할 가능성이 가장 많기 때문일 것이다. 장로가 되기 전의 '젊은이들', 의욕적으로 주님의 일을 하려는 젊은이들 가운데 장로님들에게 저항하려는 사람들이 나올 수 있기 때문에 본문의 "젊은이들"은 장로 되기 전의 직분자들도 포함한다고 볼 수 있다. 그러나 젊은 이들에게 순복의 권면이 특별히 필요하기 때문에 그들을 지적한 것이지, 다른 교인들은 장로들에게 순복할 필요가 없어서 그런 것은 아니다. 따라서 본문의 순복은 장로들의 권위 하에 있는 모든 회중에게 해당되는 것이다.

베드로가 바로 뒤이어 "다('판테스', 모든 사람들) 서로 겸손으로 허리를 동이라"는 권면을 한 것을 보더라도 위의 관점이 옳다는 것을 알 수 있다. 미덕으로 허리를 동이라는 표현은 성경에 자주 나온다(롬 13 : 12 ; 엡 6 : 11, 14 ; 골 3 : 12 ; 살전 5 : 8). 그러나 '겸손으로 허리를 동이라'는 표현은 신약성경에서 여기만 나온다. 이 표현의 뿌리는 종이 자기가 입은 옷을 더럽히지 않기 위해서 두르는 앞치마이다. 베드로는 아마 여기에서 예수님께서 제자들의 발을 씻으실 때 수건을 두르신 사건을 염두에 두고 있었을 것이다.

겸손은 신자의 주요 덕목이다(행 20 : 19 ; 엡 4 : 2 ; 빌 2 : 3 ; 골 3 : 12). 이것이 너무도 중요한 미덕이기 때문에 예수님은 제자들의 발을 씻기시는 행동을 통해서 겸손을 유언으로 교훈하셨다(요 13장). 겸손은 다른 사람들에 대한 종의 태도이다.

베드로는 이렇게 중요한 덕목을 권면하면서 구약에서 중요한 구절을 인용하고 있다. "하나님이 교만한 자를 대적하시되 겸손한 자들에게는 은혜를 주시느니라. " 이것은 잠언 3 : 34의 인용인데, 초대교회에서는 이 구절을 매우 좋아했던 것 같다(약 4 : 6 ; 〈클레멘트 1서〉 30 : 2, 이 그나시우스의 〈에베소서〉 5 : 3). 이 구절에 나타난 상황의 전복이라는 개념은 구약성경(삼상 2 : 7~8 ; 시 28 : 27 ; 31 : 23 ; 겔 17 : 24 ; 습 2 : 3)과 신약성경(눅 1 : 51~53 ; 6 : 24~26 ; 약 2 : 5)에서 많이 언급하는 것이다.

하나님은 자기 스스로 충족하다고 하는 교만한 자들을 대적하셔서 물리치시지만, 겸손하여 하나님에게 굴복하는 사람들은 은혜를 주셔서 높이신다. 이러한 진리는 예수 그리스도에게서 가장 웅변적으로 실증되었고, 모든 신자들에게 적용되는 것이다.

그리스도인의 겸손은 은총에 대한 현실적인 인식의 발로이다. "누가 너를 구별하였느뇨 네가 있는 것 중에 받지 아니한 것이 무엇이뇨 네가 받았은즉 어찌하여 받지 아니한 자같이 자랑하느뇨"(고전 4 : 7).

높아지기 위해서는 허리를 굽히라. 올라가려면 내려가라. 할 수 있는 대로 가장 낮은 곳으로 내려가라. 가장 높으신 분이 가장 낮은 곳으로 내려간 것처럼 말이다. 인도 선교사 윌리암 케리는 가장 위대한 사람들 중의 한 사람이면서 동시에 가장 겸손한 사람들 중의 한 사람이었다. 그는 과거부터 하던 낮은 직책을 결코 부끄러워하지 않았다. 왜냐하면 그는 의식적으로 동료 인간들을 섬기기를 좋아했기 때문이다. 한번은 케리가 인도의 어떤 도지사와 함께 식사를 하게 되었다. 그 때 어떤 관리가 다른 관리에게 케리가 과거에 구두수선공(shoemaker)이 아니었느냐는 질문을 모든 사람들이 다 들리도록 큰 소리로 했다. "아닙니다, 선생님! 저는 구두쟁이(cobbler) 노릇을 했습니다" 하고, 성경을 몇몇 인도어로 번역한 윌리암 케리가 대꾸했다. 케리는 자신이 점잖게 말해서 '구두수선공'이 아니라 초라한 '구두쟁이'였다고 말함으로써 겸손하게 처신한 것이다.

중국내지선교회 창시자 허드슨 테일러가 호주 멜본의 대형집회에서 연설을 하게 되어 있었다. 의장이 그를 소개하면서 '우리의 탁월한 귀빈'이라는 말을 했다. 잠시 조용히 서 있던 테일러는 하나님의 빛을 비추는 얼굴과 모든 사람들의 마음에 깊은 감동을 주는 어조로 이렇게 말했다. "사랑하는 친구 여러분, 저는 탁월하신 주님의 작은 종에 불과합니다."

케리와 테일러의 겸손－이것은 모든 신자들의 모델이 될만한 것이다.

제 8 장
고난 중에도 굳게 서라 (5 : 6 — 14)

6그러므로 하나님의 능하신 손 아래서 겸손하라 때가 되면 너희를 높이시리라 7너희 염려를 다 주께 맡겨 버리라 이는 저가 너희를 권고하심이니라 8근신하라 깨어라 너희 대적 마귀가 우는 사자 같이 두루 다니며 삼킬 자를 찾나니 9너희는 믿음을 굳게 하여 저를 대적하라 이는 세상에 있는 너희 형제들도 동일한 고난을 당하는 줄을 앎이니라 10모든 은혜의 하나님 곧 그리스도 안에서 너희를 부르사 자기의 영원한 영광에 들어가게 하신 이가 잠간 고난을 받은 너희를 친히 온전케 하시며 굳게 하시며 강하게 하시며 터를 견고케 하시리라 11권력이 세세 무궁토록 그에게 있을지어다 아멘
12내가 신실한 형제로 아는 실루아노로 말미암아 너희에게 간단히 써서 권하고 이것이 하나님의 참된 은혜임을 증거하노니 너희는 이 은혜에 굳게 서라 13함께 택하심을 받은 바 벨론에 있는 교회가 너희에게 문안하고 내 아들 마가도 그리하느니라 14너희는 사랑의 입맞춤으로 피차 문안하라 그리스도 안에 있는 너희 모든 이에게 평강이 있을지어다

베드로는 "그러므로"라는 접속사로써 본문을 위에서 다룬 말씀과 연결시키고 있다. 위에서 "하나님이 교만한 자를 대적하시되 겸손한 자들에게는 은혜를 주시느니라"는 잠 3 : 34을 인용한(5 : 5) 베드로는 5 : 6~11에서 이 구절을 독자들의 고난의 현실에 적용하면서 풀이하고 있다. 베드로가 잠 3 : 34을 이렇게 적용적으로 해석할 때 하나님 앞에서의 겸손과 마귀에 대한 담대한 적대를 나란히 언급하고 있다. 교만은 마귀

가 부추기는 죄악이기 때문에 '교만을 버리고 겸손하라'는 문맥에 마귀를 대적할 것이 나오는 것이다.

　본문 5 : 6~11은 약 4 : 7~10과도 내용이 흡사하다. 베드로와 야고보가 동일하게 잠 3 : 34을 인용한 다음 그것을 나름대로 독자들에게 적용시키고 있다. 여기서 베드로와 야고보의 공통점은 양자가 하나님 앞에서의 겸손과 마귀에 대한 담대한 적대를 나란히 언급한다는 점이다. 그러나 야고보가 회개와 성결한 삶을 강조한 반면에 베드로는 고난 중에서 붙잡아 주시는 하나님의 은혜를 바라보고 견고히 서라고 한 점은 양자 간의 강조의 차이점이다.

　베드로는 고난 중에 하나님 앞에서 겸손하고 마귀를 대적하면서 굳게 설 것을 권면한 다음 5 : 12~14에서 마지막 문안을 하고 있다.

본문분해
　I. 겸손과 의탁(5 : 6~7)
　II. 마귀를 대적하라(5 : 8~9)
　III. 은혜의 하나님(5 : 10~11)
　IV. 마지막 문안(5 : 12~14)

I. 겸손과 의탁(5 : 6~7)

　베드로는 본문에서 하나님 앞에서 겸손하고 모든 염려를 맡겨라고 하면서 그렇게 하면 하나님이 높이시고 권고하신다고 한다.

1. 겸손하라(5 : 6)

　베드로는 위에서 "하나님이… 겸손한 자들에게는 은혜를 주시느니라"

고 한 다음 바로 이어 본문에서 "그러므로 하나님의 능하신 손 아래서 겸손하라"고 했다. 베드로가 여기서 "하나님의 능하신 손 아래서" 겸손하라고 한 것은 고난당하는 신자들에게 하나님을 주목하도록 만드는 것이다. 베드로는 이미 고난이 하나님의 뜻에 따라 찾아온다는 것(3 : 17), 그리스도를 따르는 자들에게 고난은 생소하지 않다는 것(4 : 12~16), 고난은 하나님의 제련하시는 불이라는 것(4 : 17~19)을 말한 바 있다. 고난의 의미가 이러하기 때문에, 고난당하는 신자들은 고난을 가하는 박해자들을 공격하거나 하나님에게 불평할 것이 아니라, "하나님의 능하신 손 아래서 겸손"해야 하는 것이다.

겸손은 예수님께서 모본을 보이시면서 강조하신 것이기 때문에(마 18 : 1이하 ; 요 13장), 그분을 따르는 자들이 겸손의 가치를 높이 평가하는 것은 당연한 것이다. "하나님의 능하신 손"은 구약에 뿌리를 둔 표현이다. 이스라엘을 이집트에서 구출한 것이 하나님의 '손'이고(출 3 : 19 ; 6 : 1 ; 13 : 3, 9, 14, 16 ; 신 9 : 26, 29 ; 26 : 8 ; 렘 21 : 5 ; 겔 20 : 33~ 34), 신약에서도 하나님의 강력한 역사들 배후에 하나님의 '손'이 있었다(눅 1 : 66 ; 행 4 : 28, 30 ; 11 : 21 ; 13 : 11). 하나님이 행하신 일들 중에는 표적들과 기적들도 있지만 심판도 있고(행 13 : 11) 예수 그리스도의 죽음도 있다(행 4 : 28). 하나님의 '손'은 이렇게 구원의 손이기도 하고 심판의 손이기도 하다. 하나님의 '손'은 그분의 백성들을 낮추어 회개케 하는 손이기도 하다(겔 20 : 33~34). 그러나 본문에서 하나님의 손은 신자들이 겸손할 때 "때가 되면… 높이실" 손이다.

낮추심과 높이심은 성경의 주요한 주제이다(삼상 2 : 7~8 ; 겔 17 : 24 ; 마 23 : 12 ; 눅 1 : 52 ; 14 : 11 ; 18 : 14 ; 약 1 : 9). 하나님은 자신의 백성을 낮추시기만 하시는 분이 아니시다. 그분은 그들을 낮추신 후에는 반드시 높이신다. 그리스도도 먼저 죽음의 자리까지 낮추심을 받고 다음에 하나님의 보좌 우편까지 높이심을 받았다(행 2 : 33). 그리스도를 따르는 제자들도 역시 같은 과정을 밟는다.

베드로는 교만의 세력을 누구보다 더 깊이 깨달았을 것이다. 다른 사람들이 다 주님을 버리더라도 자신은 버리지 않겠노라고 장담했던(마 26 : 33) 그가 주님을 세 번이나 부인한 것이다. 교만의 정상에서 주님을 부인하는 나락까지 떨어진 것이다. 베드로가 아침에 닭이 우는 소리를 들을 때마다 그가 주님을 부인할 것이라는 주님의 예언이 귓전에 요란하게 들리지 않았겠는가. 그렇게 거만하던 베드로가 징계를 받고 겸손해진 것이다.

"때가 되면"이라는 것은 궁극적으로는 예수 그리스도의 재림시를 가리킨다. 주님이 재림하시면 궁극적으로 신자들을 괴롭히던 자들이 심판을 받고 신자들은 예비된 하늘의 영광을 상속받게 된다(1 : 3, 5, 7, 13). 그러나 여기서 말하는 때를 재림의 때로 제한할 필요는 없다. 유세비우스의 「교회사」에서는 이 구절이 순교자와 관련되어 해석되기도 했다 : "그들[순교자들]은 그 능하신 손 아래서 스스로를 낮추었고, 그 손에 의해서 그들은 지금 크게 높임을 받았다"(5. 2. 5). 여기서 순교자들이 높임을 받는 때는 그들이 순교한 시간이다. 하나님께서는 자신이 보시기에 최선의 때에 — 현세든 내세든 — 그분 앞에서 겸손한 자를 그분이 보시기에 최선의 방식으로 높이신다.

2. 맡기라(5 : 7)

베드로는 아침에 닭이 울 때마다 자신이 주님을 부인한 것도 생각났겠지만, 주님이 그를 돌아보시고 붙잡아 주신 것도 기억이 났을 것이다(눅 22 : 61). 주님께서 자신을 돌아보신다는 것을 체험한 베드로는 "너희 염려를 다 주께 맡기라 이는 저가 너희를 권고하심이니라"고 했다.

이 구절은 시 55 : 22에서 온 것이다. "네 짐을 여호와께 맡겨 버리라 너를 붙드시고 의인의 요동함을 영영히 허락지 아니하시리로다." 시편기자는 자기 친구들로부터 공격을 받는(55 : 13) 상황에서 이런 고백을 하였다. 베드로도 본문에서 적대와 배신과 박해의 상황에서 겸손을 권면한 것이다. 이런 상황에서는 베드로 자신이 칼을 빼서 말고의 귀를 친 것처럼(요 18 : 10) 우리도 교만하게 복수를 하고 싶은 유혹을 받을 수 있다. 이 때에 겸손이 필요하고 모든 염려를 주께 맡기는 것이 필요하다. 이렇게 볼 때에 "염려를 주께 맡기는" 것은 겸손의 한 표현이다. 5 : 6과 5 : 7의 연결을 원문에서 살피면, "…겸손하라. 너희 모든 염려를 그분에게 맡김으로써(분사)…"가 된다. 우리가 겸손을 권면받을 때 '내가 나를 돌보지 않으면 누가 나를 돌보나?'는 식의 반문이 우리 속에서 생겨날 수 있다. 이 질문에 대한 답변이 아래에 나온다.

"염려를 주께 맡겨 버리라"고 할 때에 '맡겨 버리다'('에피립산테스'라는 부정과거 분사)는 단어는 '던져 버리다'를 의미한다. 이것은 염려를 염려하는 자로부터 주님에게 일임하는 것을 말한다. 이것은 마 6 : 25〜33의 주님의 교훈과 빌 4 : 6의 바울의 교훈과 맥을 같이 한다. 4 : 19에서 베드로는 이미 인생 전체를 '신실하신 조물주'에게 일임할 것을 권면했는데, 그러한 태도를 본문에서 다시 촉구하는 것이다. 안팎으로부터 압력을 받을 때에 신자의 바른 태도는 염려하는 것이 아니다. 염려한다는 것은 자신이 자신의 삶을 주관한다는 것이고 하나님에 대한 신뢰가 없다는 것이다. 고난을 당할 때에 신자의 바른 태도는 '하나님이 돌보신다[권고하신다]'는 진리를 믿고 만사를 그분에게 일임하는 것이다. 이것은 소극적인 자기포기나 체념이 아니라 자신과 자신의 문제를 적극적으로 하나님에게 의탁하는 것이다.

호주 멜번에 불구자 여인이 살고 있었다. 그녀는 18세 되던 해에 무서운 병에 걸렸다. 의사는 그녀가 살기 위해서는 두 발을 절단해야 한다고 했다. 그래서 두 발을 잘라내었다. 그런데 병은 다리에까지 번져서 의사는 다시 무릎 아래로 두 다리를 절단했다. 다시 병이 번져서 몸통까지 올라갔다. 의사는 다시 몸통 아래를 절단했다. 후에 다시 병이 번져서 두 팔도 절단했다. 이제 남은 것은 팔다리 없는 몸통 뿐이었다. 그런 상태에서 15년을 지낸 것이다. 그런데 그녀의 방에는 기쁨과 평안과 능력을 노래하는 글들이 적혀 있었다.

그녀가 한번은 그런 상태에 누워있는 동안 영감이 떠올랐다. 그녀의 친구 중에 목수가 있었는데, 목수 친구가 그녀를 위해 양쪽 어깨에 맞는 패드를 만들어 준 다음 펜을 주었다. 그래서 그녀는 그것으로 편지를 쓰기 시작했다. 한번 생각해 보라. 글을 쓰려면 팔과 손이 있어야 되는데, 그녀는 몸통으로 글을 쓴 것이다. 그런데 서예의 관점에서 그녀의 작품의 절반만큼이라도 아름다운 작품을 만드는 사람도 없었다. 그녀는 그 방에서 몸통으로 쓴 편지로 예수 그리스도에게 전도한 사람들이 1500여 명이었다. 그녀는 1500여명의 회심자들로부터 감사의 편지를 받았다. "당신이 어떻게 이런 일을 해 내십니까?"고 어떤 사람이 질문을 하자, 그녀는 "예수님은 누구든지 그분을 믿으면 그 인격에서 생수의 강들이 흘러난다고 말씀하셨는데, 저는 그분을 믿은 것 뿐입니다."

이것은 인간으로 상상할 수 없는 불행 속에서도 모든 것을 전적으로 하나님께 맡기고 주님의 말씀을 액면 그대로 믿은 여인의 미담이다.

II. 마귀를 대적하라(5:8~9)

베드로는 겸손하게 모든 염려를 주께 맡기라고 권면한 다음 5:8~9에서 마귀와의 영적인 전쟁을 환기시킨다. 베드로는 하나님이 돌보신다는 위로의 메시지를 전한 다음 바로 뒤이어서 신자의 대적 마귀가 신자를 계속 공략한다는 사실을 지적한다. 사단의 공략에 직면한 신자는 항상 경성해야 하고 마귀를 대적해야 한다.

1. 깨어라(5 : 8)

"근신하라 깨어라 너희 대적 마귀가 우는 사자 같이 두루 다니며 삼킬 자를 찾나니." '근신하라'('넵사테')는 명령은 이미 기도와 관련해서 사용되었다(4 : 7). "아무것도 염려하지 말고 오직 모든 일에 기도와 간구로 너희 구할 것을 감사함으로 하나님께 아뢰라"는 바울의 권면(빌 4 : 6)과 관련해서 생각해 보면, 베드로도 5 : 7에서 "너희 염려를 주께 맡겨 버리라"고 한 다음 바로 '근신하라'고 해서 여기에 기도의 근신을 포함하고 있는 것이라고 볼 수 있다. "깨어라"('그레고레사테')는 동사도 주님의 말씀(마 26 : 41 ; 막 14 : 38)과 바울의 권면(골 4 : 2)에서 기도와 연결되어 있다. 이렇게 볼 때 베드로가 본문에서 말한 근신에 기도가 포함되어 있는 것 같다.

그러나 본문에서 베드로가 권면한 근신과 경성은 단순히 기도에만 국한시킬 수는 없다. 베드로는 독자들에게 그들의 대적 마귀와의 결정적인 전투태세를 갖추라는 의미에서 근신과 경성을 촉구한 것이다.

"너희 대적 마귀"라는 구절은 기독교 운동에 대한 저항과 반대가 하나의 대적 즉 마귀에게서 나온 것임을 지적하는 것이다. 2 : 7~8과 4 : 17의 "불순종하는 자들", 2 : 12의 "이방인들", 2 : 15의 "어리석은 자들", 2 : 18의 까다로운 주인들, 3 : 1의 불신 남편들, 3 : 16의 "너희 선행을 욕하는 자들", 4 : 4의 비방하는 자들의 배후에 마귀의 조종이 있다는 것이다. "대적"('안티디코스')이라는 말은 법적인 소송사건에서의 적수라는 의미도 있다(마 5 : 25 ; 눅 12 : 58 ; 18 : 3). 본문에서 이 단어는 신자들이 법정에서 공식적인 혐의로 재판받을 수도 있다는 면에서 법적인 적수의 의미로 사용되었다고 볼 수도 있을 것이다. 그러나 본문의 상황 자체가 사법적인 것이 아니므로, 그것은 일반적인 의미의 반대자나 대적의 의미가 있다고 보는 것이 적절하다.

"마귀"('디아볼로스')는 사단(히브리어로 '사탄', '참[고]소자')과 동의어로 하나님과 신자들의 대적(大敵), 세상에서의 악의 출처이다. "마귀"는 사실상 "대적"과 의미가 같다. 사단은 하나님의 법정에서의 고소자 혹은 참소자로서 하나님과 인류 전체의 '대적'인 것이다. 이 세상은 마귀와 하나님의 백성 사이에 보편적인 투쟁의 무대이다.

"우는 사자와 같이"라는 구절은 시편 22 : 13에서 따온 이미지일 것이다. "힘센 소들이 나를 둘렀으며 내게 그 입을 벌림이 찢고 부르짖는 사자 같으니이다." '사자'가 때로는 예수 그리스도를 가리키는 이미지로 사용되기도 하였는데(계 5 : 5), 시편에서는 하나님과 그의 백성을 대적하는 자들을 가리키는 이미지로 사용되었고 본문에서는 마귀를 가리키는 이미지로 사용되었다.

바울은 사단이 신자들을 빠뜨리기 위해서 함정을 파는 것으로 표현했는데(딤전 3 : 7 ; 딤후 2 : 26), 베드로는 사단의 호전적인 활동을 강조하여 "우는 사자"라고 했다. 사단은 그냥 우는 사자와 같을 뿐 아니라, '두루 다니며 삼킬 자를 찾는 사자'와 같다. '삼킨다'는 것은 문자 그대로 먹이를 한 입에 꿀꺽 삼키는 것을 말한다. 렘 51 : 34에는 "바벨론 왕 느부갓네살이 나[시온 거민]를 먹으며 나를 멸하며 나로 빈 그릇이 되게 하며 용같이 나를 삼키며 나의 좋은 음식으로 그 배를 채우고 나를 쫓아내었다"는 표현이 있다. 요나를 삼킨 고기에 대해서도 동일한 표현이 사용되었다(욘 2 : 1). '삼킨다'는 표현은 마귀가 신자를 통채로 멸망시켜 버리려고 하는 행동을 가리킨다. 때문에 신자는 경성해야 하는 것이다.

미국에서 어떤 흑인 신자가 마귀와 싸우느리고 신음하고 울고 기도하는 것을 그의 주인이 엿듣게 되었다. 주인은 흑인 종에게 "폼페이, 너는 마귀와 상당한 투쟁을 하는 것 같은데, 마귀는 나를 괴롭힌 적이 한번도 없다. 너는 좋은 크리스챤이고 기도하는 사람이고, 나는 크리스챤이 아니다. 그런데, 폼페이, 어떻게 네가 마귀로부터 그렇게 괴로움을 당하지?"

흑인 종은 이렇게 대답했다. "아, 주인 어른, 제가 곧 설명해 드리겠습니다. 밖에 나가서 오리 사냥을 하실 때 어떤 오리에게 먼저 개를 보내십니까? 총에 맞아 죽은 오리들입니까, 아니면 약간 부상해서 도망치고 있는 오리들입니까?"

"그거야, 폼페이, 물론 부상당한 오리들이지. 죽은 오리들이야, 확실히 내 것이 되었으니까, 천천히 가져와도 되지."

"주인 어른, 바로 그것입니다. 사단도 그렇습니다. 중생하지 못한 사람들, 즉 죽은 사람들은 어차피 사단의 것이 되어 버린 것입니다. 그러나 주님을 아는 자들에게는 사단이 계속 개를 보내서 물어 오라고 하는 것입니다. 죽은 사람들은 천천히 가져와도 되니까요."

사단이 우는 사자처럼 신자를 삼키려고 하는 것은 신자가 주님을 믿고 따르기 때문이다.

2. 대적하라(5 : 9)

베드로는 마귀의 정체를 분명하게 함으로써 근신하고 경성할 것을 촉구한 다음 "너희는 믿음을 굳게 하여 저를 대적하라"고 했다. 좋은 군인은 적군 앞에서 도주하지 않고 적군과 맞서서 대적한다. 이와같이 신자도 마귀를 두려워하여 도망하지 않고 마귀를 대적하라는 것이다. 야고보 4 : 7에도 비슷한 말씀이 나온다. "마귀를 대적하라 그리하면 너희를 피하리라." 에베소 6 : 11~18도 "마귀의 궤계를 능히 대적하기 위하여 하나님의 전신갑주를 입으라"고 한 다음, 하나님의 완전군장을 소개했다. "마귀를 대적하라"는 말씀은 무엇보다 먼저 마귀에 조종당하는 사람들을 대적하는 것이 아니라 그들 배후에 있는 마귀를 대적하라는 말씀이다 (엡 6 : 12).

1960년대에 어느 연합회에 참석한 사람들이 토론을 하던 중 현대인들은 그 선조들처럼 마귀의 존재를 믿지 않는다는 의견이 나왔다. 따라서 '마귀를 대적하라'는 것이 요리문답에 들어있을 필요가 더이상 없다는 것이었다. 그러나 다른 사람들의 반대가 있어서 앞으로 7년 동안만 그 구절을 요리문답에 그대로 두자는 결정이 나왔다.

현대인 운운하면서 마귀의 존재를 부인하는 자들은 선교현장에 나갈 필요가 있다. 솔로몬 군도에서 일하는 남대평양 복음주의 선교부 소속의 어떤 선교사는 사단과 귀신들의 존재를 웃어넘기는 사람들은 이교도들의 마을에 며칠만 있어보면 자신들의 신학을 수정하지 않을 수 없을 것이라고 하였다.

그는 악명높은 박수에 대한 얘기를 들려주었다. 그 박수는 영적인 진리를 도무지 받아들이지 못할 정도로 어두운 세력에 붙잡힌 사람이었다. 그러나 자신의 죄를 깨닫고 그리스도를 영접하고 난 다음 그는 마음이 청결해졌고 한없는 기쁨을 맛보았다. 그런 박수를 사단이 그냥 두지 않았다. 그가 회심한 다음날 어떤 사람이 선교사 집으로 헐레벌떡 좇아왔다. "빨리 오세요! 매후의 몸이 너무 많이 흔들리고 있어요. 옛날 마귀가 다시 돌아왔어요." 박수 집에 가보니 그는 오두막집 기둥을 붙잡고 떨고 있었는데, 얼마나 심하게 떠는지 집 전체가 움쩍움쩍하고 있었다. 그는 동시에 괴상한 소리를 내고 있었다. 잠시 기도를 드린 후 매후는 "주 예수님, 이 마귀의 세력에서 저를 건져 주십시오" 하고 소리 높여 기도했다. 그는 곧 바닥에 쓰러져 몇시간 잠을 잤다. 그 후에 그는 행복한 신자로 살아가게 되었다.

마귀는 분명히 존재한다. 그렇다면 마귀를 대적하는 것은 구체적으로 무엇인가? 마귀를 대적하는 모델은 광야시험을 받으신 예수님에게서 찾을 수 있다(마 4 : 1~11). 예수님은 하나님의 말씀을 인용하시면서 마귀의 유혹을 물리치시고 마귀를 대적하셨다. 우리도 이런 방식으로 마귀를 대적할 때에 "믿음을 굳게 하여"야 한다. "믿음을 굳게 하다"는 것은 하나님을 신뢰하는 견고한 상태에 머무는 것을 말한다. "견고한"이라는 말('스테레오스')은 견고한 토대(딤후 2 : 19), 딱딱한 음식(히 5 : 12, 14), 견고한 발(행 3 : 7, 16) 등의 형태로 사용되는 단어인데, 본문

에서는 그것이 신앙인격과 관련해서 사용되었다. 마귀를 대적하는 방법
은 하나님을 신뢰하는 것이다. 마귀는 인간의 힘으로 대적해서 이길 수
없다. 인간은 영적으로 무능하지만 마귀는 능하다. 이런 마귀를 대적하
는 길은 전능하신 하나님과 연결되는 것인데, 이것이 바로 하나님에 대
한 견고한 신뢰심이다. 반석과 같이 견고한 믿음이 있을 때에 마귀를 대
적해서 물리칠 수 있는 것이다.

말틴 루터는 마귀의 활동을 실감나게 묘사하곤 했다. 어느날 어떻게
마귀를 이겼는가는 질문을 받은 루터는 이렇게 대답했다.

"마귀가 와서 문을 두드리면서 '누가 여기에 살고 있소?'라는 질문을
하면, 사랑하는 주 예수님이 문가로 가셔서 '말틴 루터가 여기에 살았었
는데, 지금은 이사가고 없다. 지금은 내가 여기에 살고 있다'고 말씀하십
니다. 마귀는 손에 있는 못자국과 옆구리의 창자국을 보고 즉각 도망을
쳐버립니다." 마귀를 물리치는 것은 우리 자신의 힘이 아니고 우리 속에
거하시는 예수님의 능력인 것이다.

믿음이 견고한 모습이 골로새 1 : 23에는 "믿음에 거하고 터 위에 굳
게 서서 너희 들은 바 복음의 소망에서 흔들리지 아니하는" 것으로 표현
되어 있다. 계시록 12 : 11에서는 그것이 "여러 형제가 어린 양의 피와
자기의 증거하는 말을 인하여 저[마귀]를 이기었으니 그들은 죽기까지
자기 생명을 아끼지 아니하였도다"는 식으로 표현되어 있다.

신자들이 믿음을 견고케 하는 한가지 방법은 그들만이 홀로 고난을 당
하는 것이 아니라는 의식이다. '나만' 혹은 '우리만' 고통을 당하는 것이
아니라 "세상에 있는, 형제들도 동일한 고난을 당한다"는 의식이 있을
때 믿음이 견고해질 수 있다. 베드로는 여기서 독자들만 고난을 당하는
것이 아니라 그들의 "형제들"도 동일한 고난을 당한다는 사실을 통해서
그들을 격려하고 그들의 믿음을 견고하게 하고 있다. 그것도 몇몇 형제
들만이 아니라 "세상에 있는" 형제들이다. 여기서 "세상"은 영적 도덕
적으로 하나님과의 적대관계에 있는 '세상'(요 15 : 18~19 ; 16 : 33 ;

약 4 : 4)을 말하는 것이 아니라 물리적 지역적인 '세상'을 말하는 것이다. 베드로는 당시의 세계(아마 로마세계)에 흩어진 독자들의 신앙의 형제들이 동일한 고난을 당한다는 사실을 지적하여 독자들을 위로하고 격려하는 것이다.

신자들이 '동일한 고난'을 당한다는 것은 일반적인 박해가 일어나고 있다는 뜻이 아니라, 독자들이 세상 사람들에게 거절당하고 욕을 먹고 하는 등의 고난은 다른 신자들도 겪는 고난이라는 뜻이다. 아군 전체가 동일한 전투에 동참하고 있다는 것을 알게 될 때 각지역의 군인들이 용기를 얻는 것이다. 이처럼 신자들은 세계에 흩어진 신자들 전체가 마귀와의 영적인 전쟁을 치루면서 동일한 고난을 겪는다는 사실을 알게 될때 용기를 가지고 마귀에게 대적할 수 있는 것이다.

III. 은혜의 하나님(5 : 10~11)

위에서 베드로는 마귀의 도전을 지적하면서 신자들로 하여금 근신 경성하여 마귀를 대적할 것을 권면하였다. 마귀를 대적할 때에 "믿음을 굳게" 할 것도 촉구하였다. 앞서 설명한 바와 같이 '믿음'이란 결국 하나님을 신뢰하는 것인데, 이제 베드로는 5 : 10에서는 신자들이 신뢰하는 하나님이 "모든 은혜의 하나님"이라는 점을 지적하면서 그들을 격려하고 있다. "모든 은혜의 하나님"을 지적한 베드로는 바로 뒤이어 5 : 11에서 하나님에 대한 송영(doxology)을 덧붙이고 있다.

1. 모든 은혜의 하나님(5 : 10)

세계에 흩어진 형제들이 동일한 영전(靈戰)에서 동일한 고난을 당한다는 사실로 고난당하는 신자들의 믿음을 세워준 베드로는 여기서 아군의 '총사령관'이 아군 부대를 포기하지 아니하셨다는 것과 전쟁으로 인한 고통은 일시적이라는 것, 그리고 "모든 은혜의 하나님"이 친히 신자들을 붙잡아주신다는 것을 지적하고 있다.

어느 더운 여름날 오후에 새 한 마리가 예배를 드리는 교회 안으로 날아들어왔다. 새는 공포에 사로잡힌 나머지 천장 가까이에서 이리저리 날아다니다가 창문에 여러번 부딪히기도 하였다. 햇빛이 비치는 밖으로 나가려고 애를 쓰지만 허사일 뿐이었다.

회중석에 앉아서 그 새를 지켜보던 한 여인이 속으로 열린 창문을 통해서 밖으로 날아가지 못하는 새가 너무도 어리석다는 생각을 했다. 새는 드디어 기운이 빠져서 창문턱에 앉아 있었다. 그리고 나서 열린 창문을 보더니 그곳을 통해서 밖으로 날아가 기쁨의 노래를 부르는 것이었다.

그 작은 새를 보던 여인은 스스로 이런 생각을 했다. "나도 저 새처럼 어리석은 사람이 아닐까? 나는 얼마나 오랫동안 죄의 짐에 눌려 살고 있는가? 하나님의 은총의 창문은 활짝 열려 있는데 그 문으로 나가지 못하고 혼자 힘으로 나가려다 지쳐서 괴롭게 사는 것이 아닌가?"

하나님은 "모든 은혜의 하나님"이시다. 그분은 예수 그리스도의 재림시에 우리에게 "은혜"를 주실 뿐 아니라(1 : 13), 현재도 선한 일을 하면서 고난을 감당하도록 은혜를 주시며(2 : 19~20), "각양 은혜"를 주셔서 서로 봉사하게 하시고 겸손한 자들에게 특별히 은혜를 베푸시는 분이시다(5 : 5). 그분은 미래와 현재에, 순경과 역경에 봉사와 고난을 감당하도록 은혜를 베푸시는 "모든 은혜의 하나님"이시다. 하나님은 "평강의 하나님"(살전 5 : 23 ; 히 13 : 20), "모든 위로의 하나님"(고후 1 : 3)이실 뿐 아니라 "모든 은혜의 하나님"이시다.

베드로는 본문에서 "모든 은혜의 하나님"을 "그리스도 안에서 너희를 부르사 자기의 영원한 영광에 들어가게 하신 이"라고 설명했다. 이 구절은 얼른 보면 이미 우리가 그분의 영광에 들어가 있는 것처럼 되어 있으나 사실은 그렇지 않다. 본문을 직역하면 "그리스도 안에서 그의 영원한 영광에로 너희들을 부르신 분"이 된다. 하나님은 우리를 "부르신 거룩한 자"이시고(1 : 15) 우리를 "어두운 데서 그의 기이한 빛에로 불러내신 자"이시며(2 : 9) 우리를 고난에로 부르신 자이시다(2 : 21). 하나님이 우리를 불러내신 최종의 목표는 "그분의 영원한 영광"이다(4 : 13 ; 5 : 1, 4).

여기서 베드로는 하나님의 이러한 부르심이 "그리스도 안에서" 이루어진 것임을 밝히고 있다. 베드로는 바울처럼 "그리스도 안에서"라는 표현으로 신자와 그리스도의 동일시 사상을 전하고 있다. 신자는 십자가에 죽으시고 부활하신 그리스도와 동일시될(1 : 3 ; 4 : 13) 뿐 아니라, 영광에 들어가신 그리스도와도 동일시된다(1 : 11 ; 4 : 13 ; 5 : 1).

베드로는 하나님이 "너희"를 부르셨다고 하면서 "너희"와 동격(목적격)으로 "잠시 고난 당한"이란 말을 덧붙였다. 베드로는 의도적으로 고난은 일시적이지만 하나님의 영광은 영원하다는 것을 대조하고 있다. 고난과 영광, 잠시와 영원이 대조되어 있는 것이다. 현재 신자의 일시적인 고난은 하나님의 영원한 영광과 비교할 수 없는 것이다(롬 8 : 18).

베드로는 "모든 은혜의 하나님"이 "너희를 친히 온전케 하시며 굳게 하시며 강하게 하시며 터를 견고케 하시리라"고 했다. "친히"라는 것은 "그분"을 강조하는 말이다. "모든 은혜의 하나님, 바로 그분이"라는 의미이다. "온전케 하시며 굳게 하시며 강하게 하시며 터를 견고케 하시리라"에서 네 단어 모두 미래형이다. 이것은 5절의 "겸손한 자들에게는 은혜를 주시느니라"와 6절의 "너희를 높이시리라"는 말씀을 구체적으로 설명해 주는 것이다. 이 네 단어의 성취 시점은 일차적으로 주님이 재림하시는 미래이지만, "모든 은혜"가 실현되어 가고 있는 현재에도 해당된다.

네 단어가 대충 말하면 동의어들이다. 첫번째 단어 "온전케 하실 것이다"('카타르티세이')는 바로잡고 확립하는 것을 암시한다(눅 6 : 40 ; 고전 1 : 10 ; 고후 13 : 11 ; 갈 6 : 1 ; 살전 3 : 10 ; 히 13 : 21). 하나님은 고난을 통해서 신자들을 바로 잡아 세우실 것이다. 두번째 단어 "굳게 하실 것이다"('스테릭세이')는 하나님께서 신자들을 견고하게 하실 것을 말한다(5 : 9 ; 눅 22 : 32 ; 행 14 : 22 ; 롬 16 : 25 ; 살전 3 : 2, 13 ; 살후 2 : 17 ; 3 : 3 ; 약 5 : 8 ; 계 3 : 2). 세번째 단어 "강하게 하실 것이다"('스데노세이')는 신약성경에서 본문에만 나오는 희귀한 단어로서 힘을 주어 강하게 하는 것을 말한다. 네번째 단어 "터를 견고케 하실 것이다"('세멜리오세이')는 견고한 토대 위에 세우는 것을 말한다(마 7 : 25 ; 엡 3 : 17 ; 골 1 : 23). 무슨 고난을 당하든지 든든하고 안전하다는 것을 말한다.

베드로가 비슷한 단어를 네 가지나 겹쳐서 사용한 것은 각 단어가 새로운 의미가 있어서가 아니라, 비슷한 단어를 중첩함으로써 하나님께서 고난당하는 신자들을 현재적으로도 강력하게 붙잡아주시고 미래에는 완전한 영광에 이르도록 보장하신다는 것을 강조하기 위한 것이다. 현재의 안전보장과 미래의 영광을 하나님의 도장을 찍어 강조하는 것이다.

2. 송영(5 : 11)

위의 말씀을 하거나 들은 다음 우리가 보일 수 있는 반응은 하나님에게 영광을 돌리는 것이다. 베드로는 위의 말씀을 하면서 속에서부터 우러나오는 송영을 참을 수 없어서 5 : 11에서 그것을 터뜨린 것이다. "권력이 그에게 세세토록 있을지어다 아멘." 4 : 11에서도 베드로는 비슷한 송영을 표현했다. 신자들을 향한 하나님의 놀라운 계획을 전한 베드로는 송영을 통해서 하나님의 "권력"을 지적함으로써 하나님은 계획하시고 약속하신 것을 능히 이루실 수 있는 분이라는 것을 밝히는 것이다. 이것은 베드로의 찬양이고 독자에게는 확신이 될 것이다. 여기에 저자나 독자가 다 감격하여 "아멘"할 수 밖에 없는 것이다.

Ⅳ. 마지막 문안(5 : 12~14)

베드로는 마지막으로 자신이 실루아노를 대필자(혹은 전달자 혹은 대서자)로 하여 이 편지를 썼다는 것을 밝히고 앞의 모든 내용을 요약하여 "이것이 하나님의 참된 은혜"라고 한 다음 앞의 모든 권면을 요약하여 "너희는 이 은혜에 굳게 서라"고 했다.

실루아노는 예루살렘에서 선지자요 신실한 사역자였다(행 15 : 22, 27, 32~33). 그는 바나바 다음에 바울의 동역자로 선택된 자로서(행 15 : 40) 바울의 2차 전도여행시에 동행했다(행 16 : 19, 25, 29 ; 17 : 4, 10, 14~15 ; 18 : 5). 베드로는 실루아노를 "신실한 형제"라고 평가했다. 베드로는 실루아노를 통해서 "간단하게" 썼다고 했는데, 이것은 105절로 된 베드로전서가 간단하다는 사실보다는 예의상의 형식적 진술인 것 같다. 히브리서 기자가 13장으로 된 편지를 쓰고도 간단하다고 한 것(13 : 22)도 이와 같은 의미일 것이다.

베드로는 또한 베드로전서가 내용상 "권면"이라는 것을 밝혔다. 그는 고난당하는 신자들에게 고난 중에도 바로 살라는 격려와 권면을 한 것이다. 편지의 성격을 '권면'으로 밝힌 다음 베드로전서의 내용 전체를 "이것이 하나님의 참된 은혜"라고 요약했다. 필자는 바로 이 구절에 착안하여 본 강해서의 제목을 "이것이 하나님의 진짜 은혜"라고 붙였고 본서의 서론에서 베드로전서 전체의 내용을 신학적으로 정리하여 보았다. 베드로는 이렇게 편지의 내용 전체를 "하나님의 진짜 은혜"로 요약한 다음 편지의 권면 전체를 "그것 안에 굳게 서라"는 것으로 요약하였다.

카바나우 주교는 어느날 한길을 걸어가다가 그 도시의 유명한 의사를 만나게 되었다. 그 의사는 주교에게 좌석을 주면서 타라고 하였다. 그 의사는 불신자였다. 서로 얘기를 주고 받는데 그 불신자 의사가 이렇게 말했다. "주교님처럼 명철하신 어르신네가 기독교라는 우화를 아직도 믿으신다니 저는 그저 놀랄 뿐입니다." 주교는 당장 대답하지 않고 있다가 잠시 후에 이런 대답을 했다.

"의사 선생님, 몇년 전에 어떤 사람이 선생님에게 폐결핵에 잘 듣는 약과 약을 사용하는 방법을 처방해 주었다고 합시다. 선생님이 그 약을 구해서 사용법대로 먹었더니 폐결핵이 깨끗이 나았다고 합시다. 그리고 선생님이 그 약을 처방전과 함께 결핵 환자들에게 권했는데, 그들이 한번도 실패없이 다 치료를 받았다고 합시다. 그렇다면, 선생님의 처방과 약을 믿지 않고 그것을 계속 거부하는 사람을 어떻게 생각하시겠습니까?"

의사는 "저는 그 사람을 바보라고 생각할 것입니다"고 대답했다.

주교는 말을 계속했다. "저는 25년 전에 하나님의 은혜의 능력을 사용해 보았습니다. 그것은 저를 완전히 다른 사람으로 바꾸어 놓았습니다. 그 이후 저는 계속 다른 사람들에게 구원을 전해 주었는데, 그것을 받아들이는 사람들이 구원받지 못하는 것을 한번도 본 적이 없습니다. 저는 그것이 교만한 사람을 겸손하게, 술취한 사람을 온전하게, 불경한 사람을 경건하게, 부정직한 사람을 정직하게 만드는 것을 보았습니다. 부자든 가난한 자든, 유식한 사람이든 무식한 사람이든, 노인이든 젊은이든 모두 영적인 질병에서 고침받는 것을 보았습니다."

이 말을 들은 의사는 "주교님이 저를 사로잡았습니다. 저는 지금까지 바보였습니다"하고 말했다. 그리고 그 의사는 후에 번창하는 주일학교의 부장이 되었다. 이런 것이 '하나님의 참된 은혜'인 것이다.

베드로전서 전체의 내용과 권면을 '하나님의 은혜'로 요약한 베드로는 마지막으로 의례적인 인사말을 하고 있다. "함께 택하심을 받은 바벨론에 있는 교회가 너희에게 문안하고 내 아들 마가도 그리하느니라." "바벨론"은 유대인 문헌(Sib. Or. 5 : 143, 159)과 기독교 문헌(계 14 : 8 ; 17 : 5, 18 ; 18 : 2)에서 로마를 지칭하여 사용되었다. '바벨론'은 포로의 땅이고(시 137 ; 사 43 : 14), 악하고 교만한 도성이다(사 13 ; 렘 50~51 ; 단 5 : 17~31). 계시록에서는 그것이 또한 박해의 장소이다

(계 17 : 5~6). 베드로는 이런 의미를 다 포괄하여 로마를 바벨론이라고 했을 것이다. 베드로는 악과 핍박과 포로의 도시 바벨론(로마)에서 소아시아의 신자들에게 편지를 쓰면서 마지막으로 그들과의 연대의식을 "함께 택하심을 받은"이란 구절로 표현한다.

"내 아들 마가"는 물론 요한 마가를 가리킨다. 예루살렘에 있을 때 베드로는 보통 마가의 집에서 살았고 모임을 가졌다(행 12 : 12~17). 요한 마가는 바울과 함께 전도여행 하다가 그 선교를 포기했으나(행 12 : 25 ; 13 : 13), 후에 마음을 바꾸어 로마에 투옥된 바울과 함께 있게 되었고 바울도 그를 높이 평가하게 되었다(골 4 : 10 ; 몬 24 ; 딤후 4 : 11). 예루살렘에서 베드로와 친하던 마가가 로마에 온 베드로와 가까이 했을 것은 당연하다. 베드로는 이런 마가를 자신의 영적인 아들로 여겼다.

베드로는 로마에 있는 자들로부터의 인사를 마감하고 소아시아의 독자들에게 "너희는 사랑의 입맞춤으로 피차 문안하라"고 했다. 바울은 그의 네 편의 서신 마지막에서 '거룩한 입맞춤'을 언급했다(롬 16 : 16 ; 고전 16 : 20 ; 고후 13 : 12 ; 살전 5 : 26). 고대세계에서는 부모와 자녀들 간에, 형제자매들 간에, 주인들과 종들 간에 서로 인사로 뺨이나 이마나 손에 키스를 했다. 가족 간의 이러한 키스는 남녀 간의 애정의 키스와는 차원이 다르다. 본문은 하나님의 백성들이 형제자매들이라는 개념을 전제하고 서로 당시의 습관대로 사랑의 키스로 인사를 나누라고 한 것이다.

베드로는 마지막으로 간단한 축도를 했다. "그리스도 안에 있는 너희 모든 이에게 평강이"—이것은 고난당하는 나그네들에게 적절한 인사이다. '평강'은 히브리어로 '샬롬'으로 건강, 좋은 대인관계, 좋은 대신관계를 포괄하는 인사인 것이다.

시련을 너끈히 이기는 하나님의 은혜

1993년 9월 10일 초판 발행
2000년 3월 15일 초판 5쇄 발행
지은이 • 권성수
발행인 • 이형자
발행처 • 도서출판 햇불
등록일 • 1992년 6월 10일 제21-355호
등록주소 • 서울시 서초구 양재동 55번지
햇불선교센타
전 화 • (02)570-7233~4
팩 스 • (02)570-7239

값 9,800원